汤涛 著

The Chronicle of Wang Boqun's Educational Career

王伯群教育生涯编年

上海三联书店

王伯群先生(1885—1944)

祖籍江西，贵州兴义人

忠 信 篤 敬

屹屹唐山乃創學院

教督諸生土木是繕

廿有五年學子數千

效用於國四方騰驤

地靜窒學師專獲訓

惟其静專是用大成

欣觀往績式貽方來

敬為頌辭學府巍巍

唐山交通大學土木工程學院

二十有五周紀念

王伯羣敬撰

巍巍孝府在彼舊都廿年

作育髦士蜚聲海宇

振翼雲衢維茲偉績允為

楷模前路宏邁載忻載愉

清華大學成立廿年紀念特刊

王伯羣敬題

1931 年，王伯群为清华大学成立 20 周年题词

巍巍学府在彼旧都廿年
作育青年士翟翟辈声海宇
振翼云汉维兹伟绩允为
楷模前路宏远载忻载愉
清华大学成立廿年纪念特刊
王伯群敬题

1931年，王伯群为清华大学成立20周年题词

巍巍学府在海之隅育才善教良士翟翟四载
藏修淹通五车季业既就振翼云汉勖我
诸君为国砥柱大难初夷珉基未固建设事
初交通为主远追西欧近师东土采彼规模
莫兹基楚济济俊良邦国之光学成致用声
著四方维兹鸿业日进无疆
上海交通大学二十年度毕业学生特刊纪念
王伯群敬题

1934年，王伯群为大夏大学国学研究会题词

序　言

先父王伯群，一生跨越"革命救国""交通救国"和"教育救国"三大领域，毕生追求他信仰中的现代中国。

先父生于晚清，早年追随孙中山先生加入同盟会。迨至辛亥爆发，他只身从日本回国，投身中国的民主革命。在风云激荡的时代，先父始终承担着至关重要的角色，先后参与护国运动、护法运动、南北议和、国共合作、北伐战争、国民政府定都南京、九一八事变、七七事变和淞沪抗战等重大历史事件。纵观他的一生，当以护国、护法，尤其在国家交通和教育建设等方面，献替良多。

作为民主革命先驱，先父和先叔王文华参与组织策划的护国运动，终使袁氏败丧，维护新生共和的民主法统；作为政治家，先父夙夜在公，推动现代国家交通体系建设，更新和发展铁路、航空航运、海关管控、电话电报以及交通教育；作为爱国教育家，先父曾任交通大学、大夏大学等数所大学校长。他曾告诉我的母亲，他个人最大的成就感来源于教育。先父在逐步卸任中央政府要职后，全身心地擘画大夏大学的未来。记得十岁那年，他有次对我说："在大夏，我找到了人生两大最爱：一个是教育事业，另一个就是你的母亲。在教育和你母亲身上，体现了现代中国的特质。"

汤涛先生近十年来，不辞辛劳，广事搜求，执着、热情而持续地对先父进行研究，编撰出版《乱世清流——王伯群及其时代》《王伯群与大夏大学》《王伯群文集》，以及关于先母的《海上名媛保志宁回忆录》，取得了一系列的丰硕成果。他的研究除了在行业影响日深外,同时促进沪黔对先父的重新认识,兴建了王伯群故居陈列馆和大夏大学纪念馆,恢复先父在近代中国应有的地位和声光。

现在,汤涛先生又推出这本《王伯群教育生涯编年》,首次全面披露和记述王伯群从事高等教育的经历和活动。于此,我代表王家向汤涛先生致以诚挚的感谢!遥祝他在王伯群及其相关领域取得更大的成就。

是为序。

2020 年 10 月于美国芝加哥

编撰说明

　　《王伯群教育生涯编年》是一部记述王伯群从事教育经历与活动的编年体著作。

　　王伯群(一八八五——一九四四),近代民主革命家、政治家和爱国教育家。

　　王伯群怀抱匡济之志,经世之才,英挺早达,他毕生追求"革命救国"、"教育救国"和"交通救国"。一九〇六年加入同盟会,追随孙中山进行民主革命。辛亥爆发,即返国创办报刊,宣传孙中山的民生主义。一九一五年,策划组织护国运动,任贵州护军使总参赞、黔军司令部秘书长等职,被誉为"民主共和"功臣。一九一八年,南下加入孙中山的护法运动,参与南北和议,任广州军政府交通部长、总统府参议、贵州省长。一九二六年,参加北伐战争,任国民革命军东路总指挥部总参议。国民政府南京建都后,任国民党中央执委、中央政治会议委员、国民政府委员、交通部长、招商局监督等职,致力整顿交通,收回外国主权,推动中国交通建设发展。

　　王伯群尽瘁国事教育,服务社会,建树颇多。一九二四年,在上海创办大夏大学(今华东师范大学),任董事长兼校长,并先后出任交通大学校长和吴淞商船专科学校(今上海海事大学)校长。在其执掌下,大夏大学拥有上海、贵阳校区和香港分校,以及大夏上海附中、贵阳附中、重庆附中和南宁附中。大夏与复旦、光华和大同成为上海四大著名私立大学,有"北南开,南大夏"之称,被誉为"东方哥伦比亚大学"。

本编年围绕王伯群的教育活动和经历,以编年体的形式主要记述他自一九二四年创办大夏大学至一九四四年病逝期间的教育生涯,不仅是研究王伯群生平和思想需要,还为读者提供相对丰富之资讯,冀望有助于读者了解近代中国教育曲折发展的历史,亦想望成为研究中华民族科教兴国艰难求索历程的参考史料。

本编年的编写叙例为:

一、本编年参酌诸说,多方考证。参考馆藏档案、地方志书、年鉴编年、著作报刊、亲属回忆、作者调访和王伯群的履历表等,充分引用谱主笔记、谈话记录、演说辞、专题论著、条陈、文告、公牍、私人信札,以及新闻报道等原始资料。编写体现资料性、学术性、传记性相统一,采用客观记述方法,编写者不作评论。引用各种资料时,注明来源。

二、本编年一般省略主语。继续行文的,则以"先生"称之。

三、纪事以公历为主,公历年份后附民国年份和干支。内容编排按年、月、日。具体日期考订不清者,冠于旬、月、季、年等,且适当排序。

四、本编年适当反映某些重大的历史事件,或与谱主有关的大事,按时序排列其中。

五、本编年中的国名、地名、人名、纪年表述、数字书写、文字(包括中、外文)用法及标点用法等,基本保持原貌。

六、本编年引录之文献,凡涉及人物者,均按原文节录而不加改易。重要的历史人物,根据需要,部分地做了简略注释。

七、本编年所选档案文献,字迹模糊难以辨认、漏缺及无法补正者,均以□代之;对原文中需要说明的问题,以注释①②……标明。

目　　录

1924 年(民国十三年　甲子)　四十岁

六月下旬　接待厦门大学离校学生团总部全权代表何纵炎[1]来访，听其介绍厦大学潮由来，以及数百离校青年面临失学困境，最后同意资助创办大夏大学。

七月二日　何纵炎在厦门大学离校学生团总部师生代表会议上，报告由前贵州省长王伯群处借得大洋一千元，足敷日内筹办大学之用。报载[2]：

> 正值开会之际，何纵炎君亦驱车至。报告昨晚由前贵州省长王伯群先生处借得大洋一千元，足敷日内筹办大学之用，并谓王先生素具培植青年宏愿，将来当肯尽力襄助本校云。

七月初　会见何纵炎陪同前来劝捐的厦门大学欧元怀、王毓祥等教授，再捐资两千元银币，托欧等租屋暂作校舍，迅速安置学生以免流散、荒废学业。

---

① 何纵炎(1900—1985)，贵州兴义人。名应炳，以字行，何应钦五弟。大夏大学校董。先后入厦门大学、大夏大学，俄亥俄州立大学经济学硕士。历任北伐东路军经理、处长，交通部邮政储金汇业局储金处长，贵州分局经理，贵阳银行同业公会董事长、邮政储金汇业总局长等职。1949年赴台湾，历任台湾邮政总局局长、亚东工业专科学校校长。

② 毓:《总部到沪后纪事》(续前)，《血泪》，第 5 期，1924 年 7 月 12 日。

七月七日　厦门大学去职教授欧元怀、王毓祥、傅式说等九人和离校学生总代表十四人,在上海贝禘鏖路(今成都南路)美仁里二十四号设立大夏筹备处。初拟名"大厦大学",后定名"大夏大学",以志校史系由厦大嬗变而来,并寓光大华夏之意,英文名为 The University of Great China①。

本日,被全国平民教育促进会推为代表,与陶行知等筹划全国教育经费委员会会议。

七月二十四日　大夏筹备在宜昌路一一五号召开第一次筹备会议,通过《大夏大学组织大纲》。议决设立文、理、教育、商、预五科,并推定各项章程起草委员,着手组织筹备委员、董事会等事宜。

七月底　协助陈果夫为黄埔军校在上海招募教导团士兵。陈果夫回忆云②:

> (黄埔军校)校长(蒋介石)转来一张总理的委任状,要我与赵澄志、刘祖汉三人为招兵委员,并由校长指定我主持其事,那是为了黄埔第一、二两团教导队招募的;校长要我们在江、浙、皖三省招募新兵。王伯群参与上海招生工作③。

八月八日　被推为大夏董事长。先生与吴稚晖、汪精卫等先后出任校董。至八月中旬,大夏董事会完成组织工作,第一任校董有王伯群、吴稚晖、汪精卫、张君劢、叶楚伧、邵力子、邓萃英、林支宇、陈树霖、欧元怀、王毓祥、傅式说等十二人。王守文忆述道④:

> 学校的领导人,教授们请王伯群出面组织校董会。……经开会

---

①　大夏大学校名也翻译为"The Great China University"。
②　林家有、张磊主编:《孙中山评传》,广东人民出版社,2014年2月,第665页。
③　毛思诚编:《民国十五年以前之蒋介石先生》,南京1937年,第281页。
④　王守文:《王伯群创办大夏大学始末》,政协黔西南州委员会文史资料研究委员会编:《黔西南州文史资料选辑》(第五辑),1985年,第150页。

公推王伯群为董事长，马君武博士为校长，马系德国柏林工业大学化学博士，曾任广州军政府秘书长。

八月二十五日至九月十一日　以大夏大学董事长名义，在《申报》等发布续招男女新生广告。

本日，大夏原租定宜昌路一一五号校舍不敷应用，另于劳勃生路（今长寿路）致和里租定新建洋房四十余座。

九月十六日　大夏校舍由宜昌路迁至小沙渡路（今西康路）二〇一号，同时迁入劳勃生路致和里宿舍。新生录取工作陆续进行。文科教授聘定潘大道、张梦九、范寿康、曾志民、龚质彬、邵力子、叶楚伧、邓峙冰、林天兰、何炳松①、冯冕；理科聘余泽兰、周文达、吕子方、李拔峨、傅式说；教育科聘朱经农②、俞庆棠、程树仁、程湘帆、鲁继曾③、李石岑④、欧元怀；商科聘唐荣滔、陈熹、陈长桐、贺蕃、童逊瑷、王毓祥等。

九月二十日　与叶楚伧、邵力子等出席大夏在槟榔路（今安远路）潘家花园举行的秋季开学仪式，并发表演说，表示将极力援助之热忱。《申

---

①　何炳松（1890—1946），字伯臣，浙江金华人。美国威斯康辛大学政治科学士，普林斯顿大学政治科硕士。历任北京大学、北京高等师范学校、光华大学教授，上海商务印书馆编译所所长、浙江省立第一师范学校、暨南大学校长等职。译有《新史学》《西洋史学史》，著有《近世欧洲史》《历史研究法》《通史新义》等。

②　朱经农（1887—1951），原名有，又名经，浙江浦江人。曾赴日本及美国留学，获得硕士学位。历任北京大学、北京师范大学、沪江大学教授，光华大学、中国公学副校长，商务印书馆编译所国文部主编，上海市教育局长，国民政府教育部常任次长等职。译有《明日的学校》等，著有《初级中学教育》《近代教育思想七讲》《教育思想》等。

③　鲁继曾（1892—1977），字省三，四川阆中人。美国哥伦比亚大学硕士。历任之江大学教育系主任、上海市教育局科长。大夏大学成立后，先后担任预科主任、教务长、教育学院院长等职。抗战期间，主持大夏沪校校务，并创办大夏香港分校。一九五〇年赴香港，在由大夏校友创办的香港光夏书院任教。著有《中学教学实际问题》，译有《教育社会学原论》《生路》等。

④　李石岑（1892—1934），湖南醴陵人。早年留学日本，1919年担任商务印书馆编辑，主办《民铎》杂志。历任大夏大学、光华大学、暨南大学哲学教授。1927年赴法、英、美、德等国考察西方哲学。1930年倡导"新唯物论"。著有《中国哲学十讲》《希腊三大哲学家》《现代哲学小引》《哲学概论》等。

报》以《大夏大学开学纪》为题进行报道,谓①:

> 大夏大学筹备已就绪,昨(二十日)假潘家花园行秋季开学式。校董到者如张君劢、王伯群、林支宇、叶楚伧、邵力子诸君,及新聘教授新旧学生数百人。下午二时开会。先全体起立唱国歌。……次林支宇、王伯群二君均有演说,皆勉勖有加,并表示其极力援助之热忱。

十一月二十二日　主持大夏董事会,叶楚伧、邵力子、马君武②、张君劢、汪精卫等出席。先生说,群情属望吴稚晖先生,但迭次请求,均未允许。近日又闻吴先生有病,请公议办法。各董事全体推举王伯群为董事会主席,马君武为校长。会后,主持介绍汪精卫道德学问及历年奔走国事之功绩后,陪同汪登坛为全体师生做报告。

十二月十四、十六、十八日　以大夏主席董事名义,与校长马君武在《申报》等发布招收本科文、理、教、商和预科插班生广告。

十二月二十五日　为新创刊的《大夏周报》撰文。

十二月二十七日　邀请夏元瑮③教授做“相对论”演讲。

---

① 《大夏大学开学纪》,《申报》,1924年9月22日,第11版。

② 马君武(1881—1940),原名道凝,号君武,广西桂林人。先后留学日本京都大学、柏林工业大学,获博士学位。1905年参与组建同盟会。1911年辛亥革命成功后,参与起草《中华民国临时约法》《临时政府组织大纲》。历任中华民国临时政府实业部次长、孙中山革命政府秘书长、广西省省长、北洋政府司法总长、教育总长。历任大夏大学校长、广西大学校长等。翻译并撰写《民约论》《自然创造史》《达尔文》《中国历代生计政策批评》等著作。

③ 夏元瑮(1884—1944),字浮筠,浙江杭州人。长期担任大夏大学教授、理学院院长、教务长。早年就读南洋公学,先后在伯克利大学、耶鲁大学、柏林大学深造。历任北京大学理科学长和物理学教授、物理系主任,北平大学女子文理学院院长兼工学院物理学教授,北平大学代校长。翻译出版爱因斯坦名著《相对论浅释》。

1925 年(民国十四年　乙丑)　四十一岁

一月　大夏新聘各科主任及教师。董事、教职员、学生等皆为学校基金募集工作积极展开行动。①

二月十六日　大夏正式上课。同时添聘周明衡、陈柱尊、郭沫若、马宗霍、刘湛恩、陈长桐、夏元瑮等为教授。

三月十二日　孙中山逝世。消息传来,先生极度悲伤,组织大夏学生静默哀悼,并议决筹备追悼会;决定十三日停课半日,前往莫利爱路(今香山路)孙中山寓所吊唁。

六月一日　与石醉六、杨杏佛②,及学生三百余人在潘家花园出席建校一周年纪念大会。

六月二日　大夏教职员、学生分别发表函电,宣布全体罢课支援"五卅"运动抗议活动。

六月四日　以大夏主席董事名义,与校长马君武在《申报》等发布大夏暨高师附中招生广告。

---

①　《大夏大学近闻》,《申报》,1925 年 1 月 7 日,第 11 版。

②　杨杏佛(1893—1933),原名杨铨,字宏甫,江西清江人。先后入上海吴淞中国公学、康乃尔大学、哈佛大学。同盟会会员。历任孙中山临时总统府秘书处收发组组长、南京高等师范学校教授、东南大学工学院院长和中央研究院总干事、中国民权保障同盟副会长兼总干事等职。

六月十五日　大夏学生会再次针对"五卅"事件发表宣言。①

七月二十七日　北洋政府教育当局派员视察大夏后，认为学校教授管理认真，学风成绩俱佳，准予立案试办。

七月　大夏高级师范专修科秋季开班，确定课程及担任教授。

九月五日　大夏胶州路三〇一号新建校舍落成，并开始迁入。该校舍为砖木结构方形三层大楼，第一层为礼堂、图书馆、实验室、办公室；第二层有教师十四间；第三层为学生宿舍，有寝室五十二间，可容纳学生约三百人。②

九月十日　大夏新旧学生开始办理缴费注册手续，十六日正式上课。本学期注册学生七百余人，教授七十余人。③

九月　大夏胶州路新校舍宿舍、体育场地等不断扩建。《大夏周刊》载④：

> 本校暑中租定新校舍对面之停园一所，为女生宿舍。兹因来校女生，非常拥挤，该宅已不敷用，刻又租定胶州路八十二号洋桥近块之大住宅一所，俾女生得全体迁入，并请英文教授陈慈爱先生，及附中数理教员范冰心先生迁往该处，分任女生指导事宜。新校舍对面之亭园，拟即改为教职员俱乐部云。

十月九日　出席大夏补行开学典礼，师生共八百余人到会。

十月二十六日　邀请胡适在大礼堂做《怎样去思想》的演讲。

> 大夏昨请胡适到该校演讲。上午十时半在大礼堂开会。到会听讲者达八百余人。首由教授王祉伟介绍。次胡博士略谓，今日谈谈怎样去思想的问题约分思想、历程为五阶段：（一）困难的发生

① 《大夏大学学生会最近宣言》，《申报》，1925年6月17日，第11版。

② 《私立大夏大学一览》，1926年1月，第4页。

③ 《私立大夏大学一览》，1926年1月，第5页。

④ 《女生新宿舍已定》，《大夏周刊》，第22期，1925年9月28日。

（二）指定困难的所在（三）假设解决困难的方法（四）选定假设（五）证验。

十二月十六日　大夏图书馆发布藏书楼募捐启事，谓①：

> 本大学顺时势之要求，赖国人之势力，建立于沪渎已历岁，除本期以来益形发达，校舍已建设备渐完，教授已达六十，生徒已将九百，惜是成立未久，图籍尚希闻见，阮有未周，财力尤多，不隶研诵，摩琢甚感困难，用是敬告邦人，乞援大雅，或招青箱之赠，或赐董金之助，庶几集服可以成裘，积水终能为海，学校既受其宠赐，国家亦赖其休光，美哉盛举，企予望之。

十二月二十五日　在大夏主持云南起义纪念大会，全体师生出席，并邀请石醉六先生发表演讲。

---

① 《图书馆动员大会》，《大夏周刊》，第 25 期，1925 年 12 月 19 日。

1926年(民国十五年　丙寅)　四十二岁

　　一月十三日　大夏学生雷荣璞、陈文、吴世华三人利用墙报制造革命气氛,被学校除名和记过处理。有少数激烈学生借此要求推翻另组学生会,酿成风潮。

　　一月十四日　大夏李石岑、朱经农、何炳松等教授六十余人发起组织,于各大报刊发表护校宣言,申明立场。报载①:

　　　　大夏教授李石岑等昨发出宣言,以为该校永久办学宗旨。宣言云:大学为研究学术培养德性机关,非政党活动之地,同人等以为在大学中无论师生对于各种主义尽可自由研究,唯不应藉作宣传及活动之地盘。同人等掌教大夏,对于本校读书运动众志成城之宗旨始终不渝,如有妨害本校名誉,扰乱本校秩序者,即视为非吾人之同志,不与合作,谨此宣言。

　　一月十九日　大夏附属中学自春季起租赁潘家花园内祠屋改建为教室,并计划改革附中课程编制。

　　二月十六日　与窦居仁、何纵炎赴杭州为王文华扫墓,并游西泠印社等。

---

　　① 《大夏大学教授宣布办学宗旨》,《申报》,1926年1月14日,第10版。

四月二十日　大夏校务议会议决办理暑期学校，聘艾伟博士为暑校主任，筹备一切。

四月二十六日　大夏学生会与校务议会举行联席会议。

五月四日　主持大夏"五四"运动纪念大会。

五月中旬　大夏公布《大夏学生会章程》。

六月一日　出席大夏建校两周年纪念日活动。分别参加上午的校庆纪念大会、下午的田径运动会和晚上的游艺大会。

六月四日　聘陈伯庄为大夏附中主任。

七月二十二日　出席马君武召集的暑期学校全体职员学生大会，讨论下一年进行计划。

本日，出席马君武设宴欢迎新校董王省三仪式。

七月二十三日　大夏高等师范科专修科获江苏教育厅立案。

九月十八日　出席大夏秋季开学典礼并致词。

1927 年(民国十六年　丁卯)　四十三岁

一月四日　北伐战争节节推进,大夏师生更动频繁。接陈伯庄辞大夏附中主任函,校务会议推举郑通和继任。[①]

二月十九日　马君武辞任大夏大学校长。大夏改校长制为委员制,先生被校董事会推选为委员长。

二月二十四日　大夏改组后,先生将本学年计划规定如下[②]:

(一)行政方面:实行委员制,学生代表得出席于委员会议,以贯彻师生合作之精神;各机关之职务实行列举的规定科学的处理,以增进学校行政之效率;(二)学业方面:发展该校之特长,适应环境之需要,为设立学科之标准,于最短期内添办艺术体育等专修科;添聘海内知名之专门学者担任教授授;尊重学术研究自由及鼓励社会服务,以读书不忘救国,救国不忘读书为本旨;研究时代思潮,发表具体言论为青年思想及社会舆论之指导;(三)经费方面:规定常年预算,以各机关经费独立维持为标识;组织大规模之募捐团,谋经费之发展及`

---

① 郑通和:《忆大夏大学开创初期缔造之艰难》,《学府纪闻·私立大夏大学》,第22—23页。

② 《大夏大学改委员制后之进行计划》,《申报》,1927年3月3日,第17版。

校基之巩固;(四)设备方面:极力增进图书馆之效率;扩充理科设备等之器具;(五)毕业生方面:接洽社会各方面,使毕业生有充分服务之机会;联合毕业生组织校友会谋母校之发展。

三月十二日　孙中山先生逝世纪念,发布大夏停课一天。

三月十四日　上午,邀请凌济东、张幼山、查良钊三博士来大夏演讲。

四月一日　大夏举行大学委员长王伯群就职典礼,典礼由王省三主持。

四月九日　英军擅入大夏搜查,结果并无任何危险物,惟横施蹂躏,各界纷来慰问。上海交涉署向英领事提出严重抗议。报载①:

> 沪英军越界搜查大夏,业志昨报。兹据国闻社上海九日下午七日[时]二十七分电,今晨大夏学生,被英兵殴伤八人,其肩骨被击断。原因以英捕日前闻该校附近有枪声,查无着落,昨该校两生被捕,搜出西文劝告英兵传单,致启英人疑心。又上海九日电,佳(九日)晨五时,英军数十名越境至华界胶州路大夏,毁图书馆,伤学生六人,仆役二人。内学生二人受重伤,一折肩骨,一伤脑后,搜检结果无所获,遂扬长而去。

四月十八日　国民党中央和国民政府在南京成立。

四月二十九日　中央政治会议上海临时分会在新西区召开第十次会议,会议决议加派王伯群、张知本为教育委员会委员。

五月十二日　被国民政府正式任命为交通部部长。②

五月十三日　中央政治会议上海临时分会第二十一次会议,会议讨论王伯群函辞上海教委委员,决定欧元怀代任。

六月一日　出席并主持大夏三周年纪念与毕业典礼。校董王省三、

---

① 《沪英军殴伤大夏大学学生》,《世界日报》,1927 年 4 月 11 日,第 2 版。
② 命令:《中华民国国民政府公报第 2 期》,国民政府秘书处,1927(9)。

赵晋卿,中央教育委员会上海教委代表褚民谊①,上海政治分会代表徐佩璜及杨杏佛、朱经农,江苏教育厅代表程时煃等受邀出席。在致辞中,先生指出:"大夏师生富有平民精神、奋斗精神与建设精神,不甘屈于资本家的压迫之下自动组织大学。三周年以来,外面虽有环境之压迫,内面虽感办事之困难,但始终努力,成绩斐然,今年来虽处于极严重的时局之中,亦能应付裕如,不受影响,鄙人对于本校师生不能不表十分钦仰之意。"

六月十三日　提议国民政府委任吴健为南洋大学校长。

六月　聘请美国康奈尔大学理科博士邵家麟、哥伦比亚大学哲学博士黄敬思、密歇根省立大学哲学博士杨开导担任大夏教授。

七月五日　感于国家交通人才之缺乏,拟于大夏商科自秋季起添开交通管理系,其学程包括铁路、邮政、电政三种,以期造就国内交通人才以资应用,教授人才拟请现任铁路、邮政、电政各部专家担任。

七月十日　自南京国民政府颁布私立学校立案条例后,先生即令大夏先向国民政府征询各项手续,积极筹备,并招收三年制高师预科。

七月十六日　签发交通部派符鼎升暂行代理南洋大学校校长训令。令谓②:

> 查该校校长一职前已令委吴健接冲在案,在吴校长未接事以前,应派符鼎升暂行代理,除委任外合亟令仰该校知照,此令。

本日,签发交通部令南洋大学原驻校学生离校的训令。令谓③:

---

①　褚民谊(1884—1946),字重行,浙江湖州人。大夏大学校董。留学日本大学、法国斯特拉斯堡大学,获医学博士学位。历任同盟会本部驻上海机关部总务长、广东大学代理校长兼广东医学院院长、国民党中央执行委员、国民卫生建设委员会委员长、行政院秘书长、中国国民党新疆建设计划委员会主任委员。1940年3月,历任伪国民政府行政院副院长兼外交部长、访日特使、伪广东省长兼保安司令、广州绥靖主任。后被南京高等法院被判处死刑。

②　《交通大学校史》撰写组编:《交通大学校史资料选编第二卷》,西安交通大学出版社,1986年5月,第1页。

③　同上。

令南洋大学保管员王镜如：查南洋大学业经结束停办改组第一交通大学，在此停办改组期冉所有原驻该校学生均应离校，以便筹划布置，合亟令仰该员鄂便转告各生一体遵照，此令。

本日，南洋大学改为交通大学，先生兼任校长。

八月六日　南京国民政府教育行政委员会向各省私立学校发布通令，要求所有学校皆行校长制，废止委员制。

九月十三日　大夏秋季开学典礼，先生因公未出席。

九月三十日　大夏委员会议决成立校务发展委员会，筹划学校发展事宜。

十月八日　下午，在大夏全校师生恳亲大会上致辞，指出学生求学必需认定两大目标：（一）为如何求学；（二）学后如何应用。

十月九日　中午，在上海大东酒楼宴请大夏全体教职员，校董王一亭、马君武、王省三、虞治卿、赵晋卿暨教职员六十余人出席。先生发表致辞，指出"大夏创始仅三阅载，蒸蒸日上，几欲驾全国各大学而上之，此种成绩均赖董事诸公与教职员艰苦奋斗之力。"

十二月十六日　大夏附中租定戈登路（今江宁路）麦根路口（今泰兴路）八十四至九十号洋房两大座为校舍，并决于下学期添办高中。

1928 年(民国十七年　戊辰)　四十四岁

一月三日　出席并主持大夏本科第三次、高师科经二届冬季毕业典礼并致开会词。胡适、校董马君武、赵晋卿,实业部部长孔祥熙[1]、交通大学代表王承让、第四中山大学普通教育行政部部长程柏卢等发表演说。大夏毕业计本科四十一人、高师科三十四人。

二月初　签发交通部关于蔡元培任第一交通大学校长的训令,谓[2]:

> 令代理第一交通大学校校长符鼎升:为令遵事本月二日准,国民政府秘书处函开现奉国民政府令开,任命蔡元培为国民政府交通部直辖第一交通大学校校长此令等因奉此,除填发任命状并公布外,相应录令亟达查照等因,准此合行令仰该代校长俟蔡校长莅校时,即便遵照交代呈报,此令。

二月十三日至十五日　大夏春季开学,学生开始缴费注册,录取新生一百五十余名。二十日正式上课。

---

① 孔祥熙(1880—1967),字庸之,号子渊,山西太谷人。大夏大学校董。先后创办铭贤学校、祥记公司、裕华银行等。历任广东革命政府财政厅长,武汉国民政府实业部长,南京国民政府实业部长,财政部长,行政院副院长、院长、中央银行总裁和中国银行总裁等职。

② 《交通大学校史》撰写组编:《交通大学校史资料选编第二卷》,西安交通大学出版社,1986年5月,第2页。

二月十四日　批复程孝刚为第一交通大学秘书长。

二月二十日　与吴稚晖、杨杏佛参加蔡元培就任第一交通大学校长仪式并作训词。

三月四日　在大夏春季开学典礼上致辞。大夏注册学生九百余人。

三月五日　主持大夏行政委员会，议决恢复校长制。会议推举王伯群为校长，欧元怀为副校长。大学委员会改名为校务会议，为全校议事最高机构。关于学校行政制度此前多次变更。王毓祥、傅式说对大夏行政分工曾有详细说明①：

　　甲、行政制度之变迁　本校行政制度，先后凡经四易：第一期为委员制，第二期为校长制，第三期复为委员制，第四期复为校长制。十三年立校之始，因诸校董散处各地，未易集会，暂由欧元怀、王毓祥、傅式说等八教授，组织校务行政委员会，维持校务。至十一月二十二日，乃召集第一次校董会，公推马君武博士为校长，王伯群先生为主席董事，校务发展，蒸蒸日上。十六年一月，马校长因广西大学关系，坚决辞职。当时国民政府主行委员制，本校乃更校长制为委员长制，由董事会推举王伯群先生为大学委员长，改校务行政委员会为大学委员会，由委员十人组织之。十七年三月，遵照大学院颁布学校条例，复改委员制为校长制，由董事会公推王伯群先生为校长，欧元怀先生为副校长，同时复将大学委员会改为校务会议。迄于今日，未有变革。行政基础，盖已日臻巩固之域矣。

　　乙、行政组织之体系　本校以校董会为最高机关，其主要职权为筹集大学基金及选举正副校长等。校长为行政首领，同时为校务会议主席。副校长襄助校长处理校务。校长下设大学秘书、教务长、会计主任、事务主任、群育主任、各学院院长、各科主任、招生及入学审查部主任、图书馆长及附设大夏中学主任各一人。校务会议即由上述人

---

① 王毓祥、傅式说：《十年来之大夏大学》，《大夏周报》，第 11 卷第 8—9 期合刊，1934 年 11 月 3 日。

员与教授代表三人所组成。校务会议下设考试、教务、财务、事务、图书及生活指导等六委员会，以校长、教务长、会计主任、事务主任、图书馆长及群育主任为当然主席。教务委员会下设教授会议、各学院院务会议及各科科务会议。生活指导委员会下设群育、卫生、体育、军事训练四部。教务长设教务处，分注册、课务、成绩、统计四股。又注册主任辅助教务长主持注册及招生入学事宜。会计主任设会计处，分簿记、出纳、统计三股。事务主任设事务处，分庶务、斋务、卫生、收发、印刷、统计六股。图书馆分事务、阅览、编目三股。通力合作，处理校务。

四月二十八日　出席大夏校长就职典礼和春季师生恳亲会。校董马君武主持，董事赵晋卿代表董事会授印。蔡元培、杨杏佛、上海市市长张定璠等出席。先生在就职典礼上谓："鄙人对于大夏毫无功绩可言，此后既承董事会委以校长职权，当黾勉从事，与董事诸公暨欧副校长、全体教职员、同学共同努力。唯念大夏创始，一方承各方面之援助，一方在大夏本身，确有特别精神与光荣历史，就是第一是创造精神，第二师生合作，第三大夏同人能刻苦自治，可以为社会表率，养成良好之社会风俗，以很少经费办极大事业，以很大房屋容千余学生，这都是刻苦勤奋的表现。"[1]

五月五日　上海各大学教职员联合会推举大夏为执行委员会主席。

五月十五日　被上海市学联军委会聘为军事顾问。

五月十七日　出席蔡元培主持的全国教育会议招待午宴。

六月八日　接上海市学联会军事训练委员公函，请求为全沪学生军大检阅提供免费运输，先生允许火车免费接送。函谓：

敝会定于六月十日、举行全沪学生军大检阅，业承军委会及钱司令正式允准，惟检阅定假西门公共体育场、北市吴淞真茹方面同学以道远不及，特请钱司令转达沪宁路局届时准许免费接送，惟路局负责人未能了解真意，故派陈翔、温广彝两君趋前接洽、即请亲谕路局，特

---

① 《大夏大学校长就职补志》，《申报》，1928 年 5 月 2 日，第 11 版。

为派车免费,是为至祷。

六月九日　主持大夏毕业典礼,并授予学位及文凭。邀请淞沪警备司令钱大钧致训词。本学期大夏应届毕业生一百七十八人。

六月十九日　出席国民政府委员会第七十三次会议,任命王伯群提请的简任参议符鼎升为交通部总务处处长。

六月二十一日　签发交通部关于蔡元培辞职并任命王伯群为交通大学校长的训令。令谓①:

> 令第一交通大学校:为令行事案准国民政府秘书处函开案奉,国民政府令开兼国民政府交通部直辖第一交通大学校长蔡元培呈请辞职,蔡元培准免第一交通大学校长兼职,此令。
>
> 又奉
>
> 令开任命王伯群兼国民政府交通部直辖第一交通大学校长此令等因奉此分别填发任命状,并公布外应录令亟达查照等因,准此合函令仰该校即便知照,此令。

七月一日　出席第一交通大学校长就任典礼,仪式由蔡元培主持。蔡称部长兼任校长有"三利":一是能知道国家需要何种人才而培养;二是经费容易筹措;三是人才可以做到学以致用。

程志政在《记第一交通大学之空前两大盛典》文章中,忆述先生就职校长经过。兹摘录如下②:

> 驰誉全国,而以造就交通人才着称之上海第一交通大学,自春间蔡孑民先生来,经营规画,颇着劳绩。旬日以前,蔡氏以平津光复,政

---

①　《交通大学校史》撰写组编:《交通大学校史资料选编第二卷》,西安交通大学出版社,1986 年 5 月,第 2 页。

②　程志政:《记第一交通大学之空前两大盛典》,《申报》,1928 年 7 月 3 日。

务倥偬，对于各校校长，为难兼顾，乃毅然提出辞职，旋国府即明令任交通部长王伯群为该校校长，并以该校情形独异，仍准由交通部直辖，以资扩充。……前日(一日)下午二时，王校长特由京莅校，行就职宣誓典礼，同日业举行直隶国民政府后之第一次毕业式，师生来宾之莅止者，可千余人。礼仪之隆，情况之盛，实属该校从来未有之新纪录。

……王伯群之宣誓式。二时由海军总司令部军乐队奏乐开会，雅乐琤琮中，见蔡元培、王伯群等缓步而入。就职时，王校长偕蔡先生登台，王左蔡右，面总理遗像北向，王即高举右手，朗诵誓词，盖蔡氏奉国民政府及中央党部前来监誓，亦可见国家对该校重视之一斑矣。

七月十日　大夏大学第三期暑期学校开学，注册学生四百五十人。

八月九日　大夏劳勃生路女生宿舍开始兴建。

八月二十七日　接待北平交通大学旅沪同学会代表，表示北平交大不会南迁。《中央日报》载①：

自全交会议通过北交大归并上海一案后，引起该校全体之反对，同时上海交大亦以表宣言，驳斥提案人之谬误，已见各报。兹悉昨日北交大旅沪同学会代表，访见王伯群氏，请表示态度。据王氏云：北平交大因限于校址，为图扩充起见，暂时南迁，并非取消。外交致多误会，将来仍当三院分设，上海办机械，唐山办工程，北平办管理。现交通部为慎重起见，特设审查委员会，关于北交大暂时要否南迁，尚在计虑，并接收各方之建议。该代表等认为目的虽佳，但办法不妥，仍继续抗议南迁云。

九月八日　签发关于交通大学等更名的训令。令谓②：

---

① 《北平交大归并问题　王伯群部长之谈话》，《中央日报》，1928年8月28日，第2版。

② 《交通大学校史》撰写组编：《交通大学校史资料选编第二卷》，西安交通大学出版社，1986年5月，第3页。

为令遵事案查本部直辖交通大学组织大纲,业以部令第一三九号修正公布在案,前设上海之第一交通大学应改称为交通大学机械工程学院、电机工程学院及交通管理学院。唐山之第二交通大学应改称为交通大学土木工程学院。北平之第三交通大学应改称为交通大学交通管理学院分院,此令。

九月二十一日　大夏秋季开学,新旧学生开始缴费注册。二十五日正式上课。本学期注册学生一千零四十五人,其中大学部学生八百八十人人,中学部一百六十五人。

九月　颁发《交通大学章程》,确定"本大学以培养交通及工业专门人才谋实现三民主义为宗旨"。颁布《交通部直辖大学组织大纲》,规定交通大学直辖于交通部,在交通部长之下设置校务监督员,对学校各部门的工作进行全面监督。学校设校长一人总理校务,秘书长一人负责秘书处工作,机关各部、馆设主任一人掌管该部、馆事宜。主持制定《交通大学体育规章汇览》。自本月起,交通大学教职员工发全薪,学校经费从以前的每月一万五千增至二万元。①

十月八日　邀请何应钦②校董为大夏师生做《关于青年之责任》演讲。何略谓③:

　　(一)大夏过去历史之光荣;(二)大夏现在全国社会上之美誉;

---

① 陈华新主编:《百年树人——上海交通大学历任校长传略》,上海交通大学出版社,1997 年 9 月,第 104 页。

② 何应钦(1890—1987),字敬之,贵州兴义人。大夏大学校董,王伯群三妹夫。毕业于日本陆军士官学校。历任贵州讲武学校校长、黔军参谋长、黄埔军校总教官兼教导第一团军长、国民政府委员、浙江省政府主席、陆海空军总司令部参谋长、军政部部长、第四战区司令长官、中国远征军总司令、中国战区中国陆军总司令、中国驻联合国安理会军事参谋团中国代表团团长、国防部长、行政院长等职。1949 年赴台湾,历任"总统府"战略顾问委员会主任委员、中华民国联合国同志会董事长、三民主义统一中国大同盟主任委员等职。

③ 《何应钦在大夏大学演讲》,《申报》,1928 年 10 月 10 日,第 11 版。

（三）大夏师生合作精神之特点；（四）对于大夏同学之希望：（甲）对于学术，尤其科学应有深造之研究，（乙）对于体格应有坚强之锻炼，尤其军事学识应有相当之认识，（丙）不可忘记国耻，尤须竭力提倡国货，（丁）对于中国旧道德应有相当之采纳，（戊）应将大夏之精神，发扬于全社会上。

十月十一日　在南京女中做演讲。

十月十五日　大夏召开第二十七次校务会议。决议此后周期集会拟请下列各人来校演讲：褚民谊、郑毓秀、王正廷、邵力子、叶楚伧、钱永铭①、陈光甫、杨杏佛、马寅初、周雍能、蒋梦麟、何香凝、胡适之、刘大钧、吴稚晖、赵晋卿、陈行、张嘉璈、黄伯樵、韦悫、李煦谋、颜福庆、何世桢、陈果夫、胡汉民、戴季陶、孙科、宋子文、谭延闿、余日章、何应钦、邓振荃、孔祥熙、李景林、王宠惠。

十月二十日　受无锡实业家荣宗敬②之邀，与上海市长张定璠乘沪宁中快车由沪赴锡，游览各名胜。二十二日回宁。

十月二十七日　大夏纪念周会，邀请褚民谊演为大夏师生做《体育与卫生》演讲。

秋　倡导恢复吴淞商船学校，指定航政司船务科长杨志雄负责筹办，收回吴淞校舍。复校初，仅设驾驶科。

十一月九日　主持交通部部务会议，除移交国道事务外，还主动提出"职部交通大学系分设上海、唐山、北平三校……大部分属于造就铁路人才"，"职部交通大学及留学各事拟请一并移交铁道部管理办理，以专责成而明系统。"③

---

①　钱永铭（1885—1958），字新之，以字行，上海人。大夏大学校董。早年留学日本，历任交通银行经理、财政次长、全国实业银行常务董事。1929 年辞官经商，任中兴煤矿公司总经理，中兴轮船公司董事长、国民参政员，交通银行董事长等职。曾任中华职业教育社董事会主席、复旦大学代理校长等职。

②　荣宗敬（1873—1938），名宗锦，字宗敬，江苏无锡人。大夏大学校董。荣德生之兄。早年经营钱庄，先后在无锡、上海、汉口、济南等地创办保兴面粉厂、福兴面粉公司、申新纺织厂。被誉为中国的"面粉大王"和"棉纱大王"。

③　《中华民国国民政府行政院令第 84 号》，《铁道公报》1928 年第 1 期，第 28 页。

十一月十三日 参加国民政府行政院第三次会议,会议决议王伯群辞任交通大学校长(兼),由孙科继任。

十一月十五日 参加孙科接任交通大学校长仪式并致词。表示,本校校长之更动,外界颇以为非学校之福,实则此举系进步的,因孙先生新自海外归来,对于学校,必有不少之贡献。

十一月十九日 大夏召开第三十二次校务会议,报告先生经募捐款七千五百元,以五千元还女生寄宿舍建筑费。

十二月二十四日 邀请并主持戈公振来大夏做《新闻教育的目的》演讲。

1929 年(民国十八年 乙巳) 四十五岁

一月十一日 向财政部交涉,提议恢复吴淞商船学校,常年经费暂定九万元。

一月十三日 邀请并陪同教育部长蒋梦麟出席大夏毕业典礼。本学期大夏毕业生一百零三人,其中本科毕业生四十九人,师范专修科毕业生五十四人。未毕业生赠予校纪念品。

先生在致开会词指出,本校自成立迄今,未及五载,学生数增加至五倍以上,毕业生之服务社会者,颇得各方之信仰,固由社会人士之援助,各教职员之热心校务,及各同学之合作与努力求学所致,而本校特殊之点,尤在于革命化、平民化与科学化,现当国家建设伊始,急需高深学术之人才,深望诸君成为有用之材以备党国之需,此外尤须注意于思想之统一与适应社会之环境。

一月 为《大夏季刊》第一卷第一期撰写发刊词。文章指出,窃谓吾人于学术之研求,不宜强分新旧。凡过去之腐旧与未来之新奇,倘违反时代之进化,或妨碍我民族之生存者,均在淘汰拚绝之列。故今后宜如何适应世界潮流,体察国家情势,以发挥吾学界固有之精神,而不致重蹈覆辙,非吾辈青年认清方向,择善而行不能策其程功者也。

二月十九日 聘王毓祥为大学秘书兼校务发展委员会主席,傅式说为会计处主任兼财政委员会主席,鲁继曾为教务处主任兼教务委员会主席,吴浩然为总务主任兼事务委员会主席,蓝春池为招生及入学审查部主任。

本日，出席行政院第十五次会议。会议讨论通过先生提出的议题，即在吴淞商船旧校地址，续办吴淞商船专门学校，拟具计划书、开办费及全年度支出预算书。

三月十五日　向上海市房地局购定中山路新校地两百亩，拟筹三十万为第一期建筑费。报载一①：

　　本校校长王伯群先生，五年以来，对本校物质精神两方面，援助备至。近又募集巨款，购置新地址。该地址在梵王渡中山路旁圣约翰大学对面兆丰公园邻迩，该项契约，已经签订，地址将近百亩云。

报载二②：

　　本校自购定新校址后积极筹建新屋，王校长、校董会及校务会议诸公拟筹三十万元左右为第一期建筑费。闻于暑期内，即将兴工建筑云。

欧元怀记述道③：

　　学校原先计划在此处(编者按:指胶州路校区)办十年。但三年之后即 1928 年，学生已达六百多人，房舍不敷应用，特别是理科实验室和图书阅览室过于狭小，必须迁地为良。于是自 1929 年 3 月起陆续在中山北路梵王渡购置基地 200 余亩，另加荣宗敬捐赠的一条校河(丽娃栗妲河)，全部基地面积达 280 亩。1930 年起在此兴建校舍，同年 9 月第一期建筑竣工，全部迁入，胶州路等处校舍则拨归附

---

①　《购置校址》，《大夏周刊》，五周纪念特刊，1929 年 6 月 1 日。
②　《建筑新校舍之近讯》，《大夏周刊》，五周纪念特刊，1929 年 6 月 1 日。
③　欧元怀:《大夏大学校史纪要》，《解放前上海的学校》，第 153 页。

属大夏中学使用。

三月二十一日 大夏呈请立案,教育部派遣朱经农来大夏视察。

三月 聘定朱章宝为大夏群育主任。

四月五日 对本科三、四年级及高师科二年级学生开始施行导师制。

四月九日 教育部批准大夏校董会正式立案。王伯群为董事长,王省三、吴稚晖、汪精卫、邵力子、马君武、杨杏佛、叶楚伧、虞洽卿、欧元怀等二十一人为董事。

四月二十日 大夏大、中二部举行春季运动会,先生担任会长,沈昆南为总裁判。

五月十六日 在交通部招待大夏来京参与运动会之员生并训话。

五月十七日 教育部批准私立大夏大学正式立案。令谓①:

本校校董会自经教育部批准立案了以后,旋即造具学校表册呈由沪市教育局转呈教育部立案。四月三十日,教育部特派孟寿椿参事、陈剑修司长、钟灵秀科长、胡刚复博士来校视察一切,认为完善,批准部令于本[年]五月二十三日已有部送局转校,兹将批文择录如后:

训令七〇〇号令 令上海特别市教育局:为令饬事前据该局呈送上海私立大夏立案表册请准立案等情,当经派员前往视察,兹据该员等呈报视察情形核与私立大学及专门学校条例第三第四两条,尚无不合,应即准予立案,惟该校图书仪器尚欠完备,教学及训育方面亦尚有缺点,应饬于最短期内切实改良,以图渐臻完善。再该校组织编制应候本部所订大学条例及大学规程公布后分别遵改,仰即遵照,此令。

五月二十日 为《大夏年鉴1929》作序,指出:"窃愿同人本自强不息

---

① 《立案部令已到》,《大夏周报》,五周年纪念特刊,1929年6月1日。

之校训,跻大夏大学于世界著名大学之林,则今之胜昔,犹后之胜今,安知再逾五年后大夏之年鉴,不更璀璨美备乎? 则斯刊亦可以不朽矣。"

六月一日　为《大夏周报》纪念特刊撰写《卷首语》,兹摘录如下①:

十三年夏,厦门大学师生二百余人,离校来沪,作读书运动,维时国内学潮时起,各方危疑震撼,不一而足。厦大离校师生,处此恶劣环境之中,曲直是非,殊难自白于世。余适居留黄歇之浦,深表同情,引为同志,加以资助,而大夏遂告成立。

开创初始,赁屋而居,湫隘简陋,几无以蔽风雨,贷资而食,茹苦含辛,几无以继朝夕。举凡物质上应具之事务,直可谓之一无所有,然而师生精神,有逾骨肉,治理校事,有如家事,意喻而色举,朝令而夕行,亲而近,近而密,简而易,易而周。古人之言曰,治国如烹鲜,治大如治小,党国如是,教育亦如是。兴亡成败之机,定于是矣。

五年以来,校务如驹如虹,气象万千,已迥非昔比,而吾人努力奋斗之精神,亦与时俱进。校址之购置,校舍之建筑,仪器标本之设备,图书校具之增加,教学训育之改进,计划种种,务于最短时间求其实现,而以本刊为之嚆矢也。

百年之计,在于树人,将来黉舍巍巍,人才辈出,莘莘学子,蔚为国华,吾人虽不敢以建设自居,然而建设之道,亦自有在也。

六月三日　大夏全体师生为购定校址、立案批准及运动会胜利,举行特别纪念会。

六月十七日　在大夏第五十一次校务会议上,欧元怀报告先生来函催续购校地事。

六月十九日　为《大夏年鉴 1929》撰写《赠本届毕业同学》:"大夏,是从艰难苦斗中得来的;大夏成绩,是师生合作精神团聚而成的。大夏,唯有在继续进步中求生存,亦惟有在不断奋斗中求进步。"

---

①　《卷首语》,《大夏周报》,五周年纪念特刊,1929 年 6 月 1 日。

六月二十二日　假银行公会主持大夏校董会,吴蕴斋、胡孟嘉、徐新六、马君武、赵晋卿、杨杏佛、王一亭、欧元怀、王毓祥、傅式说等与会。先生报告最近校务、购置梵王渡永久校址情形以及建筑新校舍计划。第一期建筑费需款四十万元,全体议决该款由校董会、校长、教职员、毕业生分担筹集,暑期内将新教室先行兴工建筑。

六月二十三日　与杨杏佛、马君武等校董出席大夏毕业典礼并致训词,对毕业后为人处世,继续研究学问恳切勖勉。

六月　因春季在高年级试行导师制效果甚佳,先生决定自秋季学期始在全校推行导师制。

七月五日　大夏暑期学校开始注册,注册学生四百余人。本月八日开始上课,八月十七日测验,十八日结束。

七月十日　大夏附中通过上海特别市教育局私立学校审查委员会核准,正式立案。

八月一日　任命吴泽霖兼任大夏附中主任。

九月一日　吴淞商船学校正式定名为交通部吴淞商船专科学校。先生担任校长,杨志雄为副校长。次年九月,由杨接任校长。

九月十九日　大夏秋季开学,新旧学生开始办理缴费入学手续。本学期学生激增至一千四百四十人。计文、理、教、商、法五学院共五百七十三人;高师科二百十四人,预科四百四十六人,附中二百零七人。

九月二十三日　主持大夏召开校务委员会议。议决:(一)教授代表改为三人;(二)导师制由群育委员会主持;(三)推定陈选善为职业指导部主任,朱章宝为群育委员会主席,陈选善、俞志瀚、时昭瀗、杨正宇、沈昆南、戚毓芳、方重、吴浩然为群育委员会委员;(四)订定奖励附中高中毕业生升入本校办法;推定萧炳实为《大夏季刊》编辑主任。

十月七日　大夏校务委员会决定本科三四年级及高师科二年级均推行导师制。

十月八日　交通部吴淞商船专科学校正式开学。学校将十月八日定为复校纪念日。

十一月四日　大夏召开第五十九次校务议会。根据教育部所颁布之大学组织法和大学规程,议决修订本大学组织名称如下:本科各科改称学院;本科各科主任改称院长;高师专修科及预科科名仍旧;教员分级暂缓实行;理学院添设心理学系;心理实验室与教育学院教育心理合设;商学院添设统计学系;毕业论文作两绩点,须于最后一学年上学期开始时选定题目。

十一月十一日　邀请杨杏佛校董到校作《从时局到个人》的演讲。

十一月十四日　邀请广西教育厅长雷沛鸿校友来大夏演讲。

十一月十八日　大夏校务会议第六十一次会议,通过《学生旅行参观规则》和《学生发表壁报规则》。

十一月　大夏推广导师制,各院科学生选择导师相当踊跃。

十二月八日　为交通部电政司职员欧元德①校友撰写诔词。诔文曰②:

> 猗嗟元德,承亲之志,舍校而市,逐什一之利,以供菽水,而俾其兄宦学于重洋之涘!
>
> 猗嗟元德,仁孝友让,孰与伦比,迨其兄归国,禄足以奉堂上之甘旨,则舍市而校。刻苦自厉,学成而仕,不卑其职,无矿无怠。
>
> 猗嗟元德,悃款相诚,其谁之似,有天德之美,斯为君子,有志引之坚,无愧于士;而乃数竟短于颜回,名未逮于贾谊,惟有寡妻,室无继嗣,宜其父兄为之哀痛,宾像为之雪涕!
>
> 猗嗟元德,天乎人乎! 莫必于理,我为之诔,以诏来祀!

十二月三十日　聘请苏生洋行董大猷、费力伯两工程师绘大夏新校舍图样,登报招标,投标者二十余家,由先生核定,归辛峰记营造厂营造,克日动工。报载③:

---

①　大夏大学副校长欧元怀胞弟。

②　《王伯群:欧元德君诔词》,《大夏周报》,1930 年第 72 期卷,第 21 页。

③　《新校舍建筑近闻》,《大夏周报》,第 69 期,1929 年 12 月 11 日。

本校新校舍,原定本年双十节前后动工,继因校址逐渐扩充,建筑计划亦与初次所定者大有出入。于是再托苏生洋行建筑工程师董大酉、费力伯两君重绘图样,详为规划,分为四期动工。

第一期 教室 冬季动工 七个月完工。

第二期 宿舍 十九年二月动工 六个月完工。

第三期 科学馆 十九年三月动工 五个月完工。

第四期 其他平房 十九年七月迁移 二星期完工。

第一座教室图样及说明书,已经王校长审查核定,并登报招标。现投标者,已有十余家。本礼拜内,即可选定。开工约在本冬季。此座适居校地之中,南向苏州河,备极壮丽,长约二百尺,凡三层,共有大礼堂六(每室容一百卅人),其他较小教师共二十六(每室容五十至百人)。

各室均备铜窗,有充分之光线及阳光。全座用钢骨水泥,正面有月台石柱,宏壮不逊于欧美各大学之建筑。落成后可容学生二千五百人。

宿舍计四座。男生三座,每座容四百人。女生一座,每座容二百人。现图样正在赶制中。

科学馆一座。系槟榔屿戴领事培元捐助。草图现已制就,内有物理、化学、生物、心理、试验室、研究室、光学分析室、图书室及标本陈列室等。一俟得戴领事同意后,即行招标动工。

其他平房,即将在胶州路新建之临时礼堂及教室迁移,作食堂练身室等用。

1930 年（民国十九年　庚午）　四十六岁

一月五日　大夏全体师生参加在中山路举行的新校舍建筑破土典礼，先生因公务不能参加，特撰《新校址破土典礼训词》，训词谓①：

今日为中华民国开国十九初之辰，又适系本校新校址举行破土典礼之日。伯群以政务羁身，未克躬临，与诸同学共逢其盛。惟在此两重庆祝声中，不禁又无限之感想，因以笔代舌向吾全体教职员同学，致其恳恳之微意：

大抵教育之发展，与政治现象成正比例。当此训政开始之第二年，中国国运，因军事整理之渐有端倪，与夫政治建设之日上轨道，正循光明之途勇往迈进。本校校运，其必随国运以日进于无疆，盖可断言。溯本校开办至今，经数年之努力，方由筚路褴褛之草创时期，以至于今日之盛。固赖革命之发展与社会之促进及赞助，有以致之；然非有全体师生通力合作发扬卓厉，莫克臻此！今欣逢此盛大的庆祝典礼，伯群对于本校前途，抱有满怀之乐观与希望，想吾同学欢欣鼓舞之情，亦必有同感者！学校发展之基本条件，厥在精神建设与物质建设，双方并进。换言之：学校设施，内容与外形二者，不可偏废。今日之办教育者，或徒以外形的物质建设相炫耀而置内

① 王伯群：《新校址破土典礼训词》，《大夏周报》，第 73 期，1930 年 1 月 15 日。

部的精神建设于不顾；或则绝不将就物质方面之充实与发展，而施施然窃精神二字为口珠，乃有赁屋三楹而号称为大学者。二者皆失之太偏，而今日大学之能免此二弊者盖寡，殊堪深慨。本校自成立以来，校务蒸蒸日上，不但精神建设之宏富与充实，已彰彰在人耳目；同时在物质方面，亦复随时参酌学校经济之情形，兼程猛进。然以本校发展之速，而经济能力未能与之俱进，自不免有暂时因陋就简之处。此后全校容积日见膨胀，势不能不注意于物质建设，以期与内容精神相适应。一年以来，本校当局所苦心筹维者在此；而全体同学所相与延足企望者亦在此。今幸新校舍之与筑，不久实现；既有相当之基金，与宏观之地址，又有全校师生同心同德为之后盾，孟子所谓天时地利人和三者，兼而有之。校舍巍峨，美轮美奂直指固间事耳，快何如之！全国统一，本校之前途亦将与政治之发展成正比，此固有不期然而然者。更有以知本校前途之光荣，实不可限量，目前之造诣，特他日之椎轮耳。

伯群不敏，承乏校政，值此盛礼，不能无言，因举精神建设与物质建设并重之意聊代吾言，愿与全体同学共励之。

一月十日　邀请马寅初到校做"日本金解禁问题"演讲。

一月十八日　与王云五①出席大夏冬季毕业典礼并分别致辞，授毕业证书、赠纪念品、颁发奖品。

一月　为《交通电信学校校刊》撰写发刊词。云："学以专精，思以文著。咀华含英，尾间共注。发为期刊，恢弘旨趣。电信锡名，网络宏富。虑兹学术，蔚为建树。水眉含珠，山辉蕴玉。紧国之光，岂惟校誉。"

---

①　王云五(1888—1979)，原名王之瑞，字岫庐，上海人。历任孙中山南京临时政府总统府秘书兼教育部科长、上海商务印书馆编译所、东方图书馆馆长，南京国民政府经济部部长、台湾"行政院"副院长。发明四角号码检字法，编撰出版《王云五大辞典》。创立中外图书统一分类法，为国内各地图书馆普遍采用。主编《万有文库》，编印《丛书集成》等。

二月五日　聘吴泽霖代理文学院院长、陈选善代理教育学院院长、俞志瀚任预科主任、卢锡荣任政治学系主任、张耀翔任心理学系主任。

二月二十日　大夏春季开学注册，本期共有学生一千四百四十七人。二十四日正式上课，共开班学程二百零五门，任课教师七十九人。

本日，国民政府教育部奖励大夏校董、新加坡华侨胡文虎①捐资兴学事迹。报载②：

> 星加坡胡文虎，为南洋华侨中之翘楚，平时热心公益久着声誉。去年暑间，上海大夏大学赴南洋英属各埠筹募建筑新校舍经费，胡君以该校办理完善，成绩卓著，遂慨捐国币一万元，以为侨胞之倡业。由该校呈请教育部给予褒奖，以扬仁风。兹悉教育部指令云："呈件均悉，查南洋华侨胡文虎，捐助该大学建筑费一万元，按照捐资兴学褒奖条例，应给予一等奖状，以资激励。除登本部公报宣扬外，合行填发一等奖状一件，仰即转发。此令。"并颁发一等奖状一纸，闻已由该校转寄胡君收领矣。

二月二十六日　大夏校务会议表示，学生代表参与校务，与现行《大学组织法》第十五条及《学生自治会组织大纲》第十五条等规定相悖，因此学生团体代表不得参加校务会议。故决定：因历史及特殊精神关系，为贯彻师生合作，免除隔阂起见，每次校务会议开会，学生会对于校务，如有意见贡献，仍得派代表到会陈述，唯无表决权。

二月二十八日　决定本学期继续推行导师制。

三月十三日　应大夏乐天文艺社邀请，鲁迅来大夏作《象牙塔与蜗牛庐》演讲。鲁迅日记载③：

---

①　胡文虎(1882—1954年)，原籍福建龙岩，生于缅甸仰光。大夏大学校董。南洋著名华侨企业家、报业家和慈善家。创办"虎标"永安，同时先后创办《星洲日报》《星岛日报》等十余家报纸。

②　《教育部奖励胡文虎》，《申报》，1930年2月21日。

③　鲁迅：《鲁迅全集》(第16卷)，人民文学出版社，2005年，第187页。

十三日,晴。……下午往大夏乐天文艺社演讲……

三月二十日　接教育部长蒋梦麟通报鲁迅在大夏演讲情形的训令①。

查民国日报三月十八日觉悟栏内,"叙述暨南大学暨该大学……竟容许反动派在校作公开的反动宣传,不加制止,殊骇听闻。究竟实情如何,应由该校长详细声复,以凭核办。除分行外,合行令仰该校长遵照办理,勿忽勿延。"

三月二十一日　邀请马君武在大夏纪念周会上做题为"由新式养蜂经验想到新式国家的建设"演讲。

三月二十四日　大夏新校舍第一座建筑奠基。基石内置铜箱一只,内贮有先生题"树人之基"四字等纪念物。先生个人为建筑新校舍资助白银六万七千两,折合当时币值十一万多元。②　王毓祥记述③:

至十八年上学期,大学部学生已达一千二百以上,胶州路校舍,摩肩叠迹,深感不敷。校长王伯群先生,慨然以建筑新校舍为己任,惨淡经营,募集大宗基金,于上海苏州河北,中山路旁前后购地计百余亩。并与上海辛峰记营造公司订约,建筑二[三]层西式大讲堂一座,苏生洋行工程师费立白、董大酉二君打样,计占地一万二千七百十五方尺,内容课堂三十二所;于民国十九年三月二十五日奠基,订于同年八月一日落成;建筑费共计规银六万七千余两。兹当奠基之日,谨述大夏初期六年中发展经过,并为之颂曰:

育才兴学,邦国所经,国不能举,乃集于民。繁兹大夏,学府干

---

①　汤涛主编:《王伯群与大夏大学》,上海人民出版社,2015年8月,第237页。
②　《大事记》,《私立大夏大学一览》,1931年,第6页。
③　王祉伟:《大夏大学校舍第一座奠基记》,《大夏周报》,第78期,1930年4月2日。

城。经营惨淡，六载于今。师生邪许，构此奂轮，勖哉来哲，式是
典型。

三月二十五日　函复教育部，说明鲁迅来大夏演讲前后情况，
函谓①：

本月十三日，学校乐天文艺社社员拟请鲁迅演讲，于事前报告群
育委员会请予以核准（属校规则凡学生团体开会或请校外人演讲等
事，均须经群育委员会核准方得举行）。该委员会主席以鲁迅在文艺
界亦负有相当声望，来校演讲，于学生研究文艺之兴趣上不无裨益，
遂准如所请。及演讲既毕，始查悉当时演讲者不止鲁迅一人，所发言
无多涉偏激，并有散发自由运动大同盟印刷物情事，当向乐天社负责
任人差诘究竟。

据称，此次请鲁迅演讲之动机纯为研究文艺，初不料自由大同盟
分子借此机会宣传，惟当时因在场人数众多，为避免纷争起见，故未
遽加制止等情。群育委员会当即告诫学生，嗣后不得参与是项自由
运动，并严禁该同盟分子在校内有任何活动。此属校请鲁迅演讲及
事后禁止自由运动大同盟在校内活动之情形也。

三月下旬　发布图书捐赠启事。启事谓②：

敬启者，本校缔造，瞬届六周，惨淡经营，规模粗备。兹者梵王渡
新校，落成有期，乔迁在迩，内容设备，诸待扩充，二缺需最殷，厥惟图
书。良以典册为一切学术之源泉，大学教育最要之工具，非有丰富之
藏书，不足以资博览而供研究。同人有鉴于此，爰发起募集图书大运
动，希于最短期内征集多量之书籍。在校百余教职员，千余同学，无

---

① 汤涛主编：《王伯群与大夏大学》，上海人民出版社，2015 年 8 月，第 237 页。
② 《募集图书启》，《大夏周报》，第 79 期，1930 年 4 月 9 日。

不量力所至，努力捐集，更望诸君，本向来师生合作之精神，或向桑梓亲戚，或向他乡友朋，力代征募。无论宋元旧椠，欧美新编，均受欢迎。而捐者募者芳名金刻于典册，俾得与书具存，永垂不朽。他日莘莘学子，含英咀华，饮水思源，莫非捐者之赐也。爱校诸友，盍兴乎来！

四月五日　大夏新建男女生宿舍同时动工。男生宿舍两座，每座容纳七百人，女生宿舍容纳四百人。男女生宿舍及学生饭厅、浴室、十二幢教职员宿舍，为新校第一期建筑工程，建筑费共六十余万元。本日为清明节，学校放假一天，全体师生到新校参观建筑工程，并植树四百余株。

四月十一日　晨，上海警探数人将大夏男生李寿林、林乐天、王为雄，女生蒋斐然、郑永英等五人拘捕。事出意外，原因不明。先生指令学校相关人极力营救。

五月二日　偕欧元怀、马君武、王毓祥察看中山路新校舍，报载①：

新校舍第一座大课堂由辛峰记承造，第一男生宿舍及女生宿舍由竞新公司承造，第二男生宿舍由群益公司承造，照合同订定，均将于八月底落成。大课堂长二百尺，宽七十尺，占地面一万三千方尺，计三层楼共有大小课堂三十二间；第一第二男生宿舍每座长二百尺，宽一百五十尺，均曲作∩形，连天井占地面一万九千四百方尺，三层共一百五十余间。大课堂及男女生宿舍，均系钢骨水泥建筑，异常坚固，窗均钢质。各座宿舍内各层均特设休息室、浴室、盥洗室等，全用铁床，不但清洁卫生，起居饮食尤感便利。上列各座照本校新校舍建筑计划不过第一期建筑中之一部，其余如大礼堂，科学馆，图书馆，体育馆，教职员宿舍等均将陆续建筑，因此三家营造公司冀将来获标计，对于此次工程互相竞胜，异当努力。三家工匠千余人，中山道上，运转材料，途为之塞。除本校监工人王君常川驻在该地监视工程，苏

---

① 《新校舍建筑情形》，《大夏周报》，第82期，1930年5月7日。

生洋行费力伯,董大酋雨工程师常到监督,欧,王,傅,吴诸先生,亦时时前去视察,全部工程定能于八月底如期落成云。

新建校舍题名拟定:大课堂取名"群贤堂",第一男生宿舍取名"群策斋",第二男生宿舍取名"群力斋",女生宿舍取名"群英斋"。《大夏周报》云①:

> 新建各座校舍题名业经拟定:大课堂题名群贤堂;第一男生宿舍题名群策斋;第二男生宿舍题名群力斋;女生宿舍题名群英斋。本校自脱离厦门大学来沪草创之始,赤手空拳,毫无把握;幸赖师生合作,贤达赞助,尤仗王伯群校长荟集群贤,悉心擘画,造就群英,群策群力,发扬光大,新校舍之告成,可谓胥受此合群努力奋斗之赐!……本校本着历史经验,凡所设施,莫不在此"群"字上着眼,即校内有群育委员会之设,在国内各大学中亦以本校为嚆矢。是此项题名含义甚广,尤昭示国人以共同之出路。且厦门大学之第一座大课堂题名群贤楼,本校则题名群贤堂,不问彼此含义是否尽同,嬗脱之迹,有可寻焉。

五月九日　接待王毓祥代表大夏来办合同签字。刘百泉来辞行,先生借其百元川资。

五月十七日　与欧元怀、傅式说、吴法然、王毓祥商大夏校务,并同赴中山新校舍地上参观工程。

五月十九日　主持大夏纪念周会,报告校务发展情况。会后,主持校务会议,议决教育学院增设社会教育系,聘马宗荣②为系主任;讨论通过《大夏附设幼稚师范学校简章》,并同全体与会者合影。

---

① 《新建筑题名》,《大夏周报》,第 83 期,1930 年 5 月 14 日。
② 马宗荣(1896—1944),字继华,贵州贵阳人。早年留学日本东京帝国大学,历任大夏大学教授、图书馆长、社会教育系主任、师范专修科主任、总务长等。

五月　接受村民李逖先捐赠大夏地皮三余亩。为表扬义举,确定李氏子孙肄业本校者免学费及宿费学额两名。

六月一日　在《大夏六周年纪念特刊》发表发刊词:"总理谓:'革命基础在高深学位'。语云:'十年树木,百年树人'。际此革命尚未成功,建设亟待着手,社会百孔千疮,国家需才孔亟,本校负教育责任,应着眼社会确定方针,战竞惕励,益加奋勉。"

六月二日　赴吴淞商船专科学校视察,略谓今日中国急要之图,盖一国之航业不振即无以伸足于国际贸易竞争之场,因之而国内工商业俱难有长定之进展,故商船学校之创设,在为航业界储才,而研究航业即所以为党国尽力。

六月十四日　陪同蔡元培,以及杨杏佛、赵晋卿等校董出席大夏六周纪念暨毕业典礼,全校二千余师生参加。此次毕业生计本科四十三人,高师科三十五人,预科七十六人。先生致辞略谓:本校六年以来,内赖师生合作,外仗社会援助,由茅茨而大夏,进步不可谓不速,顾宏基初树,建设万端,此后尤望校内同人之加倍努力,国中贤豪之积极赞助,而毕业生所负对国家对社会以及本校之责任,更不容稍懈。

蔡元培在致词中略谓:"私立大学办理进步速者,推大夏为独步;而推行导师制,尤为开国内各大学风气之先,盖导师制在欧美各国,极为教育家所重视。"①

六月十五日　在华安饭店与四十余大夏毕业同学举行茶会。

六月十九日　接收村民乔鸿增捐地六余亩,李轶伦捐地三余亩。

六月二十九日　为上海民智中小学五周纪念题词:"世界之至乐,无有过于握教育权者矧手创之,校由小学而中学,由数十学生而至数百,由数百而几达于千,挟书而来,卒业而去,升学四方或服务社会,如造森林,吾见其成阴,如植嘉榖,吾见其丰,获乐何如也。然平昔风雨寒燠之关怀,培养邕护之周至,亦云劳矣。语云先难,后获仁者之启迪新知。"

---

①　高平叔撰著:《蔡元培年谱长编第 3 卷》,人民教育出版社,1999 年 3 月,第434 页。

七月十二日　接受杜月笙捐助大夏经费两万元，交欧元怀、傅式说备收条，并嘱致感谢信复之。

七月十三日　下午，与欧元怀谈校事，并相约到惠尔康晚餐。

七月二十日　催辛峰记为大夏建筑赶工，勿延期免受罚。

八月三十日　接受无锡巨商荣宗敬捐赠中山路校区西界西河。西河又称"丽娃栗妲河"，宽五十至八十尺，面积约五十余亩。报载①：

> 西河在校址西界，邻接运动场，宽四五十尺至七八十尺，上源小溪一泓，绕流校址北面，下游经过名地丽娃栗妲（villa RioRita）直趋苏州河。面积五十余亩。水深岸阔，清澈见底，游鱼戏藻，直视无碍，夹岸绿杨，倒影成趣，实避嚣之仙乡，赏心之圣地。该河系无锡巨商荣宗敬氏产业。荣氏经营面粉业，早有面粉大王之称，乐善好义，久著声誉，对于本校尤热忱赞助，此次慨允将西河捐赠本校，以作建设同学健身场所之用。一切布置，将有校景委员会悉心规画，大致有游泳、划船等设备云。

九月一日　大夏中山路新校舍落成，师生开始迁入。报载②：

> 中山路梵王渡一带一片荒野，除土著农人，很少人迹往来，更无店铺可寻。自从本校奠基于此，数百工人工作于斯，运输材料车辆往来不绝，此一片寂寞之地始渐为小本商人注目。校门对过市房先后与工建筑，已完工者计有三十家左右，陆续建筑中者尚不在少数。内中以菜饭馆水果店为多，加非，牛奶，西餐，豆浆，理发等馆无不应有尽有，俨然一市镇景象。其资本较小无力开店，在马路两旁设摊贸易者更不胜其数。从九月十一日本校全体同学迁入后，汽车，运货车，人力车往往来来，络绎不绝，中山道上更形热闹，各店生涯尤为拥挤云。

---

①　《荣宗敬慨捐西河》，《大夏周报》，第7卷1号，1930年9月29日。
②　《中山道上成立新镇》，《大夏周报》，第7卷1号，1930年9月29日。

本日 致陈柱尊教授函,对见赠著作表示感谢,函曰[①]:

柱尊先生左右:

雅教久违,向往时殷,奉读大著《十万卷[楼]说诗文丛》《庄子内篇学》《清儒学术讨论集》《待焚诗稿》等,快同亲炙。溯自新文化运动以来,群骛新奇,忽视旧学,固有学术,几濒破产;间有学者,从事提倡,然或泥古而未通今,或通今而不博古,见诸著述,每失一隅;其上溯经史,旁及百家,下逮诗文,总学术之大成,开思想之先河,放文化之异彩者,诚鲜有先生若也。回环拜诵,钦佩莫名。群日冗事务,学问久荒,栗六尘劳,知闻就陋,领此,适足当补拙之资。甚谢甚谢。未刊诸集,颇望从速付梓,亟以先睹为快也。率布谢悃,顺颂撰安。

王伯群

九月十一日 大夏秋季开学,新旧学生办理注册、缴费及入舍手续。本学期有职员七十六人,内兼教员三十六人,教员八十七人,女子幼稚师范教员十人。本科学生八百一十八人,专科生二百三十九人,预科生六百一十一人,师范生四十人,附中学生四百一十人。

十月三日 在上海华安饭店八楼宴请大夏全体教职员聚餐,借此联络情感,交换意见。大夏职员人数增至一百三十余人。

十月三十一日 大夏女同学会成立,由社会学系学生保志宁担任主席。报载[②]:

本校女同学多至三百余人。平时相处,均甚融洽,近特组织大夏女同学会。业已召集全体大会,选出委员七人,分掌职务:主席保志

---

① 刘小云编:《陈柱往来书信辑注》,广西师范大学出版社,2015年11月,第84页。

② 《女同学会消息》,《大夏周报》,第7卷第6号,1930年11月3日。

宁，文书钱阜虞，会计关毓芬，庶务吴曜西，交际胡可文，卫生吴漱真、杨德真，拟具计划多段，切实谋同学方面感情之联络，学识之观摩云。

十一月十日　大夏黔光学社召开成立大会。报载①：

本校贵州同学所发起之黔光学社，于前月十日假群贤堂三〇四教室开成立大会，出席者甚为踊跃，会场空气，甚为欢洽，公推郑镛君临时主席、李锡桐君临时记录，主席宣布开会意义，（从略）及介绍社员讨论章程及选举职员，选举结果，为王堂信、晏湛君女士，周佐治、王守论、王守应、陈学章、王官智七人为执行委员，萧开松女士、余文琴女士、高昌琦三人为监察委员，当时分配职务如下：主席王堂信，文书晏湛君女士，会计王守论，编辑周佐治，交际王守应，体育王官智，务庶陈学章等，近闻该社酷好文艺者颇多，不日将有刊物出现，吾人可拭目以观云。

十一月　致函刘燧昌②，恳请向日本文化事业部疏通拨款补助大夏。函谓③：

兹有恳者，敝校大夏自开办以来，仅逾六载，发展之速几为国内私立大学之冠，现有学生一千七百余人，教职员二百余人，本年新建校舍、课堂、宿舍共四大座，规模略备。惟以经济匮裕致必需之图书馆、科学馆等设备，尚付阙如。顷闻日本文化事业部时有补助吾国教育事业经费之举，我弟此次赴日与彼方人士接触必多，务恳鼎力向外务省文化事业部及众议院议员各方疏通提案，俾敝校得以充分发展，

---

① 《黔光学社成立》，《大夏周报》，第 7 卷第 11 号，1930 年 12 月 24 日。
② 刘燧昌（1890—1950），字刚吾，贵州兴义人。贵州督军刘显世之子，王伯群表弟。早年留学日本早稻田大学。历任教育部留日学生监督、国民政府天津市府秘书长、河北省秘书长和河南省秘书长及代主席。
③ 汤涛主编：《王伯群与大夏大学》，上海人民出版社，2015 年 8 月，第 173 页。

则不第敝校同人感荷盛谊已也!

十二月十三日　出席大夏学生会举行的游艺晚会,二千余师生及来宾出席。

1931年(民国二十年　辛未)　四十七岁

二月二十四日　教育部颁发的"上海私立大夏钤记"到校,并开始使用。报载①:

> 本校于上月二十四日,由教育部搬到钤记一颗,文曰"上海私立大夏钤记",业已启用。除将启用日期呈报随将原有校印截角缴销外,并函达各省教育行政机关及各校查照矣。兹将公函照录如左:
>
> 迳启者:敝校于中华民国二十年二月二十四日奉教育部颁发钤记一颗,文曰"上海私立大夏钤记",敝校即遵即于二月二十五日启用,除将启用日期呈报随将原有校印截角缴销并分函外相应函达,即希查照为荷。

二月二十七日　欧元怀、王毓祥、傅式说、吴泽霖等发起组织大夏新村,有村友二十余人。新村土地由先生统一从银行贷购。村友积极筹建新村建筑,教职员宿舍落成并开始迁入。

三月四日　荣宗敬捐赠大夏西首大河正式移交,该河又称"老河"或"丽娃栗姐河"。西河与运动场毗连,面积六十余亩。报载一②:

---

① 《教育部颁发本校钤记》,《大夏周报》,第7卷第13号,1931年3月12日。
② 《荣宗敬先生捐赠西河再志》,《大夏周报》,第7卷第13号,1931年3月12日。

西河在校址西首,与运动场毗连,面积六十余亩,前由业主荣宗敬先生慨允捐赠本校。此项产业地单现已由荣氏交送本校,该河水深岸阔,清澈见底,现校景委员会正在悉心规则,进行筑堤植树工作。而对荣氏之热心捐赠,拟即呈报教育部照章褒奖,以扬美德云。

报载二①:

中山路大夏新校址之西,有河流一条,自该校北首,流经运动场及丽娃栗妲河 villa RioRita,直达苏州河,面积60余亩。水深岸阔,清澈见底,游鳞细藻,直视无碍,夹岸垂杨,倒影成趣,风景绝佳,为海上所仅有。该河原为无锡面粉巨商荣宗敬氏产业,现由荣氏捐赠大夏。该校自得此河后,即加以疏浚,作为课余游钓及泛舟游泳之用。该校以荣氏慷慨捐赠,热忱可佩,拟即呈请教育部,照章褒扬,以彰美德。

三月二十三日 邀请李公朴在总理纪念周会上做题为《第十一届国联大会中之中国外交》的演讲。

三月 大夏校景委员会拟定布置校园计划。其重要工作有五项:(一)群贤堂前面之广场,筑十字形之公路,十字形中心点则为一大圆圈,四角亦有四大源泉,此等圆圈中,则种植各种花木;(二)加种各宿舍前后面及各公路两旁之荫树冬青翠柏及其他花木;(三)自大夏新村地址期筑一公路与现在群力斋前之公路相接,并闻在此路上,拟建搭竹棚,有如甬道,并植葡萄,使之牵引上升,成为天然之蔽荫;(四)体育场右边之西河沿岸,种植杨柳,并拟筑堤;(五)为保持校场空气澄清计,以后各种车辆,只得停于大门口不得入内,俾免尘灰飞扬,有碍卫生。而全体员生得于公园化之校场自由散步欣赏大自然景象。

四月十七日 担任上海市中等学校联合运动会名誉指导。

五月十一日 邀请暨南大学蔡正雅教授演讲,题目为《实现总理遗教

---

① 《荣宗敬捐赠大夏大学西河》,《申报》,1931年3月4日,第10版。

的一个途径》。

五月二十五日 上午,主持大夏第九十九次校务会议,议决设立社会学研究室等事宜。

本日,邀请外交部次长王家桢来校作《中国改造与农村问题》演讲。

六月一日 为《大夏七周年纪念刊》作序。序文谓①:

> 自去岁新校舍落成,丽娃河畔,广厦连云;弦诵之士,数逾二千;各种设备,咸具规模。以视初开办时,矮屋数椽,不蔽风雨;二百余师生,局踏困陋之情形,不可本日,而语。此吾同人数年来艰难奋斗之结果,诚堪引为自慰者也。虽然,本校目前之成绩,与吾人理想中之鹄的,相去尚远。而大学之使命,既重且巨。际此建设方殷,需才孔亟,高深学术之研求,真才异能之培养,尤为本校之天职。是以同人今后,自当本自强不息之精神,为锲而不舍之努力,务蕲于学术上有所贡献。兹校中有七周年纪念刊之辑,爰本斯旨,多载学术之文,略见师生研究所得之一斑,藉以就正于有道,海内宏达,或不弃欤。

六月十三日 大夏庆祝建校七周年纪念,先生因出席国民党中央五中全会,由欧元怀副校长代为主持并致开幕辞。

七月十三日 定于秋季添办实验小学,并着手建筑幼师、实验小学及幼稚园校舍。

八月一日 为交通部电信学校校刊《电信》题词。

九月三日 大夏举行新学期开学典礼,注册学生一千八百零二人。

九月六日 接待杨志雄报告吴淞商船校事。

九月十七日 为《全国学校国文成绩汇编》一书题词。

九月十八日 晚,日本关东军制造"柳条湖事件",即"九一八事变"爆发。标志着抗日战争的开始。

---

① 汤涛编:《王伯群文集》,上海书店出版社,2018 年 1 月,第 148 页。

九月二十一日 先生在笔记中写道:"余愤日人之横击,国势之不振,又因已病,灵病相间而来,精神不快,心绪不宁。"

九月二十四日 大夏召开临时校务会议,讨论"九一八事变"爆发后抗日救亡对策。举行全校师生国难紧急大会,成立抗日救国会,全体大会议决:一致永远抵制日货;加紧组织军事训练委员会;全校师生一律参加军事训练;通电南北息争一致对外、通电政府厉行革命外交等十一条主张。

九月二十九日 晚,大夏四百余学生乘车赴南京中央党部请愿。

九月三十日 上午,与于右任、蒋介石分别接见大夏学生请愿团。下午,先生安排火车,速送大夏学生回校。《申报》载①:

大夏生四百余三十晨抵下关,步行入城,即赴中央党部请愿,递请愿书五项:一、请准备对日宣战;二、请责成东北当局收回领土;三、全国一致团结起来,共御外侮;四、全国学校实施军事训练;五、外交公开。当由委员于右任、王伯群等接见。于氏谓,同学此次由沪来京请愿,爱国热忱甚佩。中央对于各位请愿,完全接受,并已准备有最后决心,希望各位返沪后,转告同学,并加以解释,中央定当依照总理遗嘱,求中国之自由平等,不负全国国民之希望。继蒋训话,谓各位热心到此请愿,本人甚为高兴,现在中国虽受日本帝国主义之侵略,有各位热心爱国,国家很有希望。中央对于各位所陈意见,一定接受。青年所负的责任甚为重大,青年如能依照政府的方针,服从政府的指挥,上下一致,共赴国难,一定可以对外。现在之战争,不在陆海空军,而在青年之精神。青年爱国,国家即可得到最后胜利,希望青年们好好培养自己能力,运用自己的力量,没有相当时期,不好随便暴露。青年的力量,是要拿学问来做基础的。如果青年的学问智识受了损失,即国家力量受了损失,即以各位来京的四百余同学来计算,如每人每日缺六点钟功课,国家每日就缺少二

---

① 《大夏大学学生昨日到京请愿》,《申报》,1931 年 10 月 1 日,第 7 版。

千四百点钟的力量。一寸光阴一寸金,我以为金随时可得到,时间
一过,就不能再来了,希望各位返校,转达同学,努力向学,以备对外
云。代表等认为满意,旋由张道藩引导参观中央党部,继以茶点。
下午谒陵,夜车返沪。

十月一日 鉴于外侮日亟,大夏决定加紧军事训练和看护训练,以为
救亡之准备,并聘请蒋文华为军事训练主任兼教练。此外,积极倡导国
术,每天下午四时到六时学习太极拳、燕青拳、长枪、短刀、剑术等,已聘请
上海国术馆干事顾兴、交通大学技击教授刘志新到校指导。

十月二日 先生愤恨日本发动"九一八事变",作诗云:

> 抗日群众集新京,桃李森森亦足荣。
>
> 救国须有真实学,切莫蹉跎误平生。

十月四日 大夏校务会议决定,鉴于提倡国货之重要,请全体教职员
一律穿着国货制服,并由事务处选料量制。

十月八日 大夏全体教授接张学良复电,表示面对外侮,"职在守
土,敢惜捐糜"。此前,大夏教授曾致电张学良副司令,请即收复失
地。报载①:

> 暴日侵略辽吉,东北军不战而退,失地千里,丧权辱国,旷古未
> 闻。本校全体教授鉴于国家养兵数百万,有守土之天职,乃遇外寇袭
> 击,竟毫无抵抗,拱手让人,又将何以为国。前曾致电张副司令,请即
> 收复失地,业志本报。八日张氏复电到校,兹探录原文如下:"上海大
> 夏全体教授公鉴:代电诵悉。外侮肆暴,愤慨同深。爱国热忱,至为
> 佩仰。职在守土,敢惜捐糜!拜领昌言,倍当共勉。特复。张学良庚

---

① 《外侮肆暴张副司令不惜捐糜——覆本校全体教授代电》,《大夏周报》,
第8卷第4期,1931年10月12日。

秘印。"

十月二十日　出席行政院第四十四次国务会议。会毕,见国民政府门前,聚集对日游行示威学生数万人。

十月二十九日　同欧元怀相谈大夏大学及中国电气公司事。

本日,接金陵大学校长陈裕光①函询关于酌免灾区学生学杂费事函文,曰:"此次水灾遍及全国,教育部曾有令行各私立学校,酌免灾区学生本年学杂费之举。敝校近亦奉有此项训令,究应如何酌减,刻正在筹划中,比谂贵校亦接有同样明令,不知已否厘定办法及受灾同学共计若干?尚希惠示周详,俾资借鉴,不胜感盼。"十月三十一日,先生函复陈裕光,答大夏无此规定。云:"酌免灾区学生学杂费事,敝校奉令后,以常年经费向来未得政府分文补助,而灾区辽阔,学生为数颇多,无力遵办。除与上海私立各大学联衔呈请教育部拨款补助外,并未定有若何具体办法也。"

十月三十一日　邀请南开大学校长张伯苓来校做《对于时局的感想》演讲。

十一月二十五日　听欧元怀、傅式说谈大夏近况,并告对付学生已疲于奔命,近日校中状况与吾人初志相反,为之奈何。先生亦深感办大学费精神与金钱,至多结果教职员为学生驱使而作政客的傀儡,殊为不值,促筹挽救之策,否则对不起对学生父兄,且违初心,贻害社会国家。

十一月二十六日　听吴浩然、欧元怀谈校事,谈及上海党派分歧,大厦须有以应之,遂与两人定方策而别。

十一月二十七日　上午七时半抵家,保志宁详述大夏学生代表来访并以百元接济各情,又闻乃弟亦来请愿。

十一月二十八日　接待杨志雄来访,述吴淞商船学校学生事。

十二月七日　赴国民政府出席纪念周活动,路上见武汉大学学生请愿团集立国民政府,车道被塞。于右任出面报告应付请愿者情形,并声明

①　陈裕光(1893—1989),字景唐,浙江宁波人。美国哥伦比亚大学博士。先后任教于北京师范大学、东南大学和金陵大学等。1927年至1951年任金陵大学校长。

外交及和平统一进行情况。

十二月八日　接待大夏马宗霍教授来访,见赠《文学概论》一册。关于时局,先生认为目前最严重者莫如教育方针与学生运动,而此两问题之不能圆满解决,其失在党之指挥不善,党之指导不善,非法之过,乃不得其人之过,所谓有治法无治人是也。马认为胡适之主张白话文,今亦失败。先生认为,胡适如非国学有根底、文言程度深,则白话亦不见佳,白话文成功无几人,此明证也。

十二月九日　出席中央政治会议,蒋介石提学生借外交问题渐有出轨举动,形势严重异常,应设法对付,免幼稚青年因爱国而亡国。

戴季陶谓青年已发疯,整个的教育问题值得注意,然无论治标治本,总不开枪,宁牺牲一二警察亦所不惜。各委员均赞同戴意,决定组织特种教育委员会,推蔡元培为委员长。

十二月十日　拟到交通部,见北方来南京请愿学生正布满中山路,行人辟易道为之塞,遂不果往。

十二月十一日　闻上海抗日救国会开会,中央党校、北京大学两代表被人绑去打伤,追源乃陈希曾利用公安局职权擅为之。先生评论曰:"此种卑劣而损政府威信之野蛮举动,非陈氏不屑为行,见学潮愈大,反政府之声浪愈高,可叹。"

十二月十四日　主持大夏大学纪念周活动并做报告,表示对日方法要有组织、有计划,持久奋斗,方能雪耻复仇,否则徒牺牲而已。

本日,上海各大学五百余学生示威团抵南京北站,接蔡元培电话,嘱劝阻学生赴京。

十二月十六日　出席中央政治会议后,往访蔡元培。因被学生殴伤,蔡入医院疗养去。接着顺访杨杏佛校董,谈学潮之要点及平息之方法。

十二月十九日　上午八时,接特种教育委员会秘书李书华报告,称大夏九十余学生来南京示威,正住在金陵大学,请劝诚回校。先生立招徐沐曾、陆春台二生,命作个人代表往金陵大学切实开导,促其速回,若不速回,必个人与学校名誉两俱受损。

十二月二十日　致欧元怀函,商讨大夏借款事。

十二月二十八日   出席国民党四届一中全会，依照双方接洽计划，确定国民政府组织原则及五院的正副院长，所属各部部长，委员会委员长，不兼任国府委员；现役军人亦不得兼任。根据此项原则，先生辞交通部长职。

1932年(民国二十一年　壬申)　四十八岁

一月十一日　下午,赴华安饭店大夏校务会议同人公宴,谈校事与时局。

一月十六日　下午,与王毓祥、吴浩然商大夏借债事。先生决定化零为整,共向邮政储汇局借二十二万元,年息九厘,五年分还。嘱王、吴跟任嗣达接洽办理。

一月二十日　听欧元怀、王毓祥汇报大夏向邮政储汇局借款经过。

一月二十一日　作致欧元怀,催大夏与邮政储汇局早结借款合同。

一月二十八日　日本在上海向十九路军发动进攻,"淞沪"战事爆发。

一月二十九日　因上海中日战事爆发,大夏将重要案卷、文件,迁移到愚园路延陵村职员家中保存。欧元怀记述道①:

> 泊夫一二八战事暴[爆]发,本校所在地附近,为戒严区域,交通发生困难,幸本校已先时嘱令男女各生迁避胶州路旧校舍(当时系作中学部校舍),故毫未遭受危险。至于图书仪器标本及重要文件校具,则由各处主管职员,督率工役,陆续运出,时正当鏖战剧烈之际,敌机盘旋至校场,炸弹纷落于附近,而各员工绝不畏葸,奋勇冒险,卒将校中所有重要物品,悉数迁移于法租界爱麦虞限路(今绍兴路)中

---

① 欧元怀:《一年来之校务》,《大夏周报》,第9卷第28期,1933年6月1日。

华学艺社及其他安全地点。

二月一日　大夏在愚园路延陵村二十八号成立临时办事处,登记在沪学生。

二月四日　大夏停课,全校职员除事务、会计、教务及收发股各留一人办公外,其余均留职停薪。

二月五日　大夏遣散校工回原籍,仅留校警及工人数人看守校舍。

二月七日　大夏全部图书、仪器继续搬往中华学艺社寄存。

二月九日　签发大夏第一次全体学生通函,准各就原籍或他出处相当大夏借读。

二月十二日　下午,复欧元怀信,嘱大夏事请与同人妥商善后办法。

本日,大夏铁床、桌椅全部借给上海各伤兵员医院。

二月二十二日　签发第二次大夏全体学生通函,报告学校安全。

二月二十四日　中午,与欧元怀、傅式说谈大夏善后事务。

四月十日　晚,听欧元怀、傅式说、吴浩然来告大夏拮据异常,非有一万九千元不可。先生虽觉困窘,仍允主筹措。

四月十三日　晚,又听欧、傅、王报告大夏窘状,且详备债款单送阅,先生自凑八千元借大夏急用。

五月二日　听欧元怀、吴浩然谈大夏近况及进行成绩。闻傅式说已丁内艰,先生拟信唁之,并约二人至俄菜馆晚餐,十时回。

五月八日　晚,参加王毓祥、吴浩然、欧元怀设宴。

五月二十日　被国民政府特派为"川滇黔视察专使"。先生六月一日出发,九月十六日视察结束,返抵南京。

八月二日　与四川省主席刘文辉略谈大夏历史,并请其向社会化助。

八月二十五日　上午,自成都致函欧元怀,告知为大夏捐款事,并介绍二十九军军长邓锡侯送学师范的学生张翰入学。

九月十二日　大夏一百二十六次校务会议议决,(一)理学院数学、物理两系并为数理系,心理系取消,选修学生转入教育学院教育心理系。(二)教育学院中等教育系取消,选修学生转入教育学院其他各系。

(三)商学院国际贸易系暂停。(四)文学院社会学系改称社会事业系。

九月二十四日　与欧元怀、傅式说谈大夏事。

九月二十五日　与王毓祥、吴浩然商谈大夏校事。

十月六日　听欧元怀、傅式说汇报校内财政问题,截至明年二月止,尚负债四十一万元。又告中华学艺社有一新屋,废而不用,殊觉可惜,拟作疗养院,特征询先生意见。

十月十四日　大夏救亡教育讲座第二讲,邀请陶行知做《创造的教育》演讲。

十月二十三日　听欧元怀谈大夏财政状况窘迫,自现在起有难于维持之虞。

十月二十四日　决定举行校内募捐,援助东北义勇军。报载[①]:

> 日寇侵占我东北后,以中央不主抵抗,致大好河山,沦于敌人之手,迄今未能收回。东北义勇军,激于救国热忱,不甘为亡国奴,以民众之力量起而抗敌,曾屡挫敌锋,使倭寇丧胆。惟最近天气渐寒,闻义勇军有尚着单衣者,且粮饷亦感不足;加以敌人增加军力,义勇军更有亟待救援之必要。本校爰于第一百二十八次校务会议时,决定举行校内募捐,援助东北义勇军。

十月二十七日　听欧元怀、傅式说谈大夏欠债至多,难于维持。

十一月一日　接欧元怀来信,请求召集常务董事开会维持大夏,并欲辞副校长职。先生因在病中,不能十分为大夏努力,拟日内邀集大夏重要成员先一讨论,如果无善法维持,破产亦不惜,然非至山穷水尽,岂可轻易出此下策。

十一月二日　上午,托杨志雄访杜月笙,再为大夏一助。张告先生上海沪淞善后委员会有款可以助教育,机关主持者为宋子文,如大夏未领,可设法申请。

---

① 《募捐援助义勇军》,《大夏周报》,第9卷第6期,1932年10月30日。

下午,发函致欧元怀,约大夏干部同人明日在舍下午饭商大夏维持办法。

十一月三日　召集王毓祥、欧元怀、傅式说、鲁继曾等会商大夏财政问题。会议讨论通过将校中奇窘状况备函各董事,请其设法维持。待各董事均知校中内容后,再由先生约集共筹办法,同时一面向银行界与董事有关的各家加借若干,维持最近三月之需。

十一月十日　修改欧元怀、傅式说送来大夏致各校董函稿。

十一月十八日　听欧元怀、傅式说汇报往各处奔走为大夏筹款情况,均无收获,至为愤懑。商酌久之,苦无善法而别。

十一月十九日　听傅式说、欧元怀、王毓祥来报告校中尚契据可以作抵押之用。先生嘱请存候,有机会再办。

十一月二十四日　接欧元怀寄来淞沪善后委员会回文,报告大夏款项已支配殆尽,所请无法应命。

十一月二十六日　欧元怀、傅式说携大夏文件来商,除退荣宗敬地之函外,急欲筹划经费以济燃眉之急。

十一月二十八日　与欧元怀、傅式说商大夏财政救济办法,推算大夏至少需要一万八千才可度过难关,先生拟奔走两日答复欧、傅。

十一月二十九日　上午,接待吴浩然、鲁继曾、孙垒、倪文亚来访。孙说,因欧、傅、王三人辞职,学校财政困难,难于维持,商谈挽救办法。先生允竭力奔走而外,又以家用五千元交吴浩然拿去应急。

下午,为大夏款项奔走各银行,连趑两三家殊无效,只有浙江实业银行和上海银行,肯由先生担保者可借万元。

十一月三十日　下午,继续往国华、兴业银行商讨为大夏借款事,仍不得结果。

十二月一日　上午,与欧元怀、傅式说、王毓祥讨论大夏维持现状和将来发展计划。欧、傅、王建议,鉴于党的权威足以影响学校之枯荣,拟计划鼓励大夏同事多作政治活动,但又常感学校无后援,遂常在艰难困苦中,欲将向来不偏不依的方针略加改变。先生闻之,认为大夏能于最短时间发展到这个程度,第一,即不偏不党不受政变之累所致,倘党的色彩太浓,如大陆大学、中国公学之类早受打击;第二,大夏在政治未上轨道时,仍应我行我素,以待时机。欧最后汇报说,本学期至少非三万元不能渡过难关。先生答以一星期为限,筹以应之。

下午,为筹办大学之款,先生先到浙江实业银行付保险箱租费后,晤陈选珍,探近日存款利率及公债行情等。陈答,上海各行均感存款过多,投资不易,故大家竞买公债,故价涨也。后赴上海银行访陈光甫,谈大夏窘状,希望设法贷款,陈表示对教育不甚有兴趣,遂力辞。

十二月二日　接欧元怀书,说大夏急需两万元,请代筹款,并本月七日以前存入通易,以免退票,损校中信用。阅罢,先生致函何应钦,央为大夏捐款。

十二月五日　赴霞飞路(今淮海中路 1634 号)访何应钦,顺便谈大夏窘况。何闻之,决先捐两万元,又将训练部同人之一万元拟借给大夏生息或送免费生,同时表示为大夏向各方募捐,嘱先生代备函致哈同夫人、姬佛陀、张学良、陈济棠、何键、杨虎城等,以捐足十万为目的。

下午,主持大夏第一百三十次校务会议,讨论通过:(一)扩大募捐;(二)理学院添设土木工程系;(三)中学部添办农艺科。

十二月六日　把两万元交欧、傅为大夏付债后,到上海银行与浙江实业银行推介大夏,各做定期借款四万元。然后赴何应钦宅,以代备各筹款函请签发。

十二月七日　与欧、傅、王商讨代何应钦拟缮各函后,视察大夏新村。

十二月八日　访何应钦为大夏募捐事,将代拟致姬佛陀、张学良等函,送何应钦签发。何出示蒋介石关于黔事来电,知黔事恐尚纠纷,一时不易解决。何拟再等数日,待胜负之教确定后,再行处置。

本日,接田颂尧函,告知战争结束后汇寄大夏捐款。函曰:"台端从事教育,此后械楪菁莪,为国家建立树人之大计,热忱宏识,心佩尤深。贵校图书馆鸠工建筑,应将前此认捐之款早为汇寄,惟因川战猝起,以致军书旁午,极形忙冗,比幸军事于短期内可告结束,赓即设法汇上,以应尊需。"

十二月九日　王毓祥来告以代何应钦所拟各信尚有不妥处,请再修改。先生询王毓祥大夏新村附近地价近情,计划集三五人购地二三十亩共建一别墅,托其主持。

十二月十日　携代致陈济棠、杨虎城、何健、张啸林等捐款函,请何应钦签发。

十二月十二日　访杜月笙,谈大夏大学募捐事。

十二月十九日　与何应钦、杜月笙、吴蕴斋、虞洽卿、钱永铭、汪精卫、吴稚晖、荣宗敬校董等联名发布大夏第二期建筑募捐公告。公告谓①:

　　救国之道,以兴学育才为先。我国百废待举,建设方殷,专门人才之需求,尤为迫切。大学之设立,洵为当务之急。同人等爱本斯旨,不自量力,于民国十三年创办大夏,以赖阖校师生兢业一心。外仗社会人士热诚赞助,惨淡经营,八阅寒暑,以有今日。回忆初开办时,二百余师生获屈于矮屋数椽之下,踏蹐困厄之情状,几难以言语形容。愿数年之间,第一期建筑旋告成功,丽娃河畔,中山桥边,广场荡荡,夏屋渠渠,一切设备,咸具规模,所有资产,数逾百万。(详见本大学现有资产统计表)此则吾校同人努力奋斗之结果,诚堪引为自慰。而捐输诸公之热忱高义,尤足铭篆于无涯也。(详见历年捐款人芳名及第一期建筑捐款及捐地人之荣奖)虽然,大学之使命既重且巨,大学之设备千绪万端,目前之成绩,与吾人理想中之鹄的,相去尚远,同人决不以此自满。况如图书馆、科学馆、体育馆、大礼堂等,为大学教育所必须者,均因限于经济,尚因陋就简,未能单独建筑,于学术讲习,既多不便,于心身训练,尤觉未周。此第二期建筑之举行,所以不容或缓也。此期建筑,全部之预算定为五十三万。(详见本大学第二期建筑预算表)就数字言,并非过巨,以吾人过去努力之成绩推之,或不难于最短时间达到目的。有志竟成,众擎易举,为吾人深信不疑之古训。尚望全校师生,本向来合作牺牲之精神,踊跃捐输,殷勤劝募。尤望海内贤豪,本爱护大夏之素怀,慨解义囊,共襄盛举。

----

①　《本大学第二期建筑募捐缘起》,《大夏周报》,第 9 卷第 14 期,1932 年 12 月 26 日。

早成九仞之山，永固百年之计，救国大业，其在斯乎。

十二月二十五日　下午，何应钦伉俪来访，送交韩复榘捐助大夏一万元，并说勤勇小学基金贷款一万元也已接洽。当由大夏开借据交来即付款，陈济棠等一万元则令其迳交大夏。

晚，致函欧元怀，告知何应钦捐款三万元情况，本学期难关可以平稳渡过，望校中同人一致努力，或设法节省，务令热心者不致灰心，努力者更加努力，不辜负何应钦。

十二月下旬　中央政府最近欲将改革高等教育，停办文法学院。上海大学联合会即派代表赴南京请愿，在先生与褚民谊、蔡元培等帮助沟通下，国民党四届三中全会未将该案讨论，而交由中央政治会讨论，结果是限制文法学院，是限制大学以后不再添设。

十二月二十八日　接大夏来函，函催款甚急。先生拟先借款万元以应付。

十二月二十九日　下午，发函致谢杨管北①为大夏捐款。函谓②：

前由朱巽元先生送上捐册一本，承台端为大达公司惠捐三十元，热忱高义，感佩莫名，兹承上收据一纸，即希台詧。再敝校此次募捐定于本年底结束，务恳台端将前存捐册，掷交来予携下，如有其他捐款，亦望同时掷下，无任盼祷，专此鸣谢。

十二月三十日　上午，接陈群③来函，告知为大夏捐款一事。函曰："前由朱巽元先生交来捐册一本，以鄙人力薄，敬捐建筑费一百元，如数奉上，并送还捐册一本，乞收到示复为盼。"

---

①　杨管北（1896—1977），江苏人。早年参加北伐，后执掌上海大达轮船公司。1949 年赴台，晚年专心佛学。

②　汤涛主编：《王伯群与大夏大学》，上海人民出版社，2015 年 8 月，第 179 页。

③　陈群（1890—1945），字人鹤，福建长汀人。时任内政部次长。抗战期间投靠汪伪政权，日本投降后自杀。

1933年(民国二十二年 癸酉) 四十九岁

一月二日 复函致谢陈群捐款并回寄收据。函云:"顷诵惠书,并收到捐款一百元、捐册一本,高义热忱,莫不感佩。兹奉上收据一纸,即希督收,敬此鸣谢,顺颂年厘。"

一月七日 上午,致函欧元怀,告知筹款尽力进行,九日校务会议,因事留南京不能参加。

下午,得欧元怀电,说选举法,朱家骅有电,言大夏有不稳形势,应取缔,并告已注意。

一月九日 接何应钦送来介绍欧元怀往见陈济棠代表杨继照为大夏索捐函。

一月十二日 与来南京的欧元怀、傅式说商校中几件要事:(一)开除辞退学生事;(二)聘请教职员事;(三)募捐通知董事及各教职员事;(四)种树事;(五)先生提出辞董事长、聘军事教官等事。

一月十三日 欧元怀、傅式说来告陈济棠捐助大夏一万元已到。先生再次表示,拟推何应钦当大夏董事长。欧、傅均表异议,认为先生与何应钦二而一、一而二,以人论等均赞成,就事论则多一事不如少一事,当此风雨飘摇之际,奋斗不可少松,任一职与两职同样努力,建议先生再予考虑。先生觉二人意见不无价值,当再筹思之。

一月十九日 王毓祥来访,详告监察委员罗介夫受院所派,查邮政储汇局舞弊案中关于大夏向该局贷款一事。罗跟王毓祥扬言说,该款要先生赔偿。王毓祥答曰:"以大夏以值百余万财产向储汇局押款,有合法契约,有律师见证,利息较各银行不低,按期偿还不误,赔偿之说,不知何解?王伯群只是第二担保而已。果债务者,无力清偿抵押变卖,若不足,则第二担保人方发生责任问题。你既未详知情况而贸然谓要赔偿,未免孟浪。监察委员为国家最要官吏,须自维信用与尊严,勿太轻率为幸。"先生认为其答言得体。

一月二十日　接蔡元培先生函,推荐熊十力[1]来大夏任教。函谓:"黄冈熊十力先生精研宋明理学,对于道德政治甚多卓见,又由是而研究印度哲学,进支那内学院治'惟识论'数年,不满于旧说,著《新惟识论》,现已付印(中华书局),其他言论略见于其门弟子所辑之《尊闻录》中。良为好学深思之士,曾屡在北京大学讲印度哲学,每星期两点钟,酬报百元。因北平严寒,于熊先生甚不相宜,欲改就上海讲学,如贵校能按照北大条件请熊先生为讲师,于学生之思想及行为上必有好影响,专此介绍。"[2]

十月二十四,先生复函蔡元培,表示无法接纳熊十力来大夏任教。函谓:"孑民先生台鉴:顷奉大函,敬悉一是。黄先生学术造诣夙所钦佩,惟敝校下学期所有学程早已订定,限于经济未能增开,尚希鉴原为幸,专此奉复,顺颂台祺。"

一月二十四日　致函恳请卢兴邦[3]师长捐款助学。函谓[4]:

敝校大夏自创办以来,于兹八载,内赖阖校师生就业一心,外仗社会人士热心赞助,校务蒸蒸,与日俱进,各种设备,咸具规模,已成为国内著名学府之一。贵同宗世鲁[5]君,曾在敝校教育学院毕业,当

---

① 熊十力(1885—1968),号子真,晚号漆园老人,湖北黄冈人。哲学家、思想家。著有《新唯识论》《原儒》《体用论》《明心篇》《佛教名相通释》《乾坤衍》等。

② 汤涛主编:《王伯群与大夏大学》,上海人民出版社,2015年8月,第201页。

③ 卢兴邦(1880—1945),号光国,福建尤溪人。时任国民革命军陆军新编第二师师长。

④ 汤涛主编:《王伯群与大夏大学》,上海人民出版社,2015年8月,第181页。

⑤ 卢世鲁(1908—1992),福建南平人。大夏大学教育学院毕业后留校。曾任上海化工高等专科学校教授级高工。

能具道其详。惟是宏基初树,经纬万端,现有课堂宿舍建筑设备之费虽已逾百万,而大学教育所必需之图书馆、科学馆、体育馆、大礼堂等均因限于经济,未能单独建筑。兹敝校同人佥决举行第二期建筑募捐,深冀藉海内贤豪之援助,使上述各种未备建筑得以早日告成。素仰先生急公尚义,提倡教育尤具热忱,尚恳慨解义囊,共襄盛举,使大夏百年之基,从兹永固,则岂第伯群一人之幸已哉?除由世鲁君面达一切外,用特肃械,奉恳至希鼎诺,并惠好音,不胜盼祷之至。

二月一日 与欧元怀商校务,同意每周校务发展委员会来愚园路自宅开会。

二月二日 访杜月笙,顺请援助大夏。

本日,大夏春季开学,学生开始办理缴费及入舍手续。截止二十日,到校学生已有一千六百余人。

二月七日 欧元怀来,一告洪君勉不愿任职大夏,二表示拟将一万元先还上海银行。

二月九日 致函卢作孚①,恳请为大夏广为劝募。函曰②:

久耳鸿名,未瞻雅范,企慕为劳。敝校第二期建筑募捐事,曾由欧愧安、傅筑隐两先生面达一切,承蒙惠允代募,热忱宏愿,钦佩莫名。敝校惨淡经营,规模粗备,现有一切,虽足跻于国内著名学府之林,惟是大学使命,既重且巨,大学建设,千绪万端,目前之成绩尚未与理想之标准相符,而况如图书馆、科学馆、体育馆、大礼堂等为大学教育所必需者,均因限于经济,尚因陋就简,未能单独建筑,尤为缺憾,故第二期建筑实属刻不容缓。素仰台端好义急公,热心教育,务恳广为劝募,共襄盛举,使敝校百年之基,从兹永固,则阖校菁莪,胥

---

① 卢作孚(1893—1952),重庆合川人。大夏大学校董。爱国实业家、教育家、社会活动家。1910 年加入同盟会,投身辛亥革命,先后担任合川中学教师、报纸编辑记者。1925 年创办民生公司,为中国近代最大的航运企业集团。

② 汤涛主编:《王伯群与大夏大学》,上海人民出版社,2015 年 8 月,第 185 页。

受其赐矣。专此奉达。顺颂勋祺,不戬。

二月十二日　签发《大夏征求复兴民族教育实施方案》。

二月十三日　在自宅主持大夏第一三四次校务会议,审查各学院毕业生名单,准予毕业者共四十五人。

二月十四日　主持大夏本学期第一次校务会,议决在理学院添设土木工程系,以培养目前全国最需要之市政建筑道路工程等专门人才。

二月十六日　接待卢作孚来访,顺托为大夏募捐,卢慨然允之。先生评述卢曰:"其人短小精干,一望而知为事业家,川人多能言而不能行,卢因做事主张脚踏实地,做一分算一分者,头脑亦新颖明晰,可爱之才也。"

二月十七日　与欧元怀、鲁继曾、傅式说、吴浩然、倪文亚召开大夏财务委员会议,讨论通过本学期预算、讨论校务及整顿校风问题等。

二月十九日　仿莫友芝为大夏作篆四条。

晚,宴请欧元怀、傅式说、王毓祥、吴浩然、倪文亚,以及陈丹士、任嗣达、保君建夫妇。

二月二十四日　与欧元怀、傅式说、吴浩然等召开大夏财政委员会议。

二月二十六日　主持大夏校务会议。会中有人主张大夏对时局应有表示,讨论结果以加入上海各大学教职员联合会。

二月二十七日　主持大夏第一三五次校务会议,讨论通过积极提倡课外救国工作,加紧军事训练,建议参加上海各大学教职员联合会促进救国工作等校务。

二月　为大夏天南学社题写勉励词。词谓①:

　　吾国今日外有强邻之逼处,内有□匪之负隅,患及肺腑,危在眉睫,而国人匪但不知团结图存,且复鹤蚌相持,自鸣得意,甚或立异标新,窃权眩世,而置国家民族之覆亡于不顾,人心如此,忧愤曷极。

――――――――

① 《天南》1933 年第 2 卷。

然则吾人其将长此无术以自救乎？曰不然，盖颓靡之势虽成，生存之机未断，吾全国自好之士果能抱奋往直前之决心，负自觉觉人之责任，发扬民气，唤起国魂，则垂亡之民族未始不可以复兴，将复之国家为始不可以复振，往者意大利，近者土耳其，皆足以为吾人之取法。

今我大夏滇省诸同学有鉴及此，特于学余之暇，组织天南学社，发行天南社刊，其主旨除研究学术联络乡谊外，并竭尽全力，发挥其纯洁思想，寄之于文字，以针砭当世，纠正人心，其于国家民族之前途所关至钜，诚所谓求学不忘救国者也，嘉慰之余，特抒所感，以为我大夏滇省诸同学终始勖焉。

三月四日　与王毓祥同往光华大学校长张寿镛宅开上海各大学校长会，讨论捐款接济义军购飞机等事宜，会中有各大学加紧军事训练议题，国立学校与私立学校地位不同，主张遂不一致，教育部之令，国立各校能遵办而私立则不能。

三月五日　听欧元怀谈昨夜各大学教职员联合会在张宅会商大学与市教育局往来公文程式问题，以国立大学可直接联系教育部，而私立不能，认为不公平。训练总监部直接令各大学也觉不妥，拟力争改良。

三月六日　大夏决定，本学期各学生团体一律停止举行游艺会，节省游艺会经费移助义勇军。

三月七日　接陆军新编第二师驻京通讯处致函认捐一千元。函曰："敝师长认捐上海大夏建筑费两千元。兹因无款，先行送上一千元，到请誊收。余俟本月二十日左右缴清，相应函达贵科长，并希查照为荷。此上，军政部总务厅管理科科长陶。附大洋一千元正。"

三月八日　接南京军政部陶锐转卢兴邦师长捐款一千元。"前由何部长经募新编第二师卢师长捐助贵校建筑费两千元，兹经该师驻京通讯处先交到一千元，除交中国银行汇奉外，谨将该通讯处来函一件，随函奉达，敬祈誊照。至其余之一千元，一俟交到，即行续汇。"

三月九日　主持大夏财政委员会，指出，大夏以量入为出（如学费收入以能抵教职员薪为度）、开源节流（募捐以开源省浮费以节其流）八字为原则,依此编定方案,下学期起开始实行。

三月十三日　主持大夏第一三六次校务会议,决定将上学期特种奖金交由教务委员会支配。会后留欧元怀、王毓祥、傅式说、吴浩然再谈欧辞职问题,王、傅认为无相当继任之人,不宜更动。为欧个人言,可分其事,使他人以节劳,俾欧能教课或兼教育学院长,至夜深方散。

三月十六日　与欧、傅商大夏校事。

三月十八日　为持志大学年刊和《大夏半月刊》分别题词、题签。

三月二十日　与欧谈大夏改革事。先生认为自己虽年事稍长,而性情则进取为多,故不以能伯仲上海各大学遂满意,为以能伯仲各大学而满意,则何贵乎?再有此大学乎?非积极改革不可。

三月二十一日　接南京军政部陶锐再次转卢兴邦捐款。

三月二十五日　复函致谢卢兴邦捐款。函曰:"光国先生师长勉鉴:敬启者,前承惠下捐款一千元,曾肃谢笺,谅邀察及。兹又由贵师驻京办事处交下一千元,敬领之余,莫名感佩。敝校规模初具,建设万端,此后有赖于先生之热忱赞助,既殷且切。尚望勿吝指教,至所感祷,肃此鸣谢,顺颂勋安。附收据一纸。"

三月三十一日　陶侃转汇湖北省主席夏斗寅①捐款致函先生。函曰:"前奉手示附致卢师长函并收据一纸,遵已一并转交。顷湖北夏主席又汇来捐助贵校建筑费洋五千元,兹交中央银行汇上,敬祈誉收赐复为祷,端肃,敬请崇安。"

四月三日　发函致谢夏斗寅捐助建筑费。函曰②:

　　顷接到惠捐敝校建筑费五千元,敬领之余,莫名感佩。敝校宏基初肇,经纬万端,同人蚍蜉负山,能力有限,必赖热忱宏愿如先生者多方援助始克有济,尚望不吝随时赐教,示以南针,则岂第伯群一人之幸已哉?附上收据一纸,即希誊照。专此鸣谢,顺颂勋祺,

---

① 夏斗寅(1886—1951),字灵炳,湖北麻城人。时任湖北省政府主席。

② 汤涛主编:《王伯群与大夏大学》,上海人民出版社,2015 年 8 月,第 185 页。

不戳。

四月七日 据王毓祥来告,大夏新村北面地索价每亩一千三百元,已出价一千一百五十元,大约一千二百元可成交。

四月十一日 大夏附近有饮食店二十余家,顾客多为学生。学校为谋学生饮食卫生,曾多次与各店交涉,要求使用自来水,不要取用河水,迄未照行。当日市公用局、卫生局、公安局、闸北水电公司来大夏共同讨论取缔办法,限期安装自来水,否则限令停止。同时劝告学生不去使用河水的饮食店就餐。

四月十三日 赴北平考察军政各情。

四月二十七日 自北平致函欧元怀,告知捐款暂无成绩。

四月二十八日 复函欧元怀,说《大夏年鉴》卷头语,林希谦代撰一文可用,若无更佳者,以林稿登载即可。

四月二十九日 由北平而南京而上海。

五月二日 听欧元怀告学校近状和上海学界恐怖黑暗情形后,先生惊呼:"呜呼,政治日恶,如何御侮安内耶,有心人双加伤痛也。"

五月三日 主持大夏财政委员会,决议下学期改革校务和缩减政策,以符量入为出办法。

五月七日 在杭州往访陈布雷,相谈教育问题。陈甚赞大夏教育学院办学成绩优良。

五月十日 主持大夏财政委员会会议。

五月十一日 听傅式说、王毓祥谈大夏校财政状况和购新村附近地基事。

五月二十二日 主持大夏第一四〇次校务会议,决定成立考试委员会,先生为委员长,鲁继曾为副委员长。

五月二十四日 主持大夏财政委员会后,听吴浩然、倪文亚报告赴镇江、南京等处考察工农教育情形等。

五月三十日 与欧元怀、王毓祥谈大夏校事。先生力主量入为出,促其速编预算下次开会决定;拨款二千元交王毓祥为购地用;建议王毓祥兼任商学院院长,欧元怀兼任教育学院院长。

五月三十一日　听欧元怀汇报大夏下学期预算。欧说,如学生达二千一百人则可收支相抵,如不及此数,仍不免亏空。现在已有一千八百余十人,所差百数人当不难。

六月一日　上午,修改郑硕贞代拟勗大夏贵州同学一文。

中午,赴华安饭店参加大夏财政委员会之宴。宴毕,主持讨论中学课堂问题。旋至大夏参加运动会,视察中学校址。

本日,函复蔡元培为王瑗仲①请求增加国文钟点。函曰:"王瑗仲先生学术湛深,自担任敝校教授以来,学生歙服。本学期更未尝缺课,其诲人不倦,实为难得。下学期遇有其他国文钟点,当届王先生担任也。"

本日,为大夏"六一"纪念撰《国难与大学教育》一文。

本日,为大夏《创立九周年纪念刊》撰写卷头语,谓:"本校创立于今九年,此九年中世界思潮呈未有之激变,民主政治之衰退,独裁主义之盛行,与乎由世界经济恐慌而起之资本主义之狼狈,由国际关系紧张而起之和平思想之动摇,皆以急转直下之势成之,最近美国又有技术政治之倡,虽理论仅具雏形,已足引起世人莫大之注意,即言我国,自北洋军阀崩溃国民政府成立后,党治之建议,训政之推行,经纬万端,此种现象,加以爬梳,不特可以觇世变之亟,而时代思潮变迁起伏之迹,亦不难略识其故矣。"

六月五日　主持大夏校务会议。

六月七日　上午,往大夏监考。

晚,主持大夏财政委员会,审查下学期拟聘教员、科目薪额时数等。

六月九日　与欧元怀、傅式说商校事。

六月十一日　上午十时,在永安公司大东酒楼出席大夏毕业同学会员大会并做训词,在致词中略谓:"毕业同学应切实联络情谊,砥砺学行,以期能适应现代之社会;本校毕业同学在一千以上,分布全国,

---

①　王瑗仲(1900—1989),字蘧常,浙江嘉兴人。历任大夏大学师范专修科国文组主任。

应精密组织，以增加团体之力量；本校师生合作、及平民化式的精神、应永久保持；本校根基尚未稳固，希望诸同学尽力维护，共谋学校发展。"①

下午二时，赴华安饭店八楼参加大夏毕业生宴会，致辞中表示：（一）希望毕业生出校后继续研究学问，方可登堂入室，中国国事阽危，尤望共负复兴民族之责；（二）希望毕业生永本师生合作精神，共谋母校发展，以达基础稳固之地位。

会后，与会者继续开会，讨论事项，当议决要案三件：（一）设置校友楼为毕业同学会办公处及毕业同学招待所。在是项经费未筹足前，先设置临时会所；（二）拨付经费积极筹备第一届年会；（三）推举代表参加母校本届毕业生话别会欢迎新毕业同学。

六月十二日　上午，接待大夏毕业生苏春伯，先生赞其头脑新颖，志向坚定，后起之秀。

六月十三日　接欧元怀函，附有大夏债款表，共欠三十六万元，本月非一万六千元不能渡此难关。先生遂向四川刘文辉捐催收应急。

六月十五日　请邓汉祥②电刘湘，催索大夏大学捐款。

六月十七日　被国民政府任命为行政院驻平政务整理委员会委员。

本日，致函周佛海，推荐陈令仪任南京女子中学校长。

六月二十三日　致函欧元怀，附浙江实业银行支票洋伍千元，告此乃自己生活之费，先挹注大夏之急，并盼将筹建中学校舍之款，先借六月底难关之用。此一万元，二三月内如四川捐款，固可尽先抵还，否则自己也负责设法归赵不俟。

六月二十五日　接欧元怀电，告大夏非一万六千元才能渡过难关，又说有人威胁利诱，无妙策应对。先生接函，不知何为威胁利诱，只待回沪

---

① 《上海同学开大会》，《大夏周报》，第 9 卷第 30 期，1933 年 6 月 19 日。

② 邓汉祥（1888—1979），字鸣阶，贵州盘县人。曾入贵州陆军学校和湖北陆军学校。历任段祺瑞执政政府国务院秘书长、四川省代主席、重庆行营第二厅厅长，川康经济委员会秘书长兼川康兴业总公司经理，四川省政府财政厅长兼田粮处长等职。新中国成立后，历任政协四川委员会一、二、三届委员，政协全国委员会四、五届委员。

面询。

六月二十六日 致函欧元怀，告知已寄款。

七月一日 晨，致函欧、王、傅、吴，告知筹款近况。

七月二十三日 发函致谢卢作孚代募捐款。函曰①：

作孚先生大鉴：承蒙代向杨森②军长募得渝币二千元合沪币一千六百三十元，高义热忱，莫名钦佩。敝校规模初具，建设万端，此后尚望台端积极赞助，随时指教，至为厚幸。附上致杨军长函，即请转交为祷。专此鸣谢，顺致大安。

七月二十七日 接何纵炎函，详述大夏危险，嘱非借重有力者恐难维持。与何应钦商大夏事，看有无办法应对。

八月十五日 为大夏学生钱大钧之祖母高太夫人作像赞，缮好邮寄。

八月十九日 与何纵炎大夏事。何说，感觉近日大夏同人渐渐因财政困难有解体之迹象，建议先生以全力办大夏。先生闻后，坦述自己的心迹道："余半年以来，本是如此主义，惜财政一端，则非目前个人能力所能负担，募捐则十分不易，如不能筹得巨款以资清偿积债，是同人各为生活所迫，必自行向各方活动，大夏不能不因之变更旧日之局面。"先生再嘱何纵炎北上时将此意详告何应钦，以便共同想办法维持大夏发展。

八月二十二日 与欧元怀谈大夏校事。欧先报告职教员更换情况，并说大夏已为有力者觊觎，欲掠为私党，威胁利诱，无所不用其极，请先生应筹对策。

八月二十五日 致函何应钦，谈家事、黔事及大夏事，请何注意。

八月三十日 主持大夏财政委员会。

九月四日 决定创办大夏学报季刊，专以刊载学术研究文章，凡师生

---

① 汤涛主编：《王伯群与大夏大学》，上海人民出版社，2015 年 8 月，第 184 页。

② 杨森（1884—1977），字子惠，四川广安人。国民党陆军上将，时任国民革命军第二十军军长。

研究心得或著作皆所刊载,并推王毓祥、吴泽霖、马宗荣、马公愚、林希谦等五人为编委。

九月六日　主持大夏财政委员会。

九月九日　上午,与欧元怀谈大夏校中近况,欧告今年学生规模可望到二千以上,教职员均尚踊跃。

晚,在青年会出席大夏员工晚宴。先生致词说,大夏发展进步成绩,感谢职员以全体努力和牺牲精神。

九月十三日　赴傅式说家主持大夏财政委员会,讨论欧元怀辞副校长职事。会议认为,目前无相当人继任,拟准其请假若干时期,暂收其职务,分配同人兼任,俾其得休养恢复。

本日,致函上海市公安局长文鸿恩,请求在校门驻扎警察以维持治安。函称:"中山路一带向称僻静,未设岗位,自敝校迁移该处以来,市面顿形繁盛,居民日增。前年经敝校商情贵局派警察总队驻扎敝校门首,由敝校供给房屋,地方治安赖以维持,敝校亦深承维护,莫名感纫。一二八后,警察大队他调,由保安处派保安队一中队驻扎该处,现保安队又奉调他去,地方治安及敝校安宁亟须充分警力维持,用特函恳贵局长迅予恢复一二八以前办法,派警察大队常川驻扎校门首,由敝校供给房屋,实纫公谊。"

九月十四日　往欧元怀家访晤,欧欲请假两月,以资休养,并谈学校发展和经费问题。

九月十五日　往大夏,与欧元怀、倪文亚谈中学建筑校舍事。

九月二十日　上午,与傅、王、鲁、倪商讨欧元怀辞职事。均不主张欧请假,认为副校长乃辅助校长,校长能常到校办公,则副校长自然无事无准假休息之必要。王毓祥表示,本校规模日渐扩大,职员均宜按照规章分工合作,干部诸君决不能稍罅隙给人以可乘之机。

下午,接待大夏毕业同学会代表高芝生、顾保廉、曾昌炎、张仲寰四人来访,请求不要批准副校长辞职,并请先生常莅校主持工作。

本日,大夏校务会议通过《学生体育及格暂行标准及施行细则》,规定运动项目有十余项,每人至少三门达到及格方得毕业。

九月二十一日　赴大夏办公,欧元怀来详告曩日两事手续。与傅式说共商与各银行往来款项手续。

九月二十二日　陪同北平民国大学校长鲁荡平参观大夏。

九月二十三日　上午,出席大夏新生集会并训话。兹摘录如下①:

（一）本校系私立学校,收费较公立的为多,而且创校未久,历史尚短,诸位竟踊跃的来到本校,在诸位必定有一个理由。或则听人说本校办理完善,或则看本校规模宏伟。对于内容如何? 精神如何? 恐诸位不尽了解。今诸位进校以后,务必细察本校的内容,体会本校的精神。本校对于课程上的切实,训管上的认真,诸位应当认识这是学校对于培养学生应有的责任,诸位应当积极的努力,完成学校的愿望。本校的创立,从流血中来,经过百折不挠的奋斗,师生努力的合作,才有现在的成就。诸位进本校以后,务必体会本校的历史,而培养牺牲奋斗合作的精神。诸位既了解本校的内容,体会本校的精神,自可坚决你们对于本校的信心,而立下志愿,努力进修,以达于宏大之成就。

（二）本校办理方针,是要充分发挥个人的才能,使成为社会有用之材。人性本都向上,不过因社会环境的关系,往往向上难而下流易。尤其诸位刚从中学毕业升入大学,为人生过程中以重要阶段,在此时期必须抱定宗旨,努力向上。虽资禀不足的人,倘肯"人一能之,己百之,人十能之己千之",自然虽愚必明。至于天资高的人,亦不可骄矜自恃,也要刻苦奋勉,发挥个己的才能。本校设施目的就在此。诸位必须体会这层意思,无论上智下愚,都努力向上,将个人的智能发挥尽致,切勿与恶劣环境相近,致趋下流。要好好爱惜自己的天才,保全纯洁的心灵,努力进修,充分发展向上的本能,而蔚为大器,才不辜负自己和学校的愿望。

（三）现在我国国势积弱,国难严重。人民生活不安定,学生求学的心志,也不能专一。常觉得在这种局面下,青年救国比读书要

---

① 《王校长训词》,《大夏周报》,第10卷第2期,1933年10月2日。

紧;但我们希望青年要救国必须求学。观各国国势的强盛,事业的发达,莫不以学术为根本,靠丰富的人才。我们必须研究精深的学术,造成各种专门人才,才能与人竞争,才能担当救国的重任。若不读书,空呼救国。如缘木求鱼,无补于事的。

九月二十七日　主持大夏财政委员会,审核大、中两部预算和近月收支情况。

九月三十日　上午,慰留大夏图书馆长马宗荣。

中午,以五千元交王毓祥,为购大夏新村地之用。

下午,赴功德林出席上海大学联合会执委会会议。

九月　大夏确定新学期各委员会委员名单。校务会议主席为王伯群、教务委员会主席鲁继曾、财政及校务发展委员会主席傅式说、群育委员会主席雷国能、事务委员会主席吴浩然、图书委员会主席马宗荣、体育委员会主席由全体体育委员会互推一人,当然委员沈昆南。

十月三日　正式搬进愚园路一一三六弄三十一号新宅。

十月六日　作复教育部及上海市教育局关于整饬教育行政者函。

十月七日　与欧元怀等商改大夏董事会章程。遵照教育部新令,组织董事会限制董事九人至十五人,另设名誉董事若干人,以容纳旧日校董,均订入本大学大纲中。

十月九日　会见来大夏演讲的中华职业教育社江问渔。

十月十六日　主持大夏校务会议,讨论整顿校风案。

十月十七日　上午,赴大夏办公。

十月十八日　在自宅主持大夏财政委员会,本学期不敷之数约一万元。

本日,接上海市长吴铁城函,告知在校门设岗已遵嘱查办。函曰:"承示转嘱公安局在贵校门首即设岗位二处一节,已遵命转饬该局查核办理矣。"

十月十九日　听欧元怀报告说大夏学生会纠纷不已,恐有背景,欲使校内发生不靖现象,于是野心家乘机而入,请先生着力关注。

十月二十一日　与雷国能谈大夏训育事。雷认为管理太严反做不通，主张从宽。先生说，以教育事业至今日已有江河日下之势，如再放纵，则青年将不复成完人，仍须复古，励行导师制，从严管束为妥，并嘱其调查学生派别、内容及人才。

十月二十二日　接待何纵炎来访。何告已与欧元怀商妥，其存上海银行二万数千元改为大夏向其息借。

十月二十五日　主持大夏财政委员会，计本学期尚亏欠洋万余元。

十月二十九日　参加大夏毕业同学聚餐，并即席做"民族复兴与中等教育之关系"的演说。

本日，大夏教育学院乡村教育班将大夏公社扩成改设为大夏实验区。

十月三十日　主持大夏第一四九次校务会议，通过《大夏民族复兴教育实施纲要》草案，并向全校师生征求民族复兴教育实施具体方案及步骤。[1]

十月三十一日　听王毓祥告校内学生被人煽惑，有不稳之象，请先生筹防患未然之策。

十一月二日　出席大夏师生谈话会，在讲话中指出[2]：

　　民国二十余年以来，我们的国家是在革命的过程中生活。本校同人为适应革命潮流而举办这大学，所以表明苦办、苦教、苦学"三苦"主义不断地在牺牲抵抗中过活。因为抱定这种精神，故在过往的十年中，本校进行的路向是一直往前，没有迂回停滞的现象，这是我们深堪自慰的。

　　近几年来，国家处于危岌存亡的紧要关头，民气消沉达于极点，国内相互间的歧视纷争，仍然有加无已，其他如民德、民生等，亦皆衰颓到极点。所以本校今后的教学方针，就是以复兴民族为中心，也可

---

① 《本校征求民族复兴教育实施具体方案及步骤》，《大夏周报》，第 10 卷第 7 期，1933 年 11 月 6 日。

② 《二十二年秋季师生谈话会王校长训词》，《大夏周报》，第 10 卷第 7 期，1933 年 11 月 6 日。

以说就是复兴民族的教育。可是有人说:民族、民权、民生应该同等注意,不应该偏重民族一方面,这话固然有理,然而为适应国家的环境起见,民族复兴尤为当务之急。

诸同人都本着革命的精神而办大夏。乃近有人说某人是某党,某人是某派,这全是不可相信的话。须知本校是最高的学府,关于各种学术主义,当然可以尽量研究,当然有力求深切明了的必要。但是各人都应该有个主观的立场。本校职教员学生共计不下二千二百余人,在这种大团体内,设有个人利益与团体利益相冲突时,应牺牲个人利益维护团体,如此学校才可充分发展,将来你们到社会服务,社会才会进步,我们的民族才能复兴。

十一月三日　与欧元怀讨论大夏重要事件,并拟致各校董函稿、学生布告、教职员函稿,均言《复兴民族教育纲要》已经校务会议决定,请大家以三年为期,编制详细实施。

十一月六日　教育部派高等教育司谢树英科长及陈可忠、张绍忠两位专员来大夏视察。十二月底,教育部正式公布此次视察报告。

十一月十日　上午,听欧、傅报告说,大夏学潮愈见紧张,不出礼拜,即有暴动,请先生筹划预防之策。先生要求学校方面宜严厉处置,以遏乱源,一面同意爱校学生起而自卫其权益,一面由欧往访上海市社会局长吴醒亚、教育局长潘公展,探风潮之发源是否有政治背景。

下午,在办公室召集二十名爱护学校学生代表训话。接着又召集三十名学生自治会执监委员在课堂类训话。指出,大夏以师生合作之精神,作苦教苦办苦读的工作,十年如一,绝无内部发生裂痕之事。希望学生勿误听谣言,如有少数分子捣乱破坏学校,绝不宽纵。并请学生转告全体同学,努力学业,辨别是非,主持正义。

晚,主持大夏校务会议,专门讨论应付学潮事宜。

十一月十二日　上午八时,见欧元怀携标语来告,昨深夜学校中发现"打倒欧元怀、王毓祥、傅式说、吴浩然"、"打倒商学院长,打倒鲁继曾,实行罢课"、"打倒欧元怀走狗倪文亚"等标语。先生闻后,遂立刻决定:一方面和傅式说去访吴醒亚与潘公展,一方面借庆祝总理纪念,放假两日,以便准备应付方法。会议还决定开除诬陷师长、鼓动学潮首领郑杰。

十一月十二日　上午,得欧、王、傅、吴报告,说已与上海市公安局接洽妥当,不必利用护校学生之武力。得陈立言报告,说学校内昨日各学生见布告后很安定,并说学生会中鼓动风潮者其气已馁。

中午,在青年会与同事聚餐并致辞,略谓:今日聚餐,一则祝中山先生诞辰;再则谢诸同学开学以来学习劳苦;三则报告近日校中风潮,希望同事发表意见。雷国能、邰爽秋①、吴泽霖及毕业学生代表等相继发言。

十一月十三日　上午,接待吴醒亚来访。听其介绍三个方面情况:(一)谈在沪青年运动及经过,表示大夏学生派别比他校为多,活动比他校为力,希望对大夏要特别注意;(二)大夏学生如郑杰,认为欧元怀与先生宗旨不同,处分校事往往压迫本党而袒护他派,直指欧元怀为国家主义派,遂决反对之;(三)自前日与欧、傅会晤后,曾令郑杰与一部分学生来,令其不可妄动。吴表示,倘此刻开除学生,唯青年与党部关系密切,事态扩大,恐多麻烦。先生闻言,表示上海教育界除青年运动外,尚有高级的教职界,欧元怀与他派往来较密切,而学生不知内情,遂发生若干纠纷,认为教育家不宜轻于开除学生,入社会则害社会,入他校则害他校,应反复琢磨,使之成器,否则学风日下。最后与吴讨论决定不开除一人,免引发纠纷,另筹根本救济校难之策。

下午,主持大夏第一五一次校务会议,讨论应付学潮,主张不开除个人,详筹整个救难方策。决议群育委员会改称生活指导委员会,下分群育、体育、卫生及军事训练四部。

十一月十四日　与欧元怀、王毓祥商讨将群育、体育两委员会合并改组,拟用常务委员制,以期用体育方法达训育目的。

十一月十九日　听欧元怀介绍赴南京教育部情形。

---

①　邰爽秋(1897—1976),字石农,江苏东台人。美国哥伦比亚大学教育博士。长期担任大夏大学教授、教育学院院长。历任南京中学校长兼中央大学教授、暨南大学教育系主任、国民政府教育部战时教育委员会委员、辅仁大学和北京师范大学教授等。

十一月二十日　召开大夏校务临时会议，通过群育委员会、体育委员会合并为学生生活指导委员会，并确定该会人选；通过邵爽秋提议的大夏民众教育实验区组织与办法。

十一月二十二日　主持大夏财政委员会，商大夏学会组织及发起人等事宜。

十一月二十六日　接待大夏黔民社三名贵州籍学生，为《黔同轩》捐款二十元。

十一月二十七日　闻倪文亚欲辞中学部主任，先生加以慰留。

十一月二十八日　资助六百元为贵州学生回黔川资后，离沪赴宁。

十一月三十日　与徐沐曾谈大夏事。先生表示大夏第一要师生合作，第二要学科能合高考之需要，第三学生其他之出路，能备此数条件，则不怕外来之袭。

十二月五日　与陈立夫、钱宗泽谈论教育问题时，先生主张恢复私塾而改良之，注重中小学职业教育；小学毕业后能为生产者则不必入中学；中学毕业后，能生产者不必升大学。至于大学，则非提高程度与外国大学相等不可能。政府规定学程标准，则一切野鸡大学不取缔亦将自停，此教育方针，当此国难方殷之际，首宜注重者。

十二月十一日　与欧元怀谈校事，告杨永泰答应任校董，并拟推王志莘①、张竹平、杜月笙、何应钦为新校董，以旧校董为名誉董事等；又商讨大夏学会组织办法。

十二月十三日　主持大夏财政委员会，谈改组董事会办法，并确定杨永泰、王志莘、张竹平、杜月笙、何应钦等为新董事。

十二月十四日　为大夏师专学生代表捐大洋十五元。

十二月十八日　在王毓祥、吴浩然陪同下察看大夏附中校址，并指定吴、傅、倪主持中学校舍建筑事宜。

---

①　王志莘(1896—1957)，原名允令，上海人。大夏大学校董、董事长。国立东南大学附设上海商科大学毕业后，留学哥伦比亚大学，或银行学硕士。创办中国国货公司、中国国货联营公司、中国棉麻公司等企业。历任江苏省农民银行总经理、新华信托储蓄银行总经理。发起成立上海证券交易所并任总经理。

十二月二十日　主持召开大夏财政委员会,计本学期因购地特支七千元,故预算只欠一万元者又超出几倍。会议决定收学费以补一半,其余半数非由先生挪借;商中学建筑办法,决定请柳朗生计划并测绘计图进行。

十二月中旬　奉教育部令,大夏全校师生服装须用国货。

十二月二十一日　接待大夏师专科学生朱绍曾。先生嘱其将现代所有学术思想,如三民主义、共产主义、社会主义、法西斯主义等等再加一番研究,便会有心得。

十二月二十二日　上午,赴大夏办公,知昨夜十一时突来上海警备司令部士兵多人持吴铁城布告,说校内学生六人有共产党嫌疑,而共党在江西失败,欲在上海为最后之挣扎,政府为防患未然,故不得不有此紧急处置。于是,将住校内二人,住校外三人逮捕而去,并说同时被捕学校有八家之多。先生今晨由电话询知,暨南大学捕去二十三四人、光华大学捕去十五六人、复旦大学捕去十六七人,上海法学院捕去十余人,且有教职员二人在内。同时按光华校长张寿镛电话,请于下午二时到其住宅内商应付之策。吴铁城有一信,请校长下午四时谈话。

下午,与欧元怀来同往张寿镛家,会商应付官厅捕异党学生事。张主张要求当局无证据者释放,有证据者上法院。褚辅成、沈衡山、郑洪年均以为此次当局系根据学生报告,而捕其中必有受冤者,一面要求当局慎重,一面亦须各校自行清理内部,使学生互相间无挟嫌报复等弊方为根本之图。先生赞成各校一面整顿内部,一面互相团结,有事自行处理,勿待官厅过问。

十二月二十五日　主持大夏校务会议。校董会根据《修改私立大学校董会规程》进行改组,并修正校董会章程。校董为:王伯群、王志莘、王毓祥、何应钦、杜月笙、马君武、张竹平、杨永泰、傅式说、欧元怀,王伯群为董事长。名誉校董是:王一亭、吴稚晖、吴蕴斋、任嗣达、汪精卫、邵力子、何纵炎、周守良、胡孟嘉、胡文虎、梁燊南、徐新六、徐寄顾、陈光甫、张君劢、张嘉璈、黄绍竑、叶楚伧、荣宗敬、虞洽卿、赵晋卿、赵恒锡、刘书蕃、刘文辉、钱永铭、戴培基、戴培元。

十二月二十七日　主持大夏财政委员会,与会者均感到烦闷异常,盖近日学生被捕,不过凭少数学生之诬告挟嫌而兴大狱,各报既不敢登载,各校又不敢公然发一言。

十二月二十八日　与大夏各毕业生在群贤堂合影留念。

十二月三十日　晚,听欧元怀报告,本日上海各大学教职员联合会决定致电蒋介石、汪精卫和教育部,为被捕各大学生伸冤。先生同时托诸民谊面陈情汪精卫和教育部。

十二月　在丽娃河畔毗连处,添购基地十余亩用作中学部校地。

1934 年（民国三十三年　甲戌）　五十岁

　　一月二日　接待大夏法科学生、贵阳籍周佐治来访，求介绍职业，先生劝其回黔工作。

　　中午，赴傅式说宴，遇章太炎。先生惊讶太炎先生"六七年不见，光彩犹惜"，席间谈国学研究法为多。

　　一月三日　上午，接待朱绍曾、刘烯章、江滨三学生来访，略谈南京政治之腐败，不能使各省人士心悦诚服，尤以汪精卫当国两年为退化，三学生出纸索书法而别。雷国能携法学院四年级学生何国祥的论文《当代各国政治上中央与地方分权问题之比较研究》来讨教。先生评价曰："虽见幼稚，未见尽善，然亦颇有心思，可谓好学深思者矣。"

　　一月四日　接待邰爽秋、马宗荣来访。听邰谈乡村教育近况，提出大夏教育学院有再求进步之必要。先生嘱二人拟具体方案提校务会议讨论后实行。

　　一月八日　大夏举行毕业考试，先生当选为考试委员会委员长。

　　一月十日　是夜，东北风狂声不已，先生梦为之惊，百感交集，枕上口占一诗。

　　　　东北风云尚未已，国势到今万分危。

　　　　万众离心复离德，重重国难谁挽之。

　　一月十一日　上午，往各课堂中监考。先生发现有中等教育班学生多至一百三四十人，与原订每班最大不得过六十人之旨太不合，遂决下学期非改良不可。

下午，往傅式说家参加审查大夏民族复兴教育方案会，晚九时三刻方散。

一月十二日 下午，往华安饭店出席大夏第十六届毕业生送别茶话会。先生首言开会意义，次述临别赠言，略谓：诸生离校后，不希望做官而希望做事，不希望在都市服务而希望在乡村建设，不希望到社会的上层去，而希望到社会的下层去，先植根本，然后枝叶茂盛，并望速去组织全体毕业同学会，使成为有精神有计划之团体，并望勿忘母校之艰苦卓绝之历史，时时人人发挥而光大之云云。至七时方散归家。

一月十四日 下午，主持大夏复兴民族教育方案审查会，直至九时方散。

一月十六日 下午，与欧元怀谈校事：关于(一)校内财政之筹措；(二)舞弊学生之惩罚；(三)行凶学生之除名；(四)优等毕业生之留用。先生皆一一与其决定，七时别去。

一月十七日 在自宅主持大夏财政委员会。

一月二十八日 上午，接待郜爽秋来访，为乃弟郜鸿秋事托先生设法推荐工作。

晚，赴世界饭店出席大夏毕业生骆美奂①、厉鼎立、凌绍祖宴请，席上晤旧同事庐金候、杨寅康、端木铸秋等，畅言大夏近况。

一月二十九日 接待大夏毕业生韩克弼等六人来访，拟组织江苏大夏同学会，并邀保志宁加入发起人。

一月三十日 中午，于明湖春宴请大夏毕业生骆美奂等十五人。

本日，致函福建省政府主席陈仪，呈请接见大夏学生并介绍工作。函文谓②：

---

① 骆美奂(1904—1989)，字仲英，号义生，浙江义乌人。毕业于大夏大学，曾留学美国。历任国民党中央党部普通组织科科长、导淮委员会土地处长、中央社会部主任秘书、宁夏教育厅厅长、教育部蒙藏教育司司长、国民党中央党部主任秘书、农工部副部长等职。后定居美国波士顿。

② 汤涛主编：《王伯群与大夏大学》，上海人民出版社，2015年8月，第240页。

公侠吾兄主席勋鉴：

　　在都畅聆教益为快，比想旌麾所指，八闽欢腾，政祉履祺，定符臆颂。兹有恳者，敝大学历届毕业生在闽服务者颇为不少，过去成绩早为社会所信任，以时局变更，多被迫弃职。此次吾兄重选省府，展布新猷，需才之多，自在意中。用敢介绍数人，恳赐关拂，姓名略历另单附奉。此数人或现在供职，或曾经办事多年，均品学俱优，经验亦富。倘蒙量才器使，俾得展其所长，仰赞高明，无任感祷。除函嘱各人趋谒崇阶，面候教命外，敬此函恳，顺颂勋祺。

　　附：介绍学生履历：

　　章葆真，福建龙岩县人，大夏第一届数理化系毕业，曾任大夏数理助教、莆田高中教务长，现任龙岩乡村师范校长，因该校在目前情形之下不能开学，然可任督学等职。

　　郑春鑅，福建莆田县人，大夏第一届教育科毕业，曾任省立莆田中学训育主任，现任省立莆田师范训育主任，倘蒙委以省立莆田高中校长等职，必能胜任愉快。

　　刘国桢，广东蕉岭县人，大夏教育科毕业，浙江考取县长，曾任瑞安县县长，两年以来均在福建民政厅供职，闽变后被迫去辞，于闽省内政至为熟习，倘赐复任，自驾轻就熟。

　　李育英，福建邵武县人，大夏教育科毕业，曾任县长、督学多年。

　　　　　　　　　　　　　　　　　　　　　　　　　　伯群

二月一日　晚，主持大夏财政委员会。

二月二日　中午，宴请大夏新校董杨永泰、张竹平、王志莘、杜月笙及上海军政当局吴铁城、杨啸天等，三时方散。

　　晚，主持大夏财政委员会，至十一时半方散。

二月四日　上午，听欧元怀汇报，说倪文亚及学生派别近状前途仍不可乐观。倪因小事与傅式说相左，颇消极，欲辞职。

二月五日　再发函请陈仪接见学生并安排工作。函曰："前肃一械，介绍章葆真、郑春鑅、刘国桢、李育英君，谅达记室，兹嘱四君晋谒崇阶，面侯教命,务恳惠赐接见,量才器使,则不第四君感激已也。"

二月七日　　主持大夏复兴民族教育方案审查会。

二月十日　　南京教育部准大夏本届校董会备案。

二月十二日　　上午,审核倪文亚送来的大夏中学设计图纸。

二月十三日　　与欧元怀商谈校事,并商中学部校舍建筑问题。

二月二十六日　　签发并发布大夏本学期民族复兴教育方案。布告谓①:

　　本校鉴于吾华民族当前之危殆与大学使命之重大,爰于上学期决定以民族复兴为教育之中心目标,并拟定纲要向校外专家及校内教职员同学征求是项纲要之具体实施方案,复经校务会议推定欧元怀、鲁继曾、王毓祥、傅式说、邰爽秋、吴泽霖、陈柱尊、林希谦、陈荩民诸先生及伯群组织民族复兴教育方案,整理委员会将所征集之方案加以整理交由校务会议通过,分期次第实施,兹将本年内决定施行各端列举于左:

　　建筑中学校舍。中学部课堂二座,寄宿四座,办公厅及自修室一座,图样已全部绘成并已登报招标决于最短期间兴工建筑,秋季即可迁入,一俟中学校舍建成后,大学部校舍自觉余可作各种研究室或其他用途。原有大礼堂亦可恢复大中二部管教可以完全分开。

　　充实理工设备。本校原有理学院各种设备尚可敷用,兹为力求充实期间特添置理工仪器三万一千元,业已开单,交由财政委员会核请校董会筹款进行订购。

　　促进大夏社会教育实验区各种事业。本校原有大夏公社成绩昭著,自上学期起复在附近各农村举办民众教育,并将公社失业合并,农民受惠匪浅。兹为促进是项失业起见,自本学期起专设主任主持并聘农业专门人才为农事指导员,拟定整个计划进行为复兴吾国农村之实验。

　　开设统制经济及战时经济讲座。当此国民经济濒于破产及东亚

①　《本学年实施民族复兴教育的步骤》,《大夏周报》,第10卷第16期,1934年3月6日。

大战迫于眉睫之际,统制经济及战时经济之研究实属刻不容缓,本学年特设此两种讲座,聘请专家担任。

开设太平洋问题讲座。此后世界大势以太平洋为枢纽问题,复杂风云密布,吾国身处其间将如何应付此险恶之环境实为民族前途存亡所图,本学年特设此讲座聘请专家担任。

改善国文史地教学办法。大学生国文程度之日低及史地智识之浅薄实为民族前途之隐忧,兹已由教务处召集各该科担任教员共同拟定改善教学办法,以期增进学生之国文及史地程度,详细办法由教务处另行公布。

整顿军事训练。军事训练原为锻炼体格并养成能力起见,关系民族生存甚大,兹为力矫各生玩忽军事训练之习惯。自本学期起,凡上操不穿制服及迟到早退者,一律作为缺课论从严处分。

完成普及体育计划。注重选手运动而忽视全体体育实为近日大学一般之通病,本校力矫斯弊曾于上学期订定体育及格标准作为毕业条件之一,借以促进全校学生对于体育之注意,早已公布在案。兹为完全是项计划起见,复由体育委员会拟定普及体育实施办法,决于秋季起实行。

添设大学一年级主任。大学一年级新生为全校学生之基础,关于行为之习惯,学问之方法及身心之修养均有特加指导之必要。本校特设此职使一年级生有负责之导师。

筹集学术研究基金。民族之兴衰视学术之进退以为消长,而大学实为研究学术之中心于训练使用人才之外,尤当从事学术上之深切研究,本校爰斯旨,拟于本学期起筹集基金,决定计划进行研究工作,所有办法另行公布。

刊行《大夏学报》。本校于上学期决定集合全校教职员、校友、同学之精心著述,刊行《大夏学报》,以期对于学术文化有所贡献,并以发挥我大夏之精神。所有投稿简则早已公布第一期,定于本年四月出版。

此外,凡有裨民族复兴而为本校立场所能见诸实行者当随时公布,尚望我全体同学一致努力,互相策励,以期达到吾人所负之神圣使命,则幸甚矣。

三月一日　大夏学生准时到校注册,大学部一千三百三十六人,中学部六百零三人,教职员一百一十五人。

三月二日　上午,与大夏教员潘白山、杨德真谈校务,潘、杨请求管理女生方针。先生表示以须绝对的严格,若少数人不守校规,开除亦不之惜,除害群之马全体所希望,并须指导组织女生自治会以自治之。

下午,得陈柱尊送《待焚诗稿》第二卷三册和嘱篆书屏联纸一束。先生表示自己外行,不能作和。

三月五日　读陈柱尊《待焚诗稿》二集,痛讽时政,毫无顾忌,于"九一八"东省沦亡尤为痛切,非特变风变雅直屈贾之长叹息,以至于痛哭流涕也已。

三月七日　下午,主持大夏财政委员会,直至七时半始散。傅式说详报财政状况后,先生知本学期至少恐须短缺四万元。

三月十日　听高昌奇汇报近日大夏学会筹备情况,审阅修改后之章程。

三月十一日　在群贤堂二一二教室主持大夏学会成立大会,与王裕凯①、马雪瑞、孙亢曾等五人推选为常务理事。会议确定大夏学会重要会务:(一)研究学术救国具体方案;(二)发扬民族文化淬砺爱国精神;(三)协谋物质建设,提倡生产事业;(四)编译大夏丛书,发行大夏学报;(五)举办其他与本会有关之文化事业。关于大夏学会成立,王毓祥曾记述道②:

发起组织本会的动机,乃本校教职员毕业同学及在校同学等,因鉴于国难日深,国势日危,并感于自身所负使命之重大和努力团结之

---

①　王裕凯(1903—1989),字举庭,江苏盐城人。大夏大学毕业后,或美国加利福尼亚大学博士学位。历任大夏大学高等师范科主任、总务长、教育学院院长、训导长、秘书长及代理校长等职。

②　王毓祥:《大夏学会概况》,《大夏周报》,第11卷第8—9期合刊,1934年11月3日。

必要,遂在一共同宗旨——研究学术团结意志立谋复兴民族发展大夏——之下,应运产下宁馨儿。它目前的遭遇虽好似障碍重大,但这适足以表现出小生命前程的光明和远大!

本会在民国二十三年三月十一月正式成立。当经选出理事王伯群、欧元怀、傅式说、王祉伟、孙亢曾、张仲寰、徐则骧、王裕凯、高芝生、张耀翔、马雪瑞等十一人,候补理事郎爽秋、周乐山、曾昌燊、程宽正、蒋子英等五人。

三月十二日 晚,主持大夏校务会议后,与何纵炎谈此次自己大病经过,并告以学校近况。

三月十三日 听欧元怀率蒋子英来谈近来办学与昔年困难。

三月十四日 先后与欧元怀、高昌琦谈大夏校事。

三月十五日、十七日、十九日 在《申报》发布《为欧元怀先生之尊甫剑波太翁七秩寿庆请移寿仪充奖学基金启》。

三月十六日 假自宅召开大夏学会第一次理事会,被各常务理事推举为主席理事。提议本会拟定一公约共同遵守案,议决拟定会员生活公约,共同遵守。

三月中旬 阐述大夏学会会员生活八项公约。公约为:坚强体力,精修技能。崇尚勤俭,实行廉洁。克制私欲,努力公德。明辨是非,维护正义。唤起群众,自治自活。亲爱互助,共谋安乐。精诚团结,誓除强暴。复兴民族,挽救国难。

三月二十二日 与傅式说、倪文亚共商中学建筑事。先生主张以校内财政如此困难,债务不能再增多,建议分两步进行,先建课堂与办公室,稍缓再建宿舍。

三月二十六日 大夏同人派代表朱巽元、谌志远①、马雪瑞、陆德音、佳路易夫人五人来慰问儿子病亡。

———————————

① 谌志远(1904—1988),贵州织金人。早年留学美国斯坦福大学和哥伦比亚大学,历任大夏大学政治学系主任、法学院院长、教务长等。

三月三十日　大夏学会第一次常务理事会召开,审定各部会办事细则,分会组织通则和推定各部职员。

本日,函请蒋百里来大夏做《太平洋各国之军备》演讲。

三月　大夏严格执行军事训练。兹录军事教官所布告条律①:

> (一)军训上课证,上课后须一律交齐,否则无效;(二)操练时,师生一律着制服,如违,以缺课论。新生有则着穿,无则在制服未到前,均着短装;(三)凡上学科时,不得迟到早退,借故请假,及有轨外行动。否则,除按军律面斥外,并逐日呈报市军训委员会,转呈教育部登记备案;(四)凡有命令、通告等,须绝对遵守服从。

四月六日　听高昌琦汇报大夏学会近况。先生当令其转告王毓祥、傅式说,大夏学会理事不必候他而开。

四月十二日　撰砚铭一则。

> 人生七十古来稀,
>
> 五十之年忽焉至。
>
> 安得长寿如此石,
>
> 无忧无乐亿万世。

四月十三日　与欧元怀谈校事,并及文化协会、文化学会、新生活运动之种种活动,并商定下星期日开校董会。

四月十五日　为《大夏学报》创刊号撰写发刊词。曰:"爰有《大夏》之刊,发表校内外师友之著作研究,以公于世,冀能于学校教育职业技能之外,并能于社会大众有所贡献,学术文化有所裨补。"

四月十六日　在自宅主持大夏学会第二次会议理事,到者有王毓祥、张耀翔、徐则骧、孙元曾、王裕凯、张仲寰、高芝生等十余人,讨论议决常务

---

① 《军事训练加严》,《大夏周报》,第10卷第17期,1934年3月13日。

理事会人选、总会组织、各种章程及细则起草人员。

四月十七日　同欧元怀商致函何应钦、杨永泰两校董，请函教育部长王世杰力索订补助私立专科以上大学之费。

四月二十日　得何应钦复电，言何纵炎已南下，大夏校董会准可出席。

四月二十二日　主持大夏校董会，张竹平、欧元怀、王志莘、何应钦（何纵炎代）、傅式说、杨永泰（王伯群代）、杜月笙、王毓祥与会。讨论事项如下：（一）推举董事长，公推王伯群校董为董事长；（二）根据校董会章程第八条，抽定本届各校董任期，抽定结果：何应钦、杜月笙、王志莘三校董各二年；欧元怀、傅式说、王毓祥三校董各四年；杨永泰、张竹平二校董各六年。公决董事长任期为当然六年；（三）扩充理工设备计划案，议决照原计划通过；（四）拟设奖励学术研究基金案，议决筹设；（五）请中央及地方当局补助案，议决积极进行；（六）创办实验小学以利教育学院学生实习案，议决本年秋季起开办。

本日，与张寿镛、江镇三、康选宜、陈继烈、林众可等出席上海各大学教职员联合会第十八次常务委员会，推举胡庶华、廖松雪代表本会赴川宣传组织全国各大学。先生被推为大会成员。

四月二十四日　与欧元怀谈校事，告近日教育界与政局内幕情形，见欧似不安之至。

四月二十五日　出席大夏财政委员会，谈中学建筑事，先生答应筹款一万元，并嘱以中学地皮抵一万六千元，下学期开学时抽学费一万五千元即可成事。

四月二十九日　在中华学艺社出席上海大学教联会，被选举为主席团成员。

四月三十日　上午，出席大学教联会第二次会员大会，被选举为执行委员。

下午，在自宅主持大夏学会第一次常务理事会议，审定各部会办事细则、分会组织通则和推定各部职员。

四月　大夏校委会为避免各种课外活动时间冲突及妨碍课务，议决重新规划体育比赛、学术演讲及团体集会时间。

五月一日　大夏中学新校舍开始兴建。

五月三日　为大夏春季运动会题写"淬励尚武精神"。

五月七日　下午四时，主持大夏校务会议，至七时散会。又续主持大夏十周年纪念筹备会，留与会者九人便饭，九时三刻散。

五月八日　为整顿校风校纪，大夏校务会议议决，除严厉执行考试规则外，制定取缔舞弊办法十六条，予以公布施行。

五月九日　主持大夏财政委员会，讨论大夏中学造价四万余，先生允筹一万元，新华银行允借二万，尚欠一万元无法筹措。

五月十二日　上午，致欧元怀函，嘱代表自己到大夏运动会训话。

晚，读《文史通义》数篇，认为作者章学诚毕竟渊博而识远，谈读书之法，殆无出其右者。自叹曰："余昔年不知求学，如此类昏，未熟读而取益，今知取益，已四十五十矣。追悔不及，为之长太息。"

本日，为私立上海中学、上海小学、上海幼稚师范、上海幼儿园立校十周纪念大会特刊题词："百尺之楼，起于累土。四校之兴，同其步武。惨淡经营，陂艰抗阻。十载于斯，名满全沪。"

五月十七日　参加大夏新生活筹备会毕，与欧元怀、傅式说谈财政问题，建议将非旧债用化零为整之法整理不可，且商定决分头进行。

五月二十二日　上午，与欧元怀商讨大夏新生活运动会各组主任干事名单。

下午三时，主持上海新生活运动促进会大夏分会成立大会。指出，新生活运动之刻不容缓，勖勉同学从个人做起、由小节做起，以后推己及人而普遍于全国，则复兴民族不难实现。后请吴醒亚、潘公展两人演说，最后，邰爽秋讲新生活与土货之关系，两小时之久散会。到者二百余人，尚有精神。会毕，被邰爽秋约往大夏民众教育实验区参观。

五月二十三日　晚，主持大夏财政委员会，将本日情形告同人，筹商久之，拟再多方进行，至十一时方散。

五月二十四日　为大夏中学生刊物封面题词。

五月二十五日　主持上海市新生活运动促进会大夏分会第一次全体

职员会议。讨论向总会报告成立经过、已聘各组职员应请总会备案、各组办事细则如何订定、如何推动新生活案等，六时散后又往大夏中学新基及西河一视。

五月二十八日　上午，往大夏办公。下午，为大夏本学期毕业生训话。

五月三十日　晚，主持大夏财政委员会，听取欧元怀报告赴教育部接洽经过，至十时散。

六月四日　主持大夏校务会议。计划延聘的商学院长唐文恺、体育专修科主任方万邦均来便饭，借与干部人员一晤。

六月九日　下午，跟欧、鲁、傅商下学期应聘教员事宜，至七时而散。先生自己垫款八千元交傅支付大夏中学第一期建筑费之用。

六月十四日　上午，为大夏拟设体育专科已呈教育部。恐效不足，又函何应钦请向王世杰部长打招呼。

下午，往大夏监视毕业考试。

六月十五日　听傅式说、吴浩然报告图书馆及理科教员问题。先生告以约邵家麟、鲁继曾详细讨论。又报告说大夏贷款事，非本月进行成功不可，否则本月薪金即不能发。

六月十六日　晚，签阅大夏应聘下期各员之聘书，至十一时而眠。

六月十七日　上午，赴一枝香出席大夏毕业同学会，并勉数语，十二时始散。

下午，赴青年会参加大夏毕业生茶话会。

六月十八日　下午三时，在自宅主持大夏校务会议，至七时散。又留邵、鲁、欧、傅商讨下学期延聘人员问题。

六月二十日　接待邵爽秋偕其夫人黄季马来访，谈校事多时，邵又为王尧仁说项。

六月二十二日　接待大夏学生张汝励来访。张代表今年毕业生请求未交毕业论文及学费者也得参加毕业典礼，先生告曰："以校章规定未便自我破坏，如情有可日言者，可向各人院长陈述缘由或可通融。"

六月二十三日　上午，在自宅主持大夏临时校务会议，讨论：（一）因多数毕业生论文未交,只好延期举行毕业典礼以待之;(二)因学生丁务实侮慢师长,不守校规,决议予以退学处分;(三)听欧元怀报告在毕业生宴会中收集关于改良校事的材料,以及校中有不肖之徒,欲纵火毁临时办公室,幸校工发觉早未面灾,殊不幸中之幸也。

下午六时,往八仙桥青年会出席上海各大学教职员联合会。先听取张嘉璈演说,继则听潘公展演说,潘介绍中国教育之概况,以教育部调查表为资料研究中国教育,小学学费虽不多而并不普及,大学则费太多而无用,皆系奇怪现象云云。

六月二十四日 参观大夏民众教育试验成绩展览会。

六月二十六日 接待大夏学生彭述信,其持学生会函一件,请学校勉暑期学生宿费,先生允交学校财政委员会讨论答复。

六月二十七日 晚八时,在自宅召开大夏财政委员会。学校财政每学期开始即将收入得还债款,至学期终了则欠经常费一二月,所谓寅支卯米、挖肉补疮是矣,本期亦然无法可想,只得向各银行透支或短借以渡难关而已。

六月 大夏公布《各院科毕业学生体育毕业学生体育及格暂行标准及施行细则》。譬如长跑,男五百米及格是七分四十秒,女四百米及格是一分三十秒。

七月二日 与吴、傅谈校中增设水井机械及图书馆等改进办法。

七月四日 听欧、傅谈与银行接洽情形。闻为大夏借债尚无结果,先生致多焦灼。

七月六日 往访上海银行陈光甫,谈大夏借款事。

听王毓祥、倪文亚来报告处分广西、四川两省学生斗殴事,为首者计三人予除名处分。马宗荣来报告图书馆扩张及改良计划,先生当将日内与傅所谈告之。

七月七日 大夏毕业同学会执委等宴客,先生因母病及足痛不能出门,却之。

七月九日 下午二时,接待大夏学生代表七人来访,请求收回此次因械斗被开除各学生成命。先生以学风太坏整顿为要,未允。且反复告诫学生会代表,勿要为无理法之学生张目。该学生等又直接致书校务会议,提出六项要求限期答复。四时,在自宅召开大夏校务会议,会议除报告学校风潮外,欧元怀、王毓祥、傅式说访杜月笙回,又报告许多,直至八时便饭。王毓祥代拟致何应钦书,签名后发出。

七月十日　下午,大夏学生会代表彭述信、卫鼎彝、唐仲侯、宋达邦、丘科昭、刘燃章等六人又来,说所请六条如无相当解决,则川桂两省学生逼学生会至急,恐事体扩大,然已尽力镇定,总求校长想一公平之法。先生答曰:"以一大事件非有人负责不可,如该会与两省同乡另指得负责之人,则已开除之三人可以平反,否则只有稍屈该三生矣。"接着又道:"如两省学生有善法可以解决,我亦愿闻之,或以书面来,我视其悔祸程度提请校董会解决亦可。最不幸者,一波未平一波又起,第二次之打校工更不能不严办,现为慎重免冤起见,正派人详细调查中,倘能自首则可从宽发落。"

听取欧、王、傅来报告往访吴醒亚、张竹平、吴开先、潘公展等情形。

七月十一日　与欧、王、傅谈颇久,述与吴铁城见面结果良好,拟五六时再访杨啸天一谈。欧且谈副校长一职似无设置必要,他表示个人亦欲专事教书或兼其他任教,俾个人生活稍得舒裕。先生觉此刻正要整顿与改革之际,不宜有此议发生,傅亦谓然。王毓祥则述他个人生活及经济状况而喻,略赞成欧兼职上课而稍裕生计。

七月十二日　阅马公愚来为大夏最近学潮事致杨永泰一详信。先生托其就近将本市主持青年运动者之不当呈蒋介石请维持正义。又拟布告一纸,宣示对第二次殴打校工案意旨及办法。

晚七时,在自宅主持大夏财政委员会,讨论借款进行及校董会议。

七月十三日　与欧、王、傅商校事至久。欧更言个人进退之宜,先生表示其理至当,然于事料相去甚远,不能赞同。谈为借款事往与王志莘接洽情形。

七月十五日　晚七时,在自宅主持大夏校董会,会议先报告此一学期经过、大事,及下学期一切计划;会议增聘吴铁成、江问渔为校董,计有校董何应钦、杜月笙、张竹平、杨永泰等十一人,先生为董事长;校董对此学潮备极关心,于处分学生亦详加讨论,至十时方散。

七月十六日　中午,为大夏借款往银行公会宴银行界朋友。邮政储汇局王昌龄认款十三万,新华银行王志莘认款五万元,通易认款三万元,四行施某认二万五千元,金城银行吴蕴斋认款二万五千元,上海某认二万元,国华银行某认二万元,汇通某认二万五千元,共确清三十二万元,详细办法交王志莘草订。

下午四时半,在自宅召开大夏校务会议。

七月十七日　下午,听取欧、王、傅访吴醒亚回,告吴醒亚知校工已起诉及何应钦、杨永泰两校董或直接或间接有信来,是学校当局已将事扩大。张竹平亦言解铃系铃人不可,先生乃再作书一封,派欧、傅再与吴铁城接洽,并拟亲访其说明一切。

发致何应钦、杨永泰各一函,说校内已初安。

晚八时,访吴铁城,始知其前在电话中将先生之办法听错,于是再三为之解释,并托妥为处置,勿令校纪荡尽,解决事件要点,须双方兼顾。学校纪律与青年前途均须顾到。吴要求学校当局与市党部之间要冰释前嫌,此次学潮决不令其扩大,整顿学风须另想办法。先生表示,既然市长负责处理一切,皆可迁就,并将校董会通过请吴铁城为校董告之。吴固辞,言为照例文章,此义务职不容其推脱也。归家后,再召欧、傅、倪等同来讨论今后维持学校方法。

七月十八日　了解欧、傅、王来谈与吴醒亚、吴开先等谈话情形后,先生在怒曰:"党部要员纵容青年为恶,而以调和居奇,贼夫人子以图已利,此亡国民之怪状,不料竟发生国民党中央,死不瞑目矣。"

七月十九日　与王、傅商讨与吴开先接洽处理大夏学生风潮情形。商定:肇事被开除之学生三名已毕业者,具悔过书来,给予凭照;未毕业具悔过书来,收回试读,以观后效,乃能自首悔过不减轻处分。第二批打校工之学生,由吴开先、潘公展、吴醒亚三来函担保,其以后确守校规并亲具悔过书后,可劝令校工撤回起诉。校内已毕业者给文凭,未毕业者准备续学。决议明日下午三时由欧、傅、王前往商决。

七月二十日　下午,欧、傅、王将往吴开先家商解决大夏学生逞凶事先来谈一让步最低办法。先生答曰："请三君酌量，此次了结后，重今后之维持也。"三人去，逾二时又来，说已完结，即由吴开先个人担保，以后学生在校确守校规学生亲诣先生处道歉悔过。

七月二十一日　展阅欧元怀送来一函，乃吴开先为逞凶学生求情，担保以后恪守校规者。先生认为，学生违规行凶，党部与教育行政当局袒护之，为之担保，其中隐情可知矣。

八月一日　与欧、傅商借款合同事，并谈政治结社的必要。先生认为应以救国复民为目的，维护大夏乃救国家兴民族之一方法也，如此则社员不限于大夏矣，大夏政治人才太少，应留心罗致之。

本日，大夏公布普及体育教育计划，自秋季起实行。九月五日署名发布，布告曰①：

> 本校积极推进民族复兴教育期间，自秋季起切实施行普及体育训练。所有计划，已经布告在案。早操及课外运动，均经定为必修科。凡大学各学院一二年级及师专科一年级男女学生，均必须参加早操。此外其余各级学生，得自由参加早操。但经编排入队后，必须按时出席。至于课外运动，全校男女学生均须参加。各生注册时，须同时将体育功课选填，经体育主任签字后，方为完成手续。希各知照。

八月二日　与邰爽秋商大夏民众教育区事颇久。

八月三日　听欧元怀来谈访张竹平商借款情形，杜月笙不在沪，拟函告之。又谈秘密结社应付环境事。

八月四日　下午六时，欧、王、傅借先生宅宴请大夏同人，此日乃三人开创大夏之纪念日，宾主尽欢而散。先生因近日精神太抑郁，乃亦痛饮五加皮酒三五杯，以解愁闷。

八月五日　读章学诚《文史通义》归学篇，赞曰："章氏见解在彼时可

---

① 《普及体育之意义及其实施要点》，《大夏周报》，第11卷第2期，1934年9月17日。

谓超越文字,亦富丽,真不为一代大儒也。"

八月六日 傍晚,倪文亚来谈赴赣目的,先生为其作一书介绍于杨永泰。

八月七日 听欧元怀来谈大夏借款,尚有小问题未解,决然已为山九仞矣。决定九日在银行公会设宴请各关系银行派代表签字,又商下学期应办事件,一小时别去。

八月八日 同欧、王、傅、倪谈校事,及向各方接洽情形。勉起参加,终以精神疲困未畅。倪文亚即赴赣,先生为之介绍于杨永泰,并嘱面达种种。

八月十六日 核阅欧元怀送来方万邦所拟大夏秋季体育计划册,觉大致尚妥,惟预算五千恐太多,批交大夏财政委员会讨论之。

八月二十五日 听傅来谓欧亦病,不能兴,略谈校事。倪文亚来谈赴庐山与各方接洽情形,甚属圆满。

本日 大夏发布关于普及体育教育的布告。

八月三十日 大夏附设中学新校舍建筑竣工,中学部即将迁入新校舍。

八月三十一日 欧、傅等来宅开大夏财政委员会,先生因病不能参加。

九月一日 因病未出席大夏全体职员会议。会议通过《大夏全体职员公约》。公约谓①:

一、遵守办公时间。

二、非有必要事决不请假。

三、办公室内不吸烟,不会客,不游惰。

四、今天的事,今天办完。

五、办事要刻苦耐劳,不出怨言。

六、办事遇到困难,不畏缩,不推诿。

---

① 《大夏大学全体职员公约》,《大夏周报》,第 11 卷第 2 期,1934 年 9 月 17 日。

七、工作忙的时候，同事通力合作。

八、机要公事，严守秘密。

九、接受主管职员指导，遵守服务规程。

十、提议应与改革的事情于主管机关，不作消极的批评。

十一、对教职员学生接洽事情，态度要持重，要谦和。

十二、对校务前途有共谋发展的责任。

　　九月二日　大夏校务会议通过《导师制条例》和《导师制施行细则》，导师制由校长聘请导师三十三人分别担任，务使学生于功课外，得到学问修养、职业及生活各项问题之指导；主要原则有五：（一）实现教导合一；（二）厉行俭约主义；（三）切实考察个性；（四）指导学术研究；（五）辅助解决人生问题。

　　九月四日　因病不能出席本学期首次校务会议，先生自叹曰："身躯孱弱如此，环境险恶如彼，家运毕寒亦至极，人非木石，其何能堪。"读吕本中《暮步至江上》诗，先生依韵做六言如下：

　　　　酒杯用作药杯，无力料理楼台。

　　　　只觉昼长夜永，不计暑往寒来。

　　　　人生忧患如此，何能笑逐颜开。

　　　　家国兴亡谁管，一日愁思万回。

　　九月七日　听欧元怀汇报校中近况。

　　九月八日　夜不成寐，枕上读吕本中《暮步至江上》，遂述怀步其韵：

　　　　消愁全赖醪醴杯，凤凰不游凤凰台。

　　　　横塑赋诗由他去，种竹栽花待我来。

　　　　江山依旧人尽改，旗旌易色关洞开。

　　　　和戎屡遗千秋恨，不知今番第几回。

九月九日　上午十时,大夏举行秋季开学典礼,先生因病未能出席。

九月十三日　下午四时,在自宅召开大夏财政委员会。马宗荣因大夏图书馆事欲辞职,先生慰留道:"大夏财政困难,虽借款化零为整而困难如故,各干部人员应体谅此意,竭力缩紧,方合合作原则,若各只顾各如何可行?"

九月十五日　听王毓祥由湘赣回来谈与杨永泰见面情形,又商处分学生董正廷要求复学信,先生建议悟过收回试读。

本日,大夏召开全体教授会议,讨论提高学生学术研究精神问题,会上各教授提出许多积极建议。

九月十六日　母亲刘显青病逝,享年七十三岁。先生发电致何应钦、刘燧昌、王文彦等各处报丧,发电致中央党部、国民政府、北平政整会辞职。

九月十九日　听欧元怀来报欲将大夏十周纪念延期,待先生母丧葬毕后主持。先生以为一再延期似有未便,仍主已定之期。欧提议利用母丧事为题为大夏募图书馆费。先生觉时世不佳,恐无希望。

九月二十八日　晨七时起下楼整理文电,看大夏学报内太平洋之军备一文,颇有味,直至中餐后方上楼午眠。

阅《大夏周报》,有陈柱尊《夜起读书》一诗,遂和之曰:

> 舍己之所短,取人之所长。
>
> 先贤有遗教,何为徒慨忼。
>
> 华夷各有千秋史,不可忘之心彷徨。
>
> 政制贵适时,蛮貊之邦行。
>
> 意有莫索民,为国存纪纲。
>
> 德有希特勒,为国救危亡。
>
> 独裁与民治,原无绝对疆。
>
> 用之得其道,皆足生光芒。
>
> 敬告秉钧当轴者,勿待祸至方皇皇。
>
> 果能去私而为公,海阔天空任翱翔。

九月　大夏校务会议决定，全体女生及一二年级学生一律不得通学。

十月六日　主持大夏第二次全体教职员大会。

十月十一日　下午，阅《大夏第五期十周年纪念号》。

十月十二日　下午，与欧元怀商大夏十周年纪念及举行中学落成典礼等事。

十月十四日　与欧元怀谈校事甚久，又托其修改自己履历，送英文某报，并商学生来吊母亲办法。

本日，为《大夏》第一卷第五号撰写弁言。认为"在此十载之中，内忧外患，交相煎迫，我大夏所遭遇之艰难与挫折，不一而足；然卒能战胜险阻兀立不移者，以有我大夏立校之精神在。"深觉中国现阶段之大学教育，应以复兴民族为至高之原则。在此原则下，提出四个方向，即：（一）厉行人格教育，以陶冶健全之国民道德；（二）提倡生产教育，以救济垂危之国民经济；（三）奖励科学教育，以发展自然之无尽宝藏；（四）实施国防教育，以培养民族之自卫能力。诚能本此鹄的，贯彻始终，则国民自信力既经确立，物质建设力，渐臻充实，然后整个民族之生命，乃能脱离帝国主义者之压迫，兀立于适者生存之天地间而莫敢予侮，此大夏复兴民族教育之所由发创也。

十月十七日　晚，作傅式说书，索回为大夏中学垫付建筑费一万六千元，并谓大夏拮据，请另设法筹之。

十月中旬　九月十六日，先生母亲因病不治仙逝，孙德谦[①]教授撰《大夏全体公祭王太夫人文》，兹录如下[②]：

伊昔中垒，飞藻汉廷。母仪赞述，女传裁成。

懿钦哲母，门绪遥承。如何奄忽，永逝即冥。

幼闻庭诰，礼法潜研。来归明德，才越笄年。

夫勤于学，思乐歌焉。亡何攻苦，沈痼淹绵。

---

①　孙德谦（1869—1935），字受之，寿芝，号益葊。江苏元和人。中国近代著名国学家、史学家。1928 年至 1935 年担任大夏大学国文系教授兼系主任。

②　《大夏大学全体公祭王太夫人文》，《大夏周报》，第 8 卷第 10 期，1934 年。

尔时贤母,剧易交勤。药膳躬奉,靡间曛嗷。

庭围紫养,门户指分。家政内外,劳瘁一身。

夫病数襌,顺祜告痊。何来孽火,陡起氛烟。

捍城护安,宿疴复延。遂令圣善,顿陨所天。

自兹块处,诲我诸孤。识时为杰,游学乃图。

得师深造,出震外区。窟窟成就,许国驰驱。

闻其教子,举在义方。仁民为要,处世其常。

昔从鲤对,今作鸿纲。岂惟家训,颜介腾芳。

其为国家,所见宏通。本初四逆,宣扬景从。

地褫被霭,天验扶风。勖子报国,精忠立功。

其为乡里,谊食筹振。裴分二石,肃措一囷。

劝农务本,贷种行仁。民无冻馁,群颂惠人。

膠庠之设,为植人才。虞夏而后,于焉取材。

母虽僻处,三乐为怀。私塾既建,小学复开。

宣文传礼,卓然经师。母以妇女,学亦宜知。

爰兴专校,特辟新基,声教宏被,彤史增辉。

其为戚郇,赡顾多情。姑家迭毁,新屋别营。

广轮立任,爽垲更婴。嗤彼流俗,畏祸空断。

匪直也斯,时切乡思。间关来沪,幽棲十祺。

菊篱梦绕,枌社身离。欲平黔乱,得卜归期。

有子显达,长揖退体。彩衣戏舞,浮杯乐沤。

弡萦桑梓,悲感松楸。义存追远,无以解忧。

综观行事,大义深窥。一生勤约,三宝孝慈。

岂期皇昊,参错报施。笔停南座,珮返南池。

卜云其吉,窀穸永安。蕙风锵挽,枫月惊寒。

吁嗟此去,相见为难。奠觞虚荐,涕泪同酸。

十月二十二日　上午,邀请校董何应钦来大夏做《怎样挽回不良学风》的演讲。

下午，邀请国民党中央执委、国民政府土地委员会主任委员陈立夫来大夏作《礼义廉耻的科学分析》的演讲。

十月二十八日 与欧元怀谈明日董事会应准备议案及酒席，又商捐款建筑图书馆办法。

十月二十九日 主持本学年大夏第一次校董会，讨论本学期不敷经费筹募办法，议决将筹建图书馆，建筑费定为十二万元，由各校董负责筹措。

十月三十日 见欧、傅、王率一摄影师来，言某君送大夏十周年纪念品，求合影一张。

十月 教育部发给大夏补助费一万五千元已分配完毕。

十一月一日 在《大夏周报》第十一卷第八、九期合刊撰文。"爰举三事，类与阖校共勖焉：一曰促进民族复兴教育。二曰厉行三苦主义。三曰扩充师生合作精神。"

十一月二日 晚，在枕上拟明日大夏十周年纪念典礼之开会词。

十一月三日 上午八时半，与保志宁驱车前往大夏。保恐同学见而引为小报资料，在前门下车先入。先生在校长室少休，服止痛药防足痛增加，遂出立于群贤堂大门内以招待来宾。九时半，主持大夏十周年校庆活动，吴稚晖、褚民谊、吴铁城、杜月笙及上海各大学校长黎照寰、刘湛恩、萧友梅等及毕业生等一千数百人出席。先生致开会词，畅述校史，在致辞中，首次阐明创校四大精神，即（一）革命精神，（二）牺牲精神，（三）创造精神，（四）合作精神。继宣布今后以民族复兴教育为施教总目标。兹摘录如下①：

> 十载以还，吾大夏之物质建设，固尚差强人意，然以语于复兴民族广大华夏之目标，则犹相去甚远。窃谓教育之鹄的，应以适应时代环境为第一义。吾中国自五口通商以还，彼东西各帝国主义者竞挟

———————

① 王伯群：《十周年纪念典礼开会词》，《大夏周报》，第11卷第10—11期合刊，1934年11月12日。

其经济的势力,深入中土:侵占我土地,损害我主权,鱼肉我人民,垄断我市场,而国人犹执迷不悟,散沙一盘,怀挟私图,甘为利用,致干戈扰攘,迄毋宁岁,寝假而陷民族生机于万劫不复之境。兴念及此,曷胜痛心! 值兹国步艰难,外侮日臻之会,吾人若不于学术文化上迎头赶去,其将何以挽狂澜而济时艰? 本校外审世界潮流,内察社会环境,深觉中国现阶段之大学教育,实有重新估定目标之必要! 故自去秋以还,即决定以复兴民族为当前之教育宗旨。本此宗旨,吾人努力之动向,则分为四种:(一)厉行人格教育,以陶冶健全之国民道德;(二)提倡生产教育,以救济垂危之国民经济;(三)奖励科学教育,以发展自然之无尽宝藏;(四)实施军事教育,以培养民族之自卫能力。诚能本此鹄的,贯彻始终,则民族意识日益光大,物质建设渐臻充实。然后吾中华民族整个之生命,乃能脱离帝国主义者之羁绊,而人莫敢侮。此为吾大夏实施民族复兴之缘起。甚望全校师生,保持过去十年革命牺牲创造合作之四大精神,再接再厉,以求是项使命之贯彻! 同时尤望国内贤豪政府当局,暨诸位校董,对吾甫满十龄之大夏孩童,不断的予以指示与提携。庶几达到融会学术光大华夏之神圣使命,斯则本人所时夕以求者也。

今日来宾甚众,定有许多伟论,予吾大夏以指教。时间有限,本人说话,暂止于是。惟半载以还,屡遭家变,忧患濒加,校中事务,皆偏劳同事诸君,不胜感激。今日参加此典礼,亦力疾而来,自知不周到之处甚多,尚望各位来宾原谅!

十二时半,在大夏中学新校舍办公室楼上聚餐,教职员学生到者二百余人,先生快慰非常。

下午二时,主持中学校舍落成典礼大会。致词略述大夏办中学之目的及中学时代学生进德修业之重要。

十一月五日　得欧元怀信,言胡文虎已抵沪,约好明午在宅邸欢宴。

十一月六日　中午,在自宅宴请胡文虎,以及吴铁城、杜月笙、张竹平,湖北教育厅长程其保(江西人,曾在大夏任教授),宾主尽欢而散。杜

受托陪胡参观大夏校园。报载[1]:

> 南洋华侨巨商、现任本大学名誉校董胡文虎氏,对于历来祖国建设事业,一掷巨万,不厌不倦,急公好义,举国同钦。最近抵沪以来,备受各界热烈欢迎,宴无虚夕。本月六日中午于百忙酬酢中应王校长之宴请,在愚园路王校长自宅,畅述回国印象及个人怀抱。席间由杜月笙、张竹平、欧元怀、傅式说、王祉伟诸校董作陪。湖北教育厅长程其保氏及市府李大超科长,虎标永安堂胡桂庚、叶贵堂亦在座。餐后又杜、欧、傅、王等陪同来校参观,颇多称赞。胡校董常谓:"我的钱是从社会上来的,当然还归到社会上去,所以本人对于一切社会事业都愿尽力的去促进他"。本大学第一期建设,胡校董曾捐资一万元;现在第二期建设又在开始,胡校董表示更愿赞助云。

十一月七日 听欧元怀来说,拟与傅式说同赴南京向何应钦商胡文虎事,嘱作函先容,先生允之,然因晚间痔漏大痛而忘之。

十一月十日 大夏校务会议议决,禁止学生入跳舞场,由生活指导委员会严密调查,随时取缔,并通函各学生家长共同监督。十五日,发布校长布告谓[2]:

> 查上海舞场林立,青年血气未定,偶入其中,流连忘返。既足以虚耗金钱与精神,又足以堕落志气与人格。报章胜载,事实昭然。当此内忧外患交相煎迫之时,正吾人卧薪尝胆刻苦发愤之日。大学生为社会国家之柱石,负有转移风气复兴民族之神圣使命。对于此种有害无益之娱乐,尤宜深戒痛绝,以免贻学业道德之累,兹据传闻,本校学生中亦间有涉足舞场者,殊为校誉之玷。当经校务会议议决,从

---

① 《胡校董文虎来校参观》,《大夏周报》,第 11 卷第 10—11 期,1934 年 11 月 20 日。

② 《校务会议议决严禁学生入跳舞场》,《大夏周报》,第 11 卷第 12 期,1934 年 11 月 26 日。

严禁止。除由生活指导委员会严密调查，随时取缔，并通函各生家长共同监督外，特用凯切布告，务望诸生各怀时局之艰危，自明责任之重大，有则改之，无则加勉，则幸甚矣！

十一月十二日　上午，在大夏中学校舍落成典礼上致辞。谓"中学为小学与大学间之桥梁，就学校教育之阶段言，其地位实最为重要。良以中学生正当青年时代，血气方刚，意志未坚，一年之差，往往足以影响及于毕生之学问及其事业。"

下午五时，赴国际大饭店应酬胡文虎之宴，其目的在欲与胡及大夏同人一见，发探捐款究竟也。入席时被推上座，只进菜一事，抬头见欧元怀、傅式说在远座，遂起而往询赴南京之结果。欧言就叫无结果，因何应钦开口后，胡答言到捐款时机，自当竭力。何系与胡初交，未便再言，乃托李大超进行，李自有用意，不知努力否也。欧元怀嘱席终后，再与杜月笙一谈。

十一月十五日　接欧元怀信，言周六约导师三十三人来先生宅聚餐，并商谈今后指导学生方法。

十一月十六日　晚六时，大夏导师三十三人在先生宅公宴，因病亦不能参加。

十一月十九日　听欧元怀汇报大夏周六导师开会情形，并谈校事。先生表示，图书馆之建筑固须先有图样，而图样之计划则不能专靠采样师，亦须先自准备。

十一月二十日　王毓祥来，言大夏新村购之地升科等手续尚未办好，如照上海市府章程恐须两千元以上，近有地保某久以一千元包办，殊觉便宜。先生即允之，并允明日筹款交去。

十一月二十一日　与上海私立大同大学曹惠群、复旦大学李登辉、沪江大学刘湛恩、光华大学张寿镛校长联合会呈教育部，请求充分补助经费。兹照录如下①：

---

①　《私立大学生占大学生总数，补助费仅大学经费百分之七》，《申报》，1934 年11 月 21 日。

呈为请求充分补助经费,以宏造就事,窃查属校等本年度已分别奉令补助设德及教席费,自一成五千至三万余元,虽为数不多,较各校预定充实计划,最多不过什一,而政府奖劝私立各大学之心,固已昭然若揭,惟因为数有限,属校等以之支配用途,仍属左支右绌,上无以副厚望,下无以应急需,以是政府虽有奖劝私立大学之心,而终难收奖,劝私立大学学效,按二十二年度高等教育统计,国立大学学生共13173人,省立各大学学生共4458人,私立各大学学共946,又按二十二年度国立各大学经费为13478760元,出自国库者为8.66%,而私立各大学经费由公家补助者平均得7.11%,经费之相悬勉维持,不敢告劳,物资设备,虽难兴国立大学等量齐观,至于效能成绩,尚无数字统计之依据,固不敢妄为轩轾,惟若遂谓其兴国省库费用为比例为信一.六六兴七.一一之遥,虽有声盲,莫之能□,政府予以兴国立大学相当之经费,不足以立平衡而求实在,为此联名恳请大部迅予主持,俾得早日实现,受其惠者,不独全国大学生三之一已也。

十一月二十三日 与欧、傅谈校事及大夏新村问题久之。先生将应由校中代答之件交二君办理。

十一月二十六日 会见高芝生、陆春台、何维宗、高昌琦,详陈近日为大夏学舍之活动,一小时后方散去。

十一月 大夏职业介绍委员会成立,先生被推选为主席。杜月笙、江问渔、邰爽秋、倪文亚等十一人为委员。

十二月一日 为欧元怀作介绍信一件,请马宗荣访李孟博计划图书馆图样而别。

十二月四日 在自宅召开大夏第一百七十次校务会议,讨论设法学院研究室、毕业生职业介绍委员会组织大纲、推选职业介绍委员会组织大纲、外埠设毕业生职业介绍委员会分会案等①。先生因病未能参加,只请

① 《二十三年十二月四日下午四时第一百七十次校务会议议事摘录》,《前大夏大学校务委员会记录》,第34—35页,华东师范大学档案馆,档号:81—1—48。

欧元怀一人至卧室一谈。

十二月六日　听欧元怀来告大夏女生赵某因婚姻不自由,服火油酒自尽,虽送医院救治,生命可保,然双目已瞎。又告往访杨永泰不遇。

十二月八日　接欧元怀送大夏出品文字多件,拟带京乘机进行捐款,又谈时局久之而别。

十二月十三日　接大夏同人来信,告学校财政又告一匮乏,拟向中央、交通银行借二万渡难关,并寄捐册二十册,嘱先生相机活动云云。

十二月十七日　赴浣花参加大夏同学会之宴,到者二十余人,谈至席终而散。

十二月十八日　接欧元怀书,拟有致胡文虎一函,请捐图书馆建筑费十二万元,因与何应钦、杜月笙、吴铁城出名,故寄来签印。

十二月二十二日　访何应钦,将请林森主席出名"为大夏作一书向胡文虎募捐图书馆建筑费"之稿交之。

十二月二十八日　晚,赴青年会大夏教职聚餐会并致词。对各教职员过去努力之道谢及慰劳,对于将来的要求考试严格继续合作等,十时散回。

十二月二十九日　与倪文亚谈校事及党派问题,当以四十元捐大夏青年社托其交之。

十二月三十一日　与欧元怀商校事,最要者为教育部对大夏专修科招生过多批驳,拟声叙理由,托陈布雷、叶楚伧或汪精卫向教育部疏通。先生曰:"全国学校对师资皆不注意,吾校开风气之先反遭教部忌,中国官厅摧残人民此亦一证也。"

是年　与蔡元培、胡祖同、叶恭绰、徐新六等发起《为添建交通大学图书馆书库的募捐启事》。①

---

①　《交通大学校史》撰写组编:《交通大学校史资料选编第二卷》,西安交通大学出版社,1986年5月,第11页。

1935 年(民国二十四年　乙亥)　五十一岁

一月一日　接待大夏首届毕业生黄玉树来访。黄称在福建任小学校长一年,中学校长七年。去岁省府改组,始被屏。后赴北京师范大学研究院深造,决意以教育为终身事业,在研究已一年,取得首选,每年得奖金四百元。此次因搜集论文材料,由平津而宁而苏而沪而杭考察中等教育参观中学二十余所。先生询以所参观之中学以何处办理最善? 黄答扬州为第一,苏州、南京次之,杭州亦好,最失望者上海各中学(上海中学尚未看除外),良以环境恶劣,吾校大夏附中亦其一也。先生认为黄志气坚定,学践均优,不可多得之人才,若大夏附中得此人主办,必较现在为优。惜彼尚欲赴外国留学,不能即来也。

一月三日　在自宅召开大夏财政委员会,讨论案件颇多。

一月四日　大夏校园内第二苗圃落成。

一月五日　与欧元怀谈校事久之。问欧道:"万一我们两人均离开,对大夏不知有无妨碍?"欧答:"头期无妨,时间过则不行矣。"又谈校中者同事暮气太深,或只能当一面而不能总其成。为大夏计,只有在青年中选择数人作异日替手,青年中如孙元曾、黄玉树之辈,系毕业生,之较高者如高岳生、谌志远、章颐年、陈一百之类,则非毕业生之优秀者,均堪引为中坚也。

一月八日　在自宅主持大夏第一七一次校务会议。讨论通过处分本学期假造文凭进校学生案等事项,至七时方散。

一月十日 与欧元怀商致教育部王世杰函,请通融大夏专修科办法,前拟致叶楚伧、陈布雷二人信,结果改致汪精卫一人。

下午,在自宅召开大夏财政委员会,讨论事件颇多,七时散。

一月十三日 致欧元怀书告病况,说今日大夏毕业生话别会不能参加,请代主持。

一月十四日 将致汪精卫函稿交欧元怀带去,又简函一封介绍去访杨永泰。

一月十六日 主持大夏教职员谈话会,报告学校现况与将来计划。指出:"学校成立十年,基础未固,本学期经济情形,尤属拮据。"提出自本学期起,每次纪念周设有救亡图存系列讲座。

一月十八日 与黄树芬谈久之。黄说同人传先生只图个人享乐,不顾国家社会;又说大夏学生只知有副校长,不知有校长。先生听后颇为不快,曰:"因病每日颇感痛苦,而世人不谅,此不足奇,而大夏学生亦有如此短浅者,可为太息也。"

一月二十二日 主持大夏校务会议,讨论通过毕业生名单;嗣议奖惩案;再则讨论今后应兴应革事宜。

一月二十三日 上午,见马宗荣自携一辞职函来,又拟辞大夏图书馆馆长职。先生当告马说,以天下事未能尽如人意,勉可担任,请不必固辞。

下午,与欧元怀谈改革校务事。欧声言欲辞大夏副校长职,并推举傅式说自代。先生表示,傅未必肯继任,现在大夏正拟改革之际,纷纷求退亦不相宜,如何方妥,应再考虑,小范围内之三四人须先得谅解,如纯为个人计,则自己早已不顾一切而南行矣。

一月二十五日 下午二时,听取邰爽秋汇报大夏民众实验区事,希望先生维持念二社。四时,主持大夏财政委员会。结束后接开大夏发展会议,讨论关于办学方针、学校精神及本校前途事宜,从改良大夏现状促进效能下手,遂笃非有特殊组织不可,以特殊组织选育人才,以人才目前推进校务,准备应付将来,十一时始散。

一月二十七日 主持大夏发展会议。

一月二十八日 晚六时,与大夏毕业高芝生、张仲寰、何惟忠、高昌琦、程宽正、刘逸青等餐叙至九时。

一月三十日 上午,接待郤爽秋来访,说其弟为法国毕业生,成绩尚佳,失业已久,欲为之介绍于杜月笙,请杜转介绍于法捕房。先生答以须先面询有无办法,不可唐突。郤当交其弟一履历,又谓顾君谊尚称职,较之过去数载,成绩亦优,同事中似有不满者,未免求全责备,不妨假以岁月,以观其成。先生允之。

晚八时,同高岳生谈大夏历史及办学方针,盼其对大夏对时局表示意见,十时方散。

一月三十一日 赴陶乐春大夏毕业生程宽正、黄养愚、曾昌焱、徐则骧、陆仲逵、宋禀钦等晚宴,主要为吴之骞留学意大利饯行。

二月一日 大夏春季开学,学生办理缴费入舍手续。学生总数一千二百二十四人,其中男生一千零二十九人,女生一百九十五人。

二月七日 读郑珍诗集,天然气兴,赞真不愧清代第一人也。

二月八日 偕欧元怀视察校园。先生表示以蓝春池所管之部为最有条理,其余如化学部分药品仪器颇不少,沪上大学想少有能出吾校之右者,人云教育部当局颇有诟意,不足怪矣。又游操场及大夏新村,地上景物可人,而觊觎者多亦不足怪矣。

二月十日 上午,召见学生高芝生,告以联络同学之进行方法及组织同志注意要点,又物色法政毕业之有干生与天才者而训练之。

傍晚,计划大夏新村图样、思考大夏校务进行方法。

二月十一日 听取女生许璟珉说上期在师专试读,功课已能及格,不意未录取,不知学校当局因何误会。她来就学颇不容易,缘家非小康,故中学毕业在外任教三年,稍有蓄积始得就学,若一旦被屏,不特无以对家庭且无以见谅于未婚夫彭某,请学校再以一学期试验是否品行不良,言之泪下,似有冤抑莫伸者。先生允为再调查,果所言属实,是学校群育部之误会,当为之解释而优容之。

与马公愚商致褚民谊一函,以为当有研究之必要。

二月十二日 下午,在自宅主持大夏第一七三次校务会议。讨论本学期学校经济状况预测、新聘教职员等事项。会毕,告郤爽秋乃弟谋事不成。闻顾召谊收辞生活指导委员会职务,约顾探究,顾果出一辞职书并言种种理由,先生当面慰留之许久,仍不释然别去。

晚,接何应钦两电,(一)言已为大夏募得图书馆建筑费三万元,已由中国银行汇来,望查收;(二)言三万元乃由军分会同人捐得,拟请黄埔烈士姓名刊于图书馆以外纪念而遂心愿,如能得六万元以上,则拟请将图书馆命名为黄埔烈士图书馆云云。先生思忖两种办法均可赞成,惟后种须待捐款有成数,及达原定十二万元之计划方可发表,因六万元尚不敷,倘发表过早,他之董事将以为负责有人,懈其劝募之气也。

二月十四日　上午,与欧元怀商定回何应钦信,表示极端赞成以黄埔烈士命名图书馆,并声明需款十二万元,已请此间各校董分头劝募云。

下午,主持大夏财政委员会,议决(一)本学期起职员一律穿着制服,式样采中山装,衣价由薪水扣付;(二)拨本学期过期注册费充法学院研究室开办费。

二月十五日　得欧元怀书,说校事重要,十八日举行大、中学开学典礼,先生当复许可。得中国银行通知,谓北平军分会汇款三万元已到,送收据签名盖章,以便往取。

二月十六日　下午四时,在群贤堂二楼召集大、中学两部全体职员谈话会,通报学校现况暨将来计划。大意谓①:

> 大夏成立十年,基础未固;本学期经济情形,尤属拮据。盖农村破产,国步艰难,学生数势必有灭无增。私立大夏经费,向恃学费收入为支出之预算。如竟骤灭的款来源,则一切开支如恒,而校债负担加重,将何以打算过渡耶!须知本大学难关又到,深望全体职员,共以刻苦精神,努力奋斗,则山穷水尽无疑路,柳暗花明又一村矣。各同事如以服务社会效忠党国为办事目的,则精神又必加倍振作,此应先声明者也。教育界人士所负之责任,较诸其他各界尤为重大。国

---

① 《王校长勉全体职员刻苦奋斗打破难关》,《大夏周报》,第11卷第17期,1935年2月25日。

难期间之教育，当非寻常之谈书说理所可了事。本大学自本学期起，每次纪念周，设有救亡图存系统讲座，现已聘请专家轮流主讲。深望全体职员，均能按时参加，一以振奋个人精神，一以坚竖个人意志。

上届校董会开会，力谋发展校务，已尽先筹建图书馆。建筑经费最近已由何校董敬之由北平汇到三万元。近年来何校董为校筹款，数不在小；虽政军多忙，而努力校务，则始终如一。其他各校董亦分头计划奔走。校董如此热诚，则校步虽艰，成功可期。此应向各位报告者也。各同事既知艰难困苦，理宜格外努力矣。然如何努力，方能表现精神，则按时办公，乃其一端。互相联络，互相研究，互通消息，办事效率自可提高。至于应用文具，则亦宜尽力节省，虽一纸一笔，价值区区，然积少成多，为数当甚可观。此外穿着制服，形式整齐，亦足表现精神。现在学生服饰，喜穿洋装，此种奢靡之风，渐不可长。各同事类多宽袍大袖，诚属上国衣冠；然拖泥带水，行动诸多不便。教职员乃学生师表，可否一律改着制服，以为首倡？

二月十七日　往大夏新村访欧、傅、吴、王四人。欧说大夏商科毕业者有三人考中国银行，均录取，先生闻之大慰。诸君宴建筑师柳士英留先生作陪，至三时方散。

晚，跟郜爽秋了解民众教育区及念二社事。

二月十八日　上午十时，出席大夏春季开学典礼并致辞。致辞谓①：

现在中国的大学生在数量上和全国人口数总数比例数根据最近教育部发表的统计，差不多每一万人中的首领。我们应该用什么方法，使一万民众在一个人的领导之下，去做救亡图存的工作。要想领导这一万民众，使他们的意志团结，步伐整齐，绝不是率尔操觚的事。

……最近大夏学会又拟定会员生活公约八项，以为全体会员今后共同遵守的标准。

---

① 《大学生做人的方针》，《大夏周报》，第11卷第17期，1935年2月25日。

分述如下：（一）坚强体力精修技能；（二）崇尚节俭实行廉洁；（三）克制私欲努力公德；（四）明辨是非维护正义；（五）唤起群众自治自活；（六）亲爱互助共谋安乐；（七）精诚团结誓除强暴；（八）复兴民族挽救国难。

……最近有许多朋友，许多学生，大家谈起来，都是非常彷徨，感觉没有出路，果能实行八项做人方针，并且立志、勤学、改过、责善，前途一定是有希望，有办法的。最怕的是受了打击后，仍是萎靡不振，那是非亡国不可。

二月二十日　与欧元怀谈晨间赴吴铁城召集之会，商军事训练问题；又商定以孟杰任法学院助教，调高芝生任自己私人书记官，逾时方别。

二月二十一日　下午，主持大夏财政委员会，至七时议决案件颇多。欧元怀闻大夏学生有勾结校外势力，破坏学校乘机攘夺者，殊堪痛恨。先生主张先整顿内部，只须内部团结坚固，则外力自不易侵入。当促倪文亚注意中学部之改良，又嘱欧拟定周六导师开会时之说话等。

二月二十三日　主持全体导师会议及群育员联合会议。指出要注重谓修养人格、认识政治、重视体育、注意卫生、打破师生间隔阂诸端，应多谋善策。

二月二十五日　上午十时，出席大夏新生指导会，勉励同学"至所谓革命，目的则在救亡图存。读书应与做人合并，为学所以致用。各同学在求学时代，应先察知社会政治之不良所在，以谋日后之为国奋斗，做革命的人物。"致辞谓[1]：

沪上大学林立，各同学来此，定先一番研究；但如只知表面，而不悉我大夏之特点，则尚不足以为大夏学生。须知大夏乃革命产儿。其所以能于短短的十年中，一跃而为全国最著名学府之一，则在师生

---

[1]　《在民族复兴过程中大夏大学应占光荣的一页》，《大夏周报》，第11卷第18期，1935年3月4日。

合作与牺牲奋斗也。各同学既为革命而来,则应抱定大夏特种精神,发扬而光大之,以谋民族革命之完成。必如是方可安心求学,学得相当益处。更有进者,上海乃万恶渊薮,最易使青年堕落。人或以为办理大夏,应择环境较优之地;但此话太无勇气。须知我人应与恶环境奋斗,盖必定恶环境奋斗成功之人,方足以言革命。现时急需之人才,须有革命精神,如上海而不能改造,则遑论乡村乎?各同学应尽先对此恶劣环境,作一深刻之认识可耳。至所谓革命,目的则在救亡图存。读书应与做人合并,为学所以致用。各同学在求学时代,应先察知社会政治之不良所在,以谋日后之为国奋斗,做革命的人物。本大学于一年前,已制定民族复兴教育实施方案,在学期起并设有救亡图存系统讲演。尚望各位多多注意!

二月二十六日　贵州旅沪大学生代表五六人求见,派高芝生见之,因匪区家里无费寄来,先生代为支付学费。

二月二十七日　有一师专学生,因成绩不良被退学处分,其母及舅均亲来为之说项。先生当面责之,遂允其再试读一学期,以观后效。

二月二十八日　主持大夏财政委员会,解决案件颇多,至七时方散。与欧元怀谈《时事新报》事,嘱欧访张竹平,一探近况。

二月　签发大夏《无家长在本埠之女生绝对不准在外留宿》布告。布告云:

本大学对于女生住宿问题,素极注意。自去秋规定全体女生一概不得通学后,女生成绩进步惊人,学生家长,纷纷来函备极赞同。现为谋进一步之严格起见,更规定:凡女生无家长在本埠者,如有要事出校,晚间九时以前,必须回校,绝对不能在外留宿;其有家长在本埠者,每星期六及例假,或有特别事故,如欲留居家中,须有家长亲笔来函,方准予请假,请假时,须亲至女生指导员处,注明时日地点及返校时间,经女生指导员许可后,方准出校;如有未经请假径自外出者,一经查出,当从严惩处。

三月一日　据高昌琦来称,有同志若干人欲组织团体,努力救国。先生扣以如何下手? 而高幼稚,说不出道理。先生遂告以须先问各分子思想如何,有中心思想后行动,甚易也。如无中心思想,则盲动而已耳,为个人之私,非为众人之公也。令其速探求各分子之宗旨后方定组织,高觉茫茫然。

三月二日　跟陆春台扣问大夏中学状况。陆答:"学生程度太低,多数把握不定,每为环境所困,或为恋爱而彷徨,有主张高中男女分教之意,其他缺点则教授专任者少,无责任心等,皆为平日已虑及者。"先生当嘱其细心体察,详与告知,以便改进。

三月三日　主持大夏校董会。决议(一)通过以黄埔烈士命名图书馆;(二)续募图书馆建筑,通过推王伯群、吴铁城、何应钦、杜月笙、杨永泰五人分别劝募;(三)原则通过议募奖学金案;(四)通过增设体育专科案;(五)聘褚民谊为校董,居正则先托人征求同意后再聘请。

三月四日　嘱高芝生以寿屏大幅往请马公愚写,先请王毓祥斧正。邰爽秋引王克仁①来坐,谈近状。王克仁重在请绍介于许修直也。

三月五日　阅高芝生出示由王毓祥所改送朱培德家寿屏诗稿,嘱其交马公愚代写。

三月六日　听倪文亚汇报中学生昨在食堂有互殴行为,请示处罚。先生当告以如情节重大,照章办事为妥,又谈黄埔系组织严密等。

下午,马公愚代做寿屏送来,朱培德太夫人祝寿者,赞佳构也。

三月七日　大夏毕业生陆中遂者,现上海女子中学代校长,以报告校务来访,备述中学负债万元,希望先生必要时请予维持。

下午四时,主持大夏财政委员会,七时散。

三月八日　与欧元怀、王毓祥谈校务。

三月九日　与高昌琦谈与各校学者组织社会政策协会,已有数十人赞成云。听顾君谊报告校内群育事务,被邀请周一纪念周出席训话。

---

①　王克仁(1894—1981),名天鉴,以字行,贵州兴仁人。美国芝加哥大学硕士。历任厦门大学教授、国立贵阳师范学院院长。

三月十一日　出席大夏中学女生集会并训词。略谓:中学为各生终身紧要关头,该生等务必立定脚跟,坚定志气,修养德性,清研科学,造就稳固基础,俾成全才。闻诸生另为物欲所诱,彷徨失措者多甚不可也。又闻诸生国文均不佳,国文不佳,虽科学成绩优良,而见用甚难,告已速自奋发补此缺点。

嗣后,与倪文亚到各课堂参观教学。至十一时,主持大学部纪念周活动,报告数事:(一)要检查体格;(二)打防疫针种牛痘;(三)勿擅吐痰,擅摔垃圾;(四)切实参加体操;(五)合法组织学生自治会。训词毕,介绍国立医学院主任应多元做《救亡图存与健康运动》讲演。

三月十二日　应上海中学校长郑通和邀请,以孙中山逝世十周年纪念日赴该校讲演。大意勉励学生学孙先生伟大人格与事功,并解释遗嘱,努力完成革命事业。郑招待午餐后又参观校园,最足令先生满意者是学生膳宿之设备与组织,膳用中菜,每人两菜一汤,每十二人一长桌,纪律严肃,动作合度,学生对师长有相当的礼貌,可爱可钦。

三月十四日　上午,接待许文芹谒见,说在大夏毕业后回福建任事三年,被教育厅厅长关贞文屏,现在工部局夜校生活,尚称安定。先生告以组织团体在社会已成风气,盖非此不足以表现力量也,望该生等注意加入大夏学会。

下午四时,主持大夏财政委员会,至七时始散。

三月十五日　听欧元怀、黄炎来报有学生仍拟自行组织自治会。

三月十七日　晚,往陶乐春参加大夏经济学会同学设宴。坐中有唐庆增[①],与之略谈国家经济问题,至九时归。

三月十八日　上午,主持大夏纪念周活动,邀请项远村讲《欧洲现势之剖视》,沿一小时,极为动听。

晚八时,同王毓祥、傅式说、仲寰乐、高芝生等八人讨论大学学会事

---

①　唐庆增(1902—1072),字叔高,江苏无锡人,唐文治之子。美国哈佛大学硕士。历任吴淞中国公学、上海商科大学、交通大学、暨南大学、浙江大学、江西中正大学、复旦大学等教授。著有《中国经济思想史》《唐庆增经济论文集》《中美外交史》《唐庆增抗日救国言论集》《唐庆增最近经济论文集》等。

宜,决定先行照章整理会员登记表,候再开会决定。

本日,大夏规定自今日始全体学生一律穿制服,男生穿黑呢,女生穿蓝布,衣帽力求整齐。

三月十九日 与欧元怀谈校事,并以小章交之代理,先生拟赴南京。

三月二十日 新生活运动总会视察团团长徐庆誉到大夏视察。

三月二十一日 上午,为曾昌燊致沈叔玉一函,商减爱文义路(今北京西路)宅邸房租,交高芝生转曾。又致傅式说一函,告高芝生、高昌琦薪金本月照旧发给。

三月二十二日 陈又新①约先生至警官学校作一次训话。

三月二十三日 与孙科、叶恭绰、唐文治、福开森参加南洋公学同学会年会。

三月二十七日 赴大夏毕业生袁野秋、周钟侠组织午宴,陶乐春同席。骆美奂热心大夏学会活动,主张将南京大夏同学会改为大夏学会南京分会,其他同学亦觉一致主张积极前途尚乐观也。

三月三十日 偕夫人保志宁赴美丽川菜馆参加大夏毕业生何纵炎、赵伟民、黄汉平三人之晚宴,尽欢而散。

三月三十一日 听骆美奂来言,渠在中央党部亦感无聊,询有何办法?先生劝出山,向省发展,且缕述在京任事数年,乃欲为国家谋建设,然因不善同流合污,遂遭是非不明,公道不张之痛,以后愈寻不出较妥办法欲再革命耶。则国家元气已伤,不忍再与刘丧,欲阿依取容耶,又非素性可能,无已,借教育为隐日,与青年进德修业度此无聊之境遇也。谈话时不觉谈到国亡种夷,倍感心痛,俱为之流泪。

先生计划在美丽川菜馆宴大夏同学,交名单与该馆代发简帖,预定五席,计约五十余人。又发快信一封与欧元怀,请其前来参加,扫榻以待。

三月 颁发布告,规定大夏凡全校员工,每当国旗升降之际,一闻号

---

① 陈又新(1891—1957),云南广南人。历任黄埔军校潮州分校队长、第五十一师师长、中央军校成都分校主任、第十五集团军副总司令、第二十八集团军中将副总司令,以及西南军政委员会禁烟禁毒委员会副主任等职。

声,均须在原地肃立致敬,以表示爱国之观念。

四月二日 赴美丽川宴大夏同事和同学,至学生五十余人、教员五人,颇集一时之盛。先生先致词,报告大夏近况,并希望同学中有起而继承吾人事业者;次卢晋侯演说,不外称誉大夏之进步归功于先生当局之数人;其次学生代表骆美奂、朱文伯①等先后发言,又军官学校赖自强演说,颇有见地到。晚九时余席散,各生又乘机开会,将旅京毕业同学会改组为大夏学会,讨论章程,选举职员,结果甚良,十时余方散。

四月六日 致函林文庆校长,祝贺厦门大学成立十四周年。贺函谓:

> 顷接华东籍悉,四月六日为贵校成立十四周纪念之期,无任忭慰,群以公务羁身,未获趋躬逢盛典,歉仄奚如,唯有遥祝贵校今誉日进无疆耳。专布谢悃,至祈,亮察为荷。此致。
>
> 王伯群顿首

四月七日 将在南京与各方接洽情形告于欧元怀。

四月八日 得杨永泰一函,言致蒋介石为大夏请求捐款信已收到,如能由何应钦再函杨代请,则更有望矣,先生当将该函交校中撰稿达何应钦。

四月九日 上午,召高昌琦、高芝生来,以照例复函交高芝生去办,高昌琦则令其作社会活动,稍有成绩再赴各地。

晚,主持大夏一七五次校务会议,讨论通过召集毕业生谈话会、学生国货提倡办法、大夏荣誉学会组织大纲案等校务。

四月十日 主持大夏学会理事会,审查会员资格,清理移交手续并照相一张而散。

四月十一日 上午,得欧元怀来言傅式说返乡未归,财政委员会今日

---

① 朱文伯(1904—1985),江苏泰兴人。大夏大学、日本陆军士官学校毕业。历任上海市党部、旅日总支部负责人、福建保安处副处长、军管区司令部参谋长、台湾警备总司令部少将高级参谋,新竹县长、"国大"主席团主席。1950 年创办《民主湖》。

停开,并商图书馆募捐等事,十二时方别。

晚,听倪文亚报告最近在南京所得消息,关于外交者,本日中经济提携将实现及亲日、亲美两派如何明争暗斗,又某某要人借联以自重。后又商中学改进事,约九时方散。

四月十二日 主持大夏理事会,各理事均有提案,结果至佳。

四月十六日 听欧元怀汇报近日与银行接洽事。欧言中、交银行借款尚可继续,学校财政可渡过五月。五月以后则又紧迫矣,并言加入国民党问题。先生认为时尚已如此,又何必太方耶。

四月十七日 主持大夏学会常务理事会。

四月十八日 下午四时,召开大夏财政委员会,至七时方散。

四月二十一日 出席大夏学会常务理事及各部主任会议,决议征集书报办法,决议大夏学报今后方针。

本日,被上海市学生国货年联合会聘为常务委员。

四月二十三日 与彭述侯、刘然章、方郁文谈学生选举事。先生初责之办事不力,何以过半数之学生均掌握不佳,訾言选举,选举又违章抢票,殊为遗憾。尔等之幼稚,自不足怪,我已布告宣布无效,尔等应努力再做宣传功夫,使校中信仰学生踊跃参加,方无流弊,否则有起而反对者,尔等将何以应付之乎?

彭再三解释学生会成立绝对拥护校益,拥戴校长。先生曰:"余希望全体学生一致拥护,不希望一部分学生之推戴,故我必慎重于事前,今既已发生纠纷,应速补救,余以为尔等宜先约数人发起定期征集筹备员,由筹备员会妥为筹备后再举行选举职员,如尔等一切合法而力尤不定者,则来告时,余必尽力以促其成也。"

四月二十五日 与大夏学生邬海波、周鼎华谈教育学会事,并捐款十元予以为教育杂志印费。召黄炎谈进行指导学生情形。

下午二时,知彭述侯等学生仍一意孤行,不遵训诫,居然非法选举代表等情,立命再拟一布告斥之。先生召彭来,当面又加申斥。四时,在自宅主持大夏财政委员会,并商积极组织学生自治会办法。倪文亚发言,有学校与黄埔一派学生素少联系之说,欧元怀甚不谓然,先生亦黄埔一派敷衍彭述侯等，实足助纣为虐，而倪感觉殊可惜，当即详论厉害。先生命倪救速去补救，至七时散去。

四月二十六日　上午，与欧元怀、王毓祥谈校务甚久。欧、王言与陶百川晤谈学生会组织情形，陶尚明白似祖彭述侯等者，故吴开先曾有一信主张学生会宜改选，惟此刻不宜再激动群众，勉生枝节云云。

晚餐后，与学生张廷勋、陈立言谈心。先生反复详言学生宜积极起来过问国家社会事，又须先从在校时练习团体生活，少数学生包办学生会等情不特侮辱大学生，并视夺大学生权利也。

四月二十七日　上午，听欧元怀报告沈桢、史典鑫、戴云吾等学生仍有国家主义嫌疑，上海市党部早有报告，初不知此数人在大夏，今无意中发现市党部决定，大夏正因学生会纠纷中不予捕拿，以后仍须逮捕云。

中午，偕欧元怀赴青年会上海各大学教职员联合会宴。宴毕，赴上海银行将何应钦五百元捐款存入"夏承斋"户。

四月二十九日　上午，偕保志宁赴大夏出席国立音乐专科学校演奏会。

下午，与胡颖等二生谈话，在听胡谈在校三年之经过，近有人以国家主义派相诬陷，建议如何应付方得当云云。

四月三十日　听王毓祥报告本日有学生又与吴开先晤商学生会组织方法，回知上海市党部乘机袭入，以后恐甚多事，建议先生须严密组织以应付之。

五月一日　与欧元怀、王毓祥谈学生自治会事。欧、王言一部分学生毅力热忱，拥护学校，宜有以奖励之，拟今晚八时令其派代表来见，先生允之。与高芝生商明晚大夏学会修改章等重要事件，一一决定，即列入议案。

晚，八时，会见欧元怀、傅式说、王毓祥率部分爱校学生，直谈至十一时后方散，先生以自治自决自主为旨勉励之，其中认为曹临川、章炳炎二生最有才识。

五月二日　上午，听欧元怀、王毓祥介绍与吴开先晤商改组学生自治会办法经过,有尚可人意处,即:(一)吴等自承过去青年运动失败;(二)吴等表示决无侵略大夏之野心;(三)吴等注意优秀学生;(四)基上三点,有与学校当局合作之可能。

下午四时,主持大夏财政委员会,最要问题是五六七三个月,学校经费无着。五月可由新村购地费挪移,六月则无着,七月或可由暑期及下学期挹注,寅支卯粮,殊可忧也。八时,接开大夏学会常务理事会,至十一时散。

五月三日　在自宅宴请大夏导师,共三席。先生致词曰:今日导师集会,应报告于诸君:(一)本学期学生经各位指导,静的方面,读书已有长足的进步,惟动的方面,则为目下所必须指导者,即如何方能使学生历练,成为干才,以供出校后行动之用,是则今日有烦诸君者也;(二)由顾君谊说明学生会近日经过;(三)由王毓祥报告与上海市党部接洽情形;(四)各导师根据最近事实加以讨论结果,先由各导师将每组优秀分子先开单介绍前来,由余教导,一面由各导师就其本组再指行动。集会直至十一时方散。因过劳,先生遂不能安眠矣。

五月四日　上午八时,修改大夏学会总章毕,携往大夏交高芝生缮清。听倪文亚来言黄埔派学生仍不能积极活动,非至时机已到,难望其热心也。先生告以只要不助纣为虐。十一时,与欧、王、傅视察操场,规划体育馆位置。

五月五日　下午,大夏毕业生陶志来访,谈后先生甚觉其有办事才,有思想有主张,颇可爱。

晚,往大夏中学阅览室召集在校服务生开谈话会,到者四十余人。先生略谓:"本校一学期来,风平浪静,各职员同学均甚努力,非常欣慰,惟余与欧、傅、王诸先生办理十余年,不久行将告退,此诸大事业,希望各同学速准备起而承继,现在各同学毕业虽有一千五六百人,而在社会上实力太微,毫无表现。若有无严密之固体组织,不惯团体生活之故,要知今后之中国,个人与个人竞争之时代已过,进而入团体与团体竞争之时代矣。苟无精密之团体,不全人之后盾,在社会上即不能立足,有多大的学问亦无从致用,故去岁有大夏学会之组织,然学校以外之人团结比较困难,所谓精密组织须从在校服务学先行做起,有基础后再扩充为而毕业同学内。而在校同学之先导与模范此最希望者一,学校财政本学期内还数万,又加学生日少,亏累甚巨,希望各同学明瞭,本刻苦奋斗之精神,共度此难关。"

五月六日　上午,主持金侣琴①演讲《经济立场观察如何救亡图存》。

听高岳生报告学生风潮。高说本校学生会初无外人野心参加,不过少数学生欲出风头而已,嗣因引起各方注意,遂有上海市党部之干涉,实则市党部诸子对吾校尚无进取之意,因取去亦办不了,中国公学、暨南大学是其例也;且吴醒亚之青年运动总未办好,已觉快心,现已吴开先自告奋勇,然最近之将来,亦决至为校方为难,此近日所闻之真相也。先生答曰:"凡事宜积极,消极则费力大而成功小,指导青年亦然,故对本校学生今后用积极的态度与方法,希望同人本此意义,研究中心思想与理论(在三民主义范围中),以为训练青年之资料。"

下午,与欧、傅谈校事:(一)财政问题。希望由大夏新村项下挹注五月份经常费。由图书馆项下挹注六月份经常费。由下期收入挹注七月份。此种办法实出于万不获已;(二)学生会事。提示欧、傅应以最和平之法处,勿引起斗争为第一要义。

五月九日　晚,与骆美奂谈:(一)上海市教育局长问题;(二)大夏学生会组织问题;(三)大夏同事加入国民党问题等,至十一时别去。

五月十日　上午,与汪瑞年谈大夏校事并询其在中央大学工作。汪任训育员,与学生接触之时多,亦有训练青年之经练。

晚,往美丽川赴何纵炎等大夏学会之宴,略谈大夏学会近状。嗣又往明湖春,赴骆美奂等大夏校友之宴。

五月十三日　得欧元怀、倪文亚、高芝生等四函,皆报告校事尤详。学生自治会事,学生既有九百多人竞选,无论谁胜负,皆是学生已有动机,

---

①　金国宝(1894—1963),字侣琴,江苏吴江人。国际统计学会会员。哥伦比亚大学统计学硕士。历任暨南大学、上海商学院、上海法学院、复旦大学、上海财经学院教授。著有《统计学大纲》《中国经济问题之研究》《凯恩斯之经济学说》《统计学》《中国棉业问题》等。

好现象也。

本日,大夏召开第一七六次校务会议议,议决自本年秋季起,改设中国文学系、英文系、史地学系和社会学系,计共四学系。课程方面,刻由教务委员会重行订定;议决凡纪念周缺席两次者,予以一次警告,但缺席后,得于次周补行出席。

五月十四日 上午,作复欧元怀、倪文亚、高芝生各书。

五月十六日 与何辑五谈校事及训练学生方法。夜为"光夏中学"题款,觉上下款字甚佳。

五月二十日 得欧元怀函,详报校内近况。又寄复北平捐款者收条交何应钦代转。

五月二十四日 上午,接欧元怀书,以暑期前大夏应商之事甚多,盼速回。先生当作函,允月底回沪。

五月二十五日 上午,接高昌琦函,云静极思动。先生复书,当教以勿忘勿助,并以王阳明一身学业令其服膺。

五月三十日 上午,与欧、傅、王谈校事约两小时。

下午四时,展阅欧元怀转达吴开先一函,云高岳生宣传毁蒋,乃新国民党要人与刘芦隐、何世桢等一气,高欲以大夏为宣传主义机关,盼处置之,中央已有电令云。先生阅之甚愤恨,曰:"大难当前,而内部党派之真激烈,如此一般小党员借题发挥,变本加厉,不循光明正大之道,专用权术奸计,致庄严伟大之国民党降而为蛇蝎一般,老百姓敢怒而不敢言,此岂中正先生以党救国初料所及者乎,为之痛心。"五时,主持大夏财政委员会。五月份学校经费已罄,借款度日,下期如何了,局尚不可知,而教育部挑提于强盗抢劫于下,外患如此,内忧如彼,如无根本解决办法,下期将不能继续矣。

晚,得褚民谊电,答应大夏六月一日十一周年纪念决来参加,请派一汽车迎接。

五月三十一日 邀请考试院副院长钮永建来大夏做"民生教育"的演讲。

六月一日 上午八时,主持大夏体育馆破土动工典礼,宣读颂词。

词曰：

> 国于天地，必有兴立。德智而外，厥惟体育。
>
> 在昔孔门，射御是习。中外古今，其揆则一。
>
> 大夏肇兴，十有一禩。师生就业，昔砺夕砥。
>
> 体育声闻，播乎遐迩。志在兴邦，岂惟竞技？
>
> 爰建斯馆，用蔽风雨。谨詹良辰，开基布础。
>
> 不日成之，深堂轩宇。从此练身，罔闻寒暑。
>
> 国难正殷，世变方亟。自强图存，多士之职。
>
> 书戒毋荒，易言不息。勉旃勉旃，期于无极！

九时，主持大夏建校十一周年纪念会，全校二千师生参加。先生在致辞中说，此刻全国都在推行读书运动，此与本大学立校时所倡导之读书运动不谋而合。今日本大学在读书运动之高潮中，将四种典礼合并举行，原意在节省时间。今先就纪念十一周年之意义而言，则本大学师生合作之精神，牺牲奋斗之毅力，过去成绩，昭昭在人耳目。惟国难方殷，办教育之困难亦日甚一日。年来本大学主干人员，虽刻苦奋斗，然环境复杂，学校发展频受多方牵制。所以十一年来之成绩，只是粗具规模，尚不能达到理想大学之目标。今后唯有本复兴民族之方针，加紧努力，则今日之纪念方有意义。其次，则普及体育为复兴民族之根本要图。今日举行之运动会，系全校学生体育成绩之表现，非如普通学校少数选手之竞技，乃提倡普及体育之最好方法。

本日，先生聘请褚民谊为大夏校董，并出示致教育部长王世杰函，约褚共署，托其带在身旁面交王，请其疏通教育部勿给体育专科以挑剔。

六月二日　与欧、傅商财政及校中各问题，对爱校学生表示态度。

本日，被上海市识字教育委员会聘为分团团长。

六月三日　接受曹临川、钟振翮、杨开基、邓家梁四人代表八百余学生请求取缔非法学生会呈文。先生加以勉励并详细指导，谈话二小时方散去。

六月四日　主持大夏第一七七次校务会议,讨论学生自治会函请代收会费、修改章程委员会提议修改要项等事项。

六月五日　为光夏中学三周年纪念特刊撰写《光夏三周纪念》一文。文章指出,兹值三周年纪念日,予忝为校重爱就愚见所及,略举数端以供商榷:一曰充实青年修养;二曰发扬民族文化;三曰努力自强强国。

本日,大夏学生自治会举办民族复兴讲座,邀请蔡元培做《民族复兴与学生自治》演讲。

六月六日　上午,大夏毕业女生朱贞来请介绍工作,先生告高芝生为之备一函,与王漱芳①推荐。

下午,主持大夏财政委员会,讨论下年度预算。会议决定"开源节流,量入为出"八字原则,开源只募捐一法,自当努力,然市面不好,为效甚小;节流则减一切开支,以教职薪为大宗,决定折扣、减月、减度三种,交傅式说清算后,再提会讨论。

晚,听邰爽秋谈校事。邰谈大夏此次毕业成绩优异者,宜介绍数人出去工作,方于大夏发展有补;近日大夏学会图书征集委员会,毫无精神又无成绩,殊为可惜。先生表示该会拟迁一部分入学校办事处,然如此萎靡,恐迁入办事处亦无益也,当召集理事会催促进行。

六月七日　听大夏学生自治会干事黄学觇、魏鼎彝、刘燃章等述陈此次学生自治会决本师生合作之意,谋学校之福利,并请学校谅解,此意代为收费。先生教导曰:"以当局视学生如子弟,一视同仁,认学校袒护何方皆是错误,又学校全体譬如国家,学生派别如政党甲、乙、丙各党,不妨对立,然均以国家之福利为前提,只是政策不同而已,如危及国家安全者,则卖国贼耳。故凡以政策而竞争,余不非之,至收费一节,学校尚未见学生自治会成立后之正式呈报,无从稽核办理。"

下午,据邰爽秋介绍粤籍学生萧莫寒,说颇贫困但颇好学,请酌济之。

---

①　王漱芳(1900—1943),字艺圃,贵州盘县人。历任国民革命军第一军司令部秘书主任、东路军及第一路总指挥部秘书主任、国民党浙江省党部常务委员、交通部秘书主任、南京市政府秘书长、甘肃省政府委员兼秘书长、民政厅长。

先生当给洋十元并与略谈为人之道。

六月八日　上午，赴哥伦比亚路二十二号（今番禺路六十号）访孙科。先请孙二十三日毕业典礼来大夏讲演，嗣详对日外交华北问题，再言政治有澄清必要，党务亟宜改善，中山先生创业不易，承继而发扬光大，责在孙科，若孙科能负责，老同志均愿助之，若照此不求改良，则党亡矣，孙科似为感动。时已正午，回家时欧元怀、傅式说在家坐候，言访铁城不晤，时局似甚紧张。

下午，听高芝生报告张仲寰拟借款办学欲求相助，且复来一详函，缕述希望各情。先生复函婉拒之。

六月十五日　与欧、傅、王谈校事及大局，大家吁嘘不已，均感国亡无日之痛。傅告本月薪尚需一万五六千元，希望以公债作抵借用，否则学校将解体。

六月十七日　往上海银行将北平上海分行存款四千元拨来上海备用。为"夏承斋"抵款借大夏度此六月一难关，询李芸侯公债抵押现能做否。李答时局未宁，市面恐慌日甚，本行已决定不押公债。归家见傅式说已派人在家守候，先生以私人生活拨一千元先应大夏急用，并函告傅抵押不行，公债出售损失太大，欲与同人一商后再决定办法。

六月十八日　告欧、傅、王以昨日至上海银行交涉押款不成，学校急支之款已拨一千余，则顷月底如公债稍长，以出售"夏承斋"公债应急，诸君亦望此一数，他无良法，时局如此，市面恐慌，农村破产，可为浩叹也。

六月十九日　为欧、傅等签署入国民党申请书直接办法，不经预备方式。

六月二十日　周乐山来访，言光夏中学尚急需经费千元，欲求先生为之设法。先生告近日紧迫之况，周又请致函何纵炎救援。

六月二十一日　主持大夏财政委员会，讨论下年度预算、裁员、减薪事。

六月二十三日　上午九时，出席大夏毕业典礼并致词，先报告一年以来学校今后施教方针及方法；次对毕业训话，勉其求中国之自由平等，本大夏立校精神，刻苦奋斗，牺牲合作等语后，介绍孙科演说，孙以自立奋斗,牺牲忍耐诸端反复阐明,至十一时散。

六月二十四日 修改为大夏荐人及捐款事致李仲公两函稿,交高芝生缮发。

听杨德贞、黄芮乡二人告大夏中学腐败之象后,为之不快。

六月二十五日 与欧元怀谈校务,先生勉起晤之。先审查下去度应聘教职员,后提及中学之腐败。欧尚不十分留意,皆以为倪文亚负责,吾人可省却心力,故未注意,不料积弊如此之深云。

六月二十七日 主持大夏财政委员会,通过裁员减薪等案件。在讨论至中学问题时指出,以中学声誉日低,发展日蹙,各方对之皆不满,为维持倪文亚个人信誉计,拟先提要,拟下学期多请本校毕业为专任教员,改科主任为级任,平均持遇,厉饬学风,当与倪约商。

六月二十九日 与欧元怀商讨中学改革事。决定维持倪文亚,变更旧组织,取消科主任,中学主任之下设高中教导主任一人,初中教导主任一人,高中级主任若干人;以基本科学,如国文、英文、数学等教员兼级不另支薪;设男女训育员各一人。关于学科课程之编定,一依教育部规定,人员多用大夏毕业生为专任,不得已再取才校外。薪级减低,以平均为原则。高中教导主任以许公鉴任之;初中教导主任以金禄庄充之;幼稚师范另物色内行人才。男训育员仍留唐茂槐,女训育员仍用杨德贞。

近日为改革大夏附中事,接各方条陈办法颇多,一致以倪文亚不负责任,私人借中学机关作政治活动,又以马雪瑞无威严、无才干,贻误要公,又以多致兼任教员敷衍了事。

本日,函告大夏全校教员缩减薪水:"本校历年以来因购置基地建筑校舍及各种必须之设备,支出甚巨……自本年秋起,关于教员薪水方面除减少钟点外,所有续聘专任教员及高级职员概照前定薪率八五折计算,兼任教员按时数每小时最高以三元计算……务希本同舟共济之义,惠赐合作。"

六月三十日 与许公鉴商酌,告以改革大夏附中及维持民众教育实验区之办法,希望其担任附中教导主任一职,许已允诺。

听傅式说报告,本月大夏欠费总数在二万六七千元。先生感为数太大,筹借至不易也。

七月一日　将改革大夏中学向各方收集材料,加以研究,归纳结果以多请专任教员,采用级主任,导师平均薪给,汰去不力人员诸点。发一函致倪文亚,约其明晨八九时携一切文件来面商办法。

将下学期调任中学教导主任之意征许公鉴同意,许颇意,又谈实验区事。

七月三日　上午,与新华银行商先透支一万元,允应本日之急。

下午,大夏毕业生王裕凯留学美国归至,赠书夹一付,壁画一幅。

听许公鉴来言,最好为马雪瑞在大学部觅一教席,以免在中学有不便处。先生告以如专任数小时无妨也,然为彻底改革计以离开为妥。

七月四日　上午,往上海银行与李芸侯商出售"夏承斋"二二关税公债二万元,以应大夏急需。李允透支一万,月底以公债售款归还。

下午,与欧元怀商大夏中学改革,将制度改革相告后,又询欧有何可用之毕业生。欧推荐多人,拟一一位置为专任教授,并将分任课程及薪水数目略为一商。

听傅、吴汇报,言体育馆建筑费第一期二千七百余元,亦应付出。先生告已托上海银行出售"夏承斋"户保管图书馆建筑费之公债,明日必可用款,三君安心而别。

会晤杨德贞、传晓峰二女生,听她们表明不愿任女生指导员之意义,自问资望尚浅,不足镇压恐误事,先生略开导而别。

七月五日　会见丁汝康、陈锡恩、萧一涵等大夏毕业生,萧欲办一女中欲请任校董,先生力辞之。

七月六日　与欧元怀继续商讨大夏中学改革事。

七月七日　主持大夏学会常务理事会,到者五人,七时始散。

七月八日　在与欧元怀讨论大夏中学改革事后,继主持财政委员会,讨论结果本月必需之款尚要七八千元,只限于职薪及体育馆之建筑费,如七月份薪金决定以再欠至明年分两次发还,八月份薪金九月初补发,如不续聘者,则设法清结。又略提议中学办法制度,改简单化中学主任,而外只设教导主任,高、初中各一人,级任若干人,男女生指导员各一人,只设教导会议一种,十三四人全体参加,众以为可。又略提教员月薪标准,以六元、五元为度,初任者至多每时不能过一元,讨论至七时半而散。

七月九日　教育部发布训令,提出大夏改进校务意见若干。原令略谓①:

　　该校曾经本部提示要点令饬改进在案,查核此次视察员报告,该校对于前令提示各点,殊少遵办,合特提示要点,务仰切实改进具报备核。(一)该校商学院办理未见妥善。惟查该院毕业生出路颇佳,姑准暂行试办,下年度应缩减招生名额,极力充实内容;(二)该校经费每年亏空甚巨,应由校董会增筹基金,以裕收入,并缩减办公临时各项费用,以节支出,藉谋收支之适合;(三)该校教员薪给甚低,应极力减少兼任员额,增高专任教员待遇;(四)该校化学系之仪器药品等待补充。土木系三年级以上之高深设备,均未配置、数理系之物理设备,甚为缺乏,应分别添置补充,以资应用。又数理系课程,亦嫌庞杂,应重新编制;(五)该校招生仍嫌宽滥,嗣后应提高标准从严录取。平时训育管理方面,亦应加以整顿。

七月十一日　上午八时,往上海银行取千元,因大夏尚急须五千元应用,请李芸候商请再将"夏承斋"公债出售万元。先生记述道:"'夏承斋'之三万一千元乃何应钦为大夏筹募之图书馆建筑费。专交余保管不挪作别用者。今竟借给学校二万七千三百元。所余只六百元计。损失约三千元之谱不知如何弥补。"

晚八时,与倪文亚商大夏中学事,当将应聘教职员一一与之决定,并谈时局,至十一时方散去。

七月十四日　上午,主持大夏校务会议,讨论本学期成绩分别奖惩。

---

①　《教育部训令改进上海三大学院·大夏大学》,《申报》,1935年7月10日,第15版。

先生主张以上学期指数 0.35 为标准,以免事后又生枝节。

下午,陪同何应钦优俪约往大夏新村看地产,先游体育场,遥观河西,为何应钦私购之地,何甚满意。

七月十七日 听王毓祥报告高岳生辞职事,谌志远则依法设法维持云。

接待姜志纯、陈锡恩、丁汝康、张元书等大夏毕业生,因下学期决聘请四生为附中专任教师,亲来道谢。先生告以与倪文亚主任先行接洽,待有暇当召集详告一切。

听许公鉴、唐茂槐条陈对中学改革意见。先生令访倪文亚一商,尚不便商于倪,可访王毓祥处决之,副校长必先可代表校长解决一切。

下午,致吴浩然函,言出门且交王毓祥代理,可与他接洽。致倪文亚函,命召集新聘人员,准备下期大夏中学兴革事宜。

七月十八日 受李烈钧之约,携妻儿往黄浦码头搭"奉天丸"出发赴青岛避暑。

七月二十日 下午,听欧元怀谈校务。欧先告以校中大小事务,以人事问题较能解决,如谌志远、高岳生均不能放走,又不能优待,殊困难也。又言在此数日,问所得极多青岛之建设为全国之冠,虽系德国人利用天然植其根基,然得后之,主持者勇于任事,方克臻此。

先生此次来青岛,得知大夏女生札德贞、方英达、沈逸君等五六人在,男生傅俊川在事业部商品检验局任职,王兆昌在青岛市财政局任职,闻尚有女生二三人在教育界。

七月二十四日 接待大夏章颐年教授来访,说以职业教育社年会名义而来,实则上海太热,意在稍避酷暑。

与今日返沪的欧元怀再商校中要务。闻邵家麟因大夏薪金太薄,不足生活而辞职他就,并说大夏中坚纷纷告辞,今后办理之维可预知;大学部因国立大学相形见绌,今后欲求发展,诚属不易,应速改良中学,大加扩充;在加办小学或职业学校方能维持永久,而下学期中学之改良不识能收效,以达此目的否。

七月二十六日 晚,赴俄人菜馆参加大夏毕业生傅俊、王兆昌、罗玉君三人设宴，九时归。

七月二十七日　晚，在住宿饭店宴请李晓舫、罗玉君、傅俊、王兆昌、王锡昌伉俪，十一时尽欢而散。请客六位，破费二十六七元，每位几达四元半，先生觉得青岛生活程度太高，贫富太悬殊。

八月三日　上午，接欧元怀上海来信询校事，先生一一答之。

八月六日　发致王毓祥书，恐倪文亚去志坚清，嘱其暂主持大夏附中事。

八月七日　下午，作致高芝生函，答复所询各事。又接倪文亚函，似未得见批复辞职书者，近当得见矣。

八月十三日　作覆欧元怀书，询财政问题可否待至月底，返沪共筹之。

八月十五日　作欧元怀、郑硕贞各一书，答复近况扩校事。

八月十七日　接欧元怀书，言大夏中学已接收清楚，许公鉴能积极负责为慰。

八月二十三日　从青岛抵沪。晚，先后与傅、欧、王等谈校事至八时半。

八月二十四日　与欧、傅、王谈大夏今后出路颇久，并述与孙科晤谈情形。

八月二十五日　听许公鉴报告大夏中学部进行事宜至详。

八月二十六日　与欧元怀、蓝春池谈校务。

八月二十八日　与王瑾怡、许公鉴谈大夏中学部事。先生嘱对学生严加管束，使青年在中学时代已植做人处事根基为第一。听姜志纯报告，姜原订任中学部国文教员，某县长又约其任教育局长，其心怦怦动欲往，而同学中有劝其不往者，姜决留焉，来请求今后在校服务方针。先生当嘱以复兴民族为教育方针，详细方法与同事随商决定可耳。

八月二十九日　听欧元怀告明日夜车将偕王毓祥赴南京与教育部接洽校务，顺便欲访何应钦、孙科谈合作事，嘱备函先容，先生允之。在谈学校今后出路等时道："特政府接济此点，亦非有力者主张不可，故与何应钦接洽后，如便再与孙科接洽云。须先告舆论批评，现在教育部对教育经费公滥而私混，对私又纯以个人好恶为转移等空气造成后，再取得多数同情而维持吾校。"

八月三十日　听王毓祥谈大夏中学部事，并为刘金标说项，当允一查，若果欠公允，必设法平之，并嘱为修改送骆美奂家父亲寿诗而别。

九月二日　听欧元怀报告访教育部情况。欧谓教育部对大夏批评之语有好有坏，教育学院为全国之冠，理学院亦不恶，文学院社会史地系亦有好评，唯对商法则大失望云；又谓与何应钦谈学校之筹措方法两次，经过时间甚长，又谓政局似小有变动云云。

本日，大夏秋季开学，注册学生一千两百余人。

九月三日　主持大夏暑期后第一次校务会议，报告改革大夏中学甚详，讨论照例事件，至七时方散会。

九月五日　主持大夏财政委员会。诸君云，吾辈鞠躬尽瘁于大夏，亦足以纪念先人，古人扬名显亲为孝，可以思矣。

九月七日　往大夏办公，见各院科注册甚为拥挤，又视察体育馆工程，破费有限而结构尚佳，觉可慰也。嗣到附中开第一次教导会议，解决问题颇多。

九月九日　上午八时，陪同潘公展出席大夏附中开学典礼并训话。略谓：中学时代为人生最关紧要时代，倘中学时代不将各科学学好，则其人之学术成就必有限，中学时代不养成良好习惯，则其人一身必难慎终身，中学时代不讲求做人之道，则其人断难成一完人，因之中学生非严加管束，以其根性未定易为外物所诱惑。

十时，在大夏主持开学典礼，并作《实力发动与复兴民族之要道》报告。略谓①：

> 怎样才能救亡图存以复兴民族呢？那便是我今天要提出的，要全国国民均要实力发动。

---

① 王伯群：《实力发动与复兴民族之要道》，《大夏周报》，第 12 卷第 1 期，1935 年 9 月 16 日。

实力发动,实在是复兴民族之要道。什么叫做实力发动呢？又叫做"本位努力"，"自力主义"，或者也可以说是"实力救国"。救国须先救己，若是个人已经沉沦在堕落的深渊里，那里谈得上救国呢？所以实力发动的名词虽新，其内容确实砥砺学行，锻炼身心的日常生活。

复兴民族需要实力发动，可以分做三层讲：第一层便是体力、智力、道德力和群力。第二层是自治力、自信心和自卫力。第三层便是自立自主、自强不息。

九月十日　下午，往大学部各教室视察上课情形，尚觉整齐，可慰。闻各大学开课以大夏为早，亦一特色也；又往图书馆、女生宿舍各处一一视察。

晚，听郃爽秋报告，言陈立言对其太失礼。先生闻后为之愤恨万分，恨不能立即开除处分，然郃又为之缓颐。先生拟明日到校再查明是否是陈再办。

九月十一日　上午，听许公鉴陈述今施乃铸代张元书课之经过，先生乃再命杨建勋来面询原委尾，结果知许公鉴瞒肝于前，杨建勋轻燥于后，两人均有误会，人均气量狭小，毕业生中之任事最久，素以为尚老成者尚如此，人才趄维，当今二人静待副校长之机解。

晚，赴大东欧元怀世兄欧天健新婚之宴。欧天健留学日本，娶一日妇归来，为父母者喜子之有家室，喜而为之宴戚友。

九月十二日　主持大夏财政委员会。听施乃铸报告中学近况，大意即教员未到齐，学生上课时少，不免兴风作浪。又课程有不卸结处，宿食、制服均不易办到，殊觉前途荆棘，持悲观主义。先生闻之不快。会上，欧元怀、王毓祥均竭力筹思补救之法：（一）关于制服问题，高三下生准其不做大衣；（二）关于吃饭问题，力求改良完善，逐渐上轨道为目前急务；（三）决定再派得力人员辅助之。欧拟派金凤高助王瑾怡任训育及事务，又拟聘曾昌燊为大夏秘书，派在中学辅助教导员之不足；（四）中学生有四川张某与贵州张某互殴，决定开除学籍。

九月十三日　与欧元怀往大夏中学与王毓祥商聘曾昌燊名义。先生主两法:(一)即以之任教导主任,调许公鉴任周报事;(二)设中学发展委员会,以其任该会主任。先生采王毓祥(二)办法,仍主张聘为大学校长室秘书兼中学发展委员会主任,因大学部亦有许多事待曾办理。商既定,又到中学各课堂视察上课情形。十二时视察中学生食堂,查看吃饭情形。问厨房有何困难,厨房言同时开数百人之菜不免拥挤。先生建议将时间稍为错开,分班入食堂,则此困难或免。

下午六时,在八仙桥青年会宴大夏全体教职员,到百余人。先生致词,讲叙餐意义有三:(一)欢迎新教职员;(二)旧教职对校颇努力、多贡献,校方不特不加酬劳反减酬报,固属财政困难,不得已对各教职员十分抱歉;(三)时至今日,国难重重,外患愈烈,内忧更重,吾人办学方针过去虽以救亡图存、团结民族为办学方针,今后是否尚有须补充改进之处,请同事指教。

九月十四日 上午,发聘曾昌燊为校长室秘书兼中学发展委员会主席,负责召集会议等事宜。商欧元怀派金凤高往中学助理训育与事务两项。与鲁继曾到各课堂视察一周,复至中学部开除中学生张汝庚与张某,因二人在宿舍互殴,乃照章办理。

下午,召张仲寰、程宽正、周乐山、高芝生开大夏学会常务理事会,决定大夏学报办日报等,亦以经费不济一时不能办到,惟求学校助少数费用,以便派人赴各地联络,籍资发展;决定发致各地会捐助水灾款项等。

九月十六日 上午,出席大夏新生指导会并训话,略谓[①]:

> 各同学投考本大学之前,对本大学必有一番认识与希望。大夏与他校不同,第一便是历史上的特异。本校由厦门大学一部分教职员学生,因不满意厦大之措施,牺牲原有之优裕生活,赤手空拳,来沪组织新校,其始一般人都料其不寿,经十余年之艰苦奋斗,成绩竟超越有数十年历史之著名大学。其故无他,曰不满现在,努力革命与不

①《国难严重大学生应加紧准备工作》,《大夏周报》,第12卷第2期,1935年9月23日。

断的创造而已。故本校立校精神，便是牺牲，革命，创造与师生合作。大夏师生之间，比父子兄弟还要亲密，可谓患难同舟，艰难与共，为了有这种特殊精神，十年来乃能成此伟业。你们到大夏来，不仅是读书，求课本智识，还要追随最初创办本校的教职员与同学的刻苦精神，牺牲精神，革命精神，将来对国家社会才能有所贡献，不然，虽有很好的学问，总非国家之福。上海为繁华之区，万恶渊薮，同学由内地初来，稍一不慎，必至堕落深渊，挽救莫及，所以你们要立定志愿，与社会奋斗，莫为社会所诱引，须知青年时期，为人生最宝贵之一页，将来有无成就，端在此时打好根基，充分利用大夏所供给的机会，光阴很快，三四年转瞬即逝，方今国家危险已极，外患达于最严重之地步，内忧如天灾匪祸，百孔千疮，救亡图存的重大责任，都要你们担当，国家此时已到生死存亡关头，你们要加紧准备，从前一日做一日的工作，现在一日要做二日或三日的工作。世界大战即在目前，望大家勉力做人，共赴国难！

下午，得女生指导员报告外甥罗远业自开学至今，未在校住宿，白昼亦缺课甚多，问如何办法？先生当告曰："允命其兄与大姊商一妥善办法，勿再放纵，致使人骂我贼夫人之子，且女生数百，如不严管，何以对学生家长，余之亲戚如何浪漫，学校名誉亦大受影响，当命其子往校警告之。"

九月十七日 下午，往中学部命杨德真来，询罗远业在校情形，据云自开课至今，将十日该生未住校内，昼间亦缺课多次，未经请假，照章应除名，因该生母亲生病，有信证明，故减轻处分，予以两次警告。四时，出席中学部教导会议，七时方散，回家晚餐后，先生疲极异常，遂早就寝。

九月十八日 为"九一八"国耻纪念日，过去数年，大夏皆停止娱乐开会讲演，今年因中央主张与日本亲善，以为纪念国耻不免伤日本人感情，恐日本人不愿，乃暗示停止之意。为体现吾人教育家对教导青年之责任，先生通知全体教职员学生于上午十一时起立静默三分钟，以示不忘国耻之意。

九月十九日 下午，主持大夏财政委员会，至七时方休

九月二十一日　接待教育部司长黄建中,黄谓日本外务省文化事业部有林代者,将来沪与各大学商谈中日文化事业合作问题,最好各大学虚与委蛇,办法则推与主管机关之教育部。先生建议:"国家应有统一方策,虽中央政治会议对日本庚款有决议案,然时移势易,就日前形势论,教育部若能积极提出办法,中央政治会议亦必容纳也。整个对日外交均应积极,不可消极,均应自动不可被动,自动而失败,或不至一败涂地,被动而失败只有任人宰割耳。"黄尚与光华大学等校接洽,遂别去。

召王毓祥询中学近状,报告说中学普三上学生正在鼓动风潮,有书面排斥。教员刘金标、何惟忠探系青年社与校外人员勾结而来者也。先生表示当与欧元怀商定,将可成风潮之因素消除,如青年等尚不明事理,只有停办,从根本改革。嗣又召集何惟忠、陆春台二人询演此风潮内情。听姜志纯报告师范科排斥陈绍箕教历史,言语不明等等。先生认为中学如此败坏,皆倪文亚造因于前,养痈贻患,思之痛心之极,决定明日上午召集中学中坚分子,加以鼓励,一致奋斗。

九月二十二日　上午,召集中学教职员王毓祥、傅复天、陆春台、何惟忠、许公鉴、曾昌燊、姜志纯、杨德贞、姚星南、陈锡恩、丁汝康、王瑾怡等在松风亭中开会。先生强调:以附中风潮,虽有外感,然必内亦有弱点,而内弱之大者,怕中坚分子团结不力,受人离间,希望大家切实合作,团结一致,以应付之。其余如教员有缺点者,随时随地补救,勿使滋漫,内坚强充实,则外邪不易入矣。内部组织亦觉有职权不分、劳逸不均之处,现决定于中学主任之下分设教务主任、训育主任、事务主任三人,以许公鉴、曾昌燊、王瑾怡三人分任,以专责成而收分工合作之效。

下午四时,邀请大夏毕业生方祖桢、徐光宇晚宴,欧元怀、王毓祥亦受约而来。方、徐因主办杭州清华中学,拟借五千元。先生建议合股分担办法,每人五百元,约十人共任五千元,先生个人允二分。

九月二十三日　上午,主持大夏附中纪念周活动并对中学训话。指出:中学生,第一须谨守校训——师生合作、牺牲奋斗、刻苦俭朴,在校以之求学,出校以之处世;第二须谨守校规,养成遵法的习惯。国有国法,家有家法,校有校法,如不遵守即是叛逆,叛国固不可,叛家叛校亦不可;第三,要有礼貌,古人居敬,即是有礼貌,有礼貌不是对人,实是对已,所谓敬人者人恒敬之,爱人者人恒爱之,对师长有礼貌,则师长必爱之,敬之乐将所学学问传授也。

嗣又答复学生来函,(一)刘金标回话可以换人;(二)何惟忠教授请理学系主任到课堂实地考查,如果不善教,自必更换,不得因教员严格起而借故反对;(三)补足学分。校中早有计划,须详细考虑施行。最后言学生对师长只能以好意,教学不可动出以罢课方式,如不顾自己利益,妄起风潮,本校长决不宽宥也。训约一小时结束。

十一时,主持大夏体育馆落成典礼并致词,略谓今日举行体育馆落成典礼,是本大学复兴民族教育方针计划之一,对于大夏新村诸同时捐建热忱,尤深感激! 本校于经济极穷困之时,排除艰难,实现种种计划,殊觉不易,各同学须尽量利用机会,莫辜负有此设备。我们一方面希望全体同学,人人参加活动,还要全国国民个个得有相等的体格训练,愿大家认识本校普及体育的特殊精神,共同努力,以完成复兴民族之重大使命。

九月二十四日 听金凤高率中学生董、王二生解释闹风潮自己并未参加,先生闻后大加训导。听高芝生报告中学风潮似已告一段落,惟曾昌燊不欲任训育主任,因经济问题故也。

九月二十五日 晚七时,于自宅宴蒋百里、黄季陆、侯念言、欧元怀、傅式说、鲁继曾、王毓祥等。

九月二十六日 下午四时,主持大夏财政委员会,至七时散。

九月二十八日 上午,有大夏师专毕业吴仲明校友,从日本中央大学法科留学回国,欲在杭任一县知事,已请褚民谊等推荐,从黄绍竑来求先生再加一函。

听许公鉴来言,大夏中学渐上轨道,惟曾昌燊未允任训育主任。先生尚觉其办事不敏活。

九月二十九日 接待大夏女弟子张元和、杨德贞、孙太和、孙婉华、黄芮乡等来访,略询女生宿舍近况及各人教学任职形情,留之中餐而别。

本日,教育部鉴于大夏师专科以往所获成绩,准予扩大新生招收名额。

十月一日 下午,主持大夏校务会议本月例会,讨论事件甚多,直至七时余始散。

本日,为上海培明女子中学十周纪念特刊题词。

十月二日 欧元怀以活动福建省教育厅事就商,先生认为在中央则可随时照料校事,闽省似太偏远耳。

十月三日 主持大夏财政委员会,以中学预算为要案,大约中学初以五百人计编定预算,今只四百四十余人,已差不少,故又亏欠数千元。

十月四日 又听欧元怀谈其有赴闽任教育厅之动机,为学校发展计,先生不允欧离开,然为欧个人计,又不能强留之,当答以姑想待时机。欧托待国民党六中全会时福建省主席陈仪入京时相机推荐,并转请何应钦推荐。先生慨然应之。

十月九日 接欧元怀函,附学生董正廷请示续学信,先生见信大不通,且别字满纸,其他成绩皆劣,认为如此学生如尚收回,未免太滥,遂批不准。

十月十七日 上午,与骆美奂谈时局。骆说陈立夫或将出洋,国民党五全大会代表已由常会决定人数及名单,闻此次运动选举者多,须特别注意。

下午四时,往陵园访孙科。先谈大夏,孙表示同意援助大夏。

十月十九日 全国运动会董事长张伯苓、郝更生、袁同礼来大夏参观。

十月 《大夏周报》第十二卷第一期刊发先生在大夏中学秋季始业式做《为学做人与中学生之觉悟》训词。希望中学生"牢记着忠孝仁爱信义和平的嘉训,对人要有礼貌,对事业要奉公守法。待人接物以诚字出发。言必忠信,行必笃敬。""要处处留心,努力潜修,达到文化的水准线上。"他还说,"至于受职业训练的学生,应该充实职业技能。师范科的学生应有教学的技能,商科的学生应有从事商业的技能,土木工程科的学生应有绘图、设计、建筑等技能。""养成劳动习惯"、"增进职业道德"和"启发创业精神"。

十一月三日 受先生之邀,孙科允任大夏校董。

十一月初　大夏公布提倡学生读书办法。倡导国难当前,读书应不忘救国,而救国之道多端,读书乃学生本分。年来学风浮躁,学术消沉,学生徒骛虚夸,殊非救亡图存之捷径。

十一月六日　接待马君武来访。马言已来多日,住居正家,以一学生嘱先生转荐于何应钦而别。其生彭地虎,江西人,中央大学物理系毕业,毕业后再在广西大学任教二年,欲求军政部兵工技术司理化研究所任事。

傍晚,与大夏毕业生黄炎、王铁志谈时局久之。

十一月九日　签发拟定大夏教员专题研究章程草案,鼓励全体教员作专题研究,研究中所需之费用由学校按照研究预算酌予津贴,研究时所需用之图书仪器等得由各院科之各该预算费用内尽先购置,不足时得由学校专款补助,教员研究之结果,经教务委员会审查认为确有价值者,得提请校务会议予以相当褒奖。

十一月二十一日　为大夏图书馆捐赠图书杂志和各项报告等两千余册,今日运送到校。

十二月十三日　为国文系主任孙德谦①教授撰写诔词,兹录如下:

维中华民国二十四年十一月十二日,本大学国学教授孙德谦先生疾终沪寓。越三旬,全校同人,开会追悼,并发行特刊,以志哀思。群与先生,共事七载,深佩其道德学术,世罕伦比,而光风扇人,洪炉铸物,嘉惠吾校,更巨而深。值兹长逝,能无心恸,因泚笔而为之诔曰:

"呜呼先生!国学泰斗,著作等身。禀乎天受,治子研经。会稽抗手,斯文复兴。大任独负,乃困数奇。怀抱逆时,功名刍狗。富贵糟醨,敬敷五教。弘振四维。邦人向往,异国钦迟。来吾大夏,校誉以霸。千余学子,同沾德化。七载于斯,弦歌无罢。胡天不佑,哲人

---

①　孙德谦(1869—1935),字受之,寿芝,号益葊,晚号隘堪居士,江苏元和人,中国近代著名国学家、史学家。1928年至1935年任大夏大学国文系教授,并任系主任。

凋谢。逸鹤飞鸿,冥冥门夜。讲席风凄,馨欬莫炙,空剩翰墨。士林
增价,缅想典型,能不泪下。呜呼哀哉!"

十二月二十四日　决定照欧元怀来函办法,在京约宴孙科、居正、何
应钦三校董商大夏财政问题,并发信约欧二十七日来京。

十二月二十六日　电话询大夏校中近况,欧元怀已往苏州照料本校
学生去,傅式说接电话,托其办五十元货礼,一分送杜月笙家喜幛,一张送
章太炎家,又关于大夏第三新村购地事,嘱为何应钦多留十亩。

1936 年(民国二十五年 丙子) 五十二岁

一月十七日 大夏大、中两部开始办理学生春季开学,注册学生为一千一百三十六人。

二月十一日 大夏校务会决议通过《大夏救国工作训练纲要》,决定自本学期起实施救国工作训练新方案,设立救国工作训练委员会,下设军事训练组、救护训练组、技术训练组、推用国货组和国际宣传组等。

二月十六日 假华安饭店敦请大夏全体教授茶叙并作校务报告,略谓国难重重,今非昔比,望各教授关注学生进修学业外,特别看重于青年人格的修养,尤希望诸教授领导学生做实际的救国工作。

二月十七日 在大夏春季开学典礼上作《国难日急声中吾校师生应做的工作》训词。指出:"本学期起所施的方案,则在训练每一个同学如何去做救国的实际工作。从事实际工作,我认为应注意下述三点:第一,要一致参加,集中力量。第二,要有继续不断百折不回的精神。第三,要齐一我们的阵线。"

二月二十四日 参加大夏新生指导会。

二月二十五日 大夏召开救国工作训练委员会第一次会议。

二月二十七日 大夏订定本学期纪念周会进行事项,设国难教育讲座,举行集团歌唱及国难音乐会,聘定救国工作训练委员会主任及干事,并布告征求学生加入活动。

四月十一日 在自宅主持大夏校董会会议。孙科、居正、褚民谊等出席。会议听取欧、王、傅诸董事对最近大夏行政情形、财政状况和中学部发展概况做详细报告。

四月十八日　在自宅主持大夏全体导师会议并致开会词。会议议决：（一）各导师于最近各召集该组全体学生个别或开会谈话一次，并随时举行个别谈话或指导；（二）本学期毕业学生，愿就业者各导师应尽力介绍，欲求深造者应由留学各国先进导师予以切实指导，学生之欲留学何国者，事先可向群育部登记，以便介绍相当导师等要案。

四月二十日　为整齐观瞻并提振尚武精神，养成俭朴习惯起见，大夏全校师生开始统一穿着制服，职员穿国货黑哔叽中山装，男同学穿黄色校服，女同学穿蓝色旗袍。

四月三十日至五月二日　大夏举行全校捐款购机。报载[1]：

> 本校近迭接中国航空协会及上海市募捐购机祝寿委员会来函，以扩大航空救国运动筹款购机为蒋委员长五十寿辰庆祝请积极征募等由，查购机祝寿意义及办法，日前报章均载及蒋氏个人对此事意见，行政院秘书长翁文灏亦曾反复阐明购机祝寿乃系捐款与政府国家，并非捐与蒋氏个人，本校认为此正系国民为国纾难之最好表现，乃由校务会议一致决议协助进行，并将此案交由救工训委会另组委员会主持其事。兹闻救工训委会于上星期开会讨论后，已公推王裕凯、傅式说、吴浩然、郤爽秋、徐建德五先生为委员，互推王裕凯先生为主席，并派定一部分志愿同学及校工为购机祝寿劝募人员，共分四组：（一）教职员组——劝募员冯汉斌先生，杨麟书先生，欧阳达先生；（二）住宿学生组——劝募员潘白山先生、杨德贞先生、虞明让君、蔡辉芳君、毛桂云女士、钟焕新君、封光并君、殷景祐君、陈知先君、杨润基君；（三）走读学生组——芮慕尹君、王恒良君、刘仰方君；（四）校工组——劝募员彭敬五、王在家、袁少臣、赵宝全、陈国庠、白永福、褚妈等，分头进行。现悉上星期四五六（四月三十日至五月二日）各人员向全校员生校工进

---

[1]　《捐款购机为蒋委员长祝寿》，《大夏周报》，第 12 卷第 16 期，1936 年 5 月 6 日。

行劝募时,同学朱光辉君,并画购机祝寿图多份,在群贤堂张贴,想在此国家多难之秋,大家必能同心一志,为国纾难也。

四月　聘王裕凯代理大夏群育部主任。

五月二十二日　邀请江西教育厅长、教育学院前院长程时煃来校参观并做《学生之修养》的演讲。

六月一日　主持大夏建校十二周年纪念大会,师生校友两千余人出席。先生略谓:本校以极端绌之时间,物质、精神均有长足进展,全系师生合作之结晶。本年校庆,以值兹国难严重时期,不作任何足以损失国力之铺张,望诸位教授、诸位同学本过去坚苦卓绝之精神,认真教学,再接再厉,以期达到本校年来拟定实施复兴民族教育之目的。

本日,为《大夏周报》第十二卷第十八期撰写《弁言》,谓①:

> 在此十二年之中,吾大夏校务发展,固蒸蒸日上,学生数目,固与日俱进,然国步之艰难,同时亦可谓随岁月而激增。……特刊内容,纪念文字与学术论文并重,一以念学校缔造之艰难,一以振学术研究之空气,矧以在目前欲图救国,非具有刻苦耐劳之习惯与丰富充实之智识不为功;而前者正勖勉青年多事奋斗,后者则又励青年多作研究也。

六月二日　主持大夏第一八九次校务会议,议决添设中学教育系。

六月十二日　大夏再次当选上海各大学教职员联合会执委。

六月十四日　邀请在南京服务校友骆美奂、何纵炎、邰华、袁野秋、黄炎、李兆龙、黄允中、卓承琪、曾兰英、茹馥廷、林瑞仙等一百余人聚会,当场选出骆美奂任江苏队总队长,袁野秋、何纵炎、黄炎、邰华、黄允中任副队长。

六月二十日　上午,主持大夏毕业典礼并致辞,略谓:各毕业同学与本校发生关系,多者七八年,少者四五年,对本校立校精神,如"刻苦"、"耐劳"、"牺牲"、"奋斗"、"合作"诸精神,当甚明了,望各位出校后,无论为社

---

① 《弁言》,《大夏周报》,第12卷第18期,1935年6月1日。

会服务或为国家效力，都应本着本校特有精神，与已在社会服务之毕业同学，联络合作，务使大夏精神得以充分发扬光大。

次请校董孙科训词。孙大意谓：今日中国处在极艰危局面中，无论政治经济诸方面，再再需要建设，一般民众因受经济压迫，无力担任救国工作，目前救中国者端诸位年富力强而又有充分智识之学毕业生，惟现今国际情状，瞬息万变，吾人尤宜随时充实智识，培养思想，把握当前问题，方能应会此艰危之局面，望各位离校以后，随时注意时事，继续研究学问，所谓在校时"读书不忘救国"。讲毕，为毕业生授予学位及毕业证书。

下午，在大夏中学部大楼参加毕业生话别会并做训词，略谓：本人平时与诸君甚少会面，诸君毕业后，将同为社会服务，或在同一机关任职，此后见面机会或较前此为多；次分析社会现实情形，阐明团结意志；最后勉各毕业生莅校后在社会服务，务须彼此联络，合作互助，本着大夏精神，共肩复兴民族之责。

六月二十三日　发起成立贵州学社，被推为董事长。

六月二十六日　为顾君谊教授撰写挽联，云：

天道难论，北堂已享高龄，未及称觞先永逝；

数年相处，两地仅睽一月，重教把臂已无缘。

六月三十日　与上海女中校长吴志骞、新寰职中校长张仲寰、市民夜校楼产文，以及商务印书馆黄警顽、国学家江亢虎、书法家马公愚、小说家许啸天、发明家姚寿康等联名营救调查家许晚成①，吁请上海地方法院准

---

①　因债务上的问题，大夏校友许晚成进了一次法院，在整个经历中，他深感司法界的腐败，便于这一年（1936 年）的 6 月 3 日，在《民报》的《许晚成工作报告特刊》中发表了一篇"中国司法界黑幕调查征文"，揭露法院开庭时间随便延迟、庭丁公开索钱、执达员多声势嚣张、推事审问多含糊不清等。此文触怒了法院，两次传讯，到第二次便以"诽谤"为名将他关押了起来。这一关就关了七十二天，最后才同意让他取保候审。此案后来移交江苏吴县地方法院审理（大概是让上海法院回避），最后的判决是对许晚成"处罚金三十元，缓刑二年"。许晚成不服，向江苏省高等法院上诉。高等法院经重新审理，撤销了原判。（郑祖安：《海上人杰》，《文汇报》2002 年 7 月 10 日）

予交保。呼吁曰：

　　大南门龙文书店主人许晚成，因编辑工作报告特刊，散载本埠各报，内容颇多涉及上海地方法院推事名誉之处，曾被该院传案究讯，依法妨害公务诽谤罪起诉，谕令收押。营救理由，以许下笔不慎，涉及司法，固疏忽之处，咎无可辞，然姑念许氏体素羸弱，近且患病，在此盛暑，不堪縶系之苦，殊为可悯，且许氏亦为社会人才，功在文献，函请交保营救，亦属当急之务。

　　六月　大夏校董会议决向各界校友发行十五万元建设债券，各地校友积极认募。

　　八月　聘张素民为大夏商学院银行系主任、金企渊为院长兼会计系主任，杨永燦代理体育主任。

　　九月一日　大夏秋季开学，大学部一千九百一十八人，中学部三百九十九人。

　　九月二十一日　上午，在大夏秋季开学典礼上作《发扬立校精神与复兴民族》报告。下午，在中学部大楼出席毕业生话别会。

　　九月二十三日　大夏聘定本学期导师。本学期一二年级实施军事管理，三四年级学生继续实施导师制。现各导师业由王校长聘定，计有三十二位。[①]

　　九月二十八日　在体育馆出席六百余新生指导会并做训词。训词略谓：本学期学生人数近两千人，我们已毕业的同学，亦几达三千。我们于此最可以危虑的，就是人数愈多，分子愈杂，团体日大，团结为难。本校过去之所以能有若是之发展，全赖全体师生团结一致，力求上进。我们希望今天出席的全体新旧同学，都能保持本校的几种立校精神，在各师长领导之下，发扬光大，不特可以继续发展本校，并可以准备为国家社会努力。他指出："现在农村经济破产，一个青年能到大学里读书，实不容易，勖全

---

① 《王校长聘定导师》，《大夏周报》，第13卷第2期，1936年9月30日。

体新生应认清大夏立校精神,及父母节衣缩食供给学费的美意,宝贵光
阴,努力学问,尤须洞察现在国家处境困难,修养人格,以备将来为国
效劳。”

十月五日　主持大夏纪念周会,一千五百余师生参加,并做《中日外
交现势》演讲。

十月十一日　邀请褚民谊校董在大夏纪念周会上发表演说,详细解
释了国民大会代表选举法等相关问题。

十月十四日　大夏议决添建初中校舍。

十月三十至三十一日　出席大夏秋季运动会,三千余人参加。运动
会举行阅兵式及开幕式,上海市公安局乐队演奏军乐。

十月　聘定张元枑继任体育专修科主任,吴学信为教育学院社会教
育系主任。

十一月五日　在自宅主持大夏全体导师会议。指出“本校推行导师
制,请诸位担任导师,就是想接种诸位平日与学生接触机会多,认识并挑
选优秀分子,特别加以指导,以期优秀者能发挥其个性,成为挽救国家与
复兴民族之健全分子。”

十一月六日　大夏成立写作协会。其发起宣言云:“以文会友,君子
则同;攻玉他山,风人是尚。中原方有事于逐鹿,大道以多歧而亡羊,诗书
辍于干戈,艺苑鞠为茂草;非切磋无已,则沦没堪虞。我大夏人才辈出,著
作如林;或握灵蛇之珠,或抱荆山之璞,一纸邮传,四方风动;唯以清课多
羁,声气鲜接。同人等有鉴于此,爰创斯会,集俊彦于各方,亲□劲于一
室。赏析艺文,联络情感。此落寞之事,与进来集合结社性质大殊,凡我
同文,如有乐乎此者,尚祈贻我佩玫,同歌邱中有麻,与子偕行,共采中原
之粟。”

十一月十九日　大夏举行全校普遍募捐,慰劳绥远将士,并规定教职
员每人捐一元以上,大学部学生每人捐四角以上,中学部学生每人捐二角
以上,校工每人捐五分以上,先生捐洋百元,以示提倡。

十一月二十四日　绥远抗战爆发后,大夏师生员工发起募捐运动,共
捐一千零八十六元。今送交《大公报》馆转汇前方将士,并致电绥远省主

席傅作义。慰劳电文曰①：

> 归化绥远省政府傅主席暨前方讲师勋鉴：
>
> 　　东北匪徒，丧心病狂，为虎作伥，侵犯绥省，举国愤慨！台座勋名夙著，坐镇严疆，明耻教战，指挥若定；前方将士，忠勇效命，实深钦式。望张挞伐，灭此朝食。敝校全体教职员学生校工，本同仇敌忾之血忱，谨集捐款一千零八十二元二角七分，即日由上海《大公报》馆汇汇前方，聊伸慰劳。特此电达，敬希、垂察。
>
> 　　　　　　　　　　　　　　　　　　　上海大夏敬叩。

傅作义回电②：

> 大夏师生工警公鉴：
>
> 　　敬电敬悉。此次绥东告警，全国关怀，既鼓励以精神，复援助以物质，三军闻命，感奋益深，除俟捐款到绥另电附据伸谢外，谨先电复，诸维荃照。
>
> 　　　　　　　　　　　　　　　　　　　傅作义冬印。

　　十二月七日　邀请上海地方协会秘书长黄炎培到校做《从绥远慰问归来到公民教育》演讲。

　　十二月八日　在大夏推行节约运动，设置节约救国箱，继续募款援绥。节约救国箱办法第四条为"投入数目满一元者，由校长发给节约证书。"

---

① 《本校援绥捐款数达千余元》，《大夏周报》，第13卷第10期，1936年12月2日。

② 《傅主席电谢本校》，《大夏周报》，第13卷第12期，1936年12月17日。

1937 年(民国二十六年　丁丑)　五十三岁

一月十七日　参加大夏冬季毕业生话别会。

二月十一日　大夏新老学生办理缴费入学手续,注册学生一千四百三十七人。

二月十九日　在《大夏周刊》发表《关于非常时期教育的意见》。指出:年来因国难严重,国人以为今日吾国所处的环境,是一个"非常时期"。第一,我们拟训练每一个青年都有刚强的体格;第二,我们拟训练每一个青年都有正确的国家观念;第三,我们拟训练每一个青年都有实在的学问。

二月二十日　大夏中学部初中校舍及大、中两部教职员宿舍同时动工兴建。

三月十五日　邀请福建省主席陈仪来大夏做《复兴民族与心理建设》的演讲。

四月十二日　主持大夏纪念周会,为一千余名师生作《国难严重声中大、中学青年应有之修养》演讲①。引证日本佐藤外相上月八日及十一日先后在众议院与贵族院演说语调与对话策略之不同,与夫华北日本人政治经济侵略之靡已,提醒全体同学,不应视今日国难已渐灭除,而存踌躇

① 《王校长讲国难声重中大学青年应有之修养》,《大夏周报》,第 13 卷第 22 期,1937 年 4 月 23 日。

满志和固步自封的心理。他说,我们要知日本如果真正拿"经济提携"的招牌来诱致中华民族就范。假如我们的国力不足与人家谈提携,结果一定形成独占的局面。我们的国土,恐怕也必随日本经济侵略势力的发展而日削。在论及大学生应有的修养,先生提及:(一)锻炼健全的身心;(二)陶铸纯洁的品格;(三)培养耐苦的习惯,希望全体同学深切注意。

四月十六日　主持大夏横跨丽娃河东西岸的丽虹桥落成典礼,校董何应钦题名,王文湘剪彩。上镌铭文"丽娃江上,不霁何虹。舰恒凝凤,夭娇犹龙。地利为纬,人和为经。二难济美,成此津梁。于万斯禩,蔚作里仁。"学生及附近居民一千余人前往观礼,报载①:

> 大夏新村为本校校董教职员及校友等住宅区,自民二十年创设以来,逐事扩充,占地二百余亩,成为沪上巨大新村。去年春,新村委员会议决在本校中大夏舍南面毗邻丽娃栗妲村校河。建筑钢管水泥大桥一座,沟通东西两岸。秋季动工,现已完成。桥由何应钦校董题名,王祉伟校董记铭,取名丽虹,盖取唐诗"变桥落彩虹"及迫近丽娃栗妲村之意。桥长一百二十尺,宽二十五尺,建筑兼顾美丽,平添校景不少,匪仅便利交通已也。本月(四月)十六日下午一时半举行落成典礼。委员会特柬请全体村友率眷莅桥参加,并请何应钦夫人剪彩。桥上挂旗结彩,爆竹喧天,新村村友本校男女同学及附近居民前往观礼者,不下千余人,颇极一时之盛云。

丽虹桥上镌刻铭文,报载②:

> 沪西梵王渡西苏州河北,有积水一潴,长约半英里,清漪绿波,光可鉴影,俗呼为老吴淞江。相传古时苏州河曾取涂于此。今成断港。

①　《丽虹桥本月十六日举行典礼》,《大夏周报》,第13卷第22期,1937年4月23日。

②　王祉伟:《记丽虹桥并铭》,《大夏周报》,第13卷第8期,1936年11月15日。

最近二十年来西人建庐其旁，为盛夏游泳之所，又成为丽娃栗妲江，则沿西文译音而来，史犹至短也。民国十九年以降，大夏同人既于苏州河北岸，购地三百余亩，建筑大夏校舍，为顾念教授同人讲学之便，乃于校场南部，发起大夏新村，由欧元怀、傅式说、王毓祥、吴浩然、吴泽霖五先生组织新村委员会，负责设计，竝订立村友公约以垂久远。最初参加者寥寥仅十余人，皆大夏任教席者；辟莱除秽，筑路开渠，不数载间景物焕然，昔日荒畦，遂成胜境。声应气求，来者益多，乃有大夏第二村之发起；前后两年，饱经波折，得地八十余亩分配同人，犹感不敷，向隅者众。于是跨河而西，再购地七十余亩，是为大夏第三村。为便利交通起见，乃于老吴淞江上建筑钢筋水泥桥梁一座，并命名为丽虹桥，盖取唐人"双虹落彩虹"之意也。桥之东为大夏校场，广夏连云，弦歌相应，两岸垂柳万株，逐波上下，接喋有声，彳亍之间，神怡心旷，悠然意远，信沪上之乐郊，而幽居之福地也。民国二十五年夏，工程竣事，因记其始末，并为之铭。铭曰：

　　丽娃江上，不霁何虹。舰恒凝凤，夭娇犹龙。地利为纬，人和为经。二难济美，成此津梁。于万斯撰，蔚作里仁。

本日，在愚园路自宅宴请邵家麟、邰爽秋、王国秀等三十余名学生导师并举行座谈会。

四月十九日　邀请新任驻美大使王正廷博士来大夏做《青年救国之途径》的演讲。

四月二十三日　在《大夏周报》第十三卷第二十二期发表《大学生应有的责任与修养》。指出：大学生"第一须锻炼强健活泼的身心。第二须陶冶勤俭纯洁的品性。第三须充实适应环境的智能。"

四月二十八日　中央政治委员会以大夏办理成绩卓著，决议自本年度起，每月由教育部补助经费一万元。报载[①]：

[①]　《二十六年度起教育部年助本大学经费十二万元》，《大夏周报》，第13卷第24期，1937年5月11日。

　　本大学自民国十三年秋开办以来，内赖阖校师生精诚合作，努力苦干，外仗政府暨社会人士之提携赞助，物质精神，均有长足进展。最近三五年来教育部每年派员莅校，对本校各学院设备及科学馆内各工场自制各种试验仪器，尤为赏识。现悉中央以本校办理完善，而经费甚感困难，特明令本校按月由部补助经费一万元，全计十二万元。闻此项补助费用途多由部指明，本年七月份起即可逐月汇校。

四月　闸北水电公司在中山路安放新水管，大夏用水状况将大为改善。报载①：

　　沪西梵王渡中山路一带，在民十九年以前，原为偏僻荒芜之所。自本大学于十九年秋季迁入后，南至中山桥，北至金家巷，商店林立，比户而居，市肆方逐渐繁盛。最初两年，本校自行疏浚自来水井尚未完工，出水无多。各商店所用之水，类从郊野中乡民自掘之浅井或小池中挑用。水中夹带杂质不少，于卫生上颇多妨害。"九一八"以后，本校自来水井出水增加，中山路一代商店居民用水，多由本校供给。后以有碍闸北水电公司营业，乃由该公司向本校订立合同，本校所余之水，由公司承买转给各商户，直至去年六月满期。惟在订立合同期内，一方面因中山路一带及大夏新村村友年有增加，用水日多，校井出水量有限，不能尽量供给，每至暑假，辄有水荒现象，颇多不便。他方面又因该公司自安水管，尚未完工，要求本校继续供给一年，故去年秋季至今夏中山路及新村用水，仍由本校供给。兹悉该公司日来正在中山路一带安置涵洞，一俟工程完竣，即可直接放水。预计本年暑假，中山路商户及大夏新村村友，即可由该公司供给用水，本校用水亦将绰有余裕矣。

五月三日　邀请立法院秘书长梁寒操到大夏做《为什么要信仰三民

---

①　《中山路安放新水管》，《大夏周报》，第13卷第21期，1937年4月14日。

主义?》演讲。

五月十日　邀请张发奎将军来大夏做《青年在国难期间应有的准备》的报告。

五月二十一日、二十二日　大夏举行春季运动会,全体师生一千四百余人参加。

五月二十四日　邀请并主持陈立夫在大夏做《建设中国应有的信念》的演讲。陈演讲略谓:"处在今日的中国"大家都想收复失地,但照兄弟意见,收复无形失地较收复有形失地更重要。所谓无形失地,就是现在中国人缺乏中心信仰,缺乏自信力,"五四"运动虽给予吾人不少西洋新思想新道德,但"五四"实在只有抨击中国旧道德旧思想,而无新的思想建设。他表示,吾人今日要想建设新国家,必须从建设新思想做起,中国社会直到今兹尚为一农业社会。因为它是农业社会,所以它过去有所谓"五伦"与"智仁勇"三种德性,这是中国与世界其他国家不同的地方,要建设新中国,大家都知道它必须工业化,但兄弟以为中国的工业化,即使将来发展到若何境地,绝不能与西方其他工业国家相同。一个崭新的中国,它必是农工商并重的国家,因是中国所需要的中心信仰,也绝不是像西方的工业国家所产生的个人主义与唯物主义。吾们要树起我们的自信力,要认识自力,建设一个"中国型"的农工商并重的国家,而将来赖以维护这新兴的国家,兄弟以为必须基于我们现在国家的社会背景上面,中国的社会基础既建在农业之上,中国的中心思想,自仍依赖于恢复旧道德,乃系主张改造旧道德,以期适合我国国情,至于西方的自然科学研究精神,我们则必须迎头赶上,我们一方面要培养自己力量,他方面又消化他人的力量以增厚自己力量,能够如是,中国前途必有希望。

五月二十九日　在《大夏周报》发表《大夏今后之展望》一文。文章提出:"拟具五年计划方案。第一年完成图书馆,第二年完成科学馆,第三年完成工程馆,第四年完成教育馆,第五年完成大礼堂,而内容所最注重者,厥在造成理科工程等之特殊人才,以应救国之需,故不仅以美轮美奂为点缀耳。"

五月三十一日　主持大夏纪念周会。在致辞中说,今日系本校第十三年度最后的一天。明日六月一日就是第十四年度开始的第一天,我们在过去备尝艰困,已创出光荣伟大的成就,今后当益自奋勉。根据政府所颁布的教育方针努力上进,以期毋忝大学之使命,而完成民族复兴的伟业。最近政府鉴本校十三年来日有进步,经济异常拮据,特议决自下年度(二十六年度)起,每年补助十二万元。吾人计划于最近五年中,先后完成各种基本建筑,以期毋负国家盛意,希望全体师生本过去合作艰苦牺牲奋斗精神,共同促其实现。

六月一日　上午,主持大夏校庆纪念大会。五百余校友及来宾参观科学馆、图书馆及各学院研究室。

中午,全体教职员及校友聚餐。

下午,主持新图书馆破土典礼。会后,大夏学生与圣约翰大学举行田径友谊比赛。

六月四日　为光夏中学暨光厦小学立校五周年纪念特刊题词。

六月二十一日　在体育馆主持大夏毕业典礼并致辞,本次毕业生总计二百零一人。致辞中指出:古时大学在为修身齐家治国平天下。今之大学,在为国家培养专门人才,所言虽异,而其目的则希望各毕业同学本大夏立校精神,牺牲奋斗,为国家创出新事业。

六月二十五日　为《大夏附设大夏中学一览》撰写《弁言》,指出:办理中学迥异于大学,亦较难于大学。盖中学生皆血气未定之青年,染苍则苍,染黄则黄,匪特于教科方面应特加注意,而如何善养其血气,如何导引于正途,如何灌输以民族意识,如何培养其人格基础,则尤关重要,不容或忽。

七月七日　"卢沟桥"事变爆发。

七月十五日　受国民政府邀请,偕欧元怀、吴泽霖赴庐山参加蒋介石谈话会,商议迁校事宜。欧元怀忆述道①:

---

① 欧元怀:《大夏大学的西迁与复员》,《中华教育界》,复刊第1卷第12期,1947年12月。

到了二十六年夏,卢沟桥事变起,本人和王故校长伯群及吴泽霖教授出席庐山谈话会归来,预知全面战争即将爆发。为支持长期抗战,深觉教育应在战争中发展,大学教育尤应表现其功能,不能冒炮火之险,以断送国家之元气,故即商议迁校。时政府准备迁都汉口,为求与政府保持密切之联系,选择了江西的庐山牯岭,并与友校复旦合组联合大学第一部于牯岭,第二部于贵阳。

七月　力排众议,决定将大夏西迁贵阳,并争取教育部拨款二十万元迁校费。欧元怀忆述道①:

贵阳的地址决定,事先曾受不少师生反对,但大夏校长王伯群先生料定战事非短时期可以结束,西南大后方将为抗战之砥柱,而贵阳与重庆交通尚便,且又为高等教育之处女地,需要大学之灌播,惟江西至贵阳,路远费多,幸当时教育部长陈立夫先生电汇二十万元,就凭着这雪中送炭的恩物,筹备的工作能在短时期内顺利完成。

八月十三日　日军大举进攻上海,淞沪战争爆发。八月十八日,日寇首次轰炸沪宁、沪杭铁路。②

八月中旬　敦促妻子保志宁去香港,然而无船可乘,先生先后与英国总领事和美国使馆接洽购票。保志宁忆述③:

八月十三日,日本军队进犯上海。

那时,我已产下长女德馨,我和辅馨两儿因事留在上海,伯群先

---

①　汤涛主编:《欧元怀校长与大夏大学》,上海人民出版社,2017 年 9 月,第 171 页。

②　姚崧龄编著:《张公权先生年谱初稿》,社会科学文献出版社,2014 年 10 月,第 176 页。

③　汤涛编著:《人生事　总堪伤——海上名媛保志宁回忆录》,上海书店出版社,2018 年 1 月,第 94 页。

生那时因政府公务留在南京。先生与我分离两地,皆甚焦急,而日人遣大批飞机沿京沪路轰炸,车船皆不能通行。伯群先生恐我和两个小孩在上海受惊,而自己又不能来沪,因公路被日军沿途轰炸,交通非常危险,每日来电或信,要我们去香港暂住。

　　那时先生的三妹文湘已抵香港,来信欢迎我们前去。但当时没有船只可航行香港,只有各国的轮船,专为他们的侨民而航行。伯群先生焦急万分,来信叫我赶快与英国总领事接洽,乘彼等船赴港,他自己又和驻南京美国大使馆詹姆森接洽,请代设法乘他们的船赴港。

　　那时美国大使馆尚未有回音,而英国总领事已来电话给我,他们已代设法于本月二十五日乘英国"皇后"船,与他们侨民一齐离沪赴港。我随即打电报告诉伯群先生,他来信叫我多带点路费和应用的东西,并说他自己拟待政府迁都完成,大夏大学迁校决定后,即来港与我们团叙。

八月二十五日　闻保志宁携王德辅、王德馨和看护佣人抵香港,甚感安慰。保志宁忆述[1]:

　　我和两个小孩和一看护小孩佣人,于八月二十五日乘"皇后轮"离沪。

　　我们于二十七日抵香港,何夫人亲来迎接。……我随电伯群先生,报告平安抵港,他来信说听说我们已安抵香港,很是安心,到现在才能专心为国家学校工作。

九月一日　大夏在《申报》发布《大夏大学暨附设大夏中学紧要通告》:

　　本校现已择定安全校舍,遵照部令准于9月20日开学。凡本校

---

　　① 汤涛编著:《人生事　总堪伤——海上名媛保志宁回忆录》,上海书店出版社,2018年1月,第96页。

新老学生，自即日起速到福煦路、慕尔鸣路口四十号光夏中学内本校临时办事处登记为要。

九月上旬 同复旦、大同和光华四校联名呈请教育部准予迁至内地，开设联合大学。

九月十八日 与欧元怀、复旦大学副校长吴南轩等赴南京教育部谈迁校事宜。

九月中旬 因大同、光华大学决在上海开学，退出联大。大夏决定与复旦成立筹备处，地点设在愚园路先生宅邸。

九月二十日 上午，在南京致电贵州省政府，商借大夏校舍。

下午，与欧元怀及复旦校长钱永铭、副校长吴南轩会晤教育部长王世杰，商定将与复旦联合，设第一联合大学于庐山，第二联合大学于贵阳。《申报》载[①]：

> ［南京］沪复旦、大同、大夏、光华四大学，以校址处于战区，秋季不能如期在原址开学。为顾全学生学业起见，由四校当局协议，设联合大学于江西、贵州二处。日昨复旦校长钱永铭、副校长吴南轩，大夏校长王伯群、副校长欧元怀，光华校董翁咏霓联袂晋晤王教长，商陈联合大学计划。王极赞许，对经费一项并允尽力筹助。现悉吴欧即往赣察勘校址，筹备开学。熊式辉及教厅程厅长已允赞助。至贵州校址亦已由王伯群电黔省府拨用。闻两处联合大学均定本年十月底开课。（二十日中央社电）

九月二十四日 与钱永铭在南京与教育部筹划，欧元怀与吴南轩抵九江转庐山，筹备第一联合大学。欧元怀回忆道[②]：

---

① 《京中大金大将迁四川 沪四大学迁赣黔》，《申报》，1937 年 9 月 21 日，第 2 版。

② 欧元怀：《大夏大学的西迁与复员》，《中华教育界》，复刊第 1 卷第 12 期，1947 年 12 月。

牯岭的水陆运输方便,不但是上海的船只可直达九江,且从此可溯江武汉,借以配合政府的政策,加强民族的斗争。在牯岭租赁了大楼四座,一作教室及办公室,二作男女生宿舍,一作教职员宿舍;东南的学生纷至庐山,西南的学生却分至贵阳。

十月三日　复旦大夏联合大学连续多日在《申报》发布《复旦大夏联合大学在牯岭开学并招收新生借读生通告》。报载①:

本联合大学决定开办第一第二两部,第一部定于十月念五日在江西庐山牯岭开学,设立(一)文学院:中国文学系,外国文学系,社会学系,史地系,新闻学系;(二)理学院:化学系,数理系,土木工程系,生物学系;(三)法学院:法律学系,政治学系,经济学系;(四)教育学院:教育行政系,教育心理系,社会教育系;(五)商学院:会计学系,银行学系,工商管理系;(六)师范专修科:史地组,自然组。凡我复旦、大夏两校新旧同学,望于本日前到牯岭校址报到。两校学生现居上海者,于赴牯以前望至海格路复旦附中内联大上海办事处登记。第二部设于贵州贵阳开学日期容后公布。本联合大学招考各学院一年级新生及各级插班生,即日起报名。考期十月七日上午八时半起、报名及考试地点均在福煦路慕尔鸣路光夏中学内大夏办事处。他校学生愿来联大借读者,可携带证明文件及二寸半身照片三张,往牯岭本校或上海办事处接洽通信接洽,须附开详细地址、黏贴邮票之空信封。

十月六日　致函钱永铭,商议复旦大夏联合大学统一对外口径事。函谓②:

---

① 《复旦大夏联合大学在牯岭开学并招收新生借读生通告》,《申报》,1937年10月4日,第1版。

② 《王伯群就联大统一对外口径事致钱永铭函》(1937年10月6日),中国社会科学院近代史研究所近代史资料编辑部编:《近代史资料》总117号,中国社会科学出版社,2008年,第209—210页。

　　昨奉歌①电,言已会衔电教育部速给开办费,弟当即往部催索,始悉教育部认庐山设校为临时的,与前次晤教长所商赣黔同时兴办永久性联大之议不符。不特开办费抑而不与,即照原案定额允七折发给之经常费,似亦有问题。

　　弟虽力言未变初议,而部员举《大公报》(弟并未得见)广告与庐山之筹备情形(吴、欧直接有函告部中人)为据(两方弟均未深悉内容),弟无词以答(部中段②极注意赣校,马极注意黔校,段、马可随时进言于教长)。总之,教育部重在赣黔设永久性之联大,以备将来改为国立(黔请设国立大学已在中央政治会议通过),借此不费而塞责。今见赣校设在庐山,黔校并未筹及,遂大为不满。以弟揣度,欲教育部践履开办费十万(合九、十月应领者在内),经常费照定额七折之诺言,势必一面承认庐山为应急的开学,以后再物色相当地址为永久之图,同时对黔校亦须积极进行(庐山方面致部函有黔校缓缓筹备,明春开学之说。故部中人谓吾人希望沪战早结束而回沪。前所谈与现所行,均骗局也),然如此办法,我两校内部是否办得到,尚祈我公召集上海两校干部同人,妥为商定,电知吴、欧两君及弟,一致本商定之办法进行(再者,京中亦须有一筹备处,每校派重要职员一人驻京,方便代表向部接洽及运输等事,如现在部中问我,能代表复旦否,我即须考虑,殊困难也)。庶内部意志统一对外,接洽方有力量,否则,东一电,西一函,搔不到痒处,徒劳无功也。愚见如此,不知高明以为然否。

十月二十二日　与钱永铭呈报王世杰请求刊发复旦大夏第一联合大学校印。"窃本校在江西庐山择定校舍筹备就绪,现定十一月一日开学,八日上课。并刊学校钤记一颗,文曰'复旦大夏第一联合大学钤记'。又校长小章一颗,文曰'复旦大夏第一联合大学校校长之图章',即日启用。

---

　　①　五日。
　　②　段锡朋(1896—1948),字书诒,江西永新人。"五四"运动学生领袖之一,时任教育部次长。

理合具文呈报，仰祈钧长鉴核，准予备案，实为公便。"

十月二十三日　自南京乘"龙圣轮"抵九江上庐山。

十月二十四日　上午，同钱永铭主持复旦大夏联合大学行政委员会会议，决定请欧元怀、章友三、鲁继曾、谌志远、邵家麟、王裕凯等赴黔筹备第二联合大学，王毓祥为联合大学驻京办事处代表。

晚，从九江乘船赴武汉。

十月二十五日　自武汉乘欧亚航空公司飞机抵香港九龙机场与妻儿见面。

十月二十七日　阅报知大夏校舍已被炸毁不堪，为之痛伤久之。先生为十四年心血结晶与锦绣河山同归于尽，叹息不置。《立报》载①：

> 沪西中山路大夏遭敌机三度轰炸，已全部被毁。记者昨往巡视，校门口有弹坑四处，大草场中弹痕累累，大学部教室、高中部教室全部坍毁，平房数间幸存，学生宿舍、实验小学及大夏新村房屋也大部炸毁。

十月二十八日　与钱永铭联合署名呈报王世杰，请求设立驻京办事处。文曰："窃本校现在南京设立驻京办事处，聘王毓祥、端木恺②为本校代表，地址在南京青岛路青岛新村三十七号。除分函聘请外，理合具文呈报，仰祈钧核，准予备案，实为公便。"

十一月二日　晚，作致吴南轩、欧元怀、吴泽霖、郭润生各一信。

本日，接教育部长王世杰令，复旦大夏第一联合大学钤记及印鉴开始使用③：

---

① 《立报》，1937 年 10 月 27 日。

② 端木恺（1904—1987），号铸秋，安徽当涂人。法学家，历任复旦大学教授。后任台湾东吴大学校长。

③《教育部颁发联大校印令》（1937 年 11 月 13 日），中国社会科学院近代史研究所近代史资料编辑部编：《近代史资料》总 117 号，中国社会科学出版社，2008 年，第 212—213 页。

令私立复旦大夏联合大学

"二十六年十月二十三日呈一件——为呈报本大学第一部开学上课及启用钤记日期,祈鉴核备案由。"呈悉。查该私立复旦大夏筹校于赣黔两省设立联合大学,前经本部核定校名为联合大学第一部暨第二部有案。依照私立各级大夏印信颁发办法,该校钤记应由本部刊发。兹刊发该校第一部木质钤记一颗,文曰:"私立复旦大夏联合大学第一部钤记",并附印鉴纸五张,应具报启用日期,并将印鉴送部备查。合令遵照。此令。

附发钤记一颗,印鉴五张。

十一月三日 发致贵州省教育厅长张志韩信,为联合大学求教育厅相助事。

十一月四日 接傅式说信,得大夏沪校未有受大创,但近二日则报载已被炸毁不堪。阅后,先生为之伤痛。

十一月五日 接陈立言函,告知京中情形及王毓祥接办联大驻京办事处事。

十一月六日 致马宗荣、陈立言各一函。

十一月八日 上午读报,见淞沪战事国军节节败退,至为忧虑。

本日,复旦大夏第一联大在牯岭正式上课,注册学生八百五十余人。欧元怀忆述道[1]:

在牯岭,学生上课的情形非常良好,救亡工作也极紧张,大夏、复旦的同学联合起来,给庐山老百姓留下了深刻的印象,但当时战局失利,首都吃紧,本人偕复旦教务长章益先生暨一部教职员,兼程去贵阳,筹组联大第二部。贵阳的地址决定,事先曾受不少师生反对,但大夏故校长王伯群先生料定战事非短时期可以结束,西南大后方将

---

[1] 欧元怀:《大夏大学的西迁与复员》,《中华教育界》,复刊第 1 卷第 12 期,1947 年 12 月。

为抗战之砥柱,而贵阳与重庆交通尚便,且又为高等教育之处女地,需要大学之灌播,惟江西至贵阳,路远费多,幸当时教育部长陈立夫先生电汇二十万元,就凭着这雪中送炭的恩物,筹备的工作能在短时期内顺利完成。

　那时人事的配合至饶趣味:第一部的校长为复旦的校长钱永铭先生,副校长为吴南轩先生,教务长为大夏文学院长吴泽霖先生;第二部的校长为大夏的故校长王伯群先生,副校长即为本人,教务长为现任复旦校长章益先生,但是在枝节上发生了很多的困难,如两校的经费分与合,校产的独立与混同,图书仪器的保管与使用,行政人员的分配与调借,在在多费周章,而学生中无形分为三派:大夏一派,复旦一派,新招收的联大新生又是一派,感情上颇难融洽,教学管理,时感困难。

　京沪沦陷,长江中流势紧,联大第一步也被迫下山,溯江西上,直抵重庆,行装甫卸,即假菜园坝复旦中学复课,充分表现抗战不忘学习的精神。

十一月九日　接陈立言来函,告知教育部补助联大经费可能有变,嘱欧元怀由汉返南京交涉。先生阅后,极念一夜,为之不安。

十一月十日　致函王毓祥说,复旦大夏黔校既领开办费,则宜速开办至经常费,无论如何须向教育部催索,以符定案,否则吾辈必失信于社会与友朋。

十一月十二日　与钱永铭联名致函江西省主席熊式辉,恳请准拨永久校地。函谓①:

　强寇压境,国难严重。敝校以教育为国家命脉所系,不欲战事影响而中缀。间关入赣,继续开学。承贵省府爱护备至,赞助有加,热忱高谊,阖校员生同深感纫。现全体教职员已先后到齐,学生负笈来学者亦达八百人,并依原定日期开学上课。惟处匡庐之上,赁屋而

---

① 汤涛主编:《王伯群与大夏大学》,上海人民出版社,2015年8月,第114页。

居，交通困难，屋宇湫隘，员生散居旅舍，设备深感简陋，于教学效率上将见劳力多而收获少，事属权宜，势难久远。校址勘定及校舍建筑乃刻不容缓之举，为特函请贵省府积极赞助，准予令饬九江县政府查明莲花洞附近有无官产地皮约千亩左右，地段得纯为平原者为上，倘是处并无官地，敝校拟圈购民地，其低价请由县府遵照公用征收办法办理，至希核夺见复，毋任公感。

十一月上旬　与钱永铭联名呈报王世杰，请求启用新校印。"呈为呈报启用学校钤记日期暨印鉴并缴呈原刊学校钤记，仰祈核备案事。案奉钧部指令私叁陆 6 第 18764 号内开：'原令文照抄'等因，附发钤记一颗，印鉴五张，奉此。本校谨于　月　日起启用钧部颁发之新钤记，并将原刊学校钤记截角缴呈注销。除分函外，理合备文连同印鉴五纸、原刊学校钤记一颗，呈请钧长察核备案，实为公便。"

十一月十三日　得教育部长王世杰令："查该私立复旦大夏筹校于赣黔两省设立联合大学，前经本部核定校名为联合大学第一部暨第二部有案。依照私立各级学校印信颁发办法，该校钤记应由本部刊发，兹刊发该校第一部木质钤记一颗，文曰'私立复旦大夏联合大学第一部钤记'，并附印鉴纸五张。应即具报启用日期，并将印鉴送部备查。合令遵照。"

十一月十七日　发信至南京交通、上海银行，嘱其汇款至贵阳。

十一月十八日　接贵州绅耆来函，表示欢迎回乡。先生叹曰："昨日由贵阳发，今即到港，如此神速，为空前也。以余创办航空数年，享此便利，亦不枉发此之费心思也。"

本日，得熊式辉复函："贵校公函以现拟建筑校舍嘱令九江县政府代觅相当校地以利进行等由，准此，自应照办。除令行该县长即便妥为查报再行函告外，相应复请查照为荷。"

十一月十九日　同钱永铭就拨拆船事联名致委员长行营电："宜昌军事委员会委员长行营办事处公鉴：敝校第二联大设贵阳，有院长邵家麟等七人运图书仪器一百六十五箱，将由宜至渝，转道赴黔。敬恳贵处惠赐赞助，迅拨差船运输到渝，无任感祷。"

十一月二十八日　与钱永铭就派专轮协助迁校联名致电蒋介石。电文谓①：

南京军事委员会蒋委员长钧鉴：

本校奉教育部令，于必要时迁并贵阳第二联大。惟交通梗阻，教职员学生数百人难于成行，图书仪器运输维艰。伏恳令饬主管机关速派专轮开来九江，运送入渝，转道赴黔，无任拜祷。

十一月底，　接吴南轩、吴泽霖告庐校并黔事的电文。"为时局关系，教王②在山面谕，于必要时并黔。现已积极准备，月初启程，谨电闻。"

十二月一日　复旦大夏第一联合大学部分师生由庐山出发，计划由四川转道贵州。欧元怀回忆其中之艰难③：

旋东战场形势突变，我军从淞沪退至苏、锡、宜、湖各地，京杭外线感受威胁。赣校师生共达千余人，自非"未雨绸缪"不可，乃于十二月半全部下庐山，由浔赴汉，分道经湘、渝各地，辗转来黔。经渝来筑者师生约七百余人，事先得现任教育部长陈立夫先生之之助，租到差船一艘，约定开抵宜昌，租金一万元，于十二月一日晚由浔开汉，在汉停留三日，始再溯江西上。

盖船抵汉后，临时奉命改运兵工厂职工与机器，几经交涉，方由双方让步，同船赴宜。船上因人数增加，存粮有限，结果全船曾断炊两昼夜，然抵达沙市。抵宜后，因租船困难，师生分数批赴渝，第一批于十二月十九日抵渝，迟者至去［今］年一月初方到齐。后因来筑车辆困难，师生乃决定一面在渝候车，一面不忘读书救国初旨，假重庆复旦中学上课，睡地板，吃稀饭馒头，狼狈困顿，可想而知。经湘来筑

①　汤涛主编：《王伯群与大夏大学》，上海人民出版社，2015年8月，第115页。

②　王世杰。

③　欧元怀：《抗战期间大夏大学的苦斗》，《教育杂志》，第29卷第4号，1938年4月。

者师多生少，亦有一百余人，于十二月六日由浔赴汉，分乘小艇至常德，因西来车辆既少，旅客又多，供不应求，在常德竟停候一个月之久，始由黔校派车前往迎接。到筑后为时已二阅月矣。

十二月四日　在先生的联系下，大夏驻贵阳讲武堂军队迁出，联大教职员迁入讲武堂办公，开始着手修理房舍。大夏教授周蜀云[①]记述道[②]：

　　而今迁来贵阳，借用的讲武堂旧址，一座四合院的平房，占地虽然广阔，内部也经修整，但其气派就不能与上海胶州路学舍相比，更不能与迁校前在上海梵王渡新建的、规模更大、设备更完美堂皇的学府相比。梵王渡新校园，我去过若干次，是我亲眼见过的。而今借用贵阳讲武堂，只能说在本地算是一个宽宏光大的所在，若非校长王伯群先生是革命元老，黔省巨绅，还无法借用到此一片地方。在当时的贵阳各机关大学，除原有者不计外，凡中央或由省外前来的机构，要以大夏所占用的讲武堂最为宽敞、最具规模了。

　　我进入大夏大门，四面观望，周围皆是整齐清洁的平房，两边是教室，对着大门正中一排是各种办公室，中间那块长方形的空场，还可作为球场，场边绿树疏落，颇有韵致。靠办公室那边的场角，有一棵朱沙［砂］梅，时届严冬，正开得鲜艳而有精神，为这个偌大的园子增色不少。我本来觉得这所讲武堂旧址有些干燥枯索，一见那株红梅与场边的一些绿树，眼睛为之一亮，心田中也感觉有几分滋润了。这个长方形大院，进门一目了然，并无曲折，这是我第一天到校见到的印象。

---

①　周蜀云(1907—1989)，四川通川人。法国南锡大学法学博士。历任国民政府立法院立法委员、监察院审计部协审及第一厅室主任。1949年去台湾。

②　周蜀云：《我在大夏大学的教书生活》，《学府纪闻·私立大夏大学》，第52—53页。

十二月九日　与钱永铭联名致函贵州教育厅,恳请解决讲武堂若干问题。函谓①:

前承省政府拨给讲武堂为敞校校址,经于本月五日迁入办公现正从事修理并定本月十五日上课,兹有数事拟请贵厅赐予赞助,以利进行,用特胪陈于后:一、讲武堂现存学生集中训练应用器具,前承贵厅电商军训委员会,同意借给敞校应用,拟请转呈省政府派员会同造册点交;二、航空学校寄存航空器械材料所占房舍颇多,对于修理工程之进行及校舍用途之支配,均感不便,拟请转呈省政府转函航空学校将材料迁移于贵山书院或其他场所;三、讲武堂内部现尚驻有军士一队,闻系统属第九十九师第一营第一连,并请设法转达该队军士即日迁出,以便修理;四、敞校开课期近,关于贵厅保送中小学教职员至敞校进修学生名单,拟请于本月十五日前核定交下,以便登记分班。

十二月十二日　复旦大夏联合大学第二分校假贵阳女子师范学校首次招考新生。

十二月十四日　复函张志韩,同意服务小学满三年者可以保送入大夏。

十二月十八日　致函张志韩,恳饬贵阳政府征工搬移航校器材。函谓②:

本校讲武堂校址,现驻航空学校人员及寄存器械材料,几占全校房屋三分之一,以致修理工程及内部布置等事皆无法进行。现开学上课已一再延期,而报到学生不得已暂居旅社,日内将有学生五百余人到校,居息无所,自必甚感困难。兹与航校商定办法,拟暂将航校人员移至操场附近之房屋,并在操场另搭席棚,为移置航校器材场

① 汤涛主编:《王伯群与大夏大学》,上海人民出版社,2015年8月,第276页。
② 汤涛主编:《王伯群与大夏大学》,上海人民出版社,2015年8月,第275页。

所,而于操场东边围墙另辟大门,填筑衔接公路之大道一条,以便航校汽车出入,估计此项迁移器材需工人二三百人,拟恳贵厅转请省府饬贵阳县政府征工于本月二十二日到讲武堂搬移,俾得如期上课。

十二月二十日　联合大学第二分校开学,新老学生办理入学手续,并对贵州教育厅保送学生进行分组测验。

十二月二十三日　大夏新生开始注册,二十七日,迁贵阳后联大第一学期正式上课。

十二月三十日　偕妻儿、保祥麟乘船从香港出发,赶赴贵州贵阳。

1930 年,王伯群(前排右四)与大夏大学校务委员会合影

1930 年代中期,王伯群大夏大学教师合影

1937 年,王伯群(前排右四)与复旦大夏联合大学负责人在庐山图书馆前合影

1942 年 5 月,王伯群与大夏大学护校委员会成员在大坎井住宅前合影

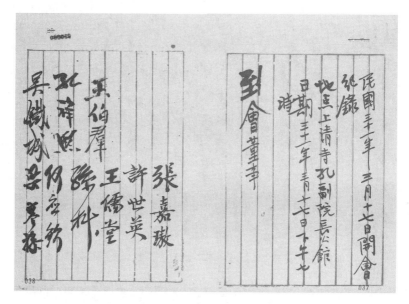

1942 年 3 月 17 日校董会会议签到

1925 年,大夏大学胶州路校舍

1930 年代大夏大学校门

大夏大学群贤堂

1936年,大夏大学附属中学

1930年代的丽娃河

贵阳时期大夏大学校门(讲武堂)

王伯群贵阳旧居,1938 年至 1944 年作为大夏大学会议中心

1946 年 12 月，大夏大学思群堂

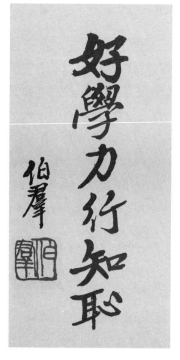

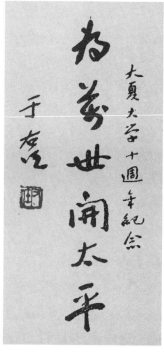

王伯群为大夏大学题词　　　　　于右任为大夏大学成立十周年题词

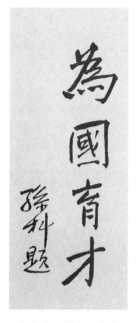

孙科为大夏大学题词

何应钦为大夏大学题词

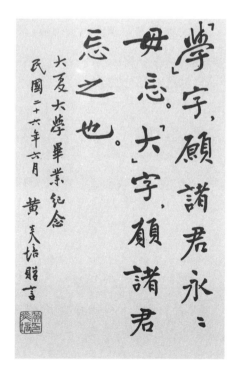

黄炎培为大夏大学毕业生题词

1938 年(民国二十七年　戊寅）　五十四岁

一月七日　就招收黔籍学生事复函张志韩:"查本校现已开课多日,此次举行二次招生系为本届高中毕业生便利升学起见,其日期已迁就展缓,无法再行延期。陈锦枢等如有志升入本大学,可于四月初春季始业时前来投考。"

一月十八日　与钱永铭联名致函贵州张志韩,声请免试入学办法规定,强调:(一)凡本届高中会考及格学生志愿升入第二联大肄业者,得向贵州省教育所登记请求保送;(二)由贵州教育厅汇齐登记人数连同各该生本届会考各科分数于本月二十二日以前送交本校;(三)由联大招生委员会审查成绩以实去取,其经准予免试入学学生名单及入学手续均在本城各日报公告。

二月三日　与钱永铭、吴南轩联名呈报教育部长陈立夫,请求在北碚觅地建校。呈函谓①:

> 窃原校迁渝开学复课,结束二十六年度上学期,也已报部备案。惟所借重庆复旦中学校舍,系原临时性质,急需归还应用。一月以来,南轩在川省各地勘访永久校址地点,比较斟酌,未能妥善。昨在北碚看得嘉陵江东岸,即北碚对岸,东阳坝平地千亩,最为适宜。交

---

① 汤涛主编:《王伯群与大夏大学》,上海人民出版社,2015年8月,第116页。

通方便,环境佳良,附近有民居可临时应用。一面陆续建造房屋,布置设备,本年暑期内可稍具规模,他日展亦有余地。除已与本省及当地主管机关进行接洽进行外,合行呈请准依《土地征用法》征用东阳坝土地,以便经营而期久远。恳予照准,至为德便。

二月七日 与钱永铭联名复函贵州教育厅长,详告录取学生注册等事项。函谓①:

> 查本校本学期注册日期业经截止,函送各生经审查合格准予入学者计贵阳女师龚瑷仙等四名、贵阳中学蒋功文等九名,须俟四月初春季始业时来校注册。又查贵阳女师陈远晖一名前经来校缴呈证件注册请求旁听,业已随班上课,兹准前由,当予改为正式生。贵阳中学丁成仁一名,缺会考英文成绩,周树农一名,缺会考理化成绩,春季来校注册时,均须分别补考各该科成绩,以符实章,相应函复,并希转知各该校,令各该生查照。检奉第二次审查合格准予免试入学名单一份,至希查照为荷。

二月上旬 接贵州省主席吴鼎昌欢迎回黔电。

二月十二日 上午,由昆明乘汽车赴贵阳。二十四日晚九时半,抵贵阳大坎井老宅,至亲好友、欧元怀及教职员等,到城外十里之地郊迎。保志宁忆述②:

> 伯群先生的房子在大井坎,后改为护国路。伯群先生二妹文潇和许多家属宾客皆候谈欢迎,至深夜始散。先生二妹文潇和文华先生的遗族于中日战争开始时,伯群先生就请人送他们回贵阳。文潇

---

① 汤涛主编:《王伯群与大夏大学》,上海人民出版社,2015 年 8 月,第 242 页。
② 汤涛编著:《人生事 总堪伤——海上名媛保志宁回忆录》,上海书店出版社,2018 年 1 月,第 101 页。

妹自己有住宅,文华先生的遗族就和我们同住在大井坎房屋内。

大井坎的房子共有三座,两座洋房,一座平房。中座平房专为伯群先生祖母和母亲所设,是在民国六七年间,伯群先生任黔中道尹时,与弟文华先生合造的。先生与弟文华各占一宅,我们回来的时候,就住在一座洋房内,另一座已为文华先生的遗族租出,当中的平房即由文华先生的遗族居住。

二月十五日　委派曾广典启程赴广西邕宁,接收南宁中学,把其改名为"大夏附属南宁中学"。

二月十六日　接陈立夫关于照准联大征用土地的令。令曰:"二十七年二月三日呈一件'为请准予征用北碚东阳坝土地由'呈悉。该联合大学第一部拟于北碚觅地为永久校址,应予照准。所请征用北碚东阳坝土地一节,应依照土地法土地征收编之规定,迳于当地政府商洽办理。除咨四川省政府协助进行外,合令知照。"

二月二十一日　参加大夏第八次纪念周会,欢迎先生从香港经昆明抵达贵阳。①

二月二十五日　复旦大夏联合大学行政委员会决定,自一九三七年度第二学期起,复旦、大夏分立,以重庆之第一联大为复旦大学,贵阳之第二联大为大夏大学。

二月二十七日　复旦大夏第一联合大学呈报教育部,请求联大第一、第二部分别立校。报告谓②:

　　案复旦、大夏两校于二十六年度开始时,因原在上海校舍沦陷战区,呈准大部联合西迁,设第一部于庐山,第二部于贵阳。十二月间,因时局变化,第一部又西迁至重庆。联合之初,大部准复旦、大夏、光

---

① 陈旭麓:《大夏大学内迁十年纪要》,《陈旭麓文集》第二卷,华东师范大学出版社,第612页。

② 汤涛主编:《王伯群与大夏大学》,上海人民出版社,2015年8月,第244页。

华及大同四大学之呈请,将上海各私立大学并合其人力、财力,就未设大学省份,如江西、贵州各设一部,用意之善。其后联合者只两校,仍依原拟两地分设两部,与并合原议已不尽符。及庐校迁川,于原拟地点又复不合。论现在情形,实与两校分别内迁无异。大部补助费,本依据两校补助费原额分别发给。时过境迁,循名责实,似无继续联合之必要。又为增进办事效能起见,亦以仍用原校名义分立为宜。爰经本校详加讨论,定于二十六年度第二学期,即以在重庆之第一部改为复旦大学,在贵阳之第二部改为大夏。俾两校各本其原有历史,发展其原有精神,在大部领导监督之下,于此非常时期,致力于高等教育,相观而善,相得益彰,必为大部所赞许。合将议定分立情形呈报大部,准予备案。

本日,与钱永铭联名发布《通告全体同学联大第三次行政会议议决各项办法》。

本日,与钱永铭联名呈报四川省政府,请求四川省政府备案联大分立办。呈报曰:“案查本校原系上海复旦、大夏两校联合而成。两校自去岁上海沦为战区,无法开学,即经呈准教育部,联合内迁。俾得合并两校之人力、财力,就未设大学之赣黔两省各分设一部,爰有本复旦大夏联合大学之设立,原设第一部于庐山,第二部于贵阳。嗣因时局关系,第一部又移设重庆,揆之合并之原意已不尽符,而目前两部实际情形又与两校分别内迁无异。时过境迁,循名责实,似无继续联合之必要。而为增进办事效率起见,亦以仍用原校名义分立为宜。爰经本校行政会议议决,自二十六年度第二学期起,以原设重庆之第一部改为复旦大学,原设贵阳之第二部改为大夏,以符名实而增效率。除呈报教育部备案并分函外,相应函达贵府查照为荷。”

本日,分别致函上海《新民报》,成都《新蜀报》《国民公报》,汉口《武汉日报》《大公报》《扫荡报》,广州《民国日报》等,请求刊发联合大学分立通告。通告曰:“本大学原在庐山设第一部,在贵阳设第二部。第一部以时局关系,复于本年一月迁设重庆。两部地点密迩,实与两校分别内迁无异。爰经本大学行政会议委员会第三次议决,于二十六年度第二学期起,以重庆之第一部为复旦大学(校址在重庆北碚),贵阳之第二部为大夏,分别继续开学。除呈报教育部备案外,特此通告。"

二月二十八日　与欧元怀分别报告大夏与复旦分立后之善后处置及今后发展计划。

三月十日　出席大夏与贵阳县政府合办花溪"农村改进区"开幕式。

三月十二日　出席贵州各界纪念总理逝世十三周年纪念会,并发表演说。

三月十四日　与欧元怀率全体师生前往民教馆吊祭第三战区阵亡将士。

三月二十一日　在沪大夏师生租新大沽路四五一号做临时校舍开学,注册学生三百余人。

本日,附属大夏中学暂租借福煦路(今延安中路)七二五号为临时校舍开学,注册学生三百余人。

三月二十五日　欢迎由重庆第一联合大学肄业来贵阳的一百余名老同学。

三月二十六日　与欧元怀由渝飞抵汉口,参加国民党临时全国代表大会。

四月一日　大夏春季学期开始,注册学生四百八十六人。大夏恢复原校名。

本日,在《大夏周报》发表《复刊词》。复刊词谓①:

> 大夏周报之刊印,已有十三卷。去秋沪战爆发,停版至今。今日又能在贵阳复刊,实不胜其欣慰,而有无穷之希望也。
>
> 周报之发刊,目的原在沟通学校消息,发扬大夏精神。论其内容,本有时文,有专著,有学校消息,有同学通讯。时文则使同学对国家大势,洞悉无疑,于世界潮流,有所认识;专著则足以启发好学不倦

---

① 《复刊词》,《大夏周报》,第14卷第1期,1938年4月1日。

之风,养成切磋砥砺之习;学校消息,则可知校务进展之现状,学生生活之动态;同学通讯,则可使毕业同学,与母校发生联系,互通声气,使得以最大之力量报效于国家。然今日之周报,其内容不能尽于此。

我人要知今日之世界,强凌弱,福凌贫,错综复杂,矛盾日深;在此世界中之中国,目前正临空前大难,强邻日本之侵略,已由蚕食进为鲸吞,倾全国力量,大举来攻,沿海各省,或已沦陷,或受威胁,国势之艰危,莫有甚于今日者!然念古人多难兴邦之言,则可知今日之国难,实我民族复兴之生机存焉。民族复兴之生机,有赖于大学教育之培养,我大夏既为全国最高学府之一,自负有此项重大责任,不可稍有懈怠也。

我大夏所在之贵州,居西南之中心,为我民族复兴之最后根据地。我人务须善用此极重要之地理环境,发挥我大夏固有之师生合作精神,以贵州为研究对象,在学术上有所新发现,贡献诸政府,增强抗战力量,则周报之介绍贵州研究资料,亦属重要工作之一矣。

周报随学校母体之发展,使命日益重大,望全校师生及毕业同学,深体此旨,随时投稿指示,充实其内容,使复刊后之周报,日新月异而岁不同,则幸甚矣!

四月二十二日　赴普海春出席大夏学会武汉分会茶会。

四月二十八日　接教育部长陈立夫令:"二十七年二月呈一件——呈报两校分立情形,祈鉴核备案由。呈悉。准予备案。"

五月二日　邀请贵州高等法院院长漆鹿门来大夏做《普遍法律知识与青年训练以增强抗战力量》的演讲。

五月十日　大夏校庆筹委会第一次筹备会议召开。讨论通过纪念大会仪式,各院科展览成绩或表演,敦请省府吴鼎昌主席莅校出席纪念会等事项。

五月十三日　邀请贵州建设厅长叶纪元来大夏做《抗战与建设》报告。

五月二十九日　在大夏纪念周会上做《参加临全大会归来的几点感

想》报告，着重说明抗战建国纲领。报告特别指出，在抗战建国纲领第二十九条即为"改善教育制度及教材，推行战时教程，注重国民道德之修养，提高科学的研究与扩充其设备"，观此，就可以知道今后我们的教育方针了。条文中"注重国民道德之修养"。晚近以来，一般人都把这道德看作空洞的迂谈，以致道德沦丧。若干汉奸，竟恬不知耻。所以，在此次临全大会讨论到教育问题的时候，特别提出注重国民道德的修养，以恢复我固有的道德"忠孝仁爱信义和平"。

六月一日　上午，主持大夏建校十四周年校庆典礼。晚上，在图书馆前放映"上海抗战"、"上海本校未毁前之全部校舍、内部设备、学校风景"等影片。

本日，为《大夏周报》撰写前言。"吾校既处于此等新环境中，则今后之所当努力者，盖有三要点焉：一曰抗战教育之推行也；二曰协助政府以开发西南之资源也；三曰促进西南之文化也。"

六月五日　受邀出席大夏在校服务毕业同学会举办的宴会，勉励同学要"大公无私、慎重行动和忠心职守"。

六月七日　主持大夏校务会议，讨论通过下学期开学，设置校务发展委员会，聘请校外人士参加，尽量为应届毕业生及战区失业旧毕业同学介绍职业，各院系一律恢复旧有名称，决定在贵阳创办附中等校务。

六月九日　在自宅主持大夏学会总会理事会议。会议决定救济战区会员办法和发行《大夏学会通讯》半月刊，推定欧元怀、鲁继增、王裕凯等为常务理事。

六月二十日　主持大夏纪念周会，为五百余名师生报告校务。

六月二十七日　邀请滇黔监察使任可澄在大夏纪念周会上作《抗战必胜与心理建设》的演讲。

六月　为贵阳大学创办的《新大夏》撰写发刊词："同人有见于是，因有《新大夏》月刊之发起，盖欲纠集教界同人，共努力于抗战建国之的，或为学术之研究，以发皇民众之耳目，或为政论之探讨，以备当宁采择之刍荛，诗云：'天之方蹶，无或泄泄'，复兴民族，人人有责，全国教育贤达，谅不金玉尔音也。若夫大夏同人，学术救国，素不后人，愿校名之旨趣，原以光大华夏为职志，剑及履及，当益知所从事矣。"

七月一日 出席四十名大夏毕业生的话别会。

七月四日 为四百余名师生作《大学生暑假应做什么工作》的报告。要求学生们无论是回原籍、受军训、进暑校，均应以国难为怀，修养身心，唤醒民众，以期成为有用人才。

七月七日 上午，大夏师生代表百人参加贵阳各界举行的纪念大会。

下午，主持大夏校务会议，鲁继曾、邰爽秋、邵家麟、谌志远、梁园东、蓝春池、金企渊、任孟闲、王裕凯、吴泽霖等出席，讨论通过下学期训育大纲案、拟定下学期《新大夏》月刊编辑和举行国文甄别试验等事项。

七月十二日 受邀在教育部主办战区中小学教师贵州服务团学术讲座上做《抗战与学术建设》报告。报告提出学术建设的三个原则：第一个原则，是要适合抗战的急切需要，就是在抗战期间的学术建设，应当把抗战军事政治经济各方面需要作为最高原则。譬如经济学术方面，我们可以把上古经济史一类研究，暂时停止，而研究战时经济，怎样节约，怎样拿剩余来供给战争等一类问题；第二个原则，是政府和人民合作——学术建设，并不是全靠政府力量去做的。因为学术建设是一件极艰巨的工作，须得各方面的合作，才能得到美满的结果。譬如学术的研究，对于个人的兴趣，有极大的关系，因此民间有不少学术研究的特殊天才与绝好资料，政府如果推诚和人民合作，人民一定是乐于从事的。同时，学术建设，民众当自动推行，并须遵从政府的方针。不然，费力大而收效微，是很不经济的；第三个原则是要有永久性的计划，我们知道，要建设一种学术而又要达到相当的成功，那时不容易的事，因此我们希望政府当局，对于学术建设，要具有永久性的计划，切不要敷衍一时。以致随时变更，弄到结果，一无所成，这种永久性的计划，虽是不能违反第一个适合抗战急切需要的原则，但抗战结束以后，也须适用。

七月十三日 受先生委派，鲁继曾等由贵阳经香港回上海，与沪校负责人面商重要校务。

本日，联合中央大学校长罗家伦、中山大学校长邹鲁、北京大学校长蒋梦麟、浙江大学校长竺可桢等致电哥伦比亚大学校长转美各大学校长

教授及各文化机关,请阻止供给敌军军火。电文谓①:

　　哥伦比亚大学校长白脱流转美国各大学校长、教授及各文化机构、各报馆,国联同志会会长薛西尔转美洲各大学及国联同志会各分会、国际和平运动会与报馆:

　　　谨请注意,日本飞机故意扫射中山大学、岭南大学,恣意轰炸中国不设防城市,特别是广州并残杀众多非武装人员及妇孺之暴行,吾人对于外籍商人,以飞机军用品继续不断供给日本军阀,借以鼓励国际间极凶恶之盗贼行为,提出严重之抗议。殷望迅即采取有效步骤,阻止军火商及制造飞机商人以在中国逞残暴之工具,继续供给日本。

八月十五日　在贵州全省中等学校教师暑期讲习讨论会上做《抗战建国与公民教育精神》报告。报告在介绍日本、美国和德国等公民教育之后指出,参考各国的公民教育,觉得他们既有一种特殊性,又有一种共通性;第一就是公民教育必定有一种适合国情的主意为骨干;第二就要有严格的训练;第三就是有特殊的组织。我们要完成中国的新公民教育,应当根据这种特殊性与共通性,去找出自己的弱点,取他人的长处而补救之,才有把握。

八月十九日　陪同大夏校董江问渔与参政员黄炎培参观大夏校园。

九月一日　大夏沪校迁入法租界祁齐路(今岳阳路)一九七号为校舍,十九日开始上课。

九月五日　大夏附属中学正式上课,注册人数超过三百余人。

九月七日　接鲁继曾函,报告大夏沪校情况。函曰②:

　　　上月二十六日及本日均有电奉覆,谅登记室矣。曾原拟俟颐年

---

　　①　《各大学校长电欧美文化界　请阻止供给敌军火》,《申报》,1938 年 7 月 13日。

　　②　汤涛、朱小怡主编:《华东师大馆藏名人手札》,华东师范大学出版社,2017年 4 月,第 34 页。

兄有确定表示后,即行来筑销假,奈昨日筑隐兄接渠函,称本学期中大教职不能摆脱,只得请假一学期,故曾实难抽身。缘自暑假返沪以来,每日曾到校,襄助傅吴两兄擘划校务,力谋整顿。现诸事略具头绪,诸教授均已聘定,预算亦已成立。新旧学生来校报到者,均颇踊跃,秋季学生人数约可超过五百人。为沪校前途发展计,为多年同事之私交计,均觉不得不竭尽绵薄,共负艰巨,以维护学校之生命。自身之安危、报酬之多寡,原所不计也。

黔校处境之难曾亦深知,但有公等主持校务,干部人员即较充实,环境又较沪易,基础自无动摇之虞。故曾决定本学期在颐年告假期间,暂不返黔,此中苦衷尚祈鉴原,是为至幸。

关于沪校进行方针,务祈赐南针。曾在沪一日,决当秉承公等为国家作育人才之至意,努力进行。至于教务进行概况,俟开学后当随时奉闻。

现大同复旦光华等校均在法租界开学,金通尹现在沪主持校务。光华自胡其炳去世后,内部又呈裂痕,廖世承在附中原址(成都路)创办师承中学。以廖号召能力,光华附中将受绝大影响,朱公瑾等亦颇消极。交大仍在学艺社开学上课,似无内迁之意。暨南亦在法租界开学,惟校舍较我校独小。

闻何柏丞已返沪,但未露面。章渊若已久任我校政治系主任,不日自港北返沪滨。自九月一号以后,物价又涨若干,仅米价稍跌,柴炭未涨耳。自陆连奎被刺后,公共租界劫案陡增,现在难民收容所中有难民十二三万,给养颇难为继。慈善奖券难于推销,各种新书杂志均买不到手。我校秋季拟暂借用学艺社全部图书,因原存沪之图书及心理仪器等均被封存于交大原址。上学期在教学上颇感困难,至于理化仪器拟暂借用南通学院所有,现在正商议合作办法。上海各大学除复旦外均有图书仪器,我校独无,颇难与之竞争,特此一并奉闻。

九月十一日对　大夏秋季同学进行集训,先生在训话中提出大夏的三种精神,即创造的精神、牺牲的精神和合作的精神。

本日,大夏南宁附中正式上课,学生逾六百余人。

九月十八日　为《大夏周报》第十五卷第一期撰写《卷首弁言》。文章指出:"我大夏之抗战建国工作,自当遵从抗战建国纲领,不能独异。无论其为大学教授,或为大学生,均应及时奋发,有所贡献,固毋庸予之喋喋矣。然我大夏之在西南,为贵州最高学府,所负使命,既重且大,一举一动,足以影响社会,又有与其他大学不能苟同者。"

九月二十七日　主持大夏第五次校务会议,会议推谌志远、王裕凯、王术仁、田冠玉、陈一百、吴泽霖、夏元瑮、邰爽秋、金企渊、马宗荣、蓝春池诸先生为学生生活指导委员会委员;吴泽霖、喻任声、陈贤珍、陈立言等为体育委员会委员,在最短期间内举行防空演习,强化本校防护队等事项。

九月下旬　得教育部长陈立夫嘉许大夏花溪农村改进区社会教育计划,令云:

　　呈件均悉,查该校对于社会教育,推行颇力,所拟计划,亦能切合实际,殊堪嘉尚,仰即遵照计划,努力推进为要。至该校尚在计划之社会教育推行委员会,应迅行组织成立,并将组织章程呈部备核。此令。

九月　聘定夏元瑮为理学院院长、谌志远兼任法学院院长、方金镛代理图书馆主任、钟道铭任文学院院长、赵兰坪为经济学系主任。

十月二日　接孙亢曾函,报告沪校校务。兹摘录如下①:

　　此间大学部已在静安寺假戈登路新址上课二周,注册学生达五百以上。经过详情,谅傅吴二先生早有函报,亦不再赘。至中学部本期学生达三百九十九人,分十班上课(即初中四班,高中六班),教职

---

① 汤涛、朱小怡主编:《华东师大馆藏名人手札》,华东师范大学出版社,2017年4月,第40页。

员合计四十六人。

　　惟因房租负担加重(每月租金福煦路部分,因增加二间教室关系,达七百四十元。又与大学部合赁善钟路寄宿舍,约费百元,合计月需八百四十元之谱)(中学部寄宿生二十人,均男生),故学费收入约三分之一须作房租支出,以致教职员薪俸只能照上期标准支付,即高中每星期上课一小时月薪三元五角,初中为二元八角,教薪概以钟点十个月计算。职薪亦照教薪标准七折计,惟作十二个月算而已(详见预算表)。

十月三日　主持大夏秋季开学仪式并致辞。指出学校立校有三个精神,即创造的精神、牺牲奋斗、合作精神和"三苦主义",勖勉各同学本立校精神,继续发扬奋斗,共谋学校之发展,民族之复兴。兹摘录如下[1]:

　　……其次在今天的始业式中,我们还感觉得与过去不同的,就是有许多旧同学,都去参加集中军训了。他们此时不克来参加这个庄严的始业仪式;要在一二个月以后,他们才能带着强健的体魄回来,与新聘的教授和诸位同学见面。

　　现在在座的诸位,大都是新来的同学,诸位既是抱定志向来到本校,我想在未入学之前,对于本校,每个人都必定已有一番深刻的认识,和严密的考虑,然后才会经过投考和入学等手续而到本校来的。诸位既抱着热烈的期望而来,我就有几件见面礼物,很诚恳的送给诸位。这礼物不是别样,乃是本校伟大的立校精神。

　　……

　　所以,由校史上说,本校从民国十三年创办以至于今,有三独具的精神:

　　(一)是创造的精神,本校初在上海开办关于大夏的各项设备,

---

[1]　《秋季始业式训词》,《大夏周报》,第 15 卷第 3 期,1938 年 10 月 18 日。

非常简陋，整个校舍，不过三楼三底，奋斗不到十年，在上海中山路旁建立新校舍，面积竟达三百亩以上，广厦连云，宏规大起。大夏内容，日益充实，不愧为新中国的最高学府。这都是本校特有的创造精神有以致之。

（二）是牺牲的精神，刚才曾经说过，本校是由厦大演蜕而来，厦大是一个经费充足设备完备的大学，可是本校师生为文化正义而奋斗，竟牺牲一切，离开了厦大，经十余年的努力，终于达到今日的成功。这种成功，完全是靠我们的牺牲奋斗精神而来的。

（三）是合作的精神，本校自创办迄今，已整整的十四年。在这十四年的长时期里，本校从未发生什么学潮，不但师生间感情融洽，就是教授与教授间，同学与同学间，也都能通力合作，共谋大夏的发展。这种合作团结的精神，是非常宝贵的。

十月十日　教育部变更大学教育院系组织，取消私立大学教育学院和教育科，在先生的坚持下，唯独大夏教育学院得以保留。《申报》载①：

私立各大学之教育学院及教育科取消，惟大夏之教育学院保留，将原来之教育心理、行政、社会等学系，改组为教育学系（包括心理行政）、社会学系、师资训练系（此系新添）等，以期专注高教师资之训练及陶冶，而便增加教育效率。

十月十二日　继续施行导师制，确定吴泽霖、夏元瑮、邰爽秋、金企渊、马宗荣、王裕凯、蓝春池、谌志远、李青崖、张梦麟②、钟道铭、赵兰坪、王强、喻任声、罗星、梁园东、陈景琪、陈一百、张少微、宋志侠、王佩芬、谢

---

①　《教育部变更大学教育院系之组织》，《申报》，1938年10月10日，第19版。

②　张梦麟（1901—1985），贵州贵阳人。历任东京中国留学生监督处学务科长、大夏大学英文系讲师、贵州贵阳第一中学校长、重庆英国大使馆新闻署编辑、四川三台东北大学外文系教授、中华书局编审、人民文学出版社编审。译著小说《红字》《杰克·伦敦短篇小说集》《马克·吐温短篇小说》，小说集《在喷烟之后》《和解》等。

六逸[①]、徐汉豪、陆德音、董承显、苏希轼等二十八名教授为学生导师。

十月二十一日　主持大夏学会第二次理事会议,决定设立会所,推金企渊、王裕凯等负责。

十月二十五日　主持大夏第六次校务会议,张梦麟、王佩芬、蓝春池、邰爽秋、夏元瑮、吴泽霖、陈一百、谌志远、马宗荣等出席。议决:(一)从本学期起学生体育不及体育委员会所提及格标准者(及格标准附后),不得毕业;(二)增聘欧天健为体育委员会委员;(三)十一月七日起每日清晨七时半举行升旗典礼,并请各院科院长、主任及系主任轮流精神讲话;(四)根据教育部颁定办法,分别核给本校毕业文凭予借读生;(五)聘请各院长及科主任修改大夏规程。

十月三十一日　主持大夏纪念周会,听吴泽霖院长做《怎样才配做今日中国的大学生》的演讲。

十一月七日　大夏决定今日起每天举行升旗典礼,全体师生均须参加。

十一月十四日　为四百余人大夏师生报告校务后,听邰爽秋作《民主本位学制系统》演讲。

十一月二十日　闻邰爽秋将赴渝参加民生教育学会。先生嘱带信交宋述樵、张廷休,除丙子聚餐社问题外,并介绍一文给宋、张。邰反映大夏教务处最近种种处置与院长矛盾,致院长失信于学生,殊为愤懑。例如可以准作旁听生者,蓝春池令作补习生,向例七学期满后,差三四学分毕业,准其毕业而缓报教育部,近则蓝教授必八学期为限,对学生太不体恤云云。先生告以教育部比从前认真,故本校应早为之备,以免将来被部驳斥,如有问题,可提到校务会议解决。

十一月二十二日　主持大夏第七次校务会议,欧元怀、金企渊、王裕

---

① 谢六逸(1898—1945),号光燊,字六逸、无堂。祖籍江西,生于贵州贵阳。早年留学日本早稻田大学,毕业后入商务印书馆工作。历任暨南大学教授、中国公学文科学长兼中国文学系主任;创办复旦大学新闻专业,并任新闻系和中文系主任;1937 年任大夏大学教授兼文学院长、文史研究室和社会研究部主任、文通书局编辑所副所长等职。

凯、谌志远、张梦麟、王佩芬、蓝春池、吴泽霖、夏元瑮、陈一百参加,会议通过清寒学生贷金办法、成立募集图书委员会等事项。

十一月二十五日 召集大夏全体导师会议,商讨指导学生共同方针。

十二月五日 出席五百余师生的纪念周会,听赵兰坪教授做《抗战以来中日经济的比较》演讲。

十二月六日 出席大夏教务委员会第四次会议,听欧元怀报告募集图书进行计划;注册主任报告各院科学生注册人数五百五十人,各教授请假暨学生缺课统计等事项。

十二月九日 约贵阳教育界四十余人在自宅晚宴。宴罢在寓座谈,先生以主人地位先发言,称时局如此危急,本省亦陷入战区,若非有完善严密之组织不足以抵抗外侮,建设内政,教育界同人为各界领袖,此刻责任重大,深盼下大决心为国家地方努力,并盼同人最诚挚之指教。

十二月十日 大夏因学生参加集中军事训练及救护训练,注册先后分三期进行。

十二月十一日 闻王漱芳谈及黔政府迁校主张,以为大夏应早有准备,否则临时张皇反多不便。先生答曰:"迁校则不能上课,学生固捐大无算,教育前途亦不堪设想,空非长期抗战时期所宜,如云防备空袭,则晚间上课,昼间避开,未为不可,故大夏惟有镇定处之,不愿事先逃避。以大夏移黔开办,为黔造就人才,开启文化,贡献颇大,计若无大夏来黔,黔省至少有三百学生不能升学,曾函省府求补助学费十二万元,而省主席吴鼎昌视大夏如蛇蝎一般不予,殊为大可怪之至,以一省主席而自私自利如此,尤为可怪。"

十二月十三日 邀请杭州飞机制造总厂主任王成椿来校做《我国空军之战斗力》演讲。

十二月二十日 主持大夏第八次校务会议,欧元怀、夏元瑮、张梦麟、陈一百、吴泽霖、王佩芬、谌志远、蓝春池、王裕凯、马宗荣、金企渊等出席。会议讨论:(一)修正并通过春季编排课程表原则;(二)自二十八年春季起,设置苗族学生升学奖学金二名,除免收学费外,每期每名发给奖金五十元,推吴泽霖、马宗荣制定详细办法;(三)通过清寒贷金简章。

十二月二十八日　接大夏校友、黎平县立中学校长张养元来电,言其受奸人利用,全体学生无故罢课,除电教育厅外,欲设法维持云。张生原与该县长张某不洽,而又在县长监督之下,自然不能立足。先生当以函覆之,令其自行斟酌处理,否则辞职可耳。

十二月三十一日　在大夏大礼堂出席国难音乐会。

1939 年（民国二十八年　己卯）　五十五岁

一月一日　出席大夏贵阳附中女生部举行成绩展览与恳亲会，各机关长官、来宾、家长等千余人出席。

一月二日　参加募集图书展览会，大夏开放原有书库，参观者达两千余人。

一月六日　举行早晨升旗典礼后，将全体学生分成五队进行防空演习。

一月九日　主持大夏纪念周会，做《第二期抗战后本校师生应有的认识》的报告。

一月十三日　赴渝参加国民党五届五中全会。一月三十日，会议闭幕。

一月十九日　大夏沪校傅式说与鲁继曾等联合创办新夏中学，择定北京路三百号（河南路口、江苏农民银行原址）为校址，即日开始招生。

二月四日　上午，日本敌机十八架滥炸贵阳，死伤一千两百余人，受难灾民达二万余人。①

---

① 本月四日上午十一时半敌机十八架空袭筑垣，全城繁盛截取，瞬成灰烬，市民死伤达一千二百余人，受难灾民达二万余人，废瓦颓墙，焦肌烂骨，触目惊心，惨不忍睹，并毁文化机关如商务、中华、北新、正中，贵州晨报社，革命日报社，中央日报社营业部，中央通讯社办事处，中央日报及革命日报小型版。本校校舍附近虽亦被投弹，凡均落空地，幸未命中。（《本校员生慨捐千元交难民救济处转发》，（转下页注）

晚八时,大夏召开紧急校务会议,决定:(一)慰问本校受灾员生及团体机关;(二)捐款救济此次受灾难民;(三)组织大夏救灾服务团,参加救济工作;(四)联络国立贵阳医学院、湘雅医学院、国立江苏医学院等通电全世界暴露敌阀暴行①;(五)救济被灾学生,俾得继续肄业。

二月上旬　发布《大夏大学为被灾同胞呼吁启事》,启事谓②:

暴敌对华侵略,素具野心,自"七七"发动侵略战争以来,恃其积年之准备,向我进攻,满拟速战速决,以遂其并吞我中华之□梦。不意经我积极抵抗,以致陷于泥足,不能自拔,于是恼羞成怒,倒行逆施,专以炸毁我不设防之城市为得策,以屠杀我非武装之民众为快意。此等野蛮卑鄙之举动,既已数见不鲜,然其穷凶极恶,惨无人道,未有过于此次之　毁贵阳市也。全市精华,悉成灰烬,百千民众,尽葬火乡,至肢体残缺,创伤累累者,实繁有徒。其或幸免轰炸,而资产荡尽,无以为生,路侧彷徨,以泪洗面,如此之类,尤不可胜数,此真人间世之酷遇也。乃至机关政团,为国家而效忠,为人民而服务,亦复同罹浩劫,惨遭炸毙。敝校同人目击斯状,深兹悯痛,兹特对于被灾之机关政团谨致慰问,尚望诸同志振奋平日之精神,速即恢复原状,继续努力工作,以表现抗敌到底之决心,至于被难同胞,敝校同人当尽力捐款相助,惟是绵力有限,不足救济于万一,尚祈各界人士,共表同情,慨然解囊,共襄义举。谨代呼吁,盼发鸿慈。

(接上页注)《大夏周报》,第15卷第14—15期,1939年3月1日)。

①　通电谓:香港天下月刊社温沪廖先生:本月四日敌机十八架空袭贵阳,投重量炸弹及烧夷弹百余枚,毫无目标,不分皂白。全市繁盛区域尽行焚毁,平民死伤者千余人,无家可归者八千余家,请将上列实情转播。(附原文:18 Enemy Planes Invaded Kweiyang 4th. INST. Over 100 Mssiles Including In Cendiany Bomds, Droped In Iscriminately Eneire Busi Nesscenter Destroyed, Over 1000 Casualties, 8000 Houseless, Please Transmit These Facts Eye Witnessed By.)

②　《本校员生慨捐千元交难民救济处转发》,《大夏周报》,第15卷第14—15期,1939年3月1日。

二月十二日 为培植专门技能人才,大夏增设工业化学组。

二月十四日 大夏举行春季招生考试,共录取新生九十余人。为便利外县青年升学,校务会议议决三月十一、十二两天续招新生一次。

二月十六日 在自宅主持大夏第九次校务会议,吴泽霖、金企渊、邰爽秋、王裕凯、马宗荣、蓝春池、谌志远、陈一百、王佩芬、张梦麟等参加。报告在渝向教育部商洽本校改为国立及教育部关切本校情况经过;讨论春季开学日期等重要事项。

二月十七日 与吴泽霖赴渝出席教育部召开的全国教育会议。与欧元怀向有关当局续商本校改国立问题。

三月一日 上午,在重庆参加第三次全国教育会议,林森致训词,陈立夫主持并勖勉教育界共同努力,期对抗战建国,有所献替。先生列高等教育组。

下午,参加全国教育会议预备会议。

本日,大夏沪校开学,注册学生七百余人。于法租界霞飞路(今淮海中路)和合坊四号增设大夏应用化学试验所。

三月二日 上午,继续出席全国教育会议首次大会。十二个机关分别做报告,即首先报告者为国立中央大学,第九私立大夏大学。

下午,参加高教组审议报告。

三月三日 参加(重庆)渝市各业节的献金运动,先生捐赠一千元。

三月四日 出席全国教育会议,蒋介石到会讲话。

三月八日 参加全国教育会议第八次会议,主要讨论会考存废问题。

三月二十一日 贵州省政府拨西社坡、瓦渣坡两处山地赠予大夏作为职业教育系实验农场。

三月三十一日 举行欢迎校董何应钦大会。在大会上,何讲述抗战形势,勉励员生发扬牺牲奋斗精神,培养抗战建国人才。

四月四日 主持大夏本学期首次校务行政委员会①。吴泽霖、王裕

---

① 注:大夏大学将财政委员会与校务行政联席会议合并,组织校务行政委员会。

凯、蓝春池、欧元怀、马宗荣等参加。会议报告多项重要校务,审核大夏财政、讨论本会事权范围、本会常会日期、确定大学秘书职务范围,以及秘书、教务、训育、事务四处分股和职员办公按时签到等事项。

四月六日　与大学部职员在中山路廉洁大食堂聚会。

四月七日　在自宅宴请大夏全体教授讲师,通报重要校务及本校向教育部请改国立进行经过。

四月八日　聘吴泽霖兼任教务长,聘师范专修科主任马宗荣兼任大夏秘书。

四月九日　主持大夏六百余人参与的纪念周会,即席勖勉员生发扬本校合作、牺牲、奋斗等精神,讲解国民精神动员的意义和内容。

四月十日　在自宅举行大夏第十一次校务会议。欧元怀、王裕凯、蓝春池、夏元瑮、张梦麟、吴泽霖、陈一百、邰爽秋、王佩芬、马宗荣等出席,会议通报沪校毕业同学会来电提议请改国立保留原有校名等事项。讨论通过:(一)定本月二十四日上午举行本校国民抗敌公约宣誓典礼;(二)设置学术讲座,提倡研究学术风气;(三)定期举行抗敌宣传并计划劳动服务;(四)修正并通过《大夏出版委员会组织条例》。

四月十七日　晨六时半,出席大夏升旗典礼,六百余学生参加。上午,主持岭南大学教授、加拿大人罗天乐博士来校做《英德外交与中国抗战》演讲会。

四月十八日　在自宅主持校务行政委员会第二次会议,蓝春池、欧元怀、吴泽霖、王裕凯、马宗荣出席。会议讨论确定本会常会时间、职员签到及例行轮值办法、调整职员薪金、国民公约宣誓和沪校整理等事项。

四月二十日　大夏毕业同学会得知教育部拟改本校为"国立贵阳大学"之消息后,致电王伯群、欧元怀,请求保留"大夏"校名。《申报》载①:

贵阳大夏大学,自教部拟改为国立贵阳大学之消息传出后,本埠

---

① 《大夏大学改国立,决定保留校名》,《申报》,1939年4月20号,第8版。

大夏毕业同学会、以母校历史悠久,特电王伯群欧元怀二校长请保留校名。兹探录原电如下:贵阳大夏王欧二校长钧鉴,黔校改国立,务希保留原校名。大夏毕业同学会全体执监委员叩,佳印。

在收到大夏毕业同学会请求保留"大夏"校名来电后,先生与欧元怀联名复电,谓①:

> 大夏转毕业同学会,本校改国立,在进行中,决保留校名,知念将复。

本日,收到大夏学会贵阳分会请求保留校名的来电。电文谓②:

> 我大夏创立多年,筚路蓝缕,缔造艰辛,乐育英才,照朗宇内,如改国立,请想教育部力争保留校名,以慰群望。

四月二十四日　出席大夏国民公约宣誓典礼,率大、中两部师生员工进行宣誓。

四月二十五日　主持大夏校务行政委员会第三次会议,讨论五月一日举行的总理纪念周、国民月会、劳动节、清洁运动开会秩序,改良学生伙食,改选并整理校徽,贫寒学生请求免学费或贷金等事项。

五月一日　主持大夏部与中学部联会举行的第一次国民月大会,带领宣读国民公约誓词。

五月四日　听大夏沪校大学秘书兼教务长鲁继曾和附中主任孙亢曾汇报大、中两部校务。

五月八日　在《大夏周刊》发表《大学生对国民精神总动员应有之认

---

① 同上。

② 《电请向教育部力争保留校名由》,第165页,华东师范大学档案馆藏,档号:81—1—22—0072。

识与努力》。文章希望"全中国的大学生,从今天起,必须将精神总动员起来,做一个大时代中的大中华儿女,遵照动员纲领内所指示的实施工作——宣传与创导,训练与改进,督促与规劝,研究与推行——去努力实践,从平时醉生梦死的生活,改造为战时奋发蓬勃的朝气,从自私自利的心理,改造为国家民族牺牲的行动,从个人内心自动的启发,以身作则而普遍到全体,这样便可树立成一种良好的社会风尚,挽救国家。"

五月九日　下午二时,与鲁继曾谈校务。鲁详将上海大、中两部及两部教职员情形缕述,结论是校舍问题、主持人选问题、经费问题皆甚棘手。先生亦将半年来筑校变迁详告之,并声明留其在此数月,待到暑假再回上海主持沪校事。同时发表先团结、后发展之理由,鲁亦赞同团结草约。

四时,在自宅主持大夏第十二次校务会议,欧元怀、鲁继曾、吴泽霖、王裕凯、蓝春池、夏元琭、张梦麟、陈一百、孙亢曾、王佩芬等出席。会议通报教育部奖助本校兼办社会教育经费,电召本校训导长参加党政训练,与令派本校社教系主任喻任声视察贵州社会教育情形。会上,鲁继曾、孙亢曾分别报告沪校大中二部最近进展;讨论续办暑期大夏、致函专任教授加入航空建设协会为会员等事项,至九时散。

五月十日　在自宅主持大夏第四次校务行政委员会会议,欧元怀、鲁继曾、孙抗曾、蓝春池、吴泽霖、王裕凯出席。会议决定由鲁继曾返沪主持沪校、通过各处设股主任名单、印行本校章则等。

五月十三日　致函聘请鲁继曾出任沪校秘书长,协助校长主持工作。

五月十五日　听鲁继曾在大夏纪念周活动上作《中国的精神力量》的演讲。

五月十六日　听徐国屏来言,欲登启事召集大夏学会贵阳分会。先生答以赞商由总会借拨经费六十元准之,并告以其所拟之《公民教育》论文一篇稍改即可用,允将中学各证件送教育厅备案。

五月二十日　接吴浩然、邵家麟拟聘余纪年、夏炎①返沪任职等事务

----

①　夏炎(1913—2002),又名浴风、南薰,湖北鄂州人。1938 年毕业于大夏大学化学系,毕业后留校。曾任华东师范大学副校长。

函。函谓:此次洛氏基金董事会补助本校研究费美金三千元,指定购置仪器,研究药物(国药西药)制造,本埠民谊药厂闻讯与本校及国立上海医学院接洽,三方合作,经商定由三机关合组药物研究所,出品由民谊药厂经售,所得利益以盈余拨归两校继续研究工作,所长由本校教授纪育沣①担任,弟等任研究员,两校并各派具有经验之助教四人为助理。本校现拟聘余纪年、夏炎二君返沪,担任此项职务,月薪各四百元,任期自本年七月份起,敬希督核转知余夏二君早日来沪,是项补助费已托中国银行向纽约收取,并向德国订购仪器约值两万元,秋季开学前可运抵上海,该会对此项研究工作有大规模计划,此次先拨三千元试办,如成绩良好,将来可继续补助十年也,生物及物理仪器显微镜等请嘱余君随带若干回沪应用。

五月二十四日　下午,在自宅主持大夏第五次校务行政委员会会议,欧元怀、吴泽霖、蓝春池、马宗荣、王裕凯出席。讨论通过请改国立事项,由王毓祥、王裕凯先行向教育部接洽。

会后,与马宗荣谈大夏问题,马则注重改名以促成事实。先生曰:"以黔校改名,余本有此主张,后恐此一部分改为贵州大学后,反令上海方面激而扩大,或铤而走险,不能不事前先有一度商酌。内部平稳后,方向教育部交涉,至黔校改名后,难保不完全与大夏分离,故在校同人及毕业生亦有恐慌之象,亦须事前有以释之。"马亦首肯,然恶现状之腐败,再再表示不就大夏秘书长职,近见教育部颁来大学组织法,无大学秘书,更决心不就。欧元怀以大学无副校长为词,希望马认现成事头,不谈法理,最后无结果而散。

傍晚,接待吴淞商船专科学校毕业生于彦胜来访。于自述出商船学校后,在江苏教育厅任职多年,抗敌军兴后,曾在湘省任县长,张文伯下台,始解职来筑,现任军委会西南运输处文书。先生接谈之下,觉其人干练,谈锋颇健,知为第三届高等文官考试合格者,欲在黔谋作县长之意。先生特以黔做县长难与之言,其来黔不过三四月,故于黔只知盗匪充斥,

---

①　纪育沣(1899—1982),浙江鄞县人。芝加哥大学硕士,耶鲁大学博士。化学家,中科院院士。

知其然而不知其所以然。先生亦不避忌,将黔所以造成如此混乱之由,缕缕述述,在使地方人民隐衷略为披露,尽心而已,个人利害在所不计。

六月一日　上午,主持大夏建校十五周年纪念大会暨第二次国民月会,勖勉九百余名大中师生完成本校迁黔三大使命:(一)为抗战教育的推行;(二)为促进西南文化;(三)为协助政府开发西南资源。会后,大夏学会贵阳分会举行成立大会,二百余会员出席。大夏沪校大、中两部及南宁、重庆附中分别举行纪念大会,各地毕业同学会来电祝贺。

中午,于四海酒家宴教职员和毕业同学,共八席,并略有演说。

晚,在大礼堂出席并观看大夏音乐会、歌咏、话剧等,人山人海,五百人大礼堂参加者约千人,集一时之盛。

本日,发布《十五周年纪念日致毕业同学书》。谓:"本校创办迄今已十五周年,慨自抗敌军兴以还,本校迁设贵阳,嗣以沪上同学未能偕来者为数尚众,遂又恢复沪校,于是本校现有沪、黔两部。关于一般校务进行情形,沪校编印《大夏半月刊》,黔校继续出版《大夏周报》,均已分寄各地同学。近以敌机肆虐,滥炸我后方不设防城市,诸同学原有服务机关及住址时有迁移,邮件寄递每生阻碍,际此本校十五周年之时,瞻望前途,弥增感奋,诸同学爱校心切,对于母校近况关怀必殷,特将沪、黔两部校务进行情形概述如后,谅为诸同学所乐闻也。"

六月五日　上午,偕保志宁赴贵州省党部出席教育部主办的巡回戏剧教育团为社会服务团筹捐基金举办的公演,并购两元券二十张,分赠戚友。话剧内容为苗可秀在东北组织少年铁血义勇军,以游击战术抗敌,屡建奇功。苗智勇兼备,不屈不挠,卒被擒敌诱不肯,有文山气节,后囚之凤凰城月余,民众及余党起事,虽将该地敌首及二百余人悉数诛灭,而苗亦于是役死难。临终仍鼓励余党拥赵侗抗敌到底云。观后,先生觉该团艺术颇纯熟,情节亦动人,殊可嘉也。

晚,统计大夏财务,发现大夏财政又走入绝境:月收七千元,除一千元接济沪校外,只六千学费收入,平均每月二千五百元,合计收入不过八千五百元,而支出总在一万三千以上,因之寅支卯粮,捉襟见肘,本月薪金即已发不出,如何善后,毫无良法。先生拟明日先提校务会议讨论后,再请欧元怀赴渝向教育部呼吁改国立,次则请特别补助六万元,如均不可得,则只有请教育部允以关闭之善后耳。

六月六日　近日以大夏财政问题不能解决,将有停办之虑,先生脑中时时不释。盖果一停办,则黔省二百余青年学业必致大受影响,故终日为之不快。晨起作字,无佳构,午刻看书无兴致。

下午,主持大夏第十三次校务会,欧元怀、马宗荣、吴泽霖、蓝春池、章颐年、金企渊、谌志远、王佩芬出席。会议通报本校改国立事,已再度呈教育部;讨论通过欧元怀于最短期间前往渝再向教育部复洽本校改为国立;土木工程系毕业生仍授理学士、组织本校防护队等事项。

六月七日　主持大夏第六次校务行政委员会议,欧元怀、吴泽霖、蓝春池、马宗荣出席。会议讨论秋季新生交费项目、职业教育系请添购农具案、校工请求加给早餐等事项。

六月八日　听大夏附中男子部主任来元义汇报:(一)说中学生赵显微和赵成章打架事。赵显微被赵成章一拳击在眼部,眼虽未瞎而肿起,颇高,赵显微回至宿舍取小刀一柄,将赵成章手臂连刺两刀,刀口深则约四五分云。赵显微系兴义人,为赵守恒族弟,赵发智保送入校者也,当已通知赵发智领其就医。赵成章系织金人,无家族在省,保人系师范某君,不在省,故特来请示如何处分。先生认为此风不可开,非照章办理不可,遂下谕除名;(二)说中学上期本有成绩,本期合并讲武堂后,因教职员未调整得当,遂致退化,尤其是职员如汤淑吾者,太不负责,办事屡延迟,数月不得结果,教书亦不力。先生遂决定下期不再聘之。

六月十三日　下午,主持大夏第七次校务行政委员会议,欧元怀、蓝春池、吴泽霖、马宗荣参加。会议讨论通过江远城等十余学生请求在校自己烧饭、前预付乐群小学房租如何收回、暑期大夏薪金、组织毕业生考试委员会等校务。

晚,复函吴浩然、邵家麟谈余纪年、夏炎回沪任职事。函谓:"药物研究所擘画得宜,发展可期。余纪年君已为面告,渠因全家在黔不易来沪。夏炎君本期就任省立都匀师范教职,刻已去函转告,闻渠本拟赴沪。闻谢世耀君尚未就事,是否适当,请尊裁。周尚君因陈部长谋事挽留决难来沪。亢曾君因校址问题，将辞滇事或可返沪。至器因运输困难实无法运沪，弟怀明日赴渝，月底返筑并以奉告。"

六月十五日　上午，接王毓祥来电，告已晤教育部陈立夫部长。陈主张沪筑两校均改国立，已呈行政院，如有问题盼速挽救。先生即电与欧元怀，告赞成两校均改保留校名，并电何应钦援助，嘱王毓祥谒何促成之。此次教育部提出院议，如此之速且允沪筑同时改者，先生初不解何故，嗣决复旦亦同时进行，而教育部提出亦复旦大夏同时，故也。

六月十七日　与欧元怀谈校务。

六月二十日　受先生委托，欧元怀赴渝与教育部继续商洽呈请改国立的相关事宜。

六月二十一日　得王毓祥电，告教育部高等教育司科长邵鹤亭、战时教育委员会委员陶愚川二人已启程来筑，明日必到。先生旋告马宗荣、吴泽霖准备执行。

六月二十三日　接何应钦来电，询大夏请改国立之三种办法是否已经同意。先生问是那三种？何答：（一）筑沪两校同时改为国立；（二）筑校改国立名称，沪校仍私立，教育部酌补助；（三）完全私立，加给补助费云。先生答以完全同意。何又问筑中安否？先生答无恙。何又问天热至九十余度，确乎？答以偶尔数小时而已。先生细察何意，欲问筑中安否，先生感觉其意非不善，惜无能明告。

六月二十六日　在大夏纪念周会上，为师生做《二期抗战中敌人在沦陷区域的经济侵略》演讲。

六月二十七日　主持大夏第八次校务行政委员会会议，吴泽霖、蓝春池、马宗荣参加。会议通报教育部颁发检查新闻办法；讨论教育部密令教育机关疏散至乡间、增设有关建设之边疆科系、职教系所开动植物二学程是否应收实验费等事项。

六月二十八日　陪同邵鹤亭、陶愚川视察大夏。教育部官员认为，大夏是西迁大学中不可多得之最高学府，对校军事管理、导师制推行、早晨升旗精神讲话，尤为称赞不已。

接欧元怀急电，言大夏国立事已不准，拟另进行。先生觉特补所谓另进行,不识有何办法,倘无办法,则筑校非常危险矣。欧说将开支缩到一万元,此则不唯不能维系人心,且将贻误青年。

六月二十九日　上午,召集本期毕业文理两院学生十数人谈话,多欲谋职业。

下午,阅欧元怀信共五件,并附吴浩然、傅式说函、鲁继曾、孙亢曾函电。先生知傅意见甚深,吴则始终好人一个,鲁则稍自私自利,海上同人似亦不十分推重,故上海大夏仍乏重心,可虑也。

七月一日　晨六时半,主持一千余名大、中两部师生参加的第三次国民月会。在会上,先生为全体师生讲释精神总动员纲领第五章精神之改造及动员实施。最后通报国立已由行政院缓议之经过,学生教职员中不无失望者。先生表示,其实得何足喜,失何足忧欤?

七月二日　上午,赴大夏召集师专本届毕业生三十余人谈话,个别询该生家庭状况、本人志愿,期间有数人颇有教书经验,先生觉殊可慰。

中午,接何应钦来电话,问大夏国立事已在行政院否决,不知经过如何?何答欧、王主张保留校名,陈立夫不高兴,复旦且不坚持保留而大夏如此,更使陈立夫不快,故缓议矣。先生闻后,甚感愤怒:"中国人自利自私、种种恶德以致国将亡、族将夷,而执政者尚不以大公无我之念昭示天下,动则凡个人意志好恶为准则,以挽回其末运,有心人唯有痛哭。"

七月四日　上午,冒着大雨赴大夏主持第九次校务行政委员会会议,吴泽霖、蓝春池、马宗荣出席。会议报告了财政情况,讨论筹办省党部抗战建国二周年纪念筹备会议等校务多项。

会上,马宗荣缕举各部分不负责之点,提为议案,颇为扼要。先生以为,马在行政机关办事数年,经验不少,对于大夏亦甚忠实,不能放之去也。谌志远办事经验不如马,而能见其大,亦忠实同志;谢六逸则学者风度,亦出人一头;吴泽霖富于研究,任职亦负责,惜规模狭隘自私之念太深;蓝春池始终为人用之人善用之,当然有益,能负责任,故欧元怀能用其人而收效也。

七月五日　听由渝返筑的欧元怀备述在渝接洽改国立经过,其不成之原因,固由复旦与其他私立大学援例要求者多,实则吾校举棋不定,迁延时日,致时机错过亦一因也。若初不顾虑沪校之利害,在二三月之时猛进,则筑校一部分自易成功。

七月九日　出席大夏毕业生讲别会,暑假开始。

七月十日　在校长办公室主持大夏第十次校务行政委员会会议,欧元怀、王裕凯、蓝春池、吴泽霖、马宗荣参加。(一)通报中国农民银行催还透支款和教育部续拨贷金二千元等事项。会议讨论调整职教员薪给及工作办法;(二)议决调整专任教授薪给原则,即专任教授维持原薪但每周增加钟点三小时(共十五小时);调整职员薪给原则,即凡大学毕业生任职者,起薪每月暂定为六十元,专修科毕业者每月四十元;现任职员薪给未达第一条所定标准者按照资格分别增加之;现任职员薪给已达或超过第一条所定标准者按照其服务年限与成绩及原薪之高低分别调整;以上加薪办法一律自二十八年九月份开始,新聘约于七月或八月份起始者,其七、八两月薪给仍照二十七年度聘约支薪;(三)讨论暑期大夏战区学生请求欠费、征募伤兵新兵被服鞋袜药品办法等事项。

七月十二日　主持大夏第十一次校务行政委员会会议,讨论下半年度应聘职员和教授、高级职员每周担任课程时数和助教每日服务时间等事项。

本日,教育部在大夏举行中学教师暑期谈论会,先生被聘为该会委员。

七月十八日　在大夏校长室主持大夏第十二次校务行政委员会会议,欧元怀、王裕凯、吴泽霖、蓝春池、马宗荣出席。会议讨论通过训导会议委员人选、暑期中等大夏教师讲习会借用宿舍、本校实际需要情形编制、在渝招生、增加战区学生贷金、中央函筹设本校区党部等事项。

七月二十日　闻马宗荣不满某君在大夏大私大专,愤而不就,下期聘拟离黔而赴渝。欧元怀接到马函及退回聘约等前来与先生详商挽留办法。先生查马所最感苦痛之据云:一是为秘书处,职员不听指挥;二是为教育学院授课,未利用其专长;三是各种行政会议通过之案未能实行。如此三点不加改善,彼则无留校之可能。先生答:"马性情乖奇,固不易相处,然对大夏异常忠实,所陈改进意见皆狡猾者不愿讲,吾人取其长、去其短而用之可耳,且吾人抱牺牲精神为大夏谋百年之计,对于能为大夏牺牲者,又何不可迁就之耶。"先生当一一允,力图改善整顿,又亲到马寓解释一番。

七月二十一日　见曾广典不愿回南宁任大夏附中主任,先生以为该校之创立亦颇费经营,现具规模,废之可惜,故决定派钟焕新①前去主持,方有头绪。

又接渝讯,重庆附中主任陈守朝不幸溺毙,渝校亦非有人主持不可。先生函王毓祥及在渝同学前去料理,若渝中亦能改进,则西南三附中每年毕业人数至少四百可以升入大学,招生又一出路也。

七月二十四日　往大夏商本月财政问题,知大夏已向农民银行透支五六千元,如六月份教育部助费不至,唯有竭泽而渔。正商量间,而上月份教育部之六千七百元已到,先生倍感殊慰。

七月二十五日　在自宅主持大夏第十四次校务会议,欧元怀、王裕凯、马宗荣、谌志远、金企渊、张梦麟、蓝春池、吴泽霖、王佩芬等与会。会议讨论组织学生贷金审查委员会、借读生及旁听生学业成绩应用本校学生成绩考核标准、建筑永久校舍等事项。

七月二十九日　主持大夏临时校务会议,预定讨论两案:(一)为男女交际要则,咸主张国难期间,身为大学生应集中意志作救国工作,不要以青春之光阴牺牲在个人恋爱交际上去,故一切逾分或不合理之交际行为,绝对禁止;(二)为通过优劣等学生奖惩案。凡成绩过劣之二十余人,令其退学,盖已无进步之希望,如此可早改业,另图前程也。

大夏秘书处送一公文呈教育部者,请先生盖章,见发文中图书仪器的器字书作噐,先生甚诧,如此写不知何所本?当查说文解字诂林中篆搯古文镜鼎甲骨无一作噐者,乃批令更正。嗣到校问丁勉哉,丁亦言系贺小范之误。向者为日本人题纪念有"醴鬱尸鱶、圣远言湮"之"丧"字作 噐,本为 噐

---

①　钟焕新(1913—1986),字然一,广东蕉岭人。1934年毕业于大夏大学法律系,留校任法律系讲师及兼新陆中学教员。历任福建汀漳师管区司令部军法官、南宁大夏附中主任。1958年迁台湾。著有《苏联地方自治》《中国地方自治》《民法物权》《票据法新论》等。

之误,今见 罶 字,遂连想及之。罶 可作丧,不可作器,器之俗写有作器者,绝不能作 罶 也。

八月一日 上午八时,赴大夏主持国民月会,听欧元怀报告时事。九时,主持大夏第十三次校务行政委员会会议,欧元怀、王裕凯、吴泽霖、蓝春池出席。会议通报大夏财政概况、中学部拟改存上海银行、接洽承包火车等事项。

八月二日 上午,乘马赴大夏办公,约欧元怀下午三时赴苏家寨看校地。据言该地有公地二千余亩,离城不过七八里,拟亲往一观,如果合用,则欲辟为永久校址。不料下午先生头忽痛风,遂未往,欧元怀等亦因有他事而罢。

八月三日 上午,于巴黎饭店与马宗荣谈校事,马由种种事实证明欧元怀对大夏之设黔主意不定,有时欲久,有时欲暂,有时只欲深植根基,有时欲敷衍了事,而其个人则战事一完则去,故对大夏可以说无彻底的计划;又谓欧元怀对人殊少诚意,好弄权术,于行政手续更外行,大夏行政重私情,无法治,故老友多凶终隙末云。马之留否,视欧元怀之态度,否改良而决。

下午,欧元怀来,言已与马长谈且谓极开诚,马已感动,似可就范。

八月四日 上午,接待张志韩来访。韩告李超英办事因循贻误中等暑期讲习会,到今日尚杂乱无章,故伊不能不在花溪主持。先生告以曹漱逸来谈,须黔教育厅直电致庚会则收办安顺省中事不能实现,嘱张志韩与曹面请速决。又告张志韩改良女中乡师有职各校,并推赵发智、张志辉二人,一任校长,一任民教馆长。

八月五日 听马宗荣来谈,先为黔省政治不安、教育破坏各情况,且谈到大夏行政。马总以为过去欧元怀擅权,致中坚分子未能精诚团结,集中力量以图发展以后,如欲大夏改进,首先改进此点。换言首先要欧元怀觉悟,化除自私自利之心,摒绝权术手腕之技,一秉诚意与人合作,则一切皆可循正轨以进也。先生觉马性情戆直,不能受丝毫欺骗之术,两人性情如此相反,故时生摩擦也。

八月九日 主持大夏第十四次校务行政委员会,(一)听欧元怀报告财政概况,计农民银行八月八日止透支一万八百二十九元七角一分之外,尚有应付未付支票一千六百余元；（二）会议通报查勘大夏基地情形等；（三）讨论财政稳渡办法、下学期代收学生被单费、遵照部颁行政组织系统调整秘书处总务处组织等事项。

八月十日　上午，往大夏办公，忽大雨如注，不能返家午饭，乃在校中进餐。然雨后天气甚凉，全感寒气来袭，雇车返家，则右膝发痛，是夜甚正烈。

八月下旬　接张志韩电话，约往花溪中等大夏教员时期讲习讨论地作一次精神讲话，先生虽允下星期三前往，但迟迟不愿前去者，一则因多病，再则因说话不自由易惹人忌。然为谋与中等大夏教员一晤谈势，又不得不一往。感叹在贵州生活之难可见一斑。

八月二十七日　听欧元怀来报告，若让马宗荣离大夏似觉未妥，因许多贵州人聚集重庆以大夏为难，非大夏之福也。欧言马尚傲然，自恃毫无转还，如要我欧元怀去，他方留者，则我去可耳。先生答不必意气用事，只要于大夏有益，个人稍做牺牲，以为无伤。

八月二十八日　主持大夏第十五次校务会议，议决：（一）二十八年度秋季行事历；（二）审核给予学费及生活费贷金原则及名单（另布）；（三）规定给予黔籍学生免学费全额五十名，免学费半额五十名；（四）为节省电费改用汽油并交由总务处计划办理；（五）全体学生以住校为原则；（六）遵照部令组织社教委员会；（七）自二十八年秋季始，不兼收旁听生，志愿升学本校者，均须受入学试验，经录取后才得入校。

八月二十九日　在自宅主持大夏第十六次校务行政会议，欧元怀、王裕凯、吴泽霖、马宗荣参加，讨论确定花溪校址并设计建筑新校舍、分配在校黔籍学生免费学额等校务。

八月三十日　接贵阳师范学院函，函曰："至新校舍必需之饭厅厨房厕所清室门房等均尚缺如，前由杨秋帆①先生转示可由贵院修建，满期后

---

①　杨秋帆（1890—1953），名再兴，字荫堂，贵州榕江人。早年赴粤参加孙中山组织的革命活动。历任广州大元帅府少将参军，广州总统府陆军中将，川黔边防督办行、财两政监督兼重庆铜元（货）局局长。1925年由川辞职回粤，后举家迁居贵州都匀。李宗代理总统时，聘为总统府顾问。

即捐赠本校。"先生批复同意该院租借大夏花溪校舍临时搭建。

本日，聘请马宗荣担任大夏总务长。

九月五日　主持大夏第十六次校务行政委员会会议，王裕凯、吴泽霖、蓝春池参加。会议讨论通过朱功灏为体育主任、扩充女生宿舍、学生制服及被单由大夏代制等事项。

九月七日　接大夏沪校鲁继曾、吴浩然、邵家麟报告函。

九月十日　大夏举行第二次新生入学考试，共录取新生八十余名。

九月十二日　上午，在自宅主持大夏第十七次校务行政委员会会议，王裕凯、吴泽霖、马宗荣出席。讨论通过男女生宿舍内除在校学生外一律不准他人住宿、职员准用菜油灯每室一具、诊察室应用器械药品、学生不准欠学杂费等事项。

下午，主持大夏第十六次校务例会，通报定印总理遗教和总裁言论二百部，确定花溪新校址并设计建筑新校舍，规定黔籍学生免费学额，遵县部令调整本校行政机构等事项。议决：（一）十月十四日为本学期注册截止日期，自开始注册之日起，第三周注册者减修三学分，第四周注册者减修六学分；（二）续请贷费学生，二名准给生活费全额贷金，三名准给学费全额贷金，二名准给学费半额贷金；（三）过期请求转院转系学生，此次始予照准，闻后须照校章规定日期办理；（四）人数最少之学系学生鼓励肄业办法交教务委员会计划办理之；（五）由校长室分函各教职员并报告学生征求为伤兵之友社社员。

九月中旬　大夏暑期农村服务团工作自八月一日开始服务，地点遍及大小村寨五十余处，当地农民有所收益，该团获新生活运动促进总会嘉奖。

九月十五日　出席大夏贵阳附中开学典礼并讲话。附中现有高初中各四个班，注册学生四百六十五人，本学期实行军事训练及军事管理。

九月十八日　大夏正式上课，注册学生五百七十人。大夏沪校大、中学部本日正式上课，大学部注册学生九百五十人，中学部五百人。

九月二十八日　赴渝募集大夏新校区建筑经费，并出席国民党中央五届六中全会①。十二月十四日由渝返贵阳。

十月三日 本日起,大夏举行升旗典礼。其中包括精神讲话、早操及集团唱歌两项,早操每日十分钟,精神讲话与集团唱歌系间日举行一次。

十月五日 接吴浩然函,报告大夏沪校校情函。函谓:"沪校……学生到者甚形踊跃,九月底截止注册时已逾一千零三十人,其中新生约占百分之四十,惟大教室不敷,小教室每满四十人时即须分班,殊不经济耳。生物、物理、生物等实验已分组举行,史地社会研究室工作由王成组、章复先生主持,亦在积极进行中,前陈裕祺借款余数尚未还清,彼方迭来催索,可否请筑校早日筹还? 沪校教育部补助费自八月份起迄未汇到,筑校如何? 望代为催发。""前筑校嘱办各件兹陈列如次:(1)代购蜡纸、细绢及图书馆签条均托章颐年带上,油墨及图书馆指印卡过重,缓日另托便人带上;(2)嘱购英国 Nature(weekly)杂志,因欧战不能保证寄到,而款须先付,故尚未定,另有美国出版之 Nature(monthly),美金＄3.75,如合用,请复示代定;(3)Engineering News Record,已订购一年,连寄费美金＄9.00,合沪币＄120.00,发票附上,由美国迳寄筑校;(4)Reader's Digest 自八月份起沪方停止邮寄,八九月两期托章先生带上。Current History 暂由沪校图书馆保存,俟将来邮局接件时寄上;(5)China Critic 及 North China Daily News 仍由该各公司迳寄;(6)嘱购化学室滤纸前托卫鼎彝带上;(7)沪校上学期新生证件托筑校学生许鸡带上,未知已否收到。"

十月十三日 发布为抗战将士发起劝募寒衣运动的布告,谓:"查我前方将士出死入生、浴血抗战,丰功伟绩,可泣可歌,凡我国人自应同仇敌忾,共济时艰。兹者秋风日厉,将士衣单,御寒之具需要至亟。用特发起劝募寒衣运动,以冀集腋成裘,做有效之接济。本校全体师生,热忱爱国,素不后人,尚希踊跃输将,共襄盛举,曷胜企盼。"

十月二十三日 听取文学院长谢六逸做《世界三大与大夏三大》的演

---

① 陈旭麓:《大夏大学内迁十年纪要》,《陈旭麓文集》第二卷,华东师范大学出版社,2018 年 11 月,第 622 页。

讲。"大夏三大之意义,勖全体同学求学应以博大精深,至大至刚,大巧若拙为归依,务使我大夏三大,与世界三大并垂永久。"

十月二十四日　受先生委派,土木工程系助教陈纶率领学生杨孝维等十人,乘车前往花溪测绘新校地。报载①:

> 本大学以贵阳讲武堂校舍不敷应用,当经与教育部商定,另建新校舍,兹已勘定花溪朝阳村与董家堰间之旷地为新校址,该区面积广大,内包括荒山五座,背山面水,风景绝佳,实为优良求学环境,欧副校长以得王校长自重庆来讯,所需建筑费已有着落,当派本校理学院土木工程系助教陈纶先生,领导该系学生杨孝维、崔守新、蒋达礼、潘福荣、姚宝福、袁彪、傅忠恕、徐益之、高振贻、汪祖舜等十人,于十月二十四日乘车前往花溪,测绘校地,以便开始兴工,庶奠定本校在西南永久之基础云。

十一月二日　因电力条件所限,决定大夏自本日起电灯开放采取二部制办法。即:(一)每日下午五时半至六时,燃放各通路便所电灯;(二)六点至九点半,燃放图书馆,男生自修室(第一第二两教室),女生自修室电灯,各寝室电灯一律关闭;(三)九点半,关闭图书馆及各自修室电灯,开放寝室电灯至十时熄灯。

十一月八日　通过组织新校舍建议委员会,内分筹募、设计、购地、建筑四组。

十一月十五日　向教育部长陈立夫报告《一九三九年六月底以前抗战损失》,其中包括《大夏财产损失报告单》《附属大夏中学财产损失报告单》《大夏新村财产直接损失汇报表》等附件。

十一月十七日　受先生所派,欧元怀与建筑师赵琛、大夏各处室负责人、学院院长前往花溪新校址查勘。新校址占地有两千余亩,包括五座山

---

①　《土木工程系学生测量花溪校地》,《大夏周报》,第 16 卷第 3 期,1939 年 11 月 11 日。

坡,计划冬季兴工建筑。

十二月十五日　上午,与欧元怀商谈校事间,吴泽霖、王裕凯亦至,三人详述自本月四日起,学生与警察互殴,五日学生被警察毒打,七日学生愤而不顾校章之破坏,往省府请愿,直至下午二时始散。

下午,听何辑五、郭润生来谈渝近有黔政将改组之谣。校中毕业生代表十余人来见,告以共同维持大夏之方。

十二月十六日　中午,先生宴请大夏全体教授与重要职员,共三席。先生起致词,先言本学期偏劳同人之义,并欢迎新加入教授,继云:"大言道高一尺,魔高一丈,本学期大夏一切已有进步,忽发生月初之不幸事件,然余认为是进步过程才应有之事,余当以最速之期克服之。余以为副校长已全体教授辞职,固是促起学生猛省之一法,然学生凡此达法,回思亦吾人平时未尽最大教导之,故解铃还须系铃人,故吾辈未便辞而不谋救济,余拟明日星一纪念周,将时间延长举行总教导一次,请副校长、院长、教授全体出席,再予全体学生一次总教导,如各学生能痛悟前非,改过自新,余当请副校长及全体教授复职,如各生仍执迷不悟,则就是停办也不辞,然如何方能知学生之觉悟,与在拟举一次测验,知道当日未参加者几人,附和者几人,主动者几人,然后分别情形重轻予以处分。"众以为可,乃散席。

十二月十七日　上午八时,主持大夏中学部纪念周,主讲四点:(一)亲爱精诚,团结一致,即大夏立校精神之师生合作;(二)严守校章;(三)服从校长,即服从领袖之练习;(四)养成冒险进取、艰苦奋斗的精神,为社会国家服务。并举行此次大学部学生不听副校长及教授之指导,擅自行动,破坏纪律,违反校章是大学生不知自己的责任,中学部宜行为复戒。

九时,到大学部视察,见王裕凯扯许多从学生宿舍发现的标语,大意不外反对校长所定测验办法。九时半,主持纪念周会,行礼如仪后,先生声音高亢道:

离校两月半,初闻本学期各样均有进步,异常欢喜,故拟在渝多为大夏募集建筑新校经费,不料本月初发生学生与警察冲突事件,这类事件本极寻常,自有校当局请求政府用法律裁判,并有社会道德批评,不难得公平解决。不幸引起学生破坏大夏规章,违反大夏纪律,严重至副校长和全体教授职员辞职这样严重情节,为本校创立以来所未有,照普通的办法唯有停办,不过我素来的教育哲学是以把青年无论贤与不肖均教成国家社会有用之才,如采取停办办法,是违反我平素的教育哲学。况且不肖的学生我不能教好,别人亦未见能教好,以不好的分子,听他到别校或社会去始害社会,我认为是我的失败。故我在今天,将副校长和全体教授请来,给大家一次总教导,如经过此次总教导后,大家仍未觉悟,是我的教育哲学错误,我就改行,从此不为国家办教育了。今天可以说是我大夏改进之机会,发达之机会,也许是我大夏告终之时期,一喜一惧,就在诸位同学自择之,现在先请副校长和各教授训话,训话完后,我尚有话和诸生详说。

欧元怀副校长训话解释当日其的办法和学生之固执越轨等详辞,各院长相继发言后,先生再登台宣布总测验之意义,盖欲知主动者有若干人,盲从者有若干人,中立者有若干人,当分别再加以训导。至于妄加揣测、乱发标语者是毫不认识校长之为人于不素也。先生语极沉痛,全体师生为之感动,照校长所规定表式填交。一场大风浪,至此始告一结束。

十二月十八日　召集大学游行的主动学生,晓以正义,诫其操切;召集盲从者,责以大学生不应盲从之理;召集中立者,责以放弃责任,隔岸观火之不宜,三部分均翕然听受。

本日,在纪念周会上通报多项校务,对本校的奋斗历史和师生合作等立校精神详加阐述,再增勉励。

十二月二十六日　在图书馆主持纪念云南起义仪式,并作即席演讲。仪式结束后,受邀在贵州广播电台,以亲历者做《由云南起义二十四周年纪念说到抗战必胜建国必成》讲演。指出抗战必胜的理由:第一,是正义能制胜强权;第二是一隅能制胜全局。

1940年(民国二十九年　庚辰)　五十六岁

一月一日　出席大夏全体师生六百余人庆祝元旦大会,并即席讲话,报告开会之意义。

一月五日　在自宅主持大夏第十八次校务会议,通报建筑花溪新校舍计划,新校舍建筑委员会成立。决议:(一)通过本年度第二学期校务历草案(另布);(二)本届毕业生话别会定于本月二十日下午举行;(三)分组春季战区及黔籍学生贷金减免费审查委员会人选;(四)历史社会系添设边疆事业组,推举吴泽霖、马宗荣、谢六逸、章颐年、谌志远等审查原案,并请吴召集;(五)关于教务训导处及大夏行政各方面之改进意见。

一月十日　陪同教育部长陈立夫和高等教育司长吴俊升视察大夏校园。

一月二十日　在自宅举行大夏第十四届寒假毕业生及师专科应届毕业生话别会。

二月五日　主持大夏第十九次校务会议。通报更聘教职员事项,议决:(一)学生工作救济名额定为六十名;(二)通过春季起组织学生自治会原则,根据教育法令并参照本校学生组织会社规程,由训导处指导办理;(三)通过本届毕业生名单暨审查意见;(四)议决上学期成绩优良学生照给各等奖状(名单另布);(五)通过黔籍学生免费审查委员会审查结果;(六)通过学贷金学生名单(名单另布);(七)通过战区膳费贷金学生名单。

二月十五日　受贵阳市非常时期学生工作救济委员会之托,大夏成立学生工作救济委员会。

二月二十日　主持大夏第二十次校务会议,报告教育部新颁学生学业竞试办法,并拟请教务委员会遵照办理情形。讨论通过训导处办理部分女生课外兼习纺织、筹设文史研究室案、本校各处规程如何审查公布案等事项。

二月二十六日　大夏春季开学,注册学生五百零一人。沪校注册学生一千零四十七人。

三月一日　在新礼堂出席并主持大夏第九次国民月会,全体教职员及学生六百余人参加。

三月五日　主持大夏第二十一次校务委员会,讨论通过筹办消费合作社等事宜。

本日,应贵州企业公司邀请,大夏土木工程测量队赴黄果树测量两岸基地及瀑布流速。

三月九日　颁布实施学生寝室规则,要求学生"晚间五时半必须归返寝室","寄宿晚无家长在筑者,绝对不能在外留宿;其有家长在筑者逢星期六例假前一日晚间或有特别事故时,如欲留居家中须先向训导处或女生指导处请假"等。

四月一日　在总理纪念周会上做《恭读委员长致教育界贺电后应有之觉悟》演讲。报告认为:蒋委员长的贺电,虽只是对我们办学教书的人而发,而其重要的目的,则是指向学生方面的。他思想中应造就出来的学生,必须是:(一)必须有爱国家爱民族爱同胞的精神;(二)能负荷民族兴亡与完成国民革命的责任;(三)有认识时代、认识本国及世界的远大眼光;(四)有铜筋铁骨能任一切困苦艰难的体格。

四月九日　在自宅主持大夏第二十二次校务会议,议决:(一)通过修正通过学生;(二)本年决定续办暑期大学,并请吴泽霖兼任暑校主任;(三)组织毕业考试委员会,校内推请欧元怀、吴泽霖、傅启学、马宗荣、王裕凯、谢六逸、夏元瑮、章颐年、金企渊、谌志远,校外聘请贵州教育厅厅长高等法院院长及国立贵阳医学院院长三位共同组织毕业考试委员会,由王伯群为委员会主席;(四)筹备庆祝校庆并推定马宗荣、吴泽霖、傅启学、王裕凯、章颐年、张梦麟、王佩芬、何纵炎、王守文、韩钟琦、杨麟书等组织校庆筹备委员会,由王裕凯召集等重要议案。

四月十五日　在新礼堂主持大夏纪念周会,并听训导长傅启学做《三民主义时间性》讲演。

四月二十三日　上海"大夏护校会"发表宣言,阐述该会组织的局势背景,坦言爱国护校的职志,向校方提出公开表明态度,驱逐傅式说等汉奸教授以及汪派师生等数项要求。后来查获,此宣言是部分学生私自行为,先生嘱沪校彻查缘由。

四月　先生获悉贵州省政府教育厅有易人之意,吴鼎昌与何应钦商讨,欲招欧元怀担任教育厅长。何电话来商,先生以省府约欧元怀,不出两种作用,一即善意,则为减除大夏与省府隔膜及整顿本省教育;二为若恶意,则釜底抽薪,破坏大夏集团,但是大夏集团有悠久历史,只要欧能回溯过去十七八年之勤苦,就可不致受人愚弄,且我等正好乘机发展,反而利用之。先生乃覆何应钦说,绝对赞成,一面告欧毅然前去交约,大夏干部同人无论何人他就,均应认为乘机发展大夏,随时利用机会使大夏前途愈光明。欧元怀以为然。

五月一日　主持大夏国民月会,带领全体师生宣读国民公约誓词后,勉励学生为抗战尽责。

五月四日　与欧元怀联名致函鲁继曾、吴浩然、孙亢曾,建议大夏沪校整体内迁。首先提出,"孤岛教育界在两种政治势力排盈冲突之下,应付将日感困难,而吾校因地位显著及受过去少数关系人私人行动之影响更无从超然事外。振刷校誉,安定人心,演变所至,有难设想,此其一;沪地物价高涨,部发补助费过少,经济问题日益严重,此其二;教育部对沪校早存歧视,饬令停办之说近已有具体表示,再加第一项因素,风传未已,恐成事实,此其三。"

先生接着指出,"按筑校前请改为国立一事与教育部数度洽商,已有成议。惟因沪校牵涉及校名问题不能解决,议遂中沮。然情势既趋,终当求其实现。今沪校前途既如上述,故弟等意见拟请沪校员生全部西迁,与筑校合并,同时即以此办法进行请改国立,保存吾人半生心血所结成之大夏。如此则两校困难可望一并解决,而校史维系仍可不坠,且合并以后一切较为单纯,与部接洽进行时亦易成功,事关我校百年大计,敬希卓裁,并与干部诸同人商酌。至内迁办法,即请于决定后详细拟定,再行函洽可也。"

五月九日 复函吴浩然,告知大夏沪校补助费去向。"查本年一至三月筑校补助费直至四月下旬,始蒙教部汇到,核收时知沪校各月份所该补助费数目业已扣去,推测当系由国库径行汇发矣,但不谂沪校是否收到,希迅见示,以便追核。兹为郑重计,已再函祉祎兄在渝洽询该款下落。关于去年七月所短之五百元,据愧安兄云,约在三月间已托福建省银行连同愧兄家款五百元一并汇沪,由愧兄夫人核收转交,所有汇费折扣等损失亦平均分担,此事早经愧兄函告,不悉顷已转到否?"

五月十一日 在大夏中学部纪念周做训词,提出本校的立校精神有三:(一)牺牲创造的精神;(二)艰苦奋斗的精神;(三)师生合作的精神。希望诸生知道,关于我刚才所说的这些话,不但在本校时应当如此,即毕业出校以后,也可作为立身处世之道。现在正发动全国力量,与敌人作殊死战的时候,我们尤须本此"创造""奋斗""合作"的精神,自强不息,埋头苦干,切勿使一分一秒的时间浪掷虚度。

五月十三日 主持大夏第十一次纪念周会,听社会教育学系梁瓯第作《大凉山的独立倮儸》的演讲。

五月十四日 主持大夏第二十三次校务会议,通报欧元怀辞职慰留、花溪新校舍建筑招标及筹款项情形和财政近况。会议讨论通过组织毕业生职业介绍委员会、健全本校防护等事项。

五月二十一日 接鲁继曾汇报大夏沪校内迁需解决的一系列问题函。鲁认为沪校"目前学校与个人方面处境之困难实为历来所未有。家庭供给时有仰屋之叹,个人生命之安全毫无保障。"对于内迁,提出一系列需要解决之问题。

五月三十日 接吴浩然函报大夏"护校会"事件经过及表达努力维持

沪校之决心。报告说，悉"护校会"曾有"宣言"寄上，竟累钧座远虑，因之并有沪校西迁之计划，不胜惊异。此事发生仅由某党指使，少数同学希图淆乱听闻，校中亦并无护校会之组织，少数传单发出后即为大部分同学所痛斥，明知其为无意识之捣乱，旋经校中出布告（来函系用爱文义路假门牌，该会始终无人出面接洽），学生等均能深明大义，置宣言不理。及第二次宣言发现（当时在走廊贴有数张，即被他人撕去，教室内亦有一大包未分发，现存事务处），乃由省兄及浩召集左派活动之学生，当面凯切训导并详为解释误会，彼等虽均否认与闻，但颇有觉悟，对于学校当局处境之困难深表谅解，以后即未再有其他举动。此事在校中并无人重视，盖此项举动早经在复旦、光华、大同等校发生，所采取之方法及手段大致相同，每处均要求学校当局公开表示态度，若中其计，则自成第二吴志骞，不然，则借口作种种污蔑，与学校当局为难。在复旦则由爱校分子发印传单痛斥该党之卑鄙阴谋（春假前沪校即接到该项印刷品），在光华则张校长迭被包围，受窘不止一次（光华附中扰动尤凶，为时一月余尚未平静），在本校则情势最为缓和也。

本日，又接吴浩然函，告知去年七月份所少补助费已收到，函曰："筑校去年所少七月份补费五百元愧安兄由闽汇下，于月之二十三日收到（除扣去汇费七十九元八角三分，实收四百二十元一角七分），兹奉上收据一纸，即请察收。沪校补助费承示由教育部扣出另汇，现仍未到。闻复旦已收至三月份，敬恳就近催促迅予汇发，盼切切！"

五月　大夏有三位毕业生深令先生失望。一是周翰远。毕业大夏中国文学系，颇自负，家小康可温饱，不必奋斗亦能生活，上年令在大夏任助理，谢六逸似不甚满意，使周任职未久而辞。先生以为其过不在意周，今年遂召为自己随从秘书，但信札非其所长，撰稿亦不合用，初以为加以训练或有进境，处三月成绩毫无，而思想不立，做事松懈，得过且过，精神不振，种种令先生失望，嗣以随身事少，恐不足以资力练，又令至校中主编《大夏周报》，殊甫编两期，弊病百出，已只好听其辞职，此周生之令人失望者也；二是胡工群，初以为尚具组织能力，令负较重责任，不料恃才而矣，为朋辈轻视，得钱浪费尤属荒唐，终至因家境压迫，生活困难一蹶不起，此又令先生失望之一；三是张志辉，因为大夏校内师生不齿，乃介绍其至职校任教务，又不负责任，为职校同人鄙弃，此亦令先生失望之一。

先生曰："前三人皆贵州青年，在大夏本科毕业者，余对之希望极大，无一人使余满意，殊可浩叹。"

六月一日　主持大夏建校十六周年纪念大会暨国民月会。在训词中表示，以政教合一，推行抗战教育，精神训练，促进西南文化，科学研究，协助政府开发西南资源，为本校迁来贵阳之努力目标。"本人特于本校十六周年今日，提出'发扬大夏精神'之口号，望全校师生悉力以赴。"

六月四日　为防范窃盗、整饬门禁及策进空袭之防护起见，颁布大夏全体学生校内外一律佩戴襟章，以便门警识别并使在逃避警报时彼此得资联络，万一有人被炸负伤，亦可迅施救护。

六月六日　复函鲁继曾、吴浩然，同意继续维持沪校并相约暑期会见。他表示，关于前建议沪校内迁一节，当时因据各方消息推知沪校处境困难，前途黯淡，不胜杞忧。同时接养吾兄来函有"到不了时一走了之"语，辞极消极，诚恐两兄过分为难，并为筑沪两校永久前途设想，故有此不得已之拟议。至此事牵涉之大，进行之难，群等初亦知之。兹承省三兄列询各点，自系实情。倘权衡轻重，熟审利害，事属可已，何幸如之？沪校近况尚称安定，并不若前闻之岌岌，则唯有请兄等仍本坚毅苦斗之精神，继续维持沪校光荣历史，勉渡难关，是为企祷。

在复函中，先生约定七月中在香港或海防会晤，"惟愧安兄新任厅事，百端待举，未便因大夏而离职守。群亦因中央会议，本月将赴渝出席，便中并于本校目前各项重要问题与中央有关当局洽商解决，容待得有结果再行函达或约期晤教。"

六月八日　出席大夏社会教育系纪念社教系成立十周年庆祝仪式并致辞，听创办人马宗荣发表题为《大夏社会教育系立系十年来之回忆》长篇讲演。

六月九日　出席大夏花溪新校舍破土典礼，握锄破土，主持并报告花溪校舍筹建经过。全校教职员及大、中两部学生，各机关、学校代表，当地群众一千余人到会，最后燃放爆竹庆贺。

六月十日　主持大夏纪念周会,听文学院教授吴道安①做《郑莫两先生之治学精神》报告。

六月十四日　呈请教育部准许大夏贵阳部分因经济困难无法维持而改为国立,报告谓②:

　　窃本校自抗战发生后,校产大部分毁于敌火,既迁设黔垣,学费收入又形锐减,经济困难,不易维持,为求能不辱抗建时期高等教育事业应负之重要使命,前经于二十八年一月呈请钧部将本校改为国立有案,迄未蒙核准,及今又一载有余,黔垣物价逐日在飞涨之中,而最近情形为尤甚,本校员生生活备受严重影响,学校各项开支,亦从增大,经费益苦不敷。教授方面因待遇不能照国立大学增加,而国立大学又重币争相延聘,故时发生离校之念。学生方面,鉴于一般国立大学收费较庑,并多免费优待机会,为减轻经济负担,亦纷谋转学,或竟拟自动辍学。窃以此种现象,不唯将动摇校本,陷学校于无法维持之途,而无形中足以消减抗战建国部分之力量,阻滞本省高等教育前途之推进,影响之巨,尤为堪虞。查黔省对于设置院系较为完备之国立大学一事,早为省内各界人士所迫切需要,本校现有条件,既略足相副,经迁黔三年来之努力,对地方文化之贡献亦不无成绩之可言。今倘蒙改归国立,学校、地方自当并受福利。用敢不避援渎,重申前请,除本校上海部分与上陈情形不同,仍拟维持现状外,所有本校贵阳部分,拟恳钧长准予援照最近贵阳湘雅医学院前例,于二十九年秋季改为国立以利进行,实为公便。

六月十八日　主持大夏第二十四次校务会议,议决:(一)续请改为国

---

①　吴道安(1898—1972)名德远,号道安,贵州镇远人。大夏大学教授。北京大学国文系毕业,历任国民革命军第15军政治部任少校秘书、国民党贵州党务委员、省政府秘书长、贵州省参议会副议长、国民政府立法院立法委员。著有《郑子尹先生年谱》《论衡校释》《中国古代史讲义》《贵州政局演变史》《解放前贵州政局演变概述》等。
②　汤涛主编:《王伯群与大夏大学》,上海人民出版社,2015年8月,第132页。

立暨如何进行。除由校长亲赴重庆进行外，并推行吴泽霖、马宗荣、夏元瑮教授代表全体教授赴渝与本校驻京代表王毓祥向教育部申请，同时由全体教授联名电请教育部；（二）历史社会系及数理系分组；（三）二十二日举行毕业生话别会；（四）推傅启学、吴泽霖、王裕凯、夏元瑮、章颐年、金企渊、李青崖、张尧年、陈景琪、林伯坚、曾慎、陈一百、徐汉豪等为组织学生生活贷金委员会委员；（五）组织黔籍学生免费审查委员会等。

六月十九日　致函大夏沪校校务会议，要求妥当处置"护校会"事件。函曰："接展五月卅日来札并五月二十七日亢曾弟一书，籍悉沪校近况甚为良好，所谓护校会等事变幸承诸同人处置妥当，均得弭患于无形，今后学校之维持及校务之发展以诸同人爱校心切亦愿勉为其难，我沪校光荣历史终得赖以不坠，私心欣慰匪可言宣。关于前议沪校内迁问题，兹既非客观情势所必需，自当作罢。"

六月二十一日　出席大夏四十名毕业生话别会，勉励大家发扬大夏立校精神，为社会服务。

六月二十七日　主持大夏第四十三次校务行政委员会，傅启学、王裕凯出席。讨论在渝招生地点及负责办理招生人选、添设添设学生门禁和下学期学生须一律穿着制服等事项。

六月　参加吴泽霖夫人陆德音教授葬礼。保志宁忆述[1]：

> 吴泽霖先生的夫人陆德音女士在中央医院病故。陆女士早年在大夏毕业，即赴美深造，回国以后就和吴泽霖先生结婚，婚后生了四个子女。去世时，小的只有四岁，大的仅十岁。吴教授中年丧偶，子女尚幼，备可怜恤。先生与我皆去参加葬礼，伯群先生心慈，为之垂泪久之。

七月三日　主持大夏第四十四次校务行政委员会会议，吴泽霖、傅启

---

[1]　汤涛编著：《人生事　总堪伤——海上名媛保志宁回忆录》，上海书店出版社，2018 年 1 月，第 114 页。

学、王裕凯、马宗荣出席。会议讨论通过花溪区公所深造学生进本校肄业请予欠收学费、通过下学期校务行事历、发给应届毕业生生活贷金、添设注册主任等事项。

七月五日 代电广西宜山黔桂铁路工程局,报送朱朝宪等两名大夏毕业生前来服务。

七月八日 接教育部陈立夫关于大夏改为国立一节暂从缓议的令。令谓:"二十九年六月十五日教字第九九号呈一件——为本校贵阳部分经济困难,无法维持,呈请准予改为国立由。呈悉。查该校补助费业已由部增拨,据称仍无法维持,应俟呈院追加案奉核定后再行酌办。所请改为国立一节,似应依照前案暂从缓议。仰即知照。"

本日,接鲁继曾、吴浩然继续维持沪校并报告秋季开学函。来函表示,大夏沪校此间环境恶劣,应付维艰,无可讳言,迁移合并自为斩截了当。"弟承寄托之重,而事非完全不可为力之时,爰不揣驽钝,力肩艰巨,冀维不替。兹承台命,更当努力奋斗,藉副期望。惟是绠短汲深,尚望南针时锡,俾有遵循。本校春季学期业已结束,秋季第一次招考新生于昨日起举行投考,新生暨试读生共一百四十余人。"

七月十一日 主持大夏第四十五次校务行政委员会会议,傅启学、马宗荣、王裕凯、吴泽霖出席。会议通报财政近况、花溪新购校址业已税契等事项。讨论通过国立大学统一招生委员会拟借本校教室为考场、学生程培元殴打门房予以除名处分、准予职业教育系学生组织野蚕丝业考察周及每人津贴十元。

七月十七日 在自宅主持第四十六次校务行政委员会会议,马宗荣、吴泽霖、王裕凯出席。通报新聘教员情形、黔省府补助本校建筑费五万元业已收到、花溪新校舍事务所业已租定等事项。讨论通过教务长派员赴渝主持重庆招生、青山坡藏书设法开放等。

八月二日 主持第二十五次校务会议,报告根据教育部部令,自二十九年度起教育学系停止招生、花溪新校舍建筑工程情形、下学期添聘张尧年先为教务处注册主任。讨论通过重推请夏元瑮、谢六逸、徐汉豪教授赴渝向教育部申请将大夏改为国立等事项。

八月三日　闻马君武逝世，即发唁电。电报全文曰：

桂林广西大学马校长家属礼鉴：

　　武公党国耆硕，教界山斗，曩年主持本校，经始垂范，永资矜式。遽闻溘逝，同深怆悼，谨电奉唁，至希节哀。

群。

八月八日　主持大夏第四十八次校务行政委员会，傅启学、马宗荣、吴泽霖、王裕凯出席，讨论近一年来之项目设备计划审查等事项。

八月十日　大夏花溪新校舍动工建设。

八月十五日　主持大夏第四十九次校务行政委员会，吴泽霖、傅启学、王裕凯、马宗荣出席。通报派徐传奇赴渝办理招生、定期召开战区学生贷金委员会及黔籍学生欠费审查委员会等事宜。讨论聘请教育学院院长、国立中山大学请求借用校舍、防空司令部函请本校担负防空捐五百元等事项。

八月二十五日　接国立贵阳师范学院函，拟借用花溪校舍及搭建临时建筑。函谓："本院之设为适应黔中需要，故自筹备以迄成立，时间亦未能过长，惟校舍一项缓不济急，前经商请暂假贵校花溪新建校以资办理，并蒙俯允，曷胜感谢。兹拟于该校舍附近择地搭盖临时厨房、厕所数处，将来迁徙时自当拆除，决不致有碍贵校观瞻也。不谂贵校校舍何日工竣，并希示知，以便派员部署是荷。"

八月三十日　函复国立贵阳师范学院，租借大夏花溪校舍临时搭建事。函谓：

　　接准八月二十五日大函，以拟借用本校花溪新校舍洽询各点等由，具仰贵院新规嘉谟，培植地方师资，发展国家教育，与本校所负使命并无二致，所嘱借用校舍一节，自当赞同。惟自本年九月起以一年为限，限期内本校旧校舍万一被毁，仍须共同使用。至新校舍必需之饭厅厨房厕所清室门房等均尚缺如，前由杨秋帆先生转示可由贵院修建,满期后即捐赠本校,合校同人闻之感纫,谅荷台洽,即祈卓裁进行,见复为荷。

九月三日 主持大夏第五十次校务行政会议,傅启学、吴泽霖、马宗荣、王裕凯出席。讨论通过下期拟聘教员名单、各处添聘职员等事项。

九月五日 致电教育部报备延期开学与补助防空洞建筑费,电文谓:

> 职校地处城郊,一过警报,师生疏散山野,迄今幸无意外。惟近日敌机滥炸,且投空中爆炸弹,原拟就近开凿石洞以策安全,因经费无着迄未实行。现情况迫切,务恳钧部补助开凿防空洞费两万元,即日汇下,以资兴工。并遵令延迟开学,秋季学期拟于十月七日上课,不放寒假,统乞核示。

九月六日 主持大夏第二十六次校务会议。通报花溪新校舍建筑工程进行情况。讨论教育部洽请将大夏改为国立,决定请夏元瑮、金企渊、徐汉豪为教授代表赴渝洽请,并由欧元怀副校长和王祉祎以学校创办人资格积极协助推定。

九月十二日 主持第五十一次校务行政委员会,吴泽霖、傅启学、王裕凯、马宗荣出席,讨论通过审核学生证书式样、张渊云为教务处书记等事项。

九月十七日 接教育部函,同意大夏十月九日开学,并通知所请补助防空洞建筑费二万元,俟本年度省私立专科以上学校临时补助费追加案奉核定后再行酌办。

九月二十日 主持大夏第五十二次校务行政委员会,吴泽霖、傅启学、马宗荣、王裕凯出席,讨论因经济困难无法补助沪附中按月划拨五百元等事宜。

九月二十六日 在自宅主持大夏第五十三次校务行政委员会会议,吴泽霖、傅启学、王裕凯、马宗荣出席,报告聘请教员、财政近况等校情,讨论近期事务若干。

九月三十日　在自宅主持大夏第五十四次校务行政委员会,吴泽霖、傅启学、王裕凯、马宗荣出席。

本日,大夏秋季开学,本校注册学生五百三十三人;沪校学生注册一千一百一十五人。

十月八日　主持大夏第五十五次校务行政委员会会议,吴泽霖、傅启学、王裕凯、马宗荣出席。会议报告本学期注册学生等校务后,讨论组织节约建国储金团本校劝储委员会等事项。

十月十五日　主持大夏第二十七次校务会议。议决征募寒衣价款在教职员方面由总务处照章扣捐,学生方面由训导处进行征募;社会教育学系办理兼办社会教育事业及部令推行家庭教育;组织成立节约建国储金团本校劝储委员会;创办商学院附设商科职业训练班案等事项。

十月十七日　致电教育部陈立夫,再度请求拨付补助防空洞建筑费。函曰:"兹学生大致到齐,所有防空石洞之建筑,似不宜再缓用,再渎陈拟恳钧长迅赐拨助是项建筑费两万元,俾便兴筑而策安全。"

十月二十一日　主持大夏第五十六次校务行政委员会,通报本校有山坡图书室开放等校务后,讨论并议定事务多项。

十月二十六日　主持大夏学会第二次理事会,增聘徐傅季、周翰远为文书,筹设本会固定会所,筹募基金增聘陈静、陈立言、陈贤珍、钟焕新、叶盛华为交际组交际等。

十月二十八日　在校长室主持大夏第五十七次校务行政委员会会议,吴泽霖、傅启学、王裕凯、马宗荣出席,在报告本学期注册学生总计五百三十四人、陈一百教授辞职等事项后,讨论并议定添聘教职员等校务多项。

十一月五日　致函大夏沪校校务会议,告知黔校经济现状、争取大夏国立事宜。函谓①:

接展九月十七日台翰,承告沪校秋季招生及经济困难情形,并于沪黔两校之联系暨补助费用分配诸端有所建议,具念楮柱艰巨维护

---

① 汤涛主编:《王伯群与大夏大学》,上海人民出版社,2015 年 8 月,第 138 页。

教育之盛心，无任感慰。

自外汇低落，物价腾涨，影响所及，黔沪两地几亦一致。以今日黔校困难情境相度，更知台函云之莫非真象，怀念同情自无待言。查黔校经渝概况，以本学期为例，学生共五百三十四人，其中免费黔生与夫贷费之战区学生几占半数，学费缴纳共仅四万五六千元，而开支预算平均月需两万至两万五千元之数以上，学费相抵不敷一月之用，每月部方共补助一万一千元，仍差万元左右之巨额，教职员待遇近虽稍予改善（十月份起专任教员及职员统加米贴二十元），然与一般机关学校比较，相去尤远，故人员征聘极感费力，而旧教员之引去者踵接。此次教育学院院长章颐年先生辞职来沪，要亦为经济关系，至今继任犹虚其选。

处此情形之下，弟等再四筹维，实觉除仍请将本校改设国立之外，无法长此支持。经迭在校务会议提出，询谋佥同，并推派夏元瑮、徐汉豪二先生为教授代表，去渝洽请亲谒陈部长。惟此案过去迭经呈请，情形转滋复杂，而原有症结所在亦无法解决，结果不获要领而返。兹弟等为舒目前艰危，尚拟本省三、养吾兄夏间函示意见，再试为黔部单独进行，成效如何，绝难逆料。设万一有望，自当力请于原有补助费保留相当数为沪校地步。惟据夏先生报告，以部方为沪校与宗寅[①]兄等一层关系，终怀成见，而本校毕业生之现任事部中者亦不免同此见解，致对两校态度竟生轩轾。即今经费支配未能平衡，亦因为部方之主张暂时终难调整，自移动汇兑固属困难，部方人员调查所及更属不便，凡此委曲情实，幸请鉴谅。

至两校联系一节，彼此原属一体，自当力求改进。值今非常时期，邮递困难，率多延误，益以后方空袭警报频繁，校内工作备受阻碍，缘此或有疏略，事出无意，希勿误会，并望随时匡其不逮。关于沪校与教育部直接往还，原较便捷。此次夏先生及元怀在渝试探部方

---

① 注：指傅式说，字筑隐，1938年投靠汪伪政权。为避讳，用"宗寅"为筑隐之谐音。

意见，终觉困难，故未正式呈请，先布腹心，余容续详。

十一月八日　主持大夏第五十八次校务行政委员会，会议通报各学院上课情形、导师分组情形、胡工群辞职等校务后，讨论并议定教职员加薪等事务。

十一月十三日　接教育部关于大夏难于改为国立一案的代电，电文谓："申哿①代电奉悉。关于大夏改归国立一案，容岁据该校呈请来部，经承奉行政院指令：改为国立事，缓议。由部查明该校实际情形，增加补助。并由部专案呈请核准每年增拨该校补助费八万元转知在案。目前中央财政困难，所请改归国立一节，难以照办，至该校经费困难，本部现已汇案呈奉行政院核准，追加一次补助七万元，一俟奉发到部当即拨发。尚希共体时艰，勉任艰巨为荷。"

十一月十四日　主持大夏第二十八次校务会议，谢六逸等委员分别报告所主管部处的校务，随后讨论议案多项。

十一月二十一日　在校长室主持大夏第五十九次校务行政委员会会议，吴泽霖、傅启学、王裕凯、马宗荣参加，会议通报教育部拨付一次补助费万余元、财务近况等校务后，讨论并议定学生曾华尧伪造入学证件予以除名处分、组织出版委员会等事项。

十一月二十九日　接大夏沪校校务会议函，拟向教育部详陈立场及协商公文办理流程等事项。函曰："本校以沪黔远隔，交通艰阻，与教育部往来文件由黔校承转，实苦费时废事。今部方不谅，疑二横生，未免令人气短。自政局变化，热衷利禄者何校无之？此为个人行动，根本即与学校无涉。本校立场纯洁，态度鲜明，事实俱在。即现有之全体教职员，可谓均能敢守岗位，坚定信念，苦干苦教之精神，当不稍逊于本校创办之初。"函再曰："顾今日在重重压迫之下，环境复杂，生计艰困，其处境之苦，实视曩时为甚。忠而得谤，信而见疑，宁非千古憾事？部方驻沪人员对各校情况夙所明瞭，似不宜持隔膜二字，不加奖掖，漫致猜疑。此事尚望钧座向

---

① 9月20日。

教育部当局详细剖陈，冀获同情，则不仅同人之幸也。本校经费短绌情形，曾经陈明，谅蒙洞鉴。下年度拟请就教育部增加补助费中添拨若干予以接济，藉维不替。沪黔两校在钧座领导之下本属一体，为求增加办事效率起见，教育部新颁规程表格等请于收到后迅由航空寄沪，以便遵办，而免两校稍有参差。所有呈部案件，拟逐由沪校办齐寄呈钧座核发，不必再经筑校教务处等之承转，是既可省筑校教务处职员抄写之劳，而使两校任相同职务者负相等之职责。关于现行行政及会议组织应如何改进之处，并祈赐南针，俾有遵循，幸甚盼切。"

十一月 与杨秋帆、马宗荣、商文立同赴安顺为大夏募捐。

十二月一日 在《大夏周报》第十七卷第三期发表《诸生要认识现在所处的时代和环境》。文章指出，"我们今日所处的环境，是争生死存亡的恶环境。敌人的飞机大炮，惨无人道的刺激我们，无论如何冷酷的人，决不能无动于衷，敌人的侵略野心，是要强占我们的土地，灭绝我们的种族，我们还能忍辱含垢而不奋斗吗？"文章提出要认识三个基本要件：第一，抗战建国必胜必成问题；第二，国际关系错综复杂问题；第三，认识自己问题。

十二月三日 在校长室主持大夏第六十次校务行政委员会会议，吴泽霖、傅启学、王裕凯、马宗荣出席。会议通报聘请教员计划、财政近况等校务，其后讨论并审定改善教职员待遇等事务多项。

十二月五日 致函鲁继曾、吴浩然、孙亢曾，再次建议大夏沪校内迁。函谓①：

前于十一月八日复致沪校务会议同人一函，详陈黔校经济现状及进行请改国立情形，谅蒙收詧。嗣后，群为此事曾与何敬之校董数度通话，继续洽商，最后据复以私立大学因经济关系近请政府改为国立者有复旦、金陵等数校之多。政府以财政困难，卅年度新事业概不兴办，故一律未准。大夏情形陈部长原已深悉，复经何校董疏通，当

---

① 汤涛主编：《王伯群与大夏大学》，上海人民出版社，2015年8月，第139页。

蒙允拨一次特补费陆万元,业已汇到。

惟黔校本年度经费预算不敷在数万元以上,而以前亏短之数犹未计入,今即以此款抵补相差尚巨,尚不知如何以渡此难关也。前迭承函示,沪校经济支绌各情,时时在念,亟应为力。兹经提出校务行政会讨论决议在六万元内专拨六千元汇沪,藉资补助。惟目下汇水太高,刻正竭力设法,冀稍减低,俟得结果,即行奉告。尚祈转达同人,共体时艰,曷胜祷幸!再沪校经济既如是之拮据,又加其他环境上之困难,恐不易照常维持,群前曾建议内迁一途,拟请同人再为考虑。诚能两校并合,则干部增强,力量积厚,未始非转捩机运、拓展前途之善谋也。所有内迁时同人旅资,当可由黔校代向部方申请补助。

十二月十日　主持大夏第二十九次校务会议,通报教育部拨给本校补助费六万元,转拨六千元给沪校。各部处负责人分别报告所负责校务。讨论:(一)通过春季学期不再招收一年级新生案;(二)通过德音奖学金办法;(三)推举毕业考试监考委员;(四)先行编印丛书出版等事项。

十二月十二日　致函大夏沪校务委员会,通报黔校财政窘困,以及速报收支情况以利呈报,函谓①:

黔垣物价逐日腾涨,今试与沪上比较,所有饮食之需已高一倍,日用物品则数倍焉。黔校开支不敷情形具详前函,同人待遇经费限制,较在沪时不过加百分之七,而生活所需则超过五倍至十倍。故微闻稍有不逮沪校者亦不免慊然,诸君设身处地必加同情。

黔校收支既入不敷出,本年度相差在十万以上②,而部方补助款额又无不指定用途,每届详报开支情形,稍有移注,必受指斥。凡此事实,一向公开,上自部方,下及全体同人,无不知之。今承函嘱添拨沪

① 汤涛主编:《王伯群与大夏大学》,上海人民出版社,2015年8月,第141页。
② 原信旁注:收入即部助十六万四千元,除一万八拨沪外,余十四万六千加学费收入三万共十七万六千,而支出每月约二万二三千,年支二十七万六千,故差如上数。

校经常补费,午夜傍皇,诚不知如何筹措方能报命。此次力竭声嘶,请得特别补助六万元,用抵黔校亏空,已余无几。于万分困难中仍为转拨六千元汇沪,杯水车薪自难言裨益,仍拟再向部方特为沪校要求。

惟沪校财政迭次所示皆在简略,详细收支毫不明了,实难据为根据以对部方,可否请列表详示,俾明真相,藉资参考? 至沪校教务注册方面报部事项,向由黔校教务处承转,如学生学籍呈报必预为详细复核再报,为避免错误计,不得不如是办理。然部方抉摘苛细,犹不免啧有烦言。以后此项表册无论迳寄群①处或仍寄教务处,至盼沪校负责人员周密注意,以免过您,是为企幸!

十二月二十日　在校长室主持大夏第六十一次校务行政委员会,吴泽霖、傅启学、王裕凯、马宗荣出席。会议通报财政近况、贵州省士绅捐建校舍一座等校务,其后讨论并审定聘请教职员等事务。

十二月二十七日　在校长室主持大夏第六十二次校务行政委员会。会议通报财政近况、中学部情形等校务,其后讨论并审定了一些事项。

十二月三十日　致函鲁继曾,勉励维持大夏沪校与敦促准备收支报告。函谓②:

接奉十二月十二日手书,藉谂沪校近状尚属稳定,谭府清泰,至以为慰。惟沪市物价暴涨一至于此,瞻想诸同人生活清苦及艰难奋斗情形,弥为感念。

而吾兄身先标率,自奉尤菲,更非精神笃毅、操持过人者不克臻此! 黔校同人情形要亦约略相似,群虽迄思设法调剂,一时终难筹顾,容当徐为计议,共资维持耳! 瑗仲、庆增两先生离职实为沪校一大损失。至所嘱再向部方解释始终一节,查前愧安兄数度晋都,早向敬③、

---

① 即王伯群,以下均同,余不另注。
② 汤涛主编:《王伯群与大夏大学》,上海人民出版社,2015 年 8 月,第 143 页。
③ 指何应钦,时任国民政府军事委员会参谋总长。

立两校董剀切剖白,然口舌之效亦殊有限。今倘再为函牍,恐徒见词费,益复难邀督纳。

计唯有俟群亲赴渝都时相机陈说,似较径便,以为何如? 前函拟请将沪校收支见告一二,以便作向部交涉材料,想已达览。关于沪校房租加价问题,兹特尊嘱备函试向虞君①说词,还请就近转送洽办,临书不既,余容续详。

十二月　接待大夏赵静②校友偕都匀县政府科长刘仰方来访。先生觉其沉着多智,英勇有方,自言欲带兵上前方杀敌,不欲在后方任教,其志尤可嘉。先生决定以教人亦将之其效,更宏望勿放弃。

---

①　指虞洽卿,大夏大学校董。
②　赵静(? —?),江苏泰兴人,1937 年在大夏理学院毕业后,先后赴日本入士官学校、德国入陆军学校专研究炮科。回国后,入参谋本部,服务三年,又任某军参谋长数年。抗战军兴,在沪参加作战,颇著劳绩,得长官嘉奖,近史文桂调炮兵学校,教育长约之同赴炮兵学校任事,炮兵学校迁都匀,与都匀各机关事业十余人组织大夏学会分会。

1941年(民国三十年　辛巳)　五十七岁

一月一日　主持大夏庆一会三典礼合并致词,成礼后旋即观学生球类比赛。

下午二时,往大夏参加教育学院所主办游艺会。三时,往男女生宿舍参观,意在清洁比赛,结果女生宿舍第六号最优,男生宿舍第七号勉可观,见有闭门不开放拒绝参观者,觉可恶也。

晚七时,往大夏参加同乐会,认为话剧、平剧都可观,至十一时半方回家。

一月四日　上午,召王裕凯询大学部校务。先生告教育部垫款六万,其余一万筑、沪各五千元须再经财政部核发文。听赵发智来坚辞职业学校校长,先生暂不允。

下午,与郑道明先谈校务,次谈黔政,再次谈社会问题。

一月六日　主持大夏纪念周会,听李昭思主讲《抗战时期的金融》。曾广典报告中学部安定,惟本学期亏空万元之巨,尚之惧也。

一月七日　得鲁继曾、吴浩然、孙亢曾联名函,表示不想轻易放弃沪校。函曰:"接奉十二月六日航示,备悉种切,筑校经济艰窘,得部款补助可暂苏一时,曷胜欣慰。承赐拨六千元补助沪校,至感关垂维护之盛意,切盼能早日设法汇下,以解涸辙之困。此间现正办理学期结束,一切如常进行。至处境困难,沪上各校均同此感。顾念孤岛教育关系綦重,果未至最后关头,势难轻易放弃。矧在此整个局面尚群谋奋力支撑之时,我校尤未便先事撤退，故唯有竭忠尽智作最后之努力，以期待将临之胜利耳！至为未雨绸缪计，自当遵示妥为筹划，届时再乞钧裁也！"

下午四时，召集大夏黔籍干部商讨补充人员，建立管理中枢神经。

一月八日　下午二时，与王裕凯商谈关于提高教职员待遇事。先生认为须先筹收入之增加，教育部三十三万四千元能否确定为经常费须先知道，黔省府三十年度能助若干亦一问题。当教育部助款不减少，则目前收支可相抵，省府能助五万，则待遇百分之十则易办到。五时，在东吴食府参加大夏毕业生联欢宴，至九时始散。

一月九日　上午，在校长室主持大夏第六十三次校务行政委员会会议，吴泽霖、傅启学、王裕凯、马宗荣出席。讨论通过电请教育部救济沪校教职员、组织社教推行委员会，推王伯群为主任等事项。会上，吴泽霖表示要离开学校，拟请夏元瑮兼任其职务，仍以张尧年佐之。马宗荣亦决定辞职，欲以李敬思继之。会议决定自下学期起，每人再加津贴二十元。吴主张三处长各加职薪五十元，未及通过。先生提议年久功著者加特薪，吴恐流弊多，未予通过。

中午，与曾广典商大夏中学部购地及立案事。

一月十日　听周蜀云来说，吴泽霖拟离开大夏，为经济原因多，如能每月加给百元则可留，望再挽留。先生告以已挽留数次，又派王裕凯往留，马宗荣、谢六逸、夏元瑮亦恳留，而吴最后说到清华大学可以运动出洋一次，此则为大夏所不能者。

一月十一日　晚，与欧元怀先谈中日人事动态及经济情形；又谈中学不易维持，主任人选困难。先生当托电约并托物色他人；最后谈省府补助问题，欧说吴鼎昌似未允，待欧于数日内再促之，至十时方散去。

一月十二日　见报载政府准国立各大学教授十足支薪。先生以为私立教授亦应力争救济，拟电教育部。马宗荣主张各教授出名，吴泽霖主张先生出，王裕凯则主张校长领衔全体教授均列名。先生以为分电为妥，因电文措辞各不同，当令孙尧年起稿，明日再核。

一月十三日　吴泽霖提出欲离大夏而赴西南联大任教，先生第四次提出慰留。

　　第一次，吴谓自其夫人陆德音死后，家庭惨变，遗孤儿四人，触目伤心，致夜夜失眠，非变更环境不可，而大夏行政事务重要，以此心境不快之人，担任恐将误事，先生建议曰："君当以速解决续弦问题，使家庭间有生气。久独神伤，亦非逝者之愿，至大夏中坚的少有悠久历史，如君者何能轻言离去，请勿萌是念。余德薄能鲜，尚在此撑持者赖有君与三五同人之助耳，三五同人均纷纷言去，余亦无意于此。且欧元怀暂离而君等相继而去，人必谓余有负于三五同人也。"吴泽霖闻后，泪下沾襟，哽咽言曰："君厚甚感"，遂言不成声。

　　第二次，先生派王裕凯代表敦劝后，吴泽霖至校长室，又提及势不能留大夏，上学期已将去，因陆之变而留一学期，西南联大排课相待对人，信义攸关，请君相谅，身虽离大夏，心永不相忘也。先生当谓："自夫人逝世，个人收入顿减，生活程度增高，困难自所不免，此吾人之应代君解决者；家庭环境恶劣，致心神伤感而痛苦，此吾人之应代君清润者。凡此两端，非无解决之方，千万望打消辞意。"因他人来访，吴遂别去。

　　第三次，在行政会议席上述事，马宗荣相继挽留，提出一年功加薪及年久特薪办法讨论，计吴泽霖在大夏有十年以上，应每月给薪一百元，其他五年以上，十五年以上者亦比例如特薪有差，而吴泽霖反对道："学校经费拮据，不能为我一人而每月支出如此巨款，全特薪之法，亦宜详加考虑，勿仓决定而欠周妥，反取纠纷，至我之赴西南联大有一计划，于我今年四十六七矣，事业未成，切欲于学问，多加研究，故到彼处，亦不负行政责任，专门讲学，希望不久可援例得公费出国进修一次。"先生当答："君方壮年，想事业不成，余已五十六七岁，更不宜以大夏自限，尚大夏能改国立者亦可办到以公费约君出国也，至研究学问，不负行政责任则大夏亦能办到。"最后仍无结果而散。

　　第四次，先生又切盼吴泽霖早打消辞意，因全体教授、一部分学生已有挽留，吴泽霖之信致先生，殊不知留之之切也。先生除将当时各方促之情形告吴外，望吴勿拂众意，而吴则以极简单之词答曰："我留此不能行使职权有何意义，不特对不住大夏，而个人亦至痛苦，举马宗荣反对欧元明毕业为例"。至是，先生始恍然，非离去不可矣。

一月十五日　听王裕凯来汇报连日王衍康、蒋建白到校视察情形,并商下期补充人员办法,久之始去。

一月十六日　接大夏沪校校务会议经济状况及有关收支报表。

一月十七日　接待大夏毕业生温耀祥来访。据介绍,其在广东梅县任财政部所得税事务处湘梅区分处主任,因事赴渝过筑。梅县有大夏毕业生十余人,皆有事做,惟学会未及组织。先生当嘱其速为组织,俾结合云。

本日,邀请清华大学政治系主任浦薛凤来大夏做《治重于政》的学术演讲。

一月十八日　听欧元怀来谈马寅初最近在渝行动,大有为共党利用之嫌;王克仁将来筑,筹农工学院,势将离开重庆大学训导主任职;又言王衍康对大夏印象颇佳,尤以训导部分为最。

一月二十一日　上午,与王裕凯谈校务,闻马宗荣与吴泽霖又因欧元明学分问题发生争执。吴泽霖且召集院长示以教授公然侵权之利害,谢六逸、夏元瑮、谌志远以己身关系则表同情于吴,王裕凯亦以教务处有法律为根据,以马为欠周到。

下午,听马宗荣亦来告,且愤而辞曰:"教授如此无权,大夏如此腐败,吾不愿再做下去"云。先生当告曰:"以凡事先须占稳地步,吴处处以法为词,似有根据,君宜将经过事实可博得群众同情者,笔之于书,公诸大家,是非自判,曲直自明,否则仍失败也。"

一月二十二日　上午,发一电文致程天放并转黄离明,曰:"敝校教育学院须望重学博者主持,拟请离明兄届驾,川大多才,大夏艰困,两兄贤豪尚新概允,王伯群,养。"托马宗荣加电约之,并声明月薪实文三百三十五元。

会见周润初。周为贵州有名数学家,是先生留学日本时之旧识。回国后,周始终教书,久居川黔,故二十余年不相见。先生一见即约之在大夏任教,声言不放之回川,周则以根基已在成都,势将回川云。

晚,与傅启学、马宗荣、谌志远、张尧年、郑达儒等互谈政治及党务,至十时半方休。

一月二十三日 上午,去邮政储金局取大夏附中存款证明书,并交周崇德携大夏附中立案文件送省教育厅立案。

晚,接待谈宗禄、徐高祖、涂爱民三人来访,先生请其与王裕凯一谈。孙尧年介绍宗禄教书颇成功,遂决今之在大夏附中任史地或兼任教务,至徐、涂二人则仍以赴龙里任该县简师为宜。

一月二十九日 接大夏沪校校务会关于学校经济状况及有关收支报表等报告。

二月一日 主持大夏第六十四次校务行政委员会会议,马宗荣、傅启学、王裕凯出席,讨论并议决事务主任卢世鲁调充社会教育研究室主任等多项校务。

二月四日 主持大夏第六十五次校务行政委员会会议,吴泽霖、王裕凯出席,讨论通过本年度预算、朱伯奇为大学教授兼附中主任、定期召集校务会等校务。

二月五日 上午,闻窦觉苍来告,邹宜夫欲来大夏中学任国文教员事,先生当托窦一函,请张梦麟促成之。听赵发智来谈经营桐油、猪毛事,先生表示考虑后再办,若以二万三万试办自不妨也。

下午,先后听朱伯奇、孙尧年、袁淑英来请示大、中两校事;周崇德来请示中学登广告事。

二月六日 上午,听王裕凯汇报教育学院各系已准备就绪,下学期起如不关实用之课程暂省略,对教育部另请备案也。

闻张尧年辞注册主任,先生当此恳挚慰留。

二月八日 上午,听曾广典来告已将大夏附中事交代朱伯奇。

听王裕凯来请示一切,大学部欲请之人皆就。先生又发一电约汝奠基为教育学系主任,然担心恐未能,国立大学一普通教授至少有三百五十元以上,大夏二百四十元,相差如此此钜,安能罗致人才耶。

晚,与吴道安、谌志远、傅启学、窦觉苍谈校事、黔事久之。朱伯奇建议以谈宗禄为教务主任。先生允之,并告以速聘周国彬为高中国文教员,杨晶榛为初中国文教员。

二月九日 上午,阅周崇德携贵州省府已准大夏中学立案批文阅。

中午,听胡宏模来言,昨日毕业生宴吴泽霖表示挽留,并推代表来见,请慰留云云。

二月十日　中午,宴大夏全体教授及本届毕业生,共五席,并摄影纪念。

下午四时,主持大夏校务行政会议,至六时散。

晚,接待杨秋帆来访。杨主张应用政治手腕缓和黔事而维大夏一面,与陈立夫合作造就人才准备将来。先生曰:"此种主张,原则上自然赞成,恐失身份,为不值耳。"

本日,起草《致大夏同人书》,拟辞大夏校长职,书曰①:

> 敬启者:伯群臧患,余生躯屏,钩近愈失眠便血,神经亏痛,旧疾时发,昼夜不宁,衰惫不堪,困苦万状,中西医药均无效,似能情形决不能担负任何工作,大夏校长一职不能不辞矣。除电教育部及各校董辞外,特此奉达。伏念大夏十六年来之约有今日者,得天时、地利与人和也。今者长期抗战,军事第一,人民流离转遗,困苦万端,无力求学,此无时不如前矣。贵阳素称贫瘠,交通不便,而国立大学环绕四周,私立大学难与竞存,此地利之不如前也。同人不远千里而来,各有其苦衷及其不能解决之问题,各人之精神将各有之精神与物质,拘捐甚大,此人和之不如前也。

二月十一日　上午,接待戴广德等代表一部分毕业生来见,为挽留吴泽霖,先生当延聘挽留吴经过告之。

晚,赴东吴食府参加欧元怀任专长宴。

二月十二日　上午八时,接待马超俊之子来见,其欲转入大夏研究会计,当令往教务处见吴泽霖。九时,赴交通银行收款,又在阿麻照相馆摄四寸相,拟印给本届毕业生。

中午,偕保志宁参加大夏各教授公宴。

---

①　王伯群:《容公日记》(稿本),1941 年 2 月 10 日。

二月十三日　召孙尧年来,告以撰呈教育部文大概及其他各件办法,并给一月份津贴五十元。

听朱伯奇谈校务,介绍他与吴照恩相晤。

晚,为大夏困难作致教育部长陈立夫函,请求救济。

二月十四日　上午,继续作致陈立夫函,交马宗荣携往面呈。大意表示大夏恐不能维持,请政府接收,否则唯有停办云。

二月十五日　上午,往大夏办公,在大学部派徐绍彝暂代总务长职务。

晚,闻吴照恩来辞大夏附中训导主任。先生令其先向朱伯奇一谈。

二月十六日　下午,接待杨秋帆、王克仁来访,略谈贵州农工学院及大夏之关系而别。

二月十七日　与吴照恩等四人谈大夏中学部事。

二月十八日　上午,作复李仲公、宋述樵、罗星、陈文彬诸人函。

下午,听王裕凯报告大夏文学院学生宋人豪等五人为李青崖教授护言,说李劣迹系丁飚松所为,请以制止。先生当答该生等原则上主张甚正,已告王裕凯制止,惟李秽德彰闻,有忝厥职,亦太可恶。

二月十九日　下午,主持大夏第三十次校务会议,报告二月份起增加专任教职员津贴每位二十元等校务多项。会议推吴泽霖等十一人为战区学生贷金审查委员会委员;推谢六逸等八人为黔籍学生免费审查委员会委员;通过应得各种奖学状学生名单;通过本届毕业生名单,未缴论文、学分不足者不得毕业等。

二月二十一日　下午,接待刘为章之女公子刘沉刚为入学事来访,何应钦并为来一信证明证件损失。

二月二十二日　上午,与谌志远谈校务。

中午,接待杨秋帆、刘万全来谈为大夏捐款事,遂相约至燕市酒家午餐,并召交通诸人共食。

下午,听朱伯奇来报告中学校务。

二月二十三日　上午七时,与夏元瑮、欧元怀送吴泽霖赴昆明西南联大。先生见吴之孤儿三人,不禁为之心酸。旋与夏元瑮谈校事,其不肯兼代教务长,先生再三促之尚未允。

中午,先后与丁纯五、蒲定菴、窦觉苍、吴照恩谈相关校事。

二月二十四日　与谢六逸商谈文学院社会系,决以张少英代主任,社会研究部主任以谢六逸兼,副主任以陈国钧升任,并拟请金某为文学院国文系教授,备替李青崖。

二月二十七日　赴大夏办公,听王裕凯来告添聘教史情形。与朱伯奇商中学部事,坚持已开除者,不愿一人回校。

二月二十八日　听戴蕴珊汇报大夏商科训练班及建筑校舍事,先生允与金企渊、梅德昌商后再洽。

二月　贵州富绅华问渠捐赠田地四十余亩作为大夏花溪新校基。大夏除登报鸣谢外,呈报教育部授予奖章,谓①。

> 本省富绅华问渠先生,乐善好施,久为全省人士所尊仰。其对于教育、文化、生产等事业,尤尽力提倡。本校自迁黔以来,即计划在贵阳花溪建立永久校舍,向各界人士募捐,均承解囊相助。最近又承华问渠先生慨捐田土四十余亩,本校除登报鸣谢以彰嘉惠外,并呈请教育部依照捐资兴学褒奖条例,授予奖章以资奖励云。

三月一日　阅中学部职员表,见朱伯奇做事太不公平,发聘书定薪给不预送存根签名,致起不平,鸣又侵权,先生拟与王裕凯一谈,询明真相再图补救。

三月二日　听欧元怀来谈其子欧天健近况,托告钱永铭将令入桂谋事,问先生是否能相助。先生告大夏近况之艰,问贵州省府是否能补助,欧略言与吴鼎昌谈话经过,似无希望。

本日,接马宗荣电话,说已见陈立夫及同乡谈及大夏情形,并谓何应钦极为关心,催速往渝。

三月三日　主持大夏中学纪念周并训话。结束后,又主持大夏纪念

---

① 《华问渠先生捐产助学》,《大夏周报》,第17卷第6期,1941年2月20日。

周,报告新聘教职员情形暨其他重要校务、近月来国内外时局形势,并阐明国际形势之转变,尤多与我国抗战有利,惟战争逼近胜利阶段,亦为困难最甚时期。本校内系私立,在人力物力比较薄弱之条件下,仍能维持坚整阵容,使诸生得在此安心乐业,事至不易,希各努力勉进,毋负在此求学之时机与环境云报告国内外形势。最后领读国民公约誓词。

三月四日　访夏元瑮,请其相助慨允兼任教务长,夏有允意。

三月六日　在自宅主持大夏第六十七次校务行政委员会会议,傅启学、王裕凯出席。讨论并议决教职员聘请、调离、待遇提高等项校务。会议结束后,与吴照恩谈中学事。

三月七日　上午,与戴蕴珊谈会计训练班事。戴顺为女生胡家请求入大夏中学,先生当给一介绍信。

晚,阅王沿津送来一信。信中说教育部当局拟以马宗荣任黔教厅长,又谓某君言欧天健附逆有据云云,欧元怀谓黔教厅长可放弃,欧天健已将入桂。先生阅后告曰:"此种谣传不可深信,黔教厅长非任何人可一厢情愿,即教育当局有更动意,必先向何应钦一谈,何必告我,因欧之出任为何赞同所致也。"赴贵州省教育厅,与欧元怀谈黔中中等教育太坏,故农工先修班以十七分为及格,殊可痛。欧有所感,拟向吴鼎昌辞去一切兼职,专门整顿教育,先生亦赞同此举,九时半别。

三月八日　嘱大夏办公室备一函向公路局姚局长商请于赴渝,沿途加油交梅德昌往接洽,旋至教务处各研究室一视。

本日,闻夏元瑮允担任大夏教务长,感其快慰。

三月九日　晚,接孙亢曾报告大夏沪校与附中办理情况函。报告说,本期学生略见减少,大学部约九百五十人,中学部三百三十余人。本期大学部校务会议各系主任及导师代表均出席参加,机构完整,当可收集思广益之效。中学部本期教职员均仍旧贯,教训方面一本自强不息校训,力主严格,成绩似显见进步。去秋附中毕业生考入国立大学者颇不乏人,至商工科学生投入中国银行及滇缅路服务者,亦达七八人。报告还说,本期高初中学费各增收百分之三十,即以所增益全数作为增加教职员待遇之用,惟杯水车薪,尚难有济。处此非常时代,亦只能效曾文正公所谓"打脱牙齿和血吞"之精神以相勖勉而已。

三月十日 上午，往大夏办公并主持纪念周，夏元瑮向学生宣布就教务长职。

下午，接待廖世承来访，闻谈国立师范近况。

三月十一日 下午三时，主持大夏第三十一次校务会议，通报夏元瑮院长兼教务长、贵州士绅刘玩泉等认捐纪念建筑等校务。会议议决教职员认捐一个月薪额之百分之一参加贵州省动员委员会，请本校员生参加出钱劳军运动，学生方面自由捐输；修改修正通过学生惩戒规则等多项重要议案。六时，导师聚餐。

晚，与谌志远、金企渊、傅启学、王裕凯商挽留张尧年、夏元瑮办法，至十时余方散。

三月十二日 上午七时，主持孙中山逝世十六周年纪念大会，并以"总理立德、立功、立言"勉励同学效法总理精神，实行国民精神总动员，时至今日，国势阽危如斯，吾人应有孜孜奋斗决心，方能渡过难关。

三月十三日 上午，听王裕凯来告，昨日访张尧年，张允考虑，惟张等绝非能久留者，将来恐教务处人员如王世坤、丁照兴、倪昌仁三人有带走虞，势不能早有准备。先生嘱选教育学院学生之可靠者，用服务生名义加以训练，为未雨绸缪。

晚，与王裕凯谈校务，告有匿名函告反对办公费。先生答置之不理。

三月十四日 上午，先后与朱伯奇、周崇德谈中学部校务。

下午，听闻徐汉豪事已无挽回希望，而补充之人亦异常难觅，欲将法律系人数少之班级暂停，又极力说大夏宜早为之，所恐学期终了时，多数教职员均难再留矣。先生嘱其先与傅启学、谢六逸一商，然后再扩大范围，约外省同事加入讨论，维持学校之法。

三月十五日 上午，以备忘录交王裕凯、傅启学阅过，召孙尧年，告以机宜，并把夏密电本一册交其保存。召集郑镛、徐传季，告以联络毕业生，发挥服务精神。访谢六逸、金企渊商洽校务及基本人员办法。

旁晚，赴东吴食府参加大夏同人宴。

三月十六日 上午八时，偕保志宁率长子王德辅起行赴渝。次日偕宿何公馆。

三月十七日　晚,与何应钦谈及大夏,何异常关心,拟与教育部详商解决办法。

三月十八日　听马宗荣来谈参政会及与教育部接洽情形,关于大夏事尚无要领。与王沿津谈大夏学会及重庆大夏附中事。

三月十九日　上午,商文立率高承元来访,先生当与高约定任大夏法学院教授兼代系主任,月薪与徐汉豪等,高慨诺。

下午,作一书致王裕凯,嘱照聘高承元。

三月二十日　听马宗荣等来访,言明日决返筑。谈话间,突袭警报来矣,十时敌机已入川,相入防空室中又谈黔事久之。据报日机在遂宁投弹,不知损失如何。

三月二十一日　与杨汝淦、王沿津、方金镛谈大夏学会及重庆大夏附中情形久之。

三月二十二日　晚,接陈立夫函,说大夏事待中央全会后再商。

三月二十六日　得马宗荣电,言大夏本月差一万元,嘱先生设法。无已,只有动用建筑费,当作一函致保致和,请开家里书房内抽斗,取皮包觅交通银行"夏承斋"存款折子、支票、图章等交马宗荣动用。致王毓祥一信,请其来渝商解决大夏困难问题。

三月三十日　与王沿津、杨汝淦二生谈已往大夏中学调查回渝事,并携来大夏重庆附中主任张维①信一件。

四月三日　听张维汇报大夏中学事。先生告以财政公开为唯一整顿方法,至改组校董会等事,则须与大夏学会干事一商方能决定。

四月四日　上午,访孙科,告以大夏困苦之状。孙主张用一提案在国防最高会议提出讨论,勉教育部为难。先生决定先与陈立夫一谈后,再看如何。

下午二时,应陈立夫之约,在教育部谈维持大夏之法。陈表示从教育

---

①　张维(? —?),字维棣,四川大竹人。1935年大夏大学法学院政治学系毕业,时任重庆大夏附中主任。

部立场说,大夏应必国立,如在政治立场恐弄巧反拙,不如将教育学院先改为师范学院国立,其余四院改为三院私立,当以此种办法,顷再加考虑。陈嘱先生与吴俊升一谈。

晚,赴教育部参加陈立夫等宴,遇蒋梦麟,说西南联大亦困窘,张历生在座。

四月五日 上午,与王毓祥谈大夏如何维持之法。王毓祥亦以他无良法,只有赞成先将教育学院改为国立师范学院,其余四院缩小为三院系,将原有补助费扩充,仍维持私立大夏,待机再改之办法。

四月六日 入夜代何应钦作两函:一致孔祥熙,一致许世英,请援助大夏,勿使竭蹶,何签名盖章后,方就寝。

四月七日 下午,在国民政府纪念周晤陈立夫,告以将于明日赴青木关与吴俊升接洽大夏事,而陈告以吴将来渝,明日可在部中接洽,不必往青木关可。

晚,与邰爽秋、康选宜、吴泽霖赴一心饭店参加大夏学会校友聚餐会,先生略报告学校历史近况,并勉励同学为国家社会奋斗,至九时归。

四月八日 下午,访吴俊升商大夏改国立问题。吴就陈立夫所示范围磋商久之,陈以政治方面尚不许可完全改为国立,拟先将大夏教育学院划出改为国立师范学院,其余四院缩为三院。先生答:"以如此固善,惟教育学院划出,只能节省教育学院教授讲师助教等薪给,训教总三出无可裁撤,于大夏困难仍未解除,若补助私立大夏与国立师范等,则政府支出之钜,较整个大夏改国立为尤费也,况师范国立后,大夏文理两部分之学生必归师范,大夏将有二院系而无学生之象。"于是,吴主张贵阳大夏为分校,只办法商一院,集中力量为之,必可完善。先生答:"以如此,则上海日益龙套,只有贵阳趋上海,而上海师生不来贵阳,以吾人退至后方之旨违矣。"相谈久之,得出两个结果:一是补助大夏自三月至八月之经常费;二是研究至暑假改教育学院为国立之方案,三数日后再为会商。

晚,偕保志宁赴孙科夫妇宴,并参加南洋公学四十五周年纪念,韦以黻、徐恩曾两人主持。先生以校长资格致词后,观京戏及听音乐,十二时方散。

四月十日 接王裕凯电询学校事与教育部接洽情形如何？先生当将陈立夫主张将教育学院先改国立师范学院办法告之，令其与马宗荣、傅启学商量可答应否，明日再来电话。

四月十一日 复孙亢曾、并致鲁继曾、吴浩然函。

四月十二日 赴教育部访华仲麟、张廷休谈大夏事，张复表同情。先生嘱作一函致陈立夫，俾可根据向行政院再请特补，至根本解决方法，容与吴俊升司长一商后再告。

接王裕凯、马宗荣、傅启学三人电话，表示改教育院为国立师范学院之意见：（一）完全交大夏办理；（二）完全容纳大夏现有之员生。先生则告以前者有不可能，后者当然条件，尚有平衡待遇之提议，否则欲维持大夏，反破坏大夏矣。

四月十三日 晚，作书致陈立夫部长，请设法救济大夏目下困厄，六个月索款十二万元，交张廷休面交陈。先生尚不知有效否。

四月十五日 接待吴俊升来访。其告已与陈部长商定，改教育学院为国立，由教育部提案呈行政院，请国防最高委员会核定，至本学期所不敷之数已将先生请救济之函呈孔院长指示，当可得一数，以济目前之困云。吴又谓将教育学院划出后，其余文学院留中国文学、外国文学、史地社会三系；理学院留物理、化学两系；法商学院留政治经济、法律、会计银行、工商管理四系，共三院九系，教育部将补助十九万八千四百元，加之学费二万五千八百元，共计二十二万四千元，非无有十四五万元不能办到，恐师范六七系，其余经费也必在二十五万至三十万。

四月十六日 屡电话询孔祥熙宅，均不在家。致请大夏款事久延未决，令先生闷杀。

晚，提笔复傅启学、马宗荣、王裕凯函，谈校事不得结果，无以告慰。

四月十八日 接待王沿津率张维及钱某来见。钱曾贷款大夏，先生以董事属之，虽高人尚晚略谢之，望继续相助。又与张维略商而散。

晚，接王裕凯电话报告学校近况。先生也将此间接洽情形告之。

四月十九日 访赈济委员会询问给大夏附中之款六万元何时可发，手续如何？周召会计科长交三联收据二张，令照填款，须月底方发。

四月二十一日 致郑达仙函,为大夏特补十二万元请向孔祥熙说项。电张廷休,嘱在教育部促成第一步。

四月二十四日 下午二时,偕王文湘、保志宁率王德辅前往机场迎接何应钦。登车返家。何询大夏与教育部交涉情形,当以根本解决先以教育学院改为国立贵阳师范学院,至治标则本学期请政府再助十二万元以渡难关。何毅然自任陈立夫及孔祥熙催索,要先生等待到下星期三。先生当与何为大夏事如此热忱,未便拂拂。

四月二十五日 上午,何应钦谓已特为大夏事亲到教育部访陈立夫,陈将只能改教育学院为国立师范。先生仍将之前理由告何,并言本学期不敷之十二万元,因其他校尚不如大夏,而大夏再增巨款势有未能,拟作十万元呈改行政院,下星期二通过则善。先生暗赞曰:"何亲为大夏而访陈,其热心爱护大夏,可感可敬也。"

下午,赴赈济委员会访许世英,探准给中学之款何时可领,当承告须五月底方可予。先生以急需为言,请早拨二万。许允,设法五月三四日先拨二万,余四万则汇往贵阳,此为一事;次则为大夏重庆附中请救济呈文为六万元,许允酌给,此又为二事;再次请许为大夏校董,蒙概允,将回筑办理,此为第三事;再次则告许拟以其名"世英"二字名大夏贵阳附中之堂,许亦谦而乐之,此为第四事;又其次则请有机会增拨中学建筑费,此为第五事。答欢然洽毕,先生始告辞。

四月二十八日 由渝返贵阳。当将教育部接洽及筹措经费种种情形详告给王裕凯、马宗荣。

四月二十九日 中午,赴大夏同事为先生及保志宁洗尘宴。

下午,主持大夏第六十八次校务行政委员会会议,傅启学、马宗荣、王裕凯出席,讨论并议决五月提前召开校务会议、教职员加薪、校庆安排等校务。

四月三十日 上午,接王文湘电话,告大夏本学期请行政院特别再补助十二万元,教育部改为十万元,已于昨日在行政院通过。先生曰:"如此则自五月份,教职员待遇可以提高至九折发。换言之提高为九折,教职员似有皆大欢喜之态,学校前途大计则及无人过问,殊可异也,亦可衰也。"

五月一日　上午六时半，赴大夏主持国民月会，以反省实行二事。

下午，接夏元瓛来函，言茅以升约往交通大学参加建校三十六周年纪念大会。先生允之。

听赵发智来告。其下学期决回家料理家事，大夏农场恐以后难继续，可否不大扩张，以免糜校款。先生以容考虑后再告。

五月二日　下午，审阅大夏公文，与马宗荣谈颇久。

晚，接待欧元怀来访。先生告以为大夏向教育部接洽及索款经过。先生由欧元怀话中，知清华中学有若干特色为大夏附中所不及者，如教学生写家信、记私账、作自传评论，学生自动守纪律造成优良校风，对人有礼貌，有精神体力强健等皆可法，大夏附中之不如人而破费，多可耻也。

五月三日　上午，乘马至大夏办公。接待王仲武介绍财政部贵州税务总局会计韩善甫来访。先后与谢六逸谈社会研究部事、朱伯奇谈中学部事、吴照恩谈中学训育问题。访张尧年不遇，闻已赴青岩云云。

下午，闻王龙鹤来访，因不愿直接与谈，恐人疑有私，凡关大夏银钱出入概授权主管部门。先生询何惠廉、姚徵元对大夏有何意见，姚言历史社会合为一系，似不专一，致学生博而不精。先生答以此种意见至善，当告谢六逸院长等详加讨论小改善。

五月四日　上午九时，见学生朱上功携徐沐曾留赠之火腿、干鱼来见，并请先生为其祖父题寿额并词堂额，允之。

十时，偕保志宁、保俊迪夫妇视察大夏新建筑已至若何程度。

五月五日　上午六时，赴大夏主持中学部纪念周，并说本日为革命政府成立纪念之意义，发上学期成绩优秀者奖品。晤夏元瓛请其在中学部高三下学生请讲物理学，并当与夏商赴平越交通大学日期及车辆等。

十时，主席大夏纪念周，报告校务及革命政府成立经过和纪念意义。在校长室主持第六十九次校务行政委员会会议，傅启学、马宗荣、王裕凯出席，讨论并议决核定教职员加薪标准等多项校务，至十二时结束。

五月六日　下午三时，在自宅主持大夏第三十二次校务会议。报告：（一）赴渝向教育部接洽校务经过情形；（二）新聘教授高承元、袁岳龄、张世禄及副教授保骏迪均已到校授课；（三）花溪新校舍第一期建筑工程行将完竣,第二期工程即将开始。会议议决毕业生考试和论文事宜、暑期学校办理、秋季招生,以及校庆停课等多项校务。

晚七时,宴大夏全体教授讲师,共四席。先生致最恳挚之词,曰:"诸君抱牺牲合作之精神而加入大夏,旧同事愈益努力,新同事惠然肯来,此最使我感奋者也。同事同学回顾大夏均有好感,均甚希望余更不能松懈,然甚盼诸君再亲爱精诚,以团结充实内容表现力量,大夏前途的无限光明,惟我个人或不善处人,至人对我不满而迁怒于大夏,势所难免,然诸君能原谅,则人不能如我何矣。"最后,先生告同人以事业为重,个人之间不免意见分歧,盼能牺牲合作,勿因外来之离间挑拨而发生摩擦。又谓自己处世处人素习托,略盼随时原谅而指导之。

五月八日　上午,赴大夏办公,大、中两教员纷纷来见,均陈述校内利弊,可资改进之处甚多。尤以中学部教员精神散漫,学生气习甚坏,本学期勿无进步。至于提高待遇事职员(本校毕业生为多),有函请求改善建议多条。先生觉得大部分皆尚合理,拟容纳之。

五月九日　中午,于自宅宴王正廷,傅启学、谌志远、欧元怀、何梦麟、窦觉苍于左。

晚,与钟焕新宴请贵阳大戏院股东吴仲谋。吴有捐助大夏意。

五月十日　陪同王正廷为大夏学生演讲,有非本校学生由远处前来参加者,此证王之号召力。演讲结束后,嘱徐盛圭代撰国立交通大学唐山工程学院三十六周年纪念一文,并告徐须作政治家,勿作政治学者,须能知能行,能知即知行,勿知而不能行。又嘱孙尧年代撰本校纪念"六一"校庆一文。

五月十一日　读《国民道德须知》《天地会研究》,颇饶兴趣。

五月十二日　上午,主席大夏纪念周会,讲述五届八中全会经过,将八中全会宣言详为阐发,沿一小时方毕。

下午,签大夏本期毕业文凭一百余张。

晚,会见交通大学唐山工程院院长茅以升委派职员李继煊。

五月十三日　在校长室主持大夏第七十次校务行政委员会会议。修正并通过计划刊印的"本校概况"的具体内容。

五月十四日　上午,与夏元瑮、杨秋帆同车出席交通大学唐山工程学院三十六周年庆。抵达马场坪,交通大学派鲍志澄在该处迎候,在中国旅行社食堂中餐后,乘滑干赴平越,途中风景甚佳,沿途观赏令人心醉。抵平越城外,茅以升率同教职员多人拦道相迎,携量入城,寓谭时钦宅。是晚茅设宴。宴罢,又谈久之始散。

有谌湛溪者,美国留学生矿业专家,在交大唐山学院任教,先生素闻其人怪挺刚复,此次接谈,觉其性虽好奇,尚非所言。

五月十五日　上午八时,游交大唐院冶矿部。九时,出席交大唐院三十六年纪念典礼,茅以升院长主席报告开会经过,并介绍先生演说。先生登台说,道可庆之点有三:一曰抗战以还,大学被蹂躏,而倒闭者不少,交大唐院卒能内迁,日益发展内容,充实规大,可庆者一;二曰交大教授有继续在校服务三十余年者,以交大为终身事业,可庆者二;三曰交大毕业生对抗战有极大贡献,可庆者三。接着,又提出数希望:(一)希望能再发扬光大,认定铁路建设为一切建设之母而努力;(二)希望以西北、西南铁道为中心工作;(三)希望注意政治。最后引五届八中全会宣言之语,详细剖明,沿一小时。散会后,先生在该校聚餐,共七席,集一时之盛。

五月十六日　接鲁继曾、吴浩然、孙允曾报告拟先行香港办理中学函。报告谓,"现本校大、中两部上课如常,本月十八日大学部毕业班举行毕业主系学程考试,六月中旬可告结束。惟念海上环境瞬息万变,下学期局势如何,难以逆覩。为未雨绸缪计,似不能无退步之准备。环顾沿海浙闽各省交通梗阻,唯一海通之路仅有香港。拟函托友人先事调查该地详情,如有可能现行试办中学。倘此间万难支持时,即全部迁移,似较轻而易举。"

五月二十一日　接鲁继曾、吴浩然关于沪校教职员生活补助费等函报。报告教育部颁发沪校教职员生活补助费三万八千元,业经如数具领。校务会议决全体教职员各发一个月薪金额之两倍,低级职员月薪在百元以下及百五十元以下者分别酌予增加,并提出一部分赏给校工,每人所得为两个月之工资,所余尾数备作秋季新聘教职员生活补助费,不作经常费用。

五月二十三日　召朱伯奇来，当面慰留之。朱表示一切已上轨道，只人事尚待调，他并不畏难，困难当安，故提出辞呈。召马宗荣、王裕凯商大夏"六一"校庆时应请名单。召张世禄来，与谈不可擅存去思，如有困难当为解决，允代致朱家骅请庚款。

五月二十四日　晚，与欧元怀谈一切颇久。

五月二十六日　上午，力疾陪同袁冠新做《英法德义诸国大学生在战时的动态》讲演。讲演意在取人之长，补吾之短，以人之短为吾之鉴，颇能成功。

五月三十日　上午八时，乘马赴大夏办公，未几，而警报至，遂回家。十一时，警报解除，作篆联两付。

下午，批阅大夏公文，始觉发现新印大夏概况董事名单有遗漏，电话通知王裕凯，令其更正。

五月三十一日　策马赴大夏观游艺会，以二人相声为最精彩。

六月一日　主持大夏建校十七周年纪念大会，并致开幕辞，曰："大夏于艰难困苦之中，又见立校十七周年纪念之来临"，抑教育之盛衰与国家之休戚息息相关，国家在战时，教育亦必以"战"字为中心目标，"明耻教战"即此之谓。指出，抗战如不胜利，世界将永无安宁日。大夏为将来之指针，一是要积极训导青年；二是要加强研究工作。

下午，忽有警报，大夏全部疏散，先生则步行归家。甫抵家，紧急警报至，与杨秋帆在院中谈天以待之，卒未闻敌机之声，遂解除。

晚，赴大夏观游艺会，吴仲谋赠旧戏一曲《宝莲灯》，郑君麟、朱美英二人合作，尚可观赏，现场捐法币二百元。

六月二日　主持大夏花溪第二期建筑工程奠基典礼。在致辞中说："本大学第一期建筑工程赖中央及地方政府资助，现已完竣。第二期工程，赖本省士绅捐建，于今日破土，深表谢意，兹各生敦品力学，以无负国家及社会之期许。"第二期工程有三座建筑物，由戴蕴珊、刘玩泉、丁纯武、李居恒、邓义之、邓若符、帅璨章、戴子如、潘海秋等九位士绅捐建。

六月四日　下午六时，宴杨秋帆、吴仲谋及捐赠大夏建筑物士绅，力疾招待至九时散。

六月五日 接教育部调整院系训令，只准大夏办文、理、法商三院。文学院含中国文学、外国语文、历史社会三系。理学院含数理、化学两系。法商、政治经济、法律、银行会计、工商管理四系共九系。理学院之土木工程拨归平越交通大学唐山工程学院，教育学院候另令遵云。

六月七日 上午，听朱伯奇请示中学校务，并申言对中学事不感兴趣，坚欲辞职。

下午，在自宅主持大夏第七十一次校务行政委员会会议，马宗荣、王裕凯参加。讨论师生生活窘迫问题，议决急电教育部请求汇薪补十万元，由本校先垫七千至一万交教职员消费合作社负责向外采购。

六月八日 第二届全国专科以上学校学生学业竞试各覆试区主任委员及指定之委员，先生为贵阳覆试区委员。

六月九日 上午七时半，即有警报，十时解除。乘马赴大夏，发现无人办公，感无聊之极。

六月十日 上午七时，警报解除后，乘马往大夏办公。

下午四时，主持大夏第三十三次校务会议，通报花溪新校舍第二期建筑工程业已奠基、改善同人待遇情形和财政近况等重要校务。会议议定近来校务议案多项，希望各教职员尽量为毕业生介绍职业。散会后，先生又与王裕凯谈校事，至九时半方就寝。

六月十一日 与朱伯奇谈中学校务，并支付本月份用款五千元。

六月十二日 听梅德昌来称，刘万全捐赠大夏之屋与已工人言定合约。

六月十二日至十五日 大夏社会教育系为进行社会教育公演话剧《敌》，社会影响巨大，排练演出期间，先生亲临指挥。

六月十三日 接待杨麟吉率萧一涵来访，萧系大夏法科毕业生，现在闽省府任参议职，年轻有为，因事赴渝顺便来见，并赠先生桂圆酱六盒。

以教育部今调整院系训令告知谌志远。先生欲其任教务长，谌以身弱不胜烦剧辞。

六月十四日 上午，函派大夏学生温伟猷前往广东省银行实习。

下午，张尧年来为毕业生请求延期一星期交毕业论文事，先生准之。

六月十五日 接待徐沐曾来访。徐托先生作一函致顾祝同,欲在顾部得一名誉职,以便接洽东南文化驿站事务,先生允之。

六月十六日 上午,乘马赴大夏办公,今日请高承元讲演。拟主持纪念周,讵料八时警报至,甫入校门,见保志宁车停于大道中,保会同赴青岩视察保育院之友人均在车上候修。保嘱速回,先生云不见车修好开行亦不放心停,未几,见车前进,遂策马回家。

下午,接待大夏毕业生、新任遵义地方法院院长蒋慰祖来访,与谈黔中法界利弊,久之始别。

六月十七日 召集大夏应届毕业生,久商两院谈话后,在校长室主持大夏第七十二次校务行政委员会会议,傅启学、王裕凯出席,讨论粮食问题。因贵阳近七日斗米由一十五元暴涨至四十六元,员生不能生活。电教育部及赈济会索款,回家已八时。

六月十八日 召集理学院应届毕业生谈话,勉以今后就业方法,并一一为之解决困难问题。

六月十九日 赴校办公,召毕业生谈话。

六月二十一日 上午,召谢六逸谈文学院事。听王裕凯持夏元瑮聘书来告,夏以生活高涨,表示在黔不能维持云。嘱马宗荣拟定教职员津贴而发实物之计划,马建议低级职员宜加,高级可缓。

下午,赴同乐社参加大夏学会训练班毕业生茶话会。旋赴贵州省议会旁听,期间与谌志远、杨秋帆谈校务。

晚七时,抵家见王裕凯在家候晤。据云,欧元怀因近日教育部调整院系训令未送与阅,大发渚劲,说了许多不入耳之话,令人至感不快。先生解释道:"以未及送彼,令与阅者,一因近日召集子生谈话早晚甚疲;再则每与欧元怀谈校务,彼即顾大右言乱以代事,故令人不悦,遂迟之耳。"

六月二十三日 上午八时,往教育厅访欧元怀,将近奉教育部训令大夏调整院系之训令与其一阅,征求彼意见,而欧不在。十时,在大夏本学期最后一次纪念周会上,勉励学生求学须有不间断精神,有始有终,切勿懈怠。

中午,召集大夏各院长在西湖饭店谈校务,并当众宣言教育部训令不能不送,故决请谌志远任教务长、金企渊任法商学院长,至马总务长,待教育学院分开时再定,众无异议,一电教育部请准先招生续教员而散。

六月二十四日　中午,得何辑五来转达,言何应钦有电话来,谓大夏教育学院取消,设国立贵阳师范学院之案已在行政院通过,开办费三十万元,经常费数曰不详云。闻后,先生当赴大夏召集马宗荣、王裕凯告以此讯,两人均有失望之态,垂头丧气。先生对王裕凯加以鼓励,劝其以后多注意,正当以前为教育而办教育,殊少生意。

晚,听马宗荣来言,校务须审定后行,不可太草率,以始后患,尤其是发聘书定薪额加津贴之数,更宜复切考虑一番云。

六月二十五日　主持大夏行政会议,讨论下学期预算,以调整后之大夏标准,因物价又涨,大约三院九系,已非三十八九系至四十系不能维持,因各系要充实,则教授人数不能减少,职员亦减少有限。

下午,与傅启学再谈赴渝接洽之要点后,旋往同乐社访谌志远,言教务长必其担任,又商定由张永立任注册主任。

本日,大夏本学期期终考试和毕业考试,为避免空袭,决定将考试时间安排在每天下午 2:30 时至晚间 8:40 时。

六月二十六日　上午,作致陈立夫、张廷休函,言大夏校务派傅启学为代表向教育部接洽,其要点要求改组之师范与存余之大夏待遇平均,否则将师范交吾人办理,以资调剂。

中午,与欧元怀参加大夏同人夏元瑮、金企渊、谌志远、王裕凯、李敬思、何克昌、蔡仲武七人宴请吴泽霖宴。

六月二十七日　接待王克仁与杨秋帆来访。王克仁表示将来之师范学院应与大夏合作,大有当仁不让之意。又言欧元怀昨晚会其谈甚久,颇以大夏全部改国立不成,系先生反对云。先生闻后,真不知如何意,认为欧与马不洽而涉及大夏及自己,不免迁怒二过,君子不为也。九时半,召王裕凯谈聘请教员问题。

六月二十八日　上午,以邮政储金局中学款额面当前二千元之支票一张借与大学部发本月薪给,又核夺教员聘书。召谌志远谈教务处问题,至十二时返家。

下午二时半，赴同乐社参加大夏中学部毕业生话别会。

六月二十九日　参加贵州农工学院破土动工典礼。

六月三十日　下午，接待浙江大学教授王琎等来访。闻欲借大夏招考新生，先生允之。

晚，赴贵阳招待所参加大夏第十六届暑假毕业生话别会。勉励诸生以牺牲、奋斗、创造、合作精神为社会服务。夏元瑮在会中致词有离开本校之意，先生闻后为之不快。

七月一日　上午，以大夏中学款四千元借大学部发经常费，若中央教育部特补之十万不至，则捉襟见肘。

午餐时，约王克仁、杨秋帆在燕市酒家谈师范学院事，王克仁对院长一职大有当仁不让之慨。

晚，谌志远偕马宗荣来，言明晨到校中商教务处事。

七月二日　约谌志远、王裕凯详商，决定谌志远继任教务长。

七月五日　与王裕凯谈校务，并一一指示之。

七月八日　上午，接欧元怀电话，言教育部顾毓琇次长来筑视察教育，今晚在贵阳招待所设宴，约往陪，先生以病不能行动辞之。召梅德昌来谈建筑事，顺便命告王裕凯准备招待。

下午，与谌志远、王裕凯谈校务，正在卧室与谈间，而见欧元怀引顾毓琇来访，即力疾下楼与谈。闻顾系四月下旬离渝往闽浙赣湘视察归过此间，面约十日中午设宴洗尘。

七月九日　因足痛不愈，不能陪同顾毓琇到校视察，函谌、谢、夏、金、张诸同事妥为接应。

七月十日　中午，在宅宴顾毓琇。顾等去后，先生留谌、谢、金、王商校务，至四时方散。

七月十一日　托王文湘转何应钦代催教育部补费十万元。据答曰，以代发两信向孔祥熙、陈立夫催发。

七月十二日　上午，召孙尧年来指示公事，并给六七两月份津贴一百元。

下午，与王裕凯谈校务，以近日所接马宗荣、傅启学、王克仁三函与阅,指示以后方针。

晚,接马宗荣重庆来函,言贵阳师范院长已无望,故拟日内返筑,社教系亦恐难保留,故马更丧气垂头。王克仁亦有听其自然之说,如此则黔籍之学教育者,皆不能任院长,可为浩叹。

七月十三日　上午,作一函致外交部部长郭泰祺,函中大意,先言别十余年中彼此之情况,嗣言大夏盼援助。先生以为人情冷暖,世态炎凉,究不知有效否。

见赵发智持鲜花一束来访,当以中学主任再约之。据云其为家庭问题致精神上受伤太深,兴义家中亦有整理必要,拟以数月回兴小住,后图进取。

本日,接傅启学电,告已与陈立夫、许世英谈,结果:(一)大夏、师院教授可互兼课;(二)大夏有人任师院筹备员;(三)师院需大夏有关之人;(四)特补费已请行政院即汇。

七月十四日　上午,召吴照恩来与谈中学部事:(一)编制下学期概算;(二)约聘下学期教员;(三)结束本期各事。未几,见周崇德亦来请款开支,本月份一切当令其详细核算清楚,究竟需款若干再来取。与谌志远谈大学部事,据云,王世坤、丁照兴二人可以暂留。

晚,与梅德昌谈花溪建筑事,因文件不全,未得要领。

七月十六日　支付周崇德三千五百元作七月上半月中学经常费。见中学经常费超出预算如此之钜,殊属可叹。朱伯奇留学法国,先生觉实学未见,而俗人之浪费则学得矣,回国后在政府机关做事,又染了浪费习惯,真令人意外。

转交徐绍彝、梅德昌付第六期建筑费尾数五千元,此款系借中学部存邮政储汇局者。

七月十八日　主持大夏第三十四次校务会议,报告下学年教职员待遇再加改善、教职员更动情形等。会上通过本学期校历、核定得奖学状学生名单、推举学生贷金审查委员等重要议案多项。

七月二十一日　得鲁继曾、吴浩然、孙亢曾函,咨询黔校院系调整与秋季学期教员薪水调整事。函曰:"至香港筹设分校事,继曾拟最近亲赴港一行,详情容续陈报。又关于此间经济状况,本年春季学期以预算人数尚差一百,收入短少颇巨。幸赖部拨救济金节余一部分,为秋季教职员津贴者先行挪用,兼以本届暑校收入尚可,结存多少,藉资弥补,故本年度勉强可以渡过。至下年度开支以物价激增关系势必较上期为。前次各私校商议,秋季学费酌增百分之二十五,本校学费定为百二十元,各教职员薪酬自应酌予提高。尤于兼任教员薪水,前此均依实授钟点计酬,每年扣实仅有八个月薪水。"

七月二十二日 上午,召谌志远、王裕凯、张尧年诸人谈校务。召吴照恩谈中学部问题,中学部较务之职拟略给津贴,拟比照大学部按薪加四成,限于职员,已须四百二十八元之多。

七月二十三日 上午,乘马赴校办公,与马宗荣、王裕凯、傅启学谈校务。马宗荣有保留教育学院而至本班数年级结束之义。先生答以希望在筹备会或与王克仁商量,在师院多级一系,而王克仁院长或筹备人选迟未发表。至大夏保留,则与预算有关,恐新预算入不敷出,无由得教育部允准。

七月二十四日 上午,闻谌志远来言,夏元瑮去志甚坚,其要点不愿负送终大夏理学院之名,并对王克仁亦感不快,对师范学院说兴致不佳,至其他对住房对王裕凯对未发土木系员工役聘书等尚属较小问题云。

接何应钦养电,乃报告许世英已汇赈款六万元。

七月二十五日 上午,与保志宁等赴金龙酒家早点,遂未赴校办公。

下午,与周崇德谈校务,当一一告之,并给四百三十元发中学部七月份津贴。接王文湘电话言已不赴昆,亦不来筑,问先生何时赴渝。先生答以未定,非学校有头绪后不能分身。

七月二十六日 冒雨赴大夏办公,并召集教院及土木系诸生告教育部训令本校调整院系办法。

七月二十七日 在大十字一带店家探问派克自来水笔价格,真空中号一九三七式者,已售每支三百五十元,如此岳父带到者大可五百元,小亦三百元,因系一九四一年式,较三年前又精炼。

七月二十八日 召张永立询王世坤即日离校有无妨碍,张答无妨碍。

不过王世坤为大夏毕业,原与约先生一二月后方离去。先生以为个人竟行不顾言,殊属可恶,此亦教育失败之一端也。

七月二十九日　把马宗荣聘书附一函交王裕凯再送之。

七月三十一日　上午,骑马赴大夏办公,将中学部应聘任教员配聘朱伯奇送交中学印件,当交吴照恩暂行保管。

下午三时,接王文湘电话,言何应钦昨飞昆明,孔祥熙言十八日已将大夏特补十万元汇出。四时,赴浙江大学校长竺可桢之约,在贵州医学院茶会商学生竞赛考试问题。

八月一日　赴湘雅医学院监考。本年度教育部专科以上学生学业竞赛考试,大夏亦有数生参加。

八月五日　上午,闻张永立欲请假数日准备在暑期讲习会任课,允之。与谌志远谈图书馆人事问题。

下午,接待王克仁来访,谈师范学院事,约一小时别去。

本日,接鲁继曾呈拟在香港设立分校并晤孙科校董的报告函。函曰:"曾自抵港以来,连日向各方奔走,并调查实际情形,幸获港教育司之允准设立分校,无须办理注册或立案手续,秋季招生开学及租赁校舍等问题均已蒙赞助,纵观各方面对于吾校均有好感。因我校在港之名誉颇好,毕业生留港者近百人之多,内中不少在商界、教育界身居要津,对于母校非常关怀。港中除港大外,尚有岭南大学为教会学校,现借港大课堂上课,人数约五六百人,此外,自广州迁来者有私立广州大学及广州国民大学,上期尚有南华学院已由教育部令其停办迁至梅县续办矣。"报告还提出,"我校在港之名誉在此三校以上,一般学生闻吾校设立分校均甚希望能准其转学,惟为审慎计,我校拟仅先办一年级,估计人数可收一二百人(无高中毕业证书者绝对不收)。校舍则决租赁坚尼地道圣保罗女学院,仿岭南,广州,及国民等大学之例,自下午四时起上课,教授则拟自沪校抽调一部分人员前来主持,兼任教授则拟就地取材也。"

函还曰:"昨往访孙科校董,向其报告沪校校务,并说明在此间设分校之动机,颇荷赞助。教育部方面对于分校备案之呈文如尚未批复,可否请钧座致函何敬之校董,请其代为疏通,以免将来发生困难影响学校名誉。

对于此间校务之处理,务祈随时指示机宜,倘于秋季开学后,钧长能抽暇来港一行则更幸矣。"

八月六日　闻欧元怀来言,花溪新校舍似不宜借人,一则对捐建筑费者恐为之气馁,二则恐久假不归。先生以所虑甚是,然此消极说法,若积极尤知,有何善策否,欧与王裕凯皆答不出。

八月七日　在大夏中学部与吴照恩谈中学下学期教师问题。李果泉教官来访,以全体学生住校为请。先生以校舍不易,提计划女生住一百人,男生二百五十人,共容三百五十人,如有五百五十人,则二百应住校外,此不得已办法;或令高中余部住校内,准通学亦一法也。

八月八日　上午,发国民政府文官处公函一件,内更换随从书记一人,吏役二人;又填送非常时期生活补助办法、随从员役家属人数表一并发出。

下午,拟请干训团任教务员蒋维新校友担任中学部教务主任。

八月九日　上午,为夏元瑮请求教育部部聘教授;嘱谌志远开一单,欲交王克仁备请为专任与兼任以资调剂。

中午,赴贵阳招待所参加王克仁夫妇设宴。先生觉食不饱而破费多,殊失策也,马宗荣未往有先见之明。

八月十二日　上午,见徐绍彝持马宗荣函、聘书及总务长小章来访。先生表示若马真辞,可允之。

八月十三日　上午,赴大夏正召孙尧年告以接任文书组工作时,闻警报来,从容乘马而归。途中遇杨锦罗、丁铭彝二生,尚立谈片刻。

中午,赴欧元怀设宴,重在招待远道而来的大夏毕业生方祖桢、余传书、屈家楠诸人,他们由浙赴渝受训经过筑垣。

八月十四日　大夏公布准马宗荣辞职,先生自兼总务长,并正式派孙尧年接黄荆芬文书组主任。与谌志远谈法律系聘教授事。与王世中谈职教系请向教育部交涉与转学方便事。召杨麟书、梅德昌来,告以事务组事。又与吴照恩斟酌聘各中学教员事,十二时前回家。

八月十五日　赴杨柳济参加贵州省第三届游泳比赛大会,被推为名誉会长。

本日，接鲁继曾函告大夏港校筹备就绪。函曰："港分校业经筹备就绪。校舍已租定圣保罗女学院原址，决先办第一年级，学生约有百余人，九月中旬可开学。曾于本月十二日晚返沪，拟由此间抽派数人前往任事。教育部备案事在港时经函请钧座会同敬之校董设法疏通。谅邀电及，务望鼎力扶持。所寄沪校之教职员资格审查表、各学科教授细目表未悉已否到达？希示覆为盼。"

八月十六日 赴大夏办公，召孙尧年告以文书组调整问题。召梅德昌、徐绍彝告以会计庶务两部分调整办法，见梅自愿只负花溪责任，推杨麟堂为主任，先生漫允之，未大快也。

晚，致函鲁继曾，建议大夏港校先设办事处。函谓："昨奉港地庽书，籍谂吾兄抵港进行筹设分校，躬亲周旋，事颇顺利，至为慰幸！此次策划，明烛先机，自属切要之图。前经依照尊拟呈请备案文稿转呈教育部，去后迄今多日尚未奉复，顷与愧安兄晤谈及此，渠以为时际非常，地处海外，恐未易遽邀部方核准。且港地物价高昂，社会情形遽难谙熟，与其日后万一发生阻碍，进退失据，不如预定缓进步骤，先行在港成立一办事处，稍假时日，以观望筹备。如此则可张可驰，较为妥善。群颇赞同此意，除已由愧安兄另函奉达外，特函复请签督裁夺为荷。"

八月十八日 应贵州省暑期中等教师讲习会之邀，做《贵州对国民革命之贡献》演讲。先生谓[①]：

> 我省自辛亥革命至现在，参加革命的人数一次比一次多，而贡献则反一次比一次减少。换言之，护国、护法的史实，轰轰烈烈，何等光荣，其后则几至毫无声息。这是甚么道理呢？我想，其主要原因，不外是民十以前，贵州的革命完全居于主动的地位；民十以后，则居于被动的地位。民十以前致力革命的人士，皆历代文化学术思想主义所熏陶，故能以牺牲奋斗之精神，创造光荣灿烂之事业；民十以后，才志之士，或从征省外，或发展远方，当局疲于内争，庶政无力顾及，文

---

① 《贵州对国民革命之贡献》，《大夏周报》，第18卷第1期，1941年8月18日。

化教育,因之停顿,大有弦教戳响、礼乐中衰之势。

诸位为贵州教育界的中坚分子,希望为国家民族计,肩负起领导青年复兴贵州的责任,使贵州的文化转而向上,使贵州人能够行动起来,为国家民族在历史上留下更伟大的贡献。有人说,贵州人的个性富于独立创造的能力,缺少团结合作的精神。个人独立创新一事很容易,集体合作,事就困难了。这我认为确系事实。如民十以后的革命工作,团体大、人数多,反而声光小,不能团结合作,就是重要原因之一。现在整个民族国家受压迫侵略,人民痛苦万状,我们非团结一致,不足以谋集体的安全,集体生活不能安全,则个人不能侥幸生存。希望负有指导贵州青年责任的诸君,提醒贵州青年,使其觉悟,能以团结合作的精神去运用独立创造的能力,才能完成国民革命的使命。我们服务贵州教育界的同志,也才算尽到责任。

八月十九日　召中学部主任与谈校务,见中学部预算超过太多,恐无法维持,殊为焦闷。与谢六逸谈文学院聘教师事。与傅启学谈训导处用人事。与王裕凯谈与王克仁接洽事。先后听周崇德请示中学事、梅德昌请示总务事、徐绍彝请示会计事、孙尧年请示文书组事。

八月二十日　与王克仁谈教育学院普通教育系学生交师范学院手续。据王克仁言,此批学生仍须在大夏上课住宿,否则困难殊多。先生以不成问题,只须另觅得一宿舍;又谈到人员方面,先生主张师院给王裕凯一专任职,王克仁以为如在大夏任秘书长,则师范有不便处。

本日,致电大夏沪校,通报港校未获教育部批准。函曰:"上海静安寺路大夏鲁省三兄,奉教育部指令,沪部筹设港分校,未便照准,特电转达。"

八月二十一日　乘马至大夏办公,孙尧年询文书组情形渐就绪。先后与王裕凯、傅启学、谌志远谈校务。

八月二十二日　上午,赴大夏中学办公,得训导主任蒋维新退聘,丁铭懿不就席。如此则理化、史地、英文、国文四专任教员均无人,先生颇感焦人。

听陈贤珍言,女生宿舍寄纳大学部教职员住人,应拟数条规约,俾资遵守。允考虑。

下午，听郭琏科来告寓大学部宿舍内被盗窃去值千元衣物，第二次又被窃毛毯一张，系假诸友人非赔还不可。先生允以大夏学会存款，假与二百元，令向王欲凯接洽。

八月二十五日 上午，先到中学部询卢炳衡、周崇德一切筹备正积极进行，惟所缺教员未能即刻物色补充，嘱共同留意。复至大学部签阅例行公事外，召王裕凯、傅启学商行政会及米贴发现款办法。

下午，与黄慧英当约任中学女生指导兼教动植物、生理卫生，黄慨允。先生决定明日发聘书。

八月二十六日 赴大夏办公，中学部尚差英文、史地专任教员，开学在即，物色不易，先生觉得殊焦人。大学部政府补助款十万未到，借贷无术，亦苦人也。

接贵阳师范学院来信，言借花溪校舍暂用，拟盖临时厕所厨房，如碍观瞻即可拆。先生认为除此函与杨秋帆接洽之点不合，拟函问杨秋帆。听商文立代表王克仁来言，王克仁拟出一万五千元交校造成，而商以一万五千元嫌少，拟增为两万。先生答："以为贵州教育，王克仁为何办法均可，不过前者杨秋帆既有办法，同人均认为公允，今又变更，令我难处而已。"

八月二十八日 闻夏元瑮推介吴莹若可任中学英文。先生当即与约为中学专任英文教师。见吴尚未大决，便复夏信托速驾。

八月二十九日 上午，与王裕凯谈贵州师院借花溪校舍、张世禄聘用、张尧年与保育会问题。

下午，听徐绍彝、周宗德、梅德昌来请示一切，一一指示之。

本日，教育部特别补助之十万元款到，先生除还各借债六万元外，所余发本月薪金，只余二万元。

八月三十一日 上午，与王克仁、王裕凯同赴花溪视察校舍，计划修建厨房、厕所、浴室等等。

下午四时，于巴黎饭店访夏元瑮，先托劝吴莹若驾后，又劝其勿萌去志。夏以经济问题难解决为由，先生允与王克仁一商后再定，并言已电廖世承勿候他去。

与徐绍彝商八月份薪事，先生一一盖章与之。

九月一日　上午八时，赴校办公，与杨秋帆谈贵州师院借屋（花溪校舍）、夏元瑮师院可留事、安顺捐款作饭厅建筑并交一图与杨秋帆转示。先生觉安顺捐款者杨秋帆对朋友极热忱，对大夏极爱护，可感也。发一电，致廖世承，言夏元瑮不能离大夏。

下午五时，往马王庙一带接何应钦。见何精神焕发，感叹抗敌时期，军人领导者，此现象国之福也。晚，与何应钦晤谈，知在最短期中又将返渝，军事方面确已进入主动地位，军实补充仰给予外国由滇缅源源而来，有颜料自能造者则不断出品，供给不匮矣，谈至十一时方散。见警戒不严，亲送至城外。

本日，奉教育部令，从本学年起大夏进行院系调整。教育学院停办，法商学院合并，理学院土木工程系裁撤。教育部指令教育学系学生分发国立贵阳师范学院，社教系学生分发国立社会教育学院，职教系学生分发四川省立教育学院，土木系学生分发国立交通大学唐山工程学院，一律借读四年毕业，毕业时仍由本校发给毕业证书。大夏沪部仍设文、理、教、商、法五院照旧办理。

九月二日　上午，与何应钦早餐后，往访吴鼎昌。先生赴大夏办公，见中学部教员大致聘齐，大学部则文学院缺人尚多，与谢六逸商聘之。

接鲁继曾大夏港校诸事约定，请准予试办的电文："诸事约定，碍难失信，沪变莫测，请准试办。"

接张世禄来信，告有回大夏工作之意。先生以其人毫无服务道德，不欲再聘。谢六逸则以大夏正需要此人，如能来只好暂利用之，若汇款一笔前去，恐款去而人不来，故谢六逸示不主张汇与之。

访夏元瑮，告以与王克仁商由师院以某名义，每月送夏三百元。先生又告廖世承不让夏去，夏拟待廖回电，再定行止。

九月三日　上午，见马怀冲来为某要求免试入大夏，先生不允。

下午，召见大夏中学部训导处职员李果泉、毛祖塘、黄慧英，均颇努力，所不强健者，恐仍为事务处也。中学部上期开除之学生纷纷要求复学,均置之不理。

九月五日　赴大夏办公,见各部分人员大多未能紧张,殊可疑也。

九月六日　上午六时,听夏元瑮来告,已得廖世承电,促往蓝田国立师范学院。先生仍坚留之,谈及食宿问题,允为之设法,并言若廖见责,当负责答复。

下午,复函鲁继曾,指示大夏港校办理办法。谓:

> 迭接函电,藉谂吾兄进行筹备香港分校已具端绪,嘱准试办,此事关系沪校前途,群宁有不赞同之理?惟前照尊拟文稿呈向部方,终未邀准,经电转达,事先群与愧安兄等谈商,亦金预料不易通过。盖港地非吾领土,其在国际关系尤为复杂。
>
> 今世界局势未定,远东风云谲变方炽,部中当未便明令准许国内素有地位之大学迁设该地以自负日后之责任。故愧安兄以为不如先行在彼设立亦事处,以裕伸缩余地。兹如再呈牍请,徒遭批驳。只有仍请吾兄依照前函愧安兄意见,并遵从部令,略予变通办理。万一港处必须开课,则学生呈报等事项,唯有以沪部名义办理,以资周全。部令原文随函抄送,诸仰卓裁。

九月七日　上午,陪同自加拿大回国述职的岳丈参观大夏花溪新屋。

下午,在第二十八号教室主持大夏第四十次校务会议。讨论通过新学期预薪草案、香港分校预算草案、本学期校历草案,以及本学期出版刊物计划等。

接廖世承复电,谓夏元瑮早已应聘,难改约为言。先生拟再电廖,言非留不可。

九月八日　主持大夏纪念周会,讲大夏创造精神,以创造、牺牲、合作、刻苦、奋斗五者教学会认识而身体力行之。先生觉得大学部事务、教务两处均不上轨,殊为可虑。谌志远漫散如故,言五日赶回,今已八日尚未见归,行不顾言,亦令先生焦灼。

本日,为留夏元瑮一电廖世承,而廖复电言夏早已应聘,仍希前云。

再电廖言大夏困极,夏万难离云,允凉,勿强云云。先生一面为复,一面解决夏住所问题。

九月九日 上午,主持大夏第七十四次校务行政委员会会议,谢六逸、张永立(代谌志远)、傅启学、金企渊、王裕凯出席。通报教育部令本校调整院系情形;通报教育部特补费十万元业已汇到、马宗荣辞职总务长暂时由校长兼理等事项。会议讨论通过:(一)为土木系高年级学生准发转学及借读证;(二)一元献机运动学生于缴费时扣;(三)每住校学生收床板保证金十元;(四)未婚教职员请求增加米贴,未准;(五)准付第七期建筑费。尚有其他案件多件,至十二时半方散。

下午,赴邮政储金局为大学部还中学部存款后,至交通银行取图史馆筹备处特别津贴。

九月十日 接夏元瑮电话,告土木工程系学生转学困难,拟仍在大夏为之结束。

本日,大夏全校教职员响应全国"教师号"献机运动,各捐献一日薪金;同时又发起一元献机运动,为建设空军,要求学生积极赞助,于入学缴费时随缴款一元。

九月十一日 上午,先后与夏元瑮、傅启学、张永立、王裕凯、梅德昌谈校务,并一一答之,直至十二时尚未能清,遂带至家中再办。

下午,闻赵发智为其夫人有共党嫌疑被捕,为之奔走不遑。

九月十三日 上午,欲乘马赴大夏办公,见段叔瑜来访,与谈兴义教育延半小时,遂以电话召王裕凯谈校务。

下午,韩善甫来访,其送酒八瓶。先生查为绍记出品,而韩谓遵义带来,韩为人骗而不自知,转来骗人,可谓愚不可及矣。

九月十四日 接待钟全林,为之作一书致王克仁谋工作。

接夏元瑮来信,报告大夏理学院教员名单,有未聘定者,拟交谌志远与夏共同聘之。夏有至廖世承一电,准代发。接廖一电,仍欲夏前往,先生当然不任夏行。

九月十五日 到大夏中学部主持纪念周,谕学生以严守青年守则,而身体力行之。听卢炳衡报告校务多件,本期学生已达五百余人,秩序尚佳,惟学生精神体力欠强耳。

九月十七日 在燕市酒家主持大夏第七十五次校务行政委员会会议,谢六逸、谌志远、夏元瑮、王裕凯、金企渊、傅启学出席。通报本外埠招考投考学生近千人等事项,讨论加收各科讲义费等事项。便餐破费五十元之谱。

本日,接贵州高等法院函,请求先生筹设法院书记官等专修科。函曰:本省各法院各司法处书记官、监所人员、会计人员、统计人员均极缺乏,且本省分年遍设各级法院,需才尤多,依法院组织法第四十八条之规定:"曾修习法律学科二年以上得有毕业证书者",得充法院书记官。贵校于下学期尚可筹设上项各专修科,培植人才,以备需要,希即见复。

九月十八日 见梅德昌、周宗德二人来请示校务,先生一一告之。

九月十九日 本日为先生五七初度,初欲避往他处,一因国难严重,无心庆祝。然竭力缩小范围,即大夏毕业生为一组,政府机关为一组,大夏教职员为一组,金融实业界为一组,本省绅耆为一组,其他至亲密友合计不下三百余人,故中餐十二席,晚餐十九席,自晨至晚,宾主尽欢而散。

九月二十日 函复贵州省高等法院,同意筹设法律专修科并拟订章程及课程表等事宜。

九月二十二日 上午,接待李次温①、钟耀天来访。李之粤语多,先生不能听懂,只好漫应之。

九月二十四日 与谢六逸、谌志远、夏元瑮、傅启学商谈聘请教授问题。姚徵元、王世中均因非再加薪给不能留。见朱璈来言米贴事。先生以为朱不管闲事之人,竟亦热心米价,足证米贴两级制之严重也。

本日,大夏秋季开学,注册学生六百二十九人。

九月二十五日 上午,与王文湘、保志宁往彭石年、赵宗溥、程觉民数家拜访。

---

① 李次温(1881—1950),广东梅县人。曾留学日本,同盟会会员。创办汕头正始学校。历任国民党中央委员、海外党务委员、西京筹委、国民党候补中央监委、贵州省党务委员、国民党中央检查委员等职。

下午，见赵发智来言可任大夏附中主任事，先生决聘之。

九月二十六日 与谌志远、傅启学、王裕凯商讨如何将教育学院普教系学生四十余人，分发师范学院借读事。谌、傅均以王克仁不聘大夏文理两院教授兼课而不满，有向王克仁打官话之意。先生答曰："当下不与争，只言予等对师院不能求全责备，对克仁尤不能希望太大，自始已然，至筹款调剂本校教职员乃向教育部之事，非向克仁之事，且本校学生既曰借款，则不能责克仁负完全责任，决理之至明者也。"十时，先生召王克仁与谈，表示要其奉教师之令乃接洽要点来一书面通知，俾本校易于酌办。

九月二十七日 先到大夏中学部视察宿舍内务，见尚整洁。见周崇德携县府捐地执照来请问须向法院登记否，先生答以法登记。

九月二十八日 上午，跟王克仁、商文立谈教育学院教育系学生问题。先生主张王克仁接收，以免许多小纠纷，王克仁以已请示教育部。先生答以教育部正式功令并未违反，如因口头约，则当为至陈立夫函以释之。

给赵发智送应聘书，并允为大夏中学部主任。

九月二十九日 先到中学部举行纪念周活动，嗣介绍赵发智为主任。赵并作简单答词而散。

十月一日 在大学部举行开学始业式并训话，重在要诸位认识大夏精神，利用优良环境把握幸运、爱护团体数点。嗣在中学部主持纪念月会。

十月二日 接吴浩然、孙亢曾函报港校招生情况。函曰："港校于九月二十五、六两日注册，二十九日上课，学生到校情形颇为踊跃。现注册人数已达一百，领缴费单者达百三十余人，以法商学院占多数，理教居次，文学院较少。唯以第一年各院课程相同者多，故决完五院俱举，教授均就地选聘。社会人士对我校印象殊佳，盖港地除十足洋化之香港大学外，实无适应我国需要之良好大学，岭南自战后迁港迫于校舍不能多招学生，国民、广州两大学内容腐败，不足以餍群望，故我校设立颇受社会欢迎。现租圣保罗女书院校址系香港第一流校舍，上下计有八层，教室、礼堂、图书、实验室等设备均有，惟供应大学需要尚嫌不足，此层仍需逐步力谋扩充耳。又此间交通部电报局拟委托本校办电讯专修班,利用就地人才与设备,谋训练电务技术人员,以供应内地之需要,经由电局业务长华镜涵及交通部驻港会计主任谢春溥等,叠电张部长请示,据春溥兄云前次张部长到港时,彼曾面陈电讯班事,已邀首肯,惟尚未得公文上之许可而已。故本校业已招生二次,约有二十余人,现亟待交通部正式示允,拟再招足四十人即行开班。此事如果实现,对于港校立案前途颇有关系,盖若交通部委托我校办理专修班后,可更多一理由向教育部说话也。"

十月三日　接待谢六逸介绍周质克来见,寒喧而已,大夏文学院教员已聘齐,谢有得色,先生亦为慰。

接王克仁来械,说留教育系学生在大夏乃王裕凯所主张,而其以之告教育部,不料今由大夏内部发生意见,只好再请示教育部决定耳。先生当呈教育部一代电,请饬王克仁早接收。

十月四日　接待贵州农工学院院长李书田来访。李欲借花溪校舍之意。先生答大夏今年学生激增,该校舍决定用于新生教学之用。

十月六日　主持大夏秋季开学仪式、纪念周会及国民月会,并报告校务及国内外时事。先生略谓:

> 本校在艰难困苦中谋发展,人事调整、教授均已聘齐到校,院系调整后,范围似乎缩小,但经费并未减少,而投考本校之学生,反而增加,以故内容较前益加充实。惟希望诸生认清自己责任之重大,努力读书,充实自己,即是充实国力。若今日还在醉生梦死,无奋发蓬勃的朝气,那匪但不配当大学生,连国民条件亦不具备,殊为可悲之事。现在党政军各方面负实际责任的人,都在总裁领导之下,艰苦奋斗,支持长期抗战,照目前国际情势,苏德战争,苏联亦采用我国长期抵抗战略,而美日谈话,双方也是在拖延时间,所以中日战争绝非短时间所能停止的,敌人单想停战,我更要将敌拖得九死一生,因此,我们青年天然的是长期抗战中的中坚。

十月七日　与谌志远、傅启学、王裕凯等商酌校务进行办法。旋到中学部,遇吴照恩,知尹斌因师院不许其任中学课有辞意。先生当嘱吴与夏院长是否可发大、中两部合聘之,俾其收入可与师院相等则善,闻师院待遇合薪金有二百八十元之多。

十月八日　大夏近以上课而注册人数虽不亚上期,而上课未齐。吴浩然、孙亢曾两人赴港办分校,据报有学生百余人,颇兴高采烈。先生觉同志太少,事业太分散,恐处处顾不到而失败,可虑也。

十月九日　上午,赴大夏办公核阅公文多件,回家过禹门路,视赵发智疾。

中午,同谌志远、王裕凯谈校务。闻同事心理变态者多,应付至感艰困。张戽立不知因何故而欲辞,先生亦觉抗战期中,大小事均多荆棘。

十月十日　上午,主持大夏国庆纪念典礼,略说国庆意义。

下午,往科学馆及物品陈列所出席开幕典礼,见大、中两部均有可观。以派克自来水笔二支,交张鹤麟笔墨庄寄卖,每支定价国币四百六十元,尚不知能出售否。

十月十一日　访夏元瑮,先谈张永立事,张因小故辞职,后谈夏兼贵阳师院事。与刘文焕通电话,商讨留大、中两军事教官。

十月十二日　往张鹤麟接洽寄售自来水笔,张以四百六十元定价太高,当允九折出售,为每支四百一十元正。

十月十三日　上午,冒雨赴大夏主持纪念周会,闻报告注册者已达四百七十九人,而桂林、重庆招生录取者大部未到,将来到齐至少有六百人,为移黔以来最盛时期。接吴浩然、孙亢曾由港来信,言港校有学生百余人已上课,将来欲可达百三十人云;又云孙科主张请何东、郭顺韦、张竞立等为校董。先生恐太滥尚未定,欧元怀则未表示意见。

下午,接鲁继曾来信,言沪校已注册一千一百余人,比上期为多。先生表示:"筑沪港均有进步,此最可喜之象也,以吾校没有前途,如马宗荣者,将无以自圆其说矣。"

本日,接吴浩然关于港校办理情况的报告函。报告云:"昨奉愧兄三十日手示,欣悉种切,港校上课已旬约,情形极佳,教授已全部聘定,多属欧美留学知名人士(名单另附),学生注册者至昨日止达百〇九人,以法、商学院居多数，经费预算百人今已超过，本期开支可无虞矣。交部托办之电讯班公函已于昨日抵港，下周拟续行招生一次，以期达四十人一班之数。教部对港分校未便核准，谅有个中困难在。现港校仅有一年级，尚系试办性质，自不足具分校资格，尚请钧长向教育部疏通，使暂时默认，不予干涉。明岁视大局为何，再定进退。未知尊意何如？沪校目下尚称安定，惟政局时有恶转可能，自非充实港校以备万一之退步不可。港校若无专人负责主持，则势必失败。今亢兄能当此，则港校发展前途极有把握。明春预期可达二百人，经费收支足可维持。沪校大、中两部只有于人事及设备方面加以充实，俾维持现状。欲期若何发展，则限于校舍、环境及经济三项，恐难为愿耳。"①

十月十四日　上午，听张永立来辞职，专任职愿就兼任。先生多方挽留之，仍未获允。

晚，请中学部教师来自宅聚餐，勉陪之并简单致辞。

十月十五日　主持大夏第三十五次校务会议，议决本学期起应收保证金十元，逾保留时限不复学者，即予没收；规定迟到注册学生惩处办法；增加实习商店股本金额等事项。

本日，《大夏周报》第十八卷第一期刊登先生撰《贵州对国民革命之贡献》。

十月十六日　上午，电话约徐绍彝来谈大夏预算问题。

午刻，至燕市酒家主持大夏校务行政会议，讨论今后应采之方针，即物价高涨，法币低落日甚一日，复旦已有自民国三十一年一月起改国立之讯，大夏维持私立受威胁至大，不改国立用何维持，请大家讨论。与会者均倾向改国立之一途。然以往请改国立发生名称问题、沪校问题，以致未能解决，迄未实现，今旧话重提，未必得教育部之允可，始主张视后效耳，决议由大夏教授呈教育部再请，若陈立夫来，则面陈云云。

十月十七日　上午，令徐绍彝编制本年九月至十二月预算及明年（三

---

①　汤涛、朱小怡主编：《华东师大馆藏名人手札》，华东师范大学出版社，2017年4月，第49页。

十一年度）全年概算书，拟持以向教育部交涉。

下午，听赵发智汇报中学校务，并交其六千元，借李敬思二万四千元，为制桌凳之用。

本日，就大夏港校设校董事宜回复鲁继曾和吴浩然。函曰：

省三，养吾两兄暨亢曾弟钧鉴：

迭接养兄、亢弟自港地赓书，藉谂港分校筹备经过及开学情形，诸称顺利。

在此短期以内，即能一应就绪，立定基础，至深欣慰。所拟聘请分校校董以助长发展在原则上自当赞同，至所拟校董名单是否应再斟酌，及聘请手续应如何进行，尚希詧裁办理，随时函告。群日内即将赴渝出席九中全会，关于港分校事，便中自当再试向部方疏通。又沪校寄来本学期开班课程等件，并承函知开学后员生更动各项情形，统已阅悉，馀容续布，顺颂教绥。

王伯群

重庆通讯处　嘉陵新村七号何公馆

十月十八日　与夏元琭商张永立辞职是否允许问题。

十月十九日　得欧元怀、王克仁电话，告陈立夫、顾毓秀、华仲麐同车今日约下午二时可抵筑。先生与王裕凯、王克仁、商文立、欧元怀、喻任声在三桥等候，待沿一小时未见路影，遂与欧同车返城。

十月二十日　上午，主持大夏主席纪念周，听傅启学作《俄国外交政策之批评》演讲，见学生俯首静听。

中午，在燕市酒家参加欧元怀发起的贵阳各大学同人宴请陈立夫、顾毓秀、凌鸿勋等宴。闻陈立夫昨夜十时到筑，当面约陈、顾二十二日正午在家中餐。

十月二十一日　上午十二时，赴华仲麐家陪同陈立夫、顾毓琇午餐。

下午六时，大夏、浙大、交大、农工、贵医、湘雅、师院各大学于建业堂宴工程师学会年会会员，因地址与餐具只有四百份，故一部分会员（贵阳分会)未能加入,深以为歉。七校院推先生致欢迎词,由李书田介绍。先生登台致词,分为工程师学会与抗建关系、工程师学会与西南诸省尤其贵州之关系,及工程师学会与各际校关系之三段述之。后工程师学会会长凌鸿勋介绍,广西大学校务长作答词,至八时余。

十月二十二日　上午十一时,与谢六逸、谌志远讨论大夏校务时说:"诸君表示大夏改国立,恐多纠纷,不如要求国立待遇,决定再与陈部长长谈一次,并由群介绍。"十二时,先生与陈立夫谈大夏近况,至二时散。散后,大夏干部又在先生寓舍商一切,决定后日下午七时,直访陈立夫,报告艰困,请示解决。

十月二十三日　上午,先生因心绪恶劣,未到校办公。

晚,与赵发智、王裕凯商校务,并交呈教育部请领社教经费文一件,及社教材料多份。

十月二十四日　上午,据谢六逸、谌志远、傅启学三人来告,今晨已访陈立夫谈话结果,大夏改国立决无希望,陈并坦白表示大夏比复旦复杂,复旦只一上海分校问题,而大夏则当地政府欢迎与否问题,大夏内部意见不一致问题,故此刻绝对不可能。并谓委员长有手谕,凡教育机关不能维持者,可归并之;当不能维持,则唯有归并他校云。先生觉得,似此则大夏前途十分暗澹矣。

下午,听王裕凯详告今晨见陈立夫部长时,陈允年底拟向俞飞鹏索二百万元分别救济各校,大夏自可分配十余万元云云。闻此讯,先生决定近日准备带渝之请款预算,以三月至七月为一段落、八月至十二月为一段落,即三月起至七月已将特补费用得余无几,而八月以后调整院系与国立相形之下不能不增高待遇,故八月至十二月则须特补十五万之谱。

十月二十五日　上午六时,与保志宁、王文湘首途赴渝。大夏大、中两部同事纷纷来送行,先生当嘱校务多件。欧元怀亦来访,并言陈立夫表示不利于大夏之意。先生自问道:"关心大夏乎? 而别有作用? 不得而知。予素以忠厚待人,认为是关心大夏亦可。"

十月二十七日　在重庆嘉陵新村七号何公馆致函鲁继曾、吴浩然、孙亢曾。函谓：

> 迭接养兄、亢弟自港地赓书，藉谂港分校筹备经过及开学情形，诸称顺利。在此短期以内，即能一应就绪，立定基础，至深欣慰。所拟聘请分校校董以助长发展在原则上自当赞同，至所拟校董名单是否应再斟酌，及聘请手续应如何进行，尚希督裁办理，随时函告。群日内即将赴渝出席九中全会，关于港分校事，便中自当再试向部方疏通。又沪校寄来本学期开班课程等件，并承函知开学后员生更动各项情形，统已阅悉，余容续布，顺颂教绥。

十一月一日　接孙科自港来电，说大夏港校财政有把握，须照单聘校董继续维持，又言谢春溥校友能干，请委为港校主任。先生觉此事教育部既未准，沪同事更未主张，殊有未便也。

接孙亢曾来信，报告大夏沪港两校近况，与孙科电不大一致，先生觉得对港校处置不易。

十一月二日　上午，拟一电复孙科，电文曰："香港局复交孙院长哲生兄鉴：陷电东奉，港校部未准，不便直接聘主任，余函详议。王伯群叩，冬"。命人持往拍发，电局以不能复送，乃于外交部次长处复得孙香港寓所漆树湾，又另缮送发，破费十八元六角。

致函孙亢曾，问孙电推荐谢春溥校友所由来。

十一月五日　得香港周尚、谢春溥等函，复致不满。吴浩然、孙亢曾或因教育部未准之故，不欲积极进行，致招周、谢等之误会，先生拟分别函询究竟。

接王裕凯来电，言桂林新学生已到八十余人，宿舍男女生皆满；又贵阳米价涨至三十元，徐绍彝已下乡定购谷子去，预算日内可发出。

十一月六日　作覆孙科函，大意言港校教育部未准设，不能直接聘主任，如谢春溥之热心，当酌于相当名义，俾可从旁协助。又港方各校董以赞助大夏全部为安，烦孙代达等语。又得周尚、谢春溥、董虞英等函深不满吴浩然、孙亢曾故，亦设词诫之，以却误会。

接欧元怀来信,附致孙亢曾函,主张孙退让,以免内争。先生觉为孙个人计诚得矣,如为团体计,恐亦非策之得者也。则拟劝大夏团体言归于好,本合作之精神以处之。港校成否,不问团体利害则当看明。

十一月八日　晚,赴交通部大夏学会干事公宴,宴罢将大夏近况告之。

十一月九日　上午,作致香港周尚、谢春溥、董虞英、陈伯夏、张鸿翔、叶文六人函,又单复周尚一函。致王毓祥一函均即发出,遂感疲困。

十一月十日　下午,得王裕凯函,附录预算多件,今年所差者尚二十万余元,明年预算则八十万以上,不知教育部如何批复。

晚七时半,赴大夏学会茶会,到新旧毕业生百余人。致词时,举大夏沪港筑各处近况以告,希望各同学起而纾筑校之困窘,并言自己对大夏之方针未变。

十一月十二日　接王裕凯电话,报告大夏校况及保育院近况。

十一月十三日　上午,作致王裕凯、赵发智、夏元瑮、谌志远、谢六逸、傅启学、金企渊诸君械,快信发出,疲困异常。

晚,接王裕凯电话,言安顺捐助大夏之款五万元已交到。夏元瑮罹胃病入院,可恤亦可念。

十一月十四日　赴川东师范访陈立夫,谈久之。陈对大夏尽量挑剔,并以委员长对大夏不满为言。先生答曰:"以委员长为谗谣所蔽,故有不满。先生为教育当局,如此是非不明,公道不张,宜有以主之,勿令仁人智士灰心短志,予于大夏不惜牺牲,毫无私见,纯为国家而办教育,以政府之宗旨为宗旨,如尚不相谅,请下令解散之;如尚有保留之价值,以予为不当,则请派人接办,予毫不留恋此有损无益于已之事业。"陈闻后表示,其为大夏已尽力,仍爱护,待到年底拟向财政部索一巨款分给各内迁学校,当为大夏留一份度过今年再作道理。先生即兴辞而别后,又与顾毓琇次长、吴俊升司长谈,将所携三种公文托彭百川秘书转交而出。

十一月十五日　上午,赴交通银行访钱永铭、杜月笙晤谈,将大夏港校不准设立之缘由告之。

接香港大夏学会分会来元电,置教育部不准设分校之点不谈,又啰嗦谢春溥主任事,殊觉成见太深,误会未释,该电字数不少,亲译碍昼寝,尤觉讨厌。

接赵发智来电,说中学部黄慧英、韩灵芝均不负责,欲撤职。先生答以可准办。

十一月十八日 访许世英,送大夏校董聘书。

十一月十九日 上午,作致吴照恩函,令早备文请赈济委员会发款济大夏中学。拟教职员四十人,工友十人,学生二百四十人,共二百九十人。每人每月请助米贴六十六元,以每斗米四十四元计,一人一月两斗五升,如上数计全年合二十二万九千六百八十元。

晚,接王沿津来函:(一)请向何应钦索历届在参政会之军事报告。何答以因保守军事秘密计,并未付印,亦未抄副本,唯有方命;(二)有张锦照欲入大夏,补足四年级学程。先生答以转学部令不许借读,为时已迟;(三)索贵州对国民革命之贡献文稿。允电筑中索给之。

十一月二十日 作致大夏同人函,告以晤陈立夫谈话情形。致王裕凯及孙尧年函,令办公文向赈济委员会请款,大学部十八万余,中学部二十二万余。

十一月二十二日 函复教育部蒙藏教育司商借苗夷文物展览意见。

十一月二十四日 中午,何应钦在行政院开会早散。当先生言,有好消息相告。先生扣以何事?何谓今日行政院会议时,教育部提案请将复旦改为国立,否则行政每月须经费十万。蒋院长、主席问改为国立须经费若干?教育部答称亦不过须此数。蒋主席即通过准改国立。何应钦在场,即提议大夏与复旦同样困难,若复旦改国立,大夏亦应照样办理,蒋亦照准。故大夏照复旦之式样改为国立,今日院议已原则通过云云。

下午,遇教育部顾毓秀次长问大夏国立事。顾答曰,今日行政会议何部长当已告之大夏改国立事,院长已准原则通过,详细办法尚待商酌。先生问复旦上海部分如何办法?顾答,上海部分复旦亦暂不涉及,当嘱先生备一公文籍作根据。

十一月二十六日 起草致陈立夫公文,请改大夏国立事。

十一月二十七日 函复贵州省教育厅,关于商借本校苗夷文物移送重庆展览注意事项,函曰:"本校以是项苗夷文物向由专人征集与管理,此次运渝展览,关于装置陈列说明保管等必须仍由素经其事者办理,业经函复介绍本校社会研究部副主任陈国钧负责此事,并另请拨助运输等项费用以便成行。"

本日,邀请山东省政府主席沈鸿烈到大夏参观。

十一月二十八日　学生钱文渊来访,谈在战区中等学生进修班任教务,月有五百元之谱,收入佳,青木关可谓优。

十二月二日　中午,何应钦回家中饭,告今日行政会谈论复旦经费已通过,原有三十余万外,又增加八十余万元,合计全年达一百二十万。而大夏之案,陈立夫未提出,何问何故?陈以未得王伯群呈文。先生查函,自己系二十七日发出,今尚未入陈立夫览,足见教育部之腐败也。

十二月三日　上午,接待王沿津,任秋石二人来访。与王沿津谈港校问题。任为大夏毕业,于重庆创办文学店,欲来募服者也。

下午,译大夏学生来电,请转陈立夫实现国立。接待张嘉璈、陈伯阳、严衍丰先后来访,谈时局及彼此近况。

十二月四日　方金镛来询大夏改国立事,先生以实在情形告之。该生以改校名为忧,先生亦以无何留把握,方等则欲用毕业同学会名义至函何应钦,请相机保留,其理由:(一)不使沪上大夏师生绝内迁之路;(二)免大夏筑校起纷更;(三)免三四千毕业生失母校;(四)与复旦异趣,不免贻羞云云。

十二月五日　晨五时即起,作一书致王裕凯谈大夏改国立事,令其访欧元怀谈尚有何主张,商妥后速见告。

下午,与王毓祥谈大夏改国立事。其不坚持校名,只为沪校争加补助,与欧元怀主张又两歧。先生告以欧及多数毕业生主张保留名义,王毓祥又可否不定。先生只好以大家一致主张不可两歧,使外人轻视以警之,遂别。

十二月六日　请彭百川托以察上陈立夫请改大夏为国立之公文呈到否,吴俊升在城内否?答以文已呈,吴未来。又问边疆教育司要大夏所收边疆文物展览须早决定,因交通太不便,迟恐赶不及。彭允代电青木询之。

十二月七日 接欧元怀来函，言上海博文书店出版的《中国民族英雄传》一书，编著者署名为"谭谷"，全书三百六十页，搜罗人物达四百余人之多，第 274—275 页，系数载王伯群事略，语多毁谤，实属有碑予名誉。询先生阅及否，宜设法纠正或取缔。

十二月八日 接王裕凯电话，言校内一切安定，惟师生闻改国立事，均欲保存校名援复旦例办理云。

本日，大夏上海、香港两分校宣布停办。

本日，邀请黄炎培为大夏作《四十年来的感悟》的演讲，叙述生平为教育事业努力的经验。

十二月九日 下午，偕何应钦往访宋述樵、华仲麐。询何应钦托之在行政院议时，维持大夏名义。何答告今日未出席行政院，故大夏改国立事提议否不得知。先生遂决定明日与教育部吴俊升一谈。

晚，接王裕凯来信，报告校务并校内会计状况，安顺捐款五万已垫入经常支出。

十二月十日 接陈立夫复信，告大夏欲改国立须先询校董会意见。先生与何应钦商定，拟十二日借伊公馆备便饭，集在渝校董一会，以完成请改国立之法律手续。自缮请函八份，约孙科、梁寒操、江问渔、吴铁城、张嘉璈、钱永铭、杜月笙、许世英、何应钦诸校董。又一电王毓祥，请十一日来参加，电话欧元怀约何纵炎。先生亲往化龙桥访孙科未遇，留一信托其秘书司徒德转交，并访张嘉璈。

十二月十一日 上午八时，得方金镛来告，已见谷正刚部长，允以社会专员给伊。又问大夏国立行至若何程度，先生当以实告。访许世英，将中学请款文书交外，又请明日在何宅便饭，讨论大夏请改国立事。

下午，赴教育部访吴俊升，谈大夏近况，央其对土木系四年级学生准予留大夏毕业。吴对大夏改为贵州大学之点似颇赞同，先生未与讨论。

十二月十二日 上午，访孔祥熙，以大夏校董会聘书交孔聘为校董，孔欣然接受。

下午六时，赴教育部参加陈立夫、顾毓秀宴。晚七时，主持大夏校董会。校董孙科、梁寒操、张嘉璈、钱永铭、杜月笙、许世英、何应钦八人一致赞成请政府援复旦大学例改为"国立大夏",并托许世英、张嘉璈、何应钦于行政会议时主张不变更名称,至九时半始散。

十二月十三日　发王裕凯函,告大夏改国立近况。

十二月十四日　上午,与王沿津、方金镛谈大夏改国立之经过。王沿津自请代办呈文,将各件携去。先生阅各新闻,未见英美反侵略战事有何进展,至为失望。

下午,接待王健民来访,对大夏国立主张保持校名,先生表示惟教育部不知持何意见,嘱先生等探明而运动之,勿无的放矢。

十二月十六日　接王裕凯来信报告校务,校中存款不到两万元,本月份薪金均无款可发,先生叹奈何。

十二月二十日　接杨秋帆来电,说已与欧元怀、何纵炎来电赞成大夏国立。

十二月二十四日　接保志宁来电话,问要汽车否? 答以大夏改国立未确定,须在此促成,促成后再电话索也。

十二月十六日　赴国民政府出席国民党五届九中全会第一次大会。

十二月十九日　出席国民党五届九中全会第五次大会,听教育部工作报告后,遂讨论常务委员提议各案。

十二月二十七日　上午,先后与大夏校友杨汝淦、方金镛、申屠宸谈大夏进行国立事。杨、方二生携一上陈立夫函稿请核,先生告以前日上何应钦校董者措辞颇当,嘱照前函另备为佳。

十二月三十日　晨起,乘何应钦未出门,以大夏改国立事托其催促,并三十年度不敷经费陈立夫允年终分配若干,亦请代索。

中午何应钦返家,先生询结果如何。何谓今日要案太多,来不及讨论,陈立夫云搁在行政院,三十年度补助亦允款到拨助若干。先生觉得似此则滞留此间,不知何日方能有一结果。

上午十一时,访李宗仁、白崇禧。李出未归,白卧疾在床。先生乃与黄绍竑、熊天翼询问浙赣通上海之路可行否? 熊答每人出保险金一百二十元可矣;黄言亦大夏校董如大夏师生经过,当为设法予以便利。

晚,接王裕凯电话,询问今日行政院提出大夏改国立事案。先生告以案多来不及,并问保育会近情,答云保志宁难辞职,各院安定。

十二月三十一日　晚,受邀参加何应钦宴军政部属员,男女五席。先生感慨曰:"予本有家可归,子女成群,不意因学校事做客他乡,殊感不快。"

1942 年(民国三十一年　壬午)　五十八岁

一月五日　主持大夏总理纪念周会,听法律系主任高承元教授做《敌我形势与反攻时应采取之战略》的演讲。

一月十二日　主持大纪念周会,邀请贵州省民政厅长谭民来校做《地方自治与新县制问题》的演讲。

一月十四日　接财政部盐务总局总办徐秋杰致函,请求大夏代为训练会计及业务人员。函曰:"素仰贵校作育人才有声社会,拟请代为训练会计及业务人员各五十名,训练班教员即以贵校教授兼任或另聘专家担任,每小时由本局酌送国币十元,附奉招生简章、训练班简则暨会计业务两组课程表各一份。"

一月二十日　接孙亢曾来函,报告大夏沪校附中停办后准备办理协济补习班等事。函曰:"经大学部第四十二次校务会议议决,本大学及其附属机关,下期无法维持,即行停办,本校附中遵即通告员生办理结束","为顾念青年失学,彷徨中道,各科导师拟筹办协济补习学校以维学生学业,另推导师数人组校务委员会主持该校事宜。惟关于学生学籍问题,除就地设法转报外,仍乞于可能范围内商恳当局认可,藉资救济。如何之处,敬请迅予指示。"

本日,《大夏周报》第十八卷第六期刊登先生《三十一年吾人应有之努力》文章。文章指出:"轴心国家中之日本,势孤而弱,故太平洋战争,今年内可以决其胜负。""三十一年是'解决日本事件年',我们要把握时机,加倍努力,迎接胜利。"

本日,主持校友会,一致议决呈请政府援复旦前例改大夏为国立。《申报》载①:

> 大夏自八一三事变发生后,遵部令与复旦大学联合内迁来黔,已四年有半。太平洋战争爆发后,上海、香港两分校即于十二月八日宣布停办,贵阳本校于今日开校友会,一致议决呈请政府援复旦前例改为国立。

一月二十二日　主持大夏第三十六次校务会议,通报赴渝向教育部接洽校务经过、教育部核准本校特补费十万元、贵州企业公司捐助本校新校舍建筑费四万元由董事长何辑五亲自送来等。讨论通过筹办会计及业务人员训练班等事宜。

一月下旬　致函财政部盐务总局,把培训经费预算书一份随函奉达,以便寒假开始招生办理。

二月三日　以"天游"之名复函鲁继曾,建议沪校全部西迁与黔部合并或在浙东择地复校。函谓:

> 此次弟为本校国立问题在渝奔走两月,仍因牵涉校名尚无结果。沪部今后办理,群意最好全部西来,与黔部并合,彼此均极有利。至教职员旅赀计需若干,希一面函示,一面垫付,当为设法筹措。途经浙省,并可托黄绍竑校董多予照拂。弟已与之面洽先容矣。倘西迁困难太多,则在浙东似可择地复校,黄校董当亦不吝协助也。

二月十日　前因大夏经费困难,经校董会议决,呈请国民政府援照复旦大学例改为国立大夏。政府虽准予改国立,而校名需变更为国立贵州

---

① 《大夏大学呈请改为国立》,《申报》,1942 年 1 月 21 日,第 2 版。

大学。师生闻讯,殊为痛惜,群起反对。①

　　1942年2月,在行政院一次例会上,何应钦将大夏改国立事作为提案提出,请讨论决定。会上有人主张交付审查后再议,何说:"此案无审查之必要,能改国立则改,不改则拨款补助。会上即可决定之事,何须交付审查迁延时间。"当时会议主持人蒋介石同意了何的意见,即在大夏申请书上批示。"改国立原则可行,交教育部切实整理院系呈核。"按此批语,行政院已同意大夏改国立。至于整理院系,那是既然改为国立之后必然要有的一番手续。殊知教育部奉到批示后,既不尊重大夏请求保存校名的意见,也不征求捐资创办人的同意,竟擅自决定将大夏与贵州农工学院合并,改为国立贵州大学。并内定教育部秘书主任张廷休为校长。他们明知大夏请改国立案是何应钦提出,经蒋介石亲手批示原则同意的,却乘蒋、何两人因事不能出席的一次行政院例会上,提出来囫囵通过。

赖孔贤记述道②:

　　当时,国民党中央的教育部长陈立夫,因与王伯群有派系间的矛盾,便利用其职权,硬将大夏改为"国立贵州大学"。大夏的师生,是竭力反对大夏改为国立的。一九四一年冬,在昆明的西南联大、在贵州湄潭的浙江大学以及贵阳的高等院校师生,都支持大夏学生反对改为国立的运动,并进一步筹划"反对大夏改为国立运动"为名的各校参加的反孔祥熙的罢课游行示威。正当全校同学正在集合之时,国民党宪、警及保安团已把大夏包围。校长王伯群获悉,赶来制止,恐怕同学出校门发生意外。训导长将全体同学集合于大礼堂内,宣

　　① 王守文:《抗战时期的大夏大学》,惠世如主编:《抗战时期内迁西南的高等院校》,贵州民族出版社,1988年,第151—153页。
　　② 赖孔贤:《大夏大学抗战时期在贵州片段回忆》,政协贵阳市委员会文史资料研究委员会编:《贵州文史资料选辑》(第15辑),贵州人民出版社,1984年,第66页。

布由王伯群承担赴渝与当局商谈关于改国立的事。王伯群提出若行政院不收回成命,就延长开课时间,把大夏迁往桂林或柳州复课。由于全校师生态度坚决,又有其他高等院校的声援,行政院只好收回成命,大夏仍然保持私立。

二月十二日 主持大夏第三十七次校务会议,通报发给三十年度教职员特别津贴等事。讨论通过学生留级条例、商定就本校沪部停办应如何救济方案。先生表示:"请其就近在东南数省择地迁徙成立分校,并代向教育部请求补助迁徙费用及常年经费,员生如有愿来黔校者尤表欢迎。"

二月十三日 致鲁继曾、吴浩然、孙亢曾函,通知大夏黔校议决沪校停办如何救济事。函谓①:

前复省兄一函请沪校全部西来与黔部并合,教职员旅赀当为筹措,如困难太多,可在浙东择地复课等语想蒙督洽,不谂有否决定?为念。

顷接亢弟一月二十日来书,承告沪部业经校务会议决议停办,固系必然处置,惟据探悉部方意见,似尚希望能在沪继续维持,以利诸生学业。弟意如能照办,原可藉免波折,否则自当另筹救济。昨日本校开第三十七次校务会议,用特提出讨论救济方案,结果决议"请在东南数省择地成立分校迁徙,员生迁徙费用及分校今后常年经费代为请求本部方补助,如员生有愿转来黔校者,尤表欢迎"等语,兹拟一面照案代向部方交涉,力请补助各费,一面务请会商决定,迅予示知。

本校国立问题因牵涉校名,尚在继续交涉中,能否保留原名无改,人事正未可知,辄先布复,顺颂教绥。

二月二十一日 致函鲁继曾、吴浩然,说明大夏黔部请求更改国立经

---

① 汤涛主编:《王伯群与大夏大学》,上海人民出版社,2015 年 8 月,第 167 页。

过并希望沪校西迁,函谓①:

黔校因经费困难,进行请改国立,已有数年,去冬群在渝交涉两月,结果由部方正式提院,孰意即席通过:原则上改为国立贵州大学,沪部照旧。据此则黔部既将因改名而亡,沪部维持又无把握,岂非吾人十数年共同心血之结晶即归消灭?群虽可以从此轻卸仔肩,但揆维初衷,对我万余同人同学,又宁忍照办?而自此消息传出后,各地校友会(学会改组而成)果纷起反应,一致吁请有关各方保存校名。现此运动尚在继续扩展中,有不达目的不止之势。幸各有力校董已表示协助疏通,群忝综校职,自更当决心斡旋。今后倘牵涉校名,则国立可以从缓,而必仍以私立性质继续办理,经费问题由群多方设法终有解决,此可以预向兄等告慰者也。

黔校年来困难,经济而外,厥为人才过感空虚,刻沪部停顿,大夏一脉全寄黔疆,故以前两信最盼兄等能毅然来此,集中力量,共图发展。沪校为顾全青年学业,拟筹办补习学校,原亦赞同,但依群观察此事,部方恐决难正式承认学籍各项,在在无从解决。其次,迁地设立分校,在实施时亦不免有种种窒碍。顷据确息,部方已派员赴浙筹设东南联大,将融沪上公私立各院校于一炉,当不容我校自立门户,以启效尤。纵令万一邀准,经费终难大量补助。按沪校过去收入,以学费为大宗,内迁以后,情形全非,必将一如黔校,至此窘迫万端,罗掘自任。

兄等数年来在沪公私已备感竭蹶,何忍更以此局面相累?两兄及亢弟对大夏关系深切,今当黔校艰危,干部缺乏之际,务请毅然决然同来维持。至其他同人,有愿来黔者尤表欢迎,所有旅费决当设法筹措。

群日内即拟去渝,今后沪校动态及沪上其他大学如何善后之处

---

① 《关于解释黔部请求更改国立经过并希望沪校西迁的函》,汤涛主编:《王伯群与大夏大学》,上海人民出版社,2015年8月,第168页。

统祈随时详告,以供交涉之参考。

二月二十六日　召开临时大夏校务会议,通报行政院于前日(二十四日)常会通过将大夏改为国立贵州大学及详细改并办经情形。讨论通过电请教育部保留大夏校名,本学期注册上课日期已予展缓,请全体同仁继续安心服务。

三月一日　上午,与欧元怀商定,拟一电文致教育部,请勿更名。函谓:

> 重庆教育部部长钧鉴:
>
> 　　本校由校董会呈请改为国立后,闻一月中曾由部呈行政院通过,原则变更校名,自校董以至毕业生咸以校名一改,二十年来心血结晶,数千人精神寄托之学府等于沦亡,群起质难。伯群以未奉部令,力劝静候,正拟召集校董会讨论办法间,忽又见报载院会续有决议,全校遑惑,亟欲内迁之沪校员生尤为失望。窃以一校之变更,关系至钜,须得合理解决,方不负校董会依托之重,现一面延期开学,一面觅车来渝面呈一切。恳俯鉴苦衷,再于考虑,不胜盼祷!
>
> 　　　　　　　　　　大夏校董会董事长王伯群　叩

王裕凯来,告杨秋帆愿代表大夏贵阳校董赴渝,先生感觉多有一人说话更善矣,惟闻夏元瑮不愿往,有些憾事。

下午,与杨秋帆谈校务。杨劝先生不可以大夏之大错铸成而介怀,应保养精神,从经济事业建立基础,再图发展。

三月二日　上午八时,出席大夏中学升旗、月会、纪念周、开学四种典礼合并仪式,致词中讲述各种典礼之意义。九时,往大学部办公,见谢六逸、谌志远、傅启学来,似欲有所陈述,尚未开口,忽有警报,遂各散归。

晚,与欧元怀等护校委员会委员商讨校事,至十时仍无善果。

三月三日　接于彦胜寄来教育部第二次将大夏改为贵州大学呈行政院文。内容要点为:(一)分文理、法商、农工三院;(二)经费除农工原有之五十三万三千七百八十万元外,拟请由国库另拨九十万元,全年合为一百四十三万三千七百八十万元;(三)校产以大夏筑校及农工院院产全数拨充;(四)成立期为本年三月十五日决议通过。先生查系二月二十四日周二行政院五五二次会议事,深深以为教育部提案毫不客气,一厢情愿,不惟校名消亡,校产亦被告掠夺,真可谓非法政治矣。

三月四日　上午,与谌志远、傅启学讨论大夏改贵州大学问题,以教育部无诚意,恐办不好,决意辞却。傅则表示与先生共进退。十一时,主持校务行政会,决议根据校董建议案第三项原则保管全部校产,给未来之大夏保管人选,推定陈景祺、苏希轼、卢师鲁、张瑞钰、傅杰华五人为图书仪器保管员,陈国钧为社会研究部设备保管员,学生成绩等则由教务处办理,其余用具则由总务处处理,会计处则赶快结束。

下午,与苏希轼、张瑞钰、谈宗禄谈,再告以维持大夏生命地点及办法。

三月五日　上午八时,与金企渊、高承元、王裕凯谈校务,高主张站在法律立场向教育部说话。先生表示,以现在政治委员长手谕可变更法律,根本还谈不到法治,唯有众校友团结一致,方可维持一部分权益,众校友勠力同心,必能光复大夏。

接王毓祥来信,告已与教育部中人谈得两结果:(一)部中可承认实习学校之学分;(二)内迁者可入东南联大云。先生认为王毓祥于大夏二字之保存,不与部争,殊为可怪。

三月六日　下午,与护校毕业生谈如何保存校产之法。赵发智、吴照恩同来见,告以中学应由大学部同事出而与之维持之计划。

晚,计划明日赴渝。欧元怀来送行,正谈话间,有贵州省政府"不欢迎大夏,而只欢迎欧元怀一人"之言,欧遂发牢骚久之。

三月七日　与王裕凯、金企渊等往中央银行乘车赴渝。次日宿何公馆。

三月九日　上午,先后与金企渊、王裕凯、方金镛、王沿津数人商量如何进行护校运动。王裕凯等与教育部中人约定下午二时至五时晤谈,先生则拟以病迟一日再看如何。

先生问何应钦,教育部对贵大校长人选为谁,何答陈立夫称仍欲先生任。先生力言不能再任贵大校长之苦衷和理由。

下午,久侯金、王消息,想知教育部主张而定进行步骤。至六时,尚无消息,先生乃驱车访之,未晤。过金城七号访梁寒操,谈及教育部处分大夏之操切,梁亦以为然。

晚,听取金企渊、王裕凯、方金镛、王沿津来汇报,当将晤陈立夫及以下诸人所谈,并述及明日即将发表先生为贵大校长,并谓系委员长之意。先生认为若明通过发表,更难挽救,托何应钦设法打消,再告不能任贵大校长之困难。

三月十日　中午,何应钦回寓,告先生谓今日行政院会议已将贵大校长提出,何表示先生有种种困难不能就任,请勿通过,免失政府威信,须先与伯群一商得同意方佳,遂保留云,并言陈立夫约五时谈。

下午五时,赴教育部先晤华仲麐,告以不能任贵大校长之理由。后晤陈立夫来,长谈逾一小时,以种种理由力辞贵大校长,谈话中将若干牢骚夹入,先生殊觉痛快。

三月十一日　上午,与王裕凯、金企渊、王毓祥同访孙科,详将大夏改国立事并将贵阳大夏校长提案示之,孙颇表同情,建议速开校董会决定办法,再把办法分呈行政院、教育部请求复议,并具函呈蒋介石,说不维持大夏校名之害。

下午六时,往访孔祥熙,言大夏国立事,孔述政争内幕尤详尽。

三月十二日　接王裕凯电话,报告今日赴青木关教育部接洽情形,谓已商蒋志澄司长,汇款三万元至大夏筑校发学生贷金,又谓张廷休主张先以九十万元为国立大夏经费,待抗战完结再改国立贵大。余井塘次长则谓须顾全行政院威信,如何想一两全之法。先生表示凡此主张皆稍近情理之言,人群乃理智动物,如谈情理,则天下无有不谐之事实。

三月十三日　下午,对宋述樵、张廷休、华仲麐表示个人意见,希望贵大成立,大夏存在。张廷休谓此原则上与部长之意无二致,只要此点相同,经费等问题不难迎刃而解,先生觉张廷休于前后经过尚多隔膜,恐仍不得要领。

三月十四日　上午，与王裕凯、金企渊续商护校大计，将划文、法两院合农工为贵大，保留理、商、教三院为大夏之意见相告。金谓然，王裕凯恐教院不在，尚有难色。

晚七时，赴社会服务处参加大夏校友会，报告学校近况与请改国立经过，校友均感愤慨，至九时半改选干事及护校委员会委员。

本日，接教育部令校董会文一件及盼考虑贵大校长信一件，附有改大夏为贵大之详细办法，且有一训令，有准备办理移交之言。先生阅后大怒道："真是强盗进屋，口吻殊为可笑可恨！"

三月十五日　与王毓祥、金企渊、王裕凯商大夏国立事。王毓祥对于主张分文、法学院给贵大，留理、商与大夏之说不甚赞同，盖如此则大夏不成大学。先生以为顾全政府威信与大夏生命，非此不可，否则大夏生机断绝，欲图恢复不可能，磋议颇久而别。

大夏毕业生李焕之，现任教育部专员，颇得陈立夫信任，昨在校友会晤时，李询先生有何意见，愿代达陈立夫。先生告以对贵大愿赞成成立，对大夏亦不愿其沦亡（上海大夏实已沦亡），故欲请教育部设想求一两全之策。李将先生意告之陈立夫，陈并令顾次长参加意见，似可允，大夏留一院或二院在贵阳设分校，惟不准国立耳。先生表示，只要大夏生机不断，有国立待遇足矣。

三月十六日　上午，与王毓祥、金企渊、王裕凯续谈大夏问题，并出代校董会撰呈行政院及教育部文稿，大意仍主张大夏国立。

下午三时，赴救济会往访许世英不遇，把木耳、清茶交轿夫请转交。

晚八时半，再访许世英，谈大夏改名国立之经过，请其明日到校董会公决救济办法，又述消弭反孔祥熙风潮经过，并给一纸。先生闻许拟补发大夏中学救济费八万元，如此则中学困难今年可以解除。

三月十七日　方金镛来见，代表大夏重庆校友会表示拥护校董会主张，维持大夏生存。

下午六时，在重庆上清寺孔祥熙公馆主持大夏校董会，孔祥熙、吴铁城、张嘉璈、许世英、王正廷、孙科、何应钦、梁寒操、王毓祥、钱永铭等十一人出席①。

首先,商讨国立事如何举行。先生报告大夏呈请援复旦例请改国立之经过及教育部擅自改校名之歧视事实,全场一致愤慨陈立夫办事之操切。有主张照复旦例者,有主张维持私立性质,只求增加经费之补者。先生觉此两种办法均有使陈立夫难于下台之苦,故主折中办法,即政府威信可存在,大夏生命不斩断,换言分文、法两院合农工为贵大,留理、商两院合沪校之教育为大夏,至经费预算,大夏三院六系就请为六十万元。众听言后,咸主张三法并列,听教育部采行。

其次,推王毓祥、梁寒操执笔作函,讨论通过公推校董张嘉璈、吴铁成向教育部接洽,于下列三办法,即:(一)完全照复旦例改为国立大夏;(二)将大夏现有之文、法二院划归贵州大学,大夏仍保存原有之理、商二院,合自沪待迁教育学院,每院二系共成三院六系,仍保持私立性质,且由部除现存补助费四十四万元外加拨二十万元,俾经济可以维持;(三)大夏仍保存原有院系,继续私立,由政府出现有补助经费四十四万元,外加拨补助四十万元以提高员生待遇,增进教学效能。由教育部任择其一加以实行。

第三,讨论通过组织校产保管、校债整理委员会。推选校董欧元怀、王毓祥,教授鲁继曾、吴浩然、陈景琪,毕业生王裕凯、苏希轼、卢世鲁、傅杰华、张瑞钰、陈国钧十一人为委员会委员。

三月十八日 上午,比晤王毓祥,告撰校董致陈立夫函已脱稿,便送请梁寒操润色,而梁十时犹高卧未起。先生一面待之,一面作私人复陈立夫信,大意谓已在校董会力陈折中办法,蒙采纳则大夏幸甚,至贵大校长职,如于大夏能兼筹并顾,又在中央职任许可范围,则必尽力协助,以树大始基云云。

中午,持公函谒孔祥熙请领衔签名,孔谦而签在次位,旋访何应钦、孙科、许世英、王正廷、吴铁城、张嘉璈、梁寒操、钱永铭、王毓祥等共十一人签毕,面托张嘉璈约吴铁城于二日内,与陈立夫接洽。在晤吴铁城时,吴

---

① 《民国三十一年三月十七日开会记录》,《校董会等会议记录簿》,第37—44页,华东师范大学档案馆藏,档号:81—1—58。

告陈立夫跟他说，是蒋总裁令其取消大夏，故其如此办云。先生认为此言不确，因大夏存在于兹无损，为何必摧残之耶。

下午，接赵发智电话，言大夏中学各科教员已请齐，惟移花溪似不愿，学生方面反愿往。先生当告以暂缓移往，电话不明，拟另函详。

三月十九日　何键夫人王仪贞来访，表示愿为保留为大夏校名努力。

三月二十日　上午，接待赵可夫来见，其为大夏理科肄业生，先后入黄埔军校、俄国学政治经济。曾任旅长，现任军委会政治部少将主任，欲带兵，故来托先生向何应钦说项。

下午，萧铮来访，与谈大夏改国立事，萧允向陈立夫一言。萧托约见何应钦报告乐山韩文源近状，先生允之。

三月二十一日　上午，跟袁冠新谈大夏国立事。

下午，王沿津来信，告张嘉璈、吴铁城约周一下午三时正式赴教育部访陈立夫谈大夏事。

三月二十二日　听杨汝淦、方金镛来报告大夏校友干事会情形。

三月二十三日　下午，与王裕凯、王毓祥、金企渊往访张嘉璈。张告已与陈立夫一度晤谈，未有结果。谓陈立夫尚乏诚意，故提有条件多端，未完全采纳校董会三方案之一。无已，先生只有再往商之一法。

三月二十四日　上午，与王裕凯、金企渊商讨对策，皆感无善法应付教育部，与无诚意之人交涉，殊困窘。先生用电话与彭百川约晤陈立夫时间，彭以非下午四时后不能以时间见告。

下午，返社会服务处电询教育部陈立夫会晤时间，华仲麐答今日无暇，明日再约。先生闻后曰："陈立夫以困厄手段相逼，可谓卑劣之至，堂堂教育当局如此行为，可为国家痛哭。"王毓祥、王裕凯、金企渊均愤极万分，先生只好劝诸君再事忍耐。

三月二十五日　上午，得教育部电话，言陈立夫部长约十一时往谈。比到教育部，陈立夫先谓决无消减大夏之意，次言大夏与复旦不能同样之点（以傅式说为理由甚觉勉强），后谈到办法，欲迁大夏沪校为本校，筑为分校。先生以事实困难，碍难遵办。说到贵大、大夏并存相处，先生竭力陈说，最后似以并存为妥。陈又言须请示院长而终结。至说停课，先生又力言为行政院决议所误,如须复课,则非补发一二三月份经费,每月七万元不可。陈允多少发一部分,先生以至少须十五万始能清理急需及债务。先生即辞后,又访蒋志澄司长,告以部长已允发之,谦托其特别相助。

三月二十六日　上午,召王裕凯来商校事,发一电至谌志远令其开学。文曰:"校事可合理解决,盼即日注册上课,学费准照国立浙大收"云云。又用电话告校中陈贤珍、苏希轼,嘱以须开课情形。

三月二十七日　上午,电话告谌志远:(一)大学部各院及会计业务训练班从速开学;(二)学费缓收,先收杂费;(三)训练班速发聘书,待遇分助教四元,讲师五元;副教授六元,教授七元,本校兼任人员同分,则分四五六三级可;(四)三月份教职薪金与二月份同米贴,则照贵州省府所定价发给。最后,谌志远言学生贷金之三万元已到。

下午,金企渊欲为代盐务训练班购书一批,款不济。先生为设法向盐务总局取一万元,故访缪秋杰,缪允立即办。

三月二十九日　下午,得王毓祥书,说大夏尚有可不见责。先生觉王毓祥不思发动各分子力量而侧重自己个人,此亦不免太落后,太失之过去之思想耳。

三月三十日　下午,参加重庆校友会为大夏尚募基金会议,到干事八人,结果发起百万捐款运动。赴教育部只晤顾毓琇次长,谈大夏校董会三办法之要点,顾告教育部已决定先给十万元为开课之需云。

晚,写一备忘录交王裕凯、金企渊带回,至深夜二时方就寝。

三月三十一日　晨五时半,接王裕凯电话,言托杨汝淦来取,允之,并托带一信致保志宁告近状也。

四月一日　上午,以电话托彭百川问陈立夫讯,彭告直接电话询陈宅沈秘书。据沈秘书答,陈部长赴南泉,回再询覆何日可再晤谈。

本日,就南宁大夏附中更名及成立校董会提出指导性意见。

本日,大夏原定于一月二十五日春季开学,二十六日起注册,三月一日上课,因国立变更校名问题,不得不暂时停止。兹因本校名称,经校董会向教育部交涉,已蒙政府准予照旧维持,遂由校长由渝来电,促其开学上课,经各处负责当局商定,四月一日开学,新旧各生开始办理缴费及入舍手续，九日起注册，十三日上课，二十日注册截止。学生遵照规定办理入学者，非常踊跃，二十日截止时间，已达五百余人。至迟延期间，则规定加节补课。

四月二日 下午，与王沿津谈校事后，嘱其代搜材料，拟撰民生主义经济论一篇，准备将来在社刊上发表。

四月三日 作致鲁继曾、吴浩然、孙亢曾三人信，力言大夏沪校西移，其三人加入筑校之必要，盖不如此，不能集中力量，缩小范围，充实内容，广结外援，渡目下之难关，奠将来之根基。致王毓祥函，请来共商校务。再复施友才函，嘱商桐梓士绅再益增，因黄丕模等已允捐一万元云云。

四月七日 上午，执笔致孔祥熙书，托向陈立夫催促大夏问题，大意谓"校董会议决案送陈立夫后，予亦晤谈一次，陈对予意见尚采纳，不过迄无复音，大夏全体竭望结果，故请早解决"云云。信交王俊卿副官携往行政院交孔祥熙亲属，孔必于会时交陈。

晚，刘经泮交来建国实业公司计划书。先生详阅之后，拟自入两万元并为大夏入两万元，并询王文湘欲入股否。

四月八日 上午八时，听王沿津来言已得张嘉璈向陈立夫催促，陈答仍以须请蒋委员长为词。十时，用电话与吴俊升司长约往访，详将大夏与贵大划分后之办法经费种种言之，盼吴特别相助。吴未慨诺，不过允与陈一商而已，而以须请示委员长之说答复，与陈如出一辙。

四月九日 何应钦告晤吴铁城，得知陈立夫意，仍在消灭大夏。贵大、大夏并存之计恐不可能，或多少补助若干，使不能维持而萎化耶。先生闻后，心痛异常，终日为之不快。

四月十日 作致陈立夫函，欲再索十五万元维持至四月底止，一面请其速赐根本办法。

四月上旬 国民政府财政部盐务总局委托大夏附设盐务专修科，训练盐务会计业务人员。寒假期间招生，第一期专修科学生二十余人到校。

四月十一日 上午，将昨致陈立夫书修改，又觉不善，未发。

下午，打电话询问赈济委员会孙亚夫处长，答本年补助大夏附中之款为十四万四千元,除前已汇二万四外,有十二万元。

晚,作致王裕凯、孙尧年信,列举校务十八九条与之言。

四月十二日　上午,赵可夫来访,告以大夏乃民国十三年六月一日成立,而其履历则书十二年入大夏,不解何故?

四月十三日　上午,将昨致陈立夫信修改并发。接桐梓施友才电话,告桐梓绅士允捐大夏基金,如安顺、遵义二处希望过桐梓时与该绅士等面谈,先生允之。

下午五时,赴盐务总局访缪秋杰。缪送《盐务总局拟用设置讲座方式代为训练盐务会计业务人员合约》,并提出保证该项学生毕业后由该局甄用,所需经费酌予补助,仰即另拟概算书呈候核算为要。

四月十四日　作致保志宁书,附赵发智函询中学近况,书中则促速进行参政员选举事。

四月十五日　作致杨秋帆、胡维中、傅启学、宋述樵书。

有叶嘉慧,大夏欲聘之理学院数学教授,由江津旅宜四川。中学女生部来函,谓大夏校中所汇之旅费六百元未收到,然该员前发信为南泉海泉路六十五号,今迁至江津,致汇款交不到该员之处。先生回信令其于一星期内来支取。

四月十六日　得保志宁信,函中告大夏内部分歧,谌志远宽而苏希轼严,何克昌不满金企渊等等,盼速归筑。

四月十八日　上午,听王沿津来告重庆校友会集会,决议积极推进百万基金之募捐及加强组织,先生甚嘉之。

午刻,赴范庄便饭,谈经济学社社务,顺以大夏国立事托于王正廷、钱永铭。

下午三时,赴赈济委员会晤孙亚夫处长,知该会决定补助大夏附中之款,卅一年度定为十四万四千元,每月一万二千元。孙告已汇一二月份之二万四千元至校,三四月份之款可即汇出,唯须学校补送受赈学生名册云云。

四月十九日　为解决经费问题,大夏校友总会发动各地校友,为母校募集百万基金运动。推先生为募捐运动会会长,欧元怀、王毓祥为副会

长,王裕凯为总队长,并聘定各省市大队长。兹摘录如下①:

> 本校于十八年前创立沪渎,赁庑设教,备极艰辛,乃历蒙各界人士热心扶持,输财相助,本校规模日益恢廓。迄民十九以还,梵王渡校舍建造成功,崇宏轮奂,四方来学之士,岁以千数。校产亦至三百余万之多,举凡教学研究实习之所资,无不赅备,其成就之伟大,足为海内私校之巨擘。惜国难旋作,仓促西迁,原有基业,泰半摧毁。而内地物价昂涨,经济益形竭蹶。虽迭荷中央奖助,亦仅能济其燃眉,殊无根本维持之方,校务进行,时感棘手。同人尝本创校之信念,以为今后复兴之机,将仍操持于社会,而必征其效于国族,于是相与集议,发起百万基金募捐运动,拟以筹集之资金,移作生产之事业,于以培养校本辅成作育,继长增高,永垂不朽,敬仰台端扶教兴学,凤具盛心,对于本校前途,尤切关注。恳祈慨解义囊,囊兹盛举。聚沙成塔,施惠无穷。岂惟本校之福,抑亦国家之利也。诸希鉴照。

四月二十日　访居正,谈大夏改国立经过,居亦不以教育部此种措施为然。

本日,大夏举行春季始业式,出席师生达六百余人。王欲凯报告先生赴重庆交涉本校改国立问题经过。②

四月二十一日　中午,听何应钦转告,已在行政院提议大夏应早决定办法,表示政府对人民仍有诚意,结果行政院正式决议:"大夏照旧维持,除原有补助费外,本年度加拨五十万元。"先生闻之,自叹道:"何应钦对我援助,对大夏爱护,非常可感,不知何以为谢。予以为教育部如爱大夏,则本案原有补助费一语,应为去年所补助之四十一万元,合加拨五十万元,则为九十一万元,今年有此数,可与国立相比矣。如原有补助费一语解释为八万元,则今年只有五十八万元,不敷在三十万之谱,尚不充裕也,拟继

---

① 《大夏大学百万基金募捐启》,《大夏周报》,第18卷第8期,1942年6月1日。

② 《秘书长报告　请求维持校名　得到各方赞助》,《大夏周报》,第18卷第7期,1942年4月15日。

续与教育部进行交涉,又视如何。"

晚,赴交通银行晤王正廷、钱永铭谈校事后,同往第一剧场观剧。

四月二十二日　上午,与方金镛、王沿津谈校友会务。王辅宜、萧庆云来见,王、萧同为江西籍,现贵阳西南公路局长。何应钦搭彼小车返筑,特来接洽,王则顺便来访者也。

下午三时半,赴教育部访华仲麝,谈黔事及校事颇久,并托以约顾次长商谈。

四月二十四日　上午,作一函致教育部顾毓琇次长,言大夏经费事。

下午,赴教育部晤陈立夫谈大夏事,陈发誓无消灭大夏意,谓闻何应钦言与多年交谊,有伤之误会,亦感遗憾。又谓始终因总裁一手谕,恐弄巧反拙,现既有二十一日行政院之决议,以后一依决议案办理可也。先生亦表示歉仄,仍希望陈以主管地位,多予维持,谈十分钟后退出,约顾毓琇赴俄国餐厅参加任东伯、华仲麝二君宴。

晚,回告何应钦自己与陈立夫晤谈情形。

四月二十五日　晚,赴白玫瑰参加大夏毕业生之宴,至十时方散。

四月二十六日　同杨汝淦、周佐治谈大夏基金事,闻周欲觅工作。

四月二十八日　上午,往访孙科,告以大夏上星期二在行政院解决经过,并声明拟请孙科为董事长(先生辞职),孙科推何应钦。先生以何事冗,且以往引起麻烦,以后恐多不便,孙科似已首肯。

四月二十九日　上午,与王沿津、周佐治、方金镛等谈校友会,先生为周致缪秋杰一信,嘱为觅工作。

四月　太平洋战争爆发后,无数青年学子转往内地就读,大夏接受大量沪港学生。

五月一日　由渝回筑。王裕凯迎晤后[1],同到家中,偕保志宁赴教育

---

①　报载:"本校……因校名变更,校长乃偕王秘书长裕凯,金院长企渊赴渝……向各方交涉,兹蒙政府爱护本校,仍准维持私立增加补助费,校董一行,已获有圆满结果,即于四月三十日,由渝乘车返校,五月一日下午安抵筑垣。在筑校友闻讯,齐集头桥或三桥恭迎,校长精神奕奕,无丝毫风尘之劳。"(《王校长在渝公毕返校出席本校纪念周会训话　校友会开会员大会欢迎　报告本校保留校名经过》,《大夏周报》,第18卷第8期,1942年6月1日)

厅喻任声、蓝春池二君设宴,同席为毕业生之与欧元怀接近者,外则教厅职员为多。保谓今日之宴必为欧元怀五十大寿而设,然欧不承认。

晚九时,王裕凯引黄觉民来晤,谈香港大夏分校事颇详。

五月二日　上午,出席大夏纪念周、国民月会,并做训词。

中午,大夏护校校友为先生设宴洗尘,并摄影纪念。席间,先生勉励校友:(一)本校值兹艰难之秋,正愿校友当仁不让,为校负起责任;(二)校友会发起募集大夏百万基金运动,希全体校友尽力推动;(三)希望校友加强组织,团集精神,发挥集体力量。

下午,先后与金企渊、保骏迪伉俪商盐务训练班事。

五月三日　上午,跟王裕凯谈校务,直至下午三时方散去。

五月四日　上午,听谌志远、吴照恩来汇报大、中两部校务。金企渊介绍贵州直税局长毛章龙来谈办训练班事,先生当将应行先解决之问题与毛一谈,其余嘱与金去商办。十时,主持大夏国民月会并训话。

五月五日　上午,主持行政会议,讨论提高教职员待遇,大家都不发言。先生再三说明收支近情后,讨论结果为薪给不加,津贴照旧,每人四十元只加给米,每人每月两斗五升,共为五斗,合法币约三百元。如此,则每月开支需七万五千元,合计全年开支为九十万元,现教育部已允不过六十八万元,相差尚钜,不知如何筹措。

下午,听赵发智谈中学校务,其并表示下学期决意辞职云。

五月六日　上午,听王裕凯报告教员等开会事,以昨日五斗米贴之决定,尚表不满,已经有未上课者。先生闻之,殊感不快。

下午,先后跟梅德昌、徐结彝、王裕凯三人谈校务。

五月七日　下午,在自宅主持大夏第三十八次校务会议。报告赴渝经过及改善待遇;通报校董会申请保留校名已蒙行政院会议复决,本校准予照旧维持,并酌加补助费的经过。姚徵元、张力微发言,称五斗米之办法尚以为未足讨论,多予以公开为言,盼教员推举代表二人、职员推举二人,加校务会议再磋商。

晚八时,在导师聚餐会上,又略宣布治理大夏方针。

五月八日　上午,与欧元怀谈校务,欧不主张分院出去,又言想不出道理来。

下午，发致鲁继曾、孙亢曾、吴浩然信，主要在通知每人携眷属来筑，允为之筹旅费千元。

五月九日　下午，先后跟吴照恩、王裕凯、赵发智谈大、中两校校务。

晚，参加大夏中学聚餐。

五月十日　接待宋选铨、白聘珍来访，宋为大夏任教事，先生答以本学期已定局，下学期有无机会，须至六月底七月初方行。白系民国初年先生在沪认识之老友，不相见者二十五年，同在军政部兵工厂服务，为视察当地厂情，过筑将赴昆明。

五月十一日　上午，主持谢六逸在大夏主持纪念周上做《如何促进读书的风气》演讲，六百数十人听讲。

晚，作致邓汉祥书，言孔祥熙意可感。

五月十二日　听赵发智谈校务，告有大学教员会议时三数捣乱分子种种无理情状，令人愤恨，本学期只有委曲求全。

五月十四日　大夏毕业生来先生寓开护校会，又开基金保管委员会，王裕凯、刘健、罗良干、保志宁、钟焕新、王沿津、王仪贞出席。会议通过保管委员会规章，推定王裕凯为主任委员、保志宁为副主任委员、罗良干为会计，刘健、钟焕新为稽核，第一期收到捐款先存中央信托局。接着，先生报告校中近况，知有人散布"打倒王裕凯"、"打到某某"标语，又有骂王伯群为野鸡大学校长者。先生在笔记中写道："自主校以来，校内有人骂予者，此为第一次。值抗战时期，人心大变。有谓此举为李青崖等所为，予以平素觉张少微之无行，或亦张所为耶。总之，李青崖、张少微、姚微元、何基、刘行华、李敬思六人，学既不优行，又卑劣，毫无爱校心思，置之教授系主任之列，真可谓野鸡矣。"

五月十五日　接王裕凯电话，促明日开校务行政会议，解决教员加薪问题。

五月十六日　听王裕凯来告，欧元怀对其不满。先生以为欧元怀为师，王裕凯为弟，师弟之间应开诚相与，弟如不是师可教之，不必以处常人之态度相处，故一面嘱何梦麟劝欧元怀，一面拟告王裕凯对欧特别注意尊重。

主持大夏校务行政会,教员代表刘行骅,职员代表陈贤珍、蒋廷柱参加,专为讨论教职员要求改善待遇。讨论结果,拟定每人津贴米五斗之外,每月生活津贴提高为一百元,两项合计每人每月约支四百元正,因米价为六十元一贵阳老斗。

五月十七日　刘行骅、王裕凯来见,建议将昨晚所商改善教职员津贴待遇确定为每月每人发给国币四百元,其中米三百,生活津贴一百,以免日后米价涨落而受影响,先生表示赞同。

五月十八日　欧元怀来访,出一《东南日报》载大夏消息,见示五月五日消息,先生以为与事实相去大远。欧意欲一更正,先生表示其实不大关紧要。

五月二十日　上午,函复盐务总局拟制代办训练会计业务人员合约及经费概算。开除行窃学生唐志峰。接欧元怀电话,告行政院昨日已通过张廷休为国立贵州大学校长,各报亦载出。先生表示,教育部凭空设立乎?抑利用大夏文、法学院为基础?先生不得而知,只有相机应付耳。

下午,接赈济委员会三四月份接济大夏贫困生二万四千元。

五月二十一日　上午,主持大夏校务行政会,决定提高教职员待遇,为每月每人生活津一百元,米贴三百元,以本学期四月至七月为限,下学期起另议通知教职员。

接待平越交通大学唐山学院分校校长胡博渊来访,当即闻交大尚有不少小问题。

五月二十二日　访何纵炎,为大夏中学存入邮政储汇局"夏承斋"户二万四千元,又与何谈此次为大夏保留校名经过。

五月二十三日　完成《大夏十八周年纪念"六一"校庆感言》,交王裕凯等酌用。

五月二十四日　接待钟耀天偕中山大学文学院院长吴康来访。吴研究哲学,最近设立中国文化研究院,教育部不准,遂改为国文专科学校,年补助国币四万元。

五月二十五日　到大夏中学主持纪念周,训话一小时。又参加大学部纪念周会,主持贵阳《中央日报》社王亚明社长作《抗战五年之回顾与前瞻》的讲演。

五月二十七日　上午,听陈立言来告自己刚自昆明归,述昆明近日受战事颇呈混乱状甚详。力言俞飞鹏措置乖张,致官商物损失无算,云南龙云亦大不满。

下午,接金企渊辞职函,先生不知何意,乃电问王裕凯,允明天晤并告李青崖言语行动益愈乖张,对夏元瑮亦取攻击态度。

五月二十八日　晤陈景旌,谈李青崖之混账言论,表示以此种破坏大夏之校奸,宜早有以处置之。发现大学部本月份教职员薪金非五万元不能发出,拟在中央银行透支,合约透支约十万,以解决本学期问题。

五月二十九日　批核大夏公文,发现多付款支票仅薪水津贴一项达五万余,先生不禁为之骇然。认为自下学起,若不大加改革,更难支持,先生自叹曰:"教育部陈见如此之深,殊令人失望,政府大员专以私见治国,平日尚以总理遗教自鸣,总理天下为公言,岂如是乎?"

五月三十日　听王裕凯谈学校各职员动态,皆为先生所不知者;周蜀云由渝来参加大夏"六一"校庆,谈渝事甚详,直谈至晚饭后始各散去。

六月一日　上午,主持大夏建校十八周年校庆纪念。先生致辞曰:"今年已届十八周年,亦即迁黔第五周年,因抗战时期物价高涨,维持不易,曾呈请政府改为国立,旋因校名变更问题,蒙政府仍准照旧维持,故今年校庆,比较以前更有意义。"庆典结束后,至社会服务处宴全体教职员及毕业生。

下午,至校中检阅男女生宿舍,观看体育比赛。

晚,观游艺,九时半回家。

六月二日　赴燕市酒家出席大夏校友会钟焕新、王裕凯、陈国钧、张瑞钰、陈贤珍、傅杰华及保志宁等七人之宴席。

六月三日　得陈立夫复信,称"查大夏三十年度所领补助费,计专案支给者八十二万余元,省私立专科以上学校补助项下分配者一百三十六万两千元。又年终临时救济费十万元,共三十一万六千二百元(外补发二十九年度救济费十万元)。本年除专案支给八万元暨依上年成案照拨经常费十三万六千元外,又经提请行政院加拨五十万元已通过。奉令知照统计本年大夏可得补助费七十一万六千二百元,较上年度加四十万元。大夏可得补助费七十一万六千二百元,较上年度加四十万元,除前由部垫发十万元,兹再垫发三万六千二百元外,即希补具印收,余俟手续完备,分月迳向国库领取,希即察照为荷。"等语。先生阅后,表示:照此复函,仍与行政院决定未合,至少差二十或十万元。陈部长算盘打得如此精确,可佩之至,然亦太不漂亮也,此事当亦设法争之。

六月四日　中午,赴欧元怀宴,坐中有廖世承与《星洲日报》记者林霭民,林初由海外逃来,欲赴渝观光。

下午,会晤大夏毕业生苏希轼、徐盛圭等七八人,听他们条陈大夏改进办法多件,颇有中肯者,与之谈逾一小时。

六月十日　听王裕凯来言军事助教刘映辉昨日被土匪由卢母墓绑架至狮子山,脱去衣服,搜去身,旁现款若干,手表一个,仍释之归,可谓幸矣。又大夏四年级学生文纪东,川人,有妻室,住大井坎三十七号,昨夜八九时出外,甫出门即被枪杀,有人发现送至省立医院身死。被杀耶? 自杀耶? 原因未明。先生认为,以此两事业论,贵阳城内之不安定可证明矣。

六月十二日　上午,作致倪文亚书,约下学期回母校任训导长。

下午,欧元怀、何辑五来,言贵州省政府欲借花溪校舍招待华侨。先生答以该校曾允借贵州大学,闻下学期决成立,如时间不冲突,当然无问题,或者请一电张廷休,一询贵大是否必用,如不用,则大夏毫无条件借给。

晚,致电张廷休,电文曰:"重庆教育部张司长梓铭兄:大夏花溪校舍,省府欲租住华侨,贵大需用否,请急电复。"张越日复电云:"请万勿转让,贵大决租用。"

六月十三日　跟王裕凯商讨大学下学期教学等计划。听赵发智来报告中学校务。

六月十五日　召蒋廷桂来交办张少薇之要大闹男生宿舍案。张来信要学校处理,在未处理得法前,张不上课。先生批转由训导处查明真相,如果属实,须查倡首者,以凭核办。先生又将遗失图书馆电灯泡事亦并令之办理。

六月十六日 上午，会见新由上海来的吴志高校友，持鲁继曾手书二十条，皆言上海校务。先生一一研究后，认为不外仍在沪苟延残喘，一误再误不能内迁矣。叹海上同事既无眼光，又无进取精神，可怜又可恼。

下午五时，主持大夏第三十九次校务会议，通报理学院院长夏元瑮教授被教育部核准为物理科部聘教授候选人员。讨论贵州大学校长张廷休来函与本校洽商两校间合作等事项，要点有三：（一）大夏既经行政院决定照旧维持，文、法两院可不分与贵大，只由其与王面商合作及避免重复云；（二）大夏花溪校舍贵大决定租用，条件大夏开示，其遵办；（三）陈立夫于先生照旧尊敬，至大夏与教育部之意见不同，此为各校同有之现状。

晚，嘱周蜀云转告重庆校友："须有人挺身而出，努力爱校，则大夏前途或可光明，否则破坏者不择手段，如汪精卫之反颜事仇，为虎作伥，视大夏为彼进身之工具，则大夏前途即不堪设想。"并嘱其代劝王毓祥来筑一行，看清大夏现局，勿为心胸偏狭、意志乖诘者利用，清理校债，保存校产，勿使寡廉鲜耻之辈攘夺以去。

六月十七日 接贵州省府会计处王鸿儒函文，欲与大夏合办会计班，先生拟商金企渊如何承办。

六月十八日 上午，与金企渊谈校务款和商省政府会计处合办会计人员训练班之大概。

下午，约傅启学来见，留其下学期续在大夏。傅云，以两年在大夏任训导长，殊感疲劳，拟休假一学期，无论何人继任，均愿助之。傅竭力推谌志远，谓其可以振作负责，并推钟耀天任训导长。先生允考虑。

作复侄子王复安信，命其凡事须请示王文彦。王复安欲在大夏附中任军事教官。先生以学校教官比带兵更难，恐非所能，未慨然允之。

六月十九日 上午，与赵发智、吴照恩等商讨中学下学期加收学费事，决定每人加收米一斗；教职员薪金改善事拟仿省立中学例，高中专任兼导师者二百元，初中专任兼导师者一百六十元，高初中合任兼导师者一百八十元，外再加房贴四十元，米三斗、盐二斤，殆完全比照省立待遇。

下午，跟王裕凯商为大夏校友会筹集基金宴客事，决定星期三共两席。

六月二十日　与朱笃祜谈学校军训事,以大夏大、中两部军事教官太不得力,欲在筑作一模范而不可能,希望朱选择好教官于大夏军训加以协助,朱允之。

六月二十一日　得倪文亚来信,谓现尚不能离开中央机关,假以时日再返校服务。

六月二十二日　上午,主持大夏纪念周,主持并听《星洲日报》社长林霭民作《南洋华侨简史》演讲。先生觉得林善有干才,与胡文虎在南洋一带领导华侨,对华侨情形极熟。

晚,与郑镛谈学校事,历述毕业生之一部分约访欧元怀要求回校经过,先生觉令人好笑。

六月二十三日　致函军事委员会战地服务团,推荐外文系三年级下及一年级下学生胡振麟、张国材应征参加第五届译员训练班。

六月二十四日　下午五时,出席大夏宴金融界人员,计到章伯可、赵雨圃、程觉民、薛迪锦、刘天宏(中央信托局襄理)、邓愚山(美丰分经理)、邵仲和(金城支行经理)、聂虞赓(聚兴诚襄理)、谢通芳(广东省行经理)、周其恒(亚西实业银行经理)、钱春裕、何纵炎、彭石年、王百雷、陶立九、姚吟舫等。至九时余,与谈大夏募捐之原因及请金融界援助之理由,欢洽而散。

六月二十五日　上午,核阅大夏公文,先生甚为愤怒,因随处发现同事中人不负责,因循废事,甘为亡校奴,亦不辞之象。见梅德昌来见,先生本欲严斥之,复隐忍。

下午,会晤应届毕业生杨远明,听其告学生中有疑大夏下学期有瓦解之虞。先生答以本学期人事太复杂,下期必有调整之必要,瓦解则不至。先生又告杨以种种处世立身之道。

六月二十六日　往访王克仁谈夏元琛、王裕凯二人兼课问题。王仍以最支吾且不痛快之态度作答。回至中学部视察授课情形,答复赵发智请示校务数项,决定十时后摄影。约谢六逸谈大夏前途并挽留继续任职,谢答以不欲任职,故在师范亦只担任一专任教课六小时而已,以教务长事询之，谢坚绝辞。

六月二十七日　接王正廷、钱永铭电，问何日赴渝。当复以返筑多病，诸事未了，拟再请假两旬，大夏校内之经费支出大浩繁，现尚须设法弥补，殊费神耳。

下午，赴中学部参加送别同乐会并略训话。回家后，闻宋相臣司机已被枪毙，叹曰："真是窃国者侯，窃钩者诛，贵州政治之黑暗，不可以言语形容，为之浩叹。"

六月二十八日　会见徐传季，其告曾见欧元怀询以已否加入政学系，欧不认加入，只五体投地的佩服政学系之人才与现在政治上之权势，虽不加入，亦可思过半矣。

六月二十九日　上午十时，主持大夏纪念周，邀请贵阳医学院李宗恩院长做《医师与患者》的演讲。

下午，审核梅德昌送来得六月份发薪名单。先生以须知现有款若干，须借款若干，然后核发。

晚，与赵发智商定中学部校务：（一）下期教职员薪金标准，仍决定高中专任月支二百，高初中月薪一百八十元，初中专任月薪一百六十元。津贴四十，米三斗，盐二斤；（二）下期教职员职书决七月初发出，多数连任，少数不称职者更换；（三）赵本人准其请假二三月，拟将来以吴照恩代理；（四）吴决继任教务主任，聂汝达或事务或训导；（五）庄心田先聘为专任高初中教员，如将来训导无人再改聘之；（六）事务能得一再适当之人更佳，因聂汝达并不称职，而其本人且不愿任，故也；（七）周贞一似欲录，待遇不够，瞻家而欲也，就欲我为之荐事，一是想不出有何优裕之地；（八）军事教官与毛祖塘均不能不换，均须物色人选；（九）赵以今午某号教室中屋顶塌下，几酿巨祸，故校舍全部有检查一次，大加修理之必要。讨论延至十时。

六月三十日　中午，集大夏管理干部在家便饭商讨校务，先生觉夏元瑮、金企渊态度甚佳，且为劝谢六逸，谢亦表示诚挚允再考虑，并允组织文学院班底。傅启学、谌志远一言未发，自始至终默默态度，此则令先生不快者。先生曰："对系主任阶级表示能与院长合作者则留，否则不续聘。各院长自行审察，以资决定，因非此则办不好，无发展望。并希望各院不顾情面,如有怨恨,我一人当之,我一人任之可耳。"

七月一日　上午,召大夏会计组职员于莲询学生贷金有无存款,据称六月二十六日已到款两万,存上海银行。当将七千元贷金支票盖章交于。

往访夏元瑮,知李青崖召集文学院学生在其家中餐会,向学生表示"王、欧校长等均无力维持大夏,应该在推倒之列,校友会亦不值一顾。夏元瑮只知与女学生鬼混,陈景祺则盗卖大夏化学药品,张瑞珏则每月领三处薪金,此等人皆在打倒之列,应该由学生起而过问校事"等语。先生闻后,认为李是在鼓动风潮,破坏大夏,对于爱校之人造谣诬陷,以扣克分数,威胁学生,使为破坏学校之工具,如再留此人,则多数爱护大夏之名教授,均不愿与李同群,是为留一无行文人而自戕也。遂决下学期决不续聘,任其如何乱,唯有斩钉截铁逐去一法,以往自己做事碍情面,重感情致酿麻烦,自取烦闷,今不能再误矣。

晚,召郑镛来见,当告以秘查文学院文学系学生在李青崖家开会者,有几人何人,又学校暮气沉沉,该员有何意见,可供参考。

七月二日　因大夏发上月薪款不济,又借去中学部二万元交徐绍彝手。

七月三日　给予军事教官金泽章以口头警告。因金于大夏军训异常废弛,一月不检查内务一次,本学期末上课,常常觅不着该员,致大夏声誉一落千丈,教育部来文亦以军训无成绩,校容不整。大夏教官助教共三人,一月破费将两千元,如此结果,令先生气愤极矣。

夏元瑮来告,关于史地社会系教授人选,有德国留学生陶云达者,粤人,现任云南大学社会系主任,吴泽霖在校时曾欲邀之,何妨再托吴聘之,可补张少微之缺。

七月四日　晚,同吴照恩谈中学事颇久。

七月五日　致函贵州直税局,询问上年度法商学院毕业生李玉珍等三名入班受训事,希望"兹拟先行前来贵局实习,藉免旷误而增学验。一俟该班开学可再转赴受训。"

七月六日　上午,主持大夏国父纪念周与国民月会,并作《格物致知为心理建设之基础》报告。指出:"我们办学有独特的使命,是完成革命,复兴民族"。"请改国立,其目的只是在减少我们工作的困难,并不是连本校独特的使命也改掉了","而且国立大学往往因人事问题,时常变动,不能有一贯的精神,私立大学则恰有此长处。"

下午三时,参加中学部初训两班毕业谈别会,训话一小时。

七月七日　下午,接待大夏校友水姓学生来访,在沪毕业商院后,即赴仰光经商,集资颇厚,此次仰光失陷,仓促内迁,损失甚巨,不惟父母死亡,而家产亦荡然。先生觉情殊为可怜,予以安慰并允为介绍工作。

接毛龙章函,允准保送学员李玉珍等三名去局面洽。

晚,阅欧元怀出示孙允曾六号发来一信,言已脱离大夏沪部,大学部、中学部亦已结束,现正设法内迁。其信中虽未明言鲁继曾、吴浩然之归汪伪政府,然恐将来为大势所迫,不免走入歧途云。欧又询校中下学期起如何进行,答以人事之调整,先由高级,次及中级,故系主任尚未谈到。

七月八日　与谢六逸、夏元瑮、傅启学、谌志远、金企渊讨论:(一)系主任阶级人员是否调整,如调整应以能爱校,能与院长合作,与如不能合作,即为我之好友亦可不聘,因既要各院长负责,则绝对尊重院长意见,建立院长权威,各处亦然,否则顾情面而坏事,不足以言改革也;(二)职员不免稍冗,三处均有缩减必要;(三)教授薪给拟再提高三十元至五十元,同时教员名义太滥者,应加更正;(四)各系课程亦须再加确定,俾单纯而精粹如历史社会应不分组,如会计银行应再统一,如政治经济应再加整理;(五)学费拟不加杂费,拟加至一百元。谢六逸建议充实校董会,财政方面须校董会多负责支持以开源,勿单告能节流生活;又谓教员会与校友会摩擦如何免除?先生以为,教员会目的在加薪索薪,只以薪加后即了事,并且不良分子常利用该会为捣乱工具,只把不良分子剔除,则教员会亦健全矣,傅启学颇为教员会辩护。先生不得不将李青崖策动教员会利用教员会之事实告之,傅启学可谓忠厚,长为人利用而不自知,殊可欺也。

七月九日　在大夏国父纪念周上作《暑假期间应如何努力》训词。表示:你们来到本校受高等教育,当然不只是学做一个良好的公民而已,自然是羡慕本校所负的时代使命完成革命与复兴民族而来。

七月十日　嘱谌志远准备教务处人员及下期计划。晤夏元瑮,夏亦以傅、谢等态度变幻而感悲观,先生安慰之。晤谢六逸,其仍主张文并入理,以贵大登招生广告所办院系完全与大夏同,予大夏极大威胁,谢为之气馁矣。正与谢商期间,傅启学携一信呈阅,乃训导处全体人员辞职,乃擅煽风潮矣。先生隐忍不发,拟明日召集该员等谈话一次。

七月十一日　上午,到校召集训导处辞职人员询以何所据,而以毫无成绩为辞职理由。蒋廷桂、魏伯明、郑道明三人均有答复,然未得要领。先生乃答曰:"想系傅训导长以高级人员谈话会之情形相告,激动大家而出,此高级人员会谈检讨过去与现在而策励将来,故有功者赏,无功者罚,有过者更罚,训导处非全部无成绩,汝等全部辞职,是皂白不分,是非不明,护短文过,湮功没绩,我不取也。蒋廷桂领衔应交蒋收回,至傅训导长以高级人员未决之问题相告,有泄露行政秘密之嫌,亦属非是,希望汝等不要宣传,以自彰其失。"

晚,王裕凯来告王克仁已致聘其续任师院教授,大夏不必再为之留专席。先生答待调整后如何济之,临时再定。

七月十三日　主持大夏纪念周,听杨治全主讲《经济建设与抗战前途》。

七月十四日　出席大夏在贵阳招待所为应届毕业生四十人举行话别会,勉励诸生以"诚"、"大"两字立身处世,为社会服务。

七月十五日　上午,召集政治、经济、法律三部分本年毕业生谈话,其中多数已有职业,且待遇甚优。

见谢六逸将大夏聘书原封退回,先生时觉愤甚,然亦忍耐,再致彼一函劝驾。闻谢在文学院学生授课时,有言对大夏如何爱护,或至泣下,然退回聘书一事,证之恐亦别有作用。十一时,往中学部与赵发智核阅聘书,至十二时半方回家。

本日,为纪念"七七事变"五周年,在《大夏周报》第十八卷第十一期发表《为反侵略而同盟战争》。

七月十六日　上午,与大夏会计银行、工商理两系毕业生谈话。

下午,与张廷休、王克仁谈与贵州大学事。

七月十七日　被邀参加大夏文学院全体学生挽留谢六逸会议。

七月十八日 偕张廷休赴花溪观察校舍,又到农工新屋一视。

七月二十日 上午十时,主持大夏纪念周,报告下学期一切教务训导计划,嗣讲自强不息的道理,次教学生时期读书之途径。

下午,傅启学来辞训导长,理由是政治上迭次失败,欲另奋斗,不得再从事教育生活。

七月二十二日 傅启学已于今晨赴渝,留书辞职,正式退聘书。先生闻后道:"余曩主人虽负我不负人之旨,今亦如是,故仍以专任教授召之可耳。"

七月二十三日 召大夏训导处人员来询训导处的近况,并预备整顿训导处。又召蒋廷柱告以布告学生整理内部:(一)暑期中欲留校者应先行登记;(二)绝对禁止校外人住入校内。

七月二十四日 上午,作致邓汉祥、刘经泮信,言校务不能分身,延期赴渝。

晚,出席华仲麔宴叶元龙宴。先生见叶余有官气,稍休即告辞。

七月二十五日 与教、训、总三处职员谈话,重在讨论兴革,不料发现各处人事不健全,互相摩擦,尤以攻击蒋廷柱为最力,甚至谓蒋贪小利,蒋亦无以应,情形异常紧张,先生遂将话引到对事以救蒋,至十二时散。

七月二十七日 上午,见欧元怀来大夏监考,听欧告教育部对大夏不满而制之之消息。先生曰:"此故余意中事,近日已见诸事实者,则经济制人也,加拨之五十万元一元未与,可叹。"

下午,王裕凯来为刘元鹏向校友会借款一千元治病,先生慨然应之。

七月二十八日 上午,赴大夏办公并至考场监视一周,见秩序甚佳为慰。提前聘区启鸣为军训教官,叶盛华为事务主任。

下午,读《巢经巢诗集》数十首,觉其味无穷,赞真诗史也。

七月二十九日 谢六逸表示仍以在师范专任,大夏兼任,大夏文学院长事务竭力为之。先生将谢之意见与夏元瑮商谈,闻贵大聘夏元瑮为特约教授,每周四小时,待遇三百元,在贵大可谓特别矣,而夏并不觉有何裨益,因每次赴花溪所费不少。

七月三十日 上午,备函向校友会基金项下贷款五万元作本月份开支,不足者再借盐训班一万。

下午,会晤孙孝宽引其友金远宁。金为交大毕业生,赴美留学归来,现开中程公司,专五金,雅好古董,藏书值八万元。持旧墨一匣见赠,嘱先生书屏八条,又以孔圣迹图书求题。

接待书法家陈恒安来访,陈欲为陈嘉庚眷属租西屋,先生告已租出。

七月三十一日　接毛龙章复函,告知李玉珍等三员已派在贵阳分局实习。

八月一日　上午,与窦觉苍总务长商事务,并令郑镛、苏希轼与窦一晤,以便将来三处联络。

下午,跟朱广心谈校政。孙亚夫、梁园东、全增嘏、梁全约返校任事。钟耀天以生活不易,维持退聘。

八月三日　上午八时,召叶盛华指示管理工友办法。召郑道明告以调查学生行动办法。约窦觉苍谈校务及工作进行程序。召王裕凯,嘱与夏院长商谢六逸聘约。十时,欧元怀来访,告在保安处闻传大夏学生党派复杂,盖由太宽致异党分子潜伏。先生当令训导处注意,以往尚安定或未如此之甚。

八月四日　上午,赴大夏办公并到聂府吊唁聂尊吾之丧也。聂数日前尚健在马路优游,未闻有病,忽悠而亡,人事真难测也。

晚,致函航空委员会军政厅,推荐银行系学生黄逸民、罗修慎报考留美空军军官学校。

八月五日　陈济浩应甘肃大学之聘准备前往,来求先生作书介绍于王漱芳、谷正伦。

接待刘文阶来访,言桂林某生可以为大夏募捐,先生告钟焕新提出为大队长云。

八月六日　在家作篆,还金远宁、赵发智、胡用予诸人所嘱,皆本日完成。

本日,大夏在贵阳、桂林、重庆等地设立考场举行秋季招生考试,应考学生总数近一千人,录取新生二百九十一人。

八月八日　与赵发智、王倬乾谈学校军训。先生赞成区启鸣到大夏任主任教官,准先行到职。

八月十日　上午,与夏元瑮谈校务,并告叶盛华速成立一伙食团,解除夏食之困难。嘱窦觉苍再致函谌志远作最后之邀约,盼其来并盼能按时办公。

下午,约谢嗣升代理训导长职务。

八月上旬　在大夏国民月会上做《暑假期间应如何努力》报告。他说,本学期因本校国立问题,开学较迟,故延期结束以补足应修之课程。在今日物价高涨,学校经费困难之时,不是我一个人的困难,而是我们大家的困难,我们只有秉自强不息的校训,上下一心,共渡难关,以完成我们所负的时代使命。

八月十一日　上午,发一特约教授聘书与王裕凯,另函指定职务为主任秘书,月薪四百元,而王似为不满意,然先生以此办法为最妥。

下午,保骏迪亦来为之缓颐。先生表示,王裕凯太不明自身地位与大夏艰困等情加以说明,如其不了了,唯有任其脱离,无法迁就。叹曰:"时局蜩螗,人类心理反常,此又一证。"先生为之不快者竟日。

八月十二日　致张世禄函,请渠为文学系主任。夏元瑮来谈代理文学院长事,夏以缓办为妥。谢嗣升已允聘,先生介绍郑镛与之认识,并示二人以训导机宜。

八月十四日　上午,与谌志远谈校务之整顿。

下午二时,与王裕凯相谈久之。

八月十七日　召王裕凯、窦觉苍、叶盛华、张尧年、赵发智、吴照恩、郑道明示以校务之进行,惟谌志远则仍不得一确切答复,殊为讨厌。窦觉苍主张再待一星期,先生允之。

八月十九日　左腿右臂相间小痛,仍照工作,只不紧张而已。

八月二十日　先后接待郭润生、何纵炎来访,均约今年先生生日赴花溪庆贺。先生答曰:"以在家总不免烦扰,于人己均不利,今年决避往他方,然避至何地始能免己不烦,而人不扰,如约赴花溪,以领盛情雅意云。"

八月二十四日　上午,陈立言谓谌志远约好今晨谈校事,候至十二时，竟未见至，而聘书则于前交孙尧年，别无一语。先生觉谌志远处人规矩都不懂，而平素希望最大之人，失望至于此极，闷恼万分。

晚，听王裕凯告钟泰①有电来询薪金确数，先生当复以月薪四百四十元、米津四百元外，兼盐务班课可二百元。

八月二十五日　赴大夏办公，得陈立夫谓大夏困难，可勉垫十万元即汇并请行政院紧急支付五十万之半数。先生觉得八月份之开支可无忧矣。

八月二十七日　得鲁继曾信，嘱与虞洽卿接洽上海租校舍事。得王沿津来信，自承为大夏宣传之劳绩，实则其较他人爱校无可讳，当复信奖之。

八月二十八日　杨远明从先生处取去五千元为中学部开支一切。叶盛华取去三千四百四十元为胡用予丧事开支一切，合前日所取，共为八千四百四十元。

八月二十九日　接王强函，荐景振球来大夏任教。先生遂发一电约之，电文曰："合川军校特训班景振球兄鉴：似屈就本校副教授，自八月起，薪金共约七百元，盼电复，群。"

八月三十日　会见茅以升、李书田、魏寿昆三人来访，请托电何应钦拨军部所辖平越伤兵病房及龙里辎重兵校一部分不用房屋，为北洋工学院校舍。先生概允明日与何通话时提及，三君满意而去。

八月三十一日　接黄奎元复函，婉拒担任大夏外文系主任。函曰："倾接奉聘书，复委以外国文学系主任之职，展诵之余，勿任惶悚。窃维先生委托之盛意及服务青年之本心，似不宜有所推诿，然再思，维有不容奎元不恳辞者三：奎元现任中华圣公会滇黔教区会吏总之职，所有黔省整个会务均由一人负责推行，焚膏继晷，每觉不胜应付，在贵校已任十二时课程，实无法分时间，一也；次则奎元在圣约翰大学及美国本雪菲利亚大学②所研究

---

①　钟泰（1888—1979），字钟泰，江苏南京人。早年留学日本，任大夏大学文学院院长。

②　今译为宾夕法尼亚州立大学。

者乃哲学而非文学,外文系主任一职非深通文学者不能胜任,苟以奎元滥竽,结果必致贻误,如此则学校之声望与个人之名誉均有损而无益,二也;再则已八月之末,下学期开学在即,应请教授多为他校聘去,各种专门课程必致无法开班,此均系主任应负责任,奎元所学有限,其何以解此困陋而满学生之需求,三也。有此三因,故思与其贻误于将来,毋宁慎重于今。兹务恳先生收回成命,另聘贤能。至于奎元与大夏有数年之历史,若有需要之处,在解除一切名誉束缚之下,必实际负责帮助。近曾致函英人思安德,劝其来筑。此君为达雷姆文学硕士,为专门研究英国文学者,若其能来筑,或可为学校开数种专门课程也。"[1]

下午,听徐绍彝告教育部十万之数迄今未至,前言已到者农业银行之误耳。大夏本月薪已非发不可,唯有挪借,共须三万余计。到本日止,已借债三十万之钜,大夏财政之困窘,真有令人不可思议者,难怪欧元怀等避之若恐不速。

八月 为《贵州苗裔研究丛刊》作序。序文谓[2]:

贵州苗夷[3]之不被重视者久矣。就一般见解,咸以文化落后,知识枯穷,风气闭塞,思想简单,有以致之。然其数千年传统之勤苦习性,奋斗精神,竟能不因时代之变迁,社会之濡染而替,亦殊足多。比年以来,政府本民族平等之旨,对于苗夷教育,苗夷生活,苗夷卫生,苗夷训练,无不加以注意;而苗夷之挽粟输粮,应征兵役工役者亦踵趾相接,此种现象,有裨抗建,不可谓无进步。

然按诸事实,悬殊尚远。今后欲使其能与时代相推进,能与一般民族平衡发展,则尚有待于进一步之努力。吾大夏迁黔以后,即以研

---

① 汤涛、朱小怡主编:《华东师大馆藏名人手札》,华东师范大学出版社,2017年4月,第54页。

② 汤涛编:《王伯群文集》,上海书店出版社,2018年1月,第459页。

③ "苗夷"一称,实际上只是对西南少数民族的泛称。在本书中特指贵州的少数民族。今天看来,作者们所说的"苗"主要是指今天汉藏语系苗瑶语族的苗族;"夷"则是指汉藏语系壮侗语族中的布依族、侗族和水族等民族。

究西南各种问题为务,西南各种问题中,尤以苗夷问题为最重要,爰特设社会研究部,由社会学家吴泽霖博士为主任,陈国钧氏副之,拟定研究计划,延聘专门人员,率领本校社会系诸生,积极从事,先后分往本省各苗夷县份实地调查,不惜心力与时间,餐风宿露,博采周咨,阅时四年,所获綦富,曩已分编出版颇受社会欢迎。

兹复厘定系统,分别性质,辑为"贵州苗夷研究丛刊",计分贵州苗夷歌谣,贵州苗夷社会研究,贵州苗夷服装花纹,贵州苗夷影荟,贵州苗夷语言,贵州苗夷生活等书,依次付梓问世,借以引起国人研究苗夷问题之兴趣,并以供政府关心苗夷社会人士之参考,而期苗夷教育,苗夷生活,苗夷卫生,苗夷训练等能获进一步之改善,以贯彻吾校研究西南问题之旨,则吴陈二氏之贡献不小矣,是为序。

九月一日 上午,迎窦觉苍、谌志远至榻前一晤。对谌简单曰:"闻君之夫人已应贵大,如就大夏事,最好家事要为安排,俾有时间按时办公。"对窦则告以财政问题之解决法,校内有关总务事件尽言之,并告以各院聘教授近况大概不成问题。

与王裕凯晤谈烧碱制造机关之组织及集股办法。先生提议,校友会入两万元,附中入一万五千元,个人则私人与大夏有关系者之入,每人少则一千元,多则一万。

下午,徐绍彝告教育部十万元款已到。先生命徐先还附中三万余,次还膳食贷金款,再次还银行透支和校友会借款。

晚,再次函请黄奎元出任大夏外文系主任。函曰:

台端任教本校数年以还,诲导谆谆,后生获益实匪浅显。文院外文系主任一席虚悬近岁,公意所在,均盼左右出而担任,用敢肃书敦聘。夙仰学术湛深,文坛望重,虽谦光下抑,弥增钦想,而教道多方,犹待恢弘。尚祈一本乐育之盛心,俯念大夏之艰局,勿再固辞,共起维持,该系教员所缺无几,台端交游素广,彼此随时物色充实想非难事。敬此奉恳,并仍附上聘书,至希荃照惠允,无任感祷,顺颂教绥。

九月二日　上午,接景振球电,告可以应聘大夏。先生拟给车资四百元,薪金自八月份起支,快信约之。

中午,与杨德昭正谈话,忽警报传来,约半小时又发紧急警报,一小时后始解除。

九月四日　下午,与刘然昌、刘文阶、朱安民三人谈校况。

晚,致电重庆青木关国立艺专岑家梧,希望来大夏开课。

九月五日　上午,跟王裕凯商校务,发一电请汪辟疆为中文系主任兼任代文学院长。

晚,接岑家梧复电,正在候车赴筑。

九月七日　谌志远来见,表示愿工作下去,但顾虑其身体不健,不能逐日到校办公,先生决以特约教授之名义请其任课六小时,兼办编审委员会主任,其表示可接受。

本日,大夏秋季开学,注册学生六百四十二人。

九月八日　本日为先生五十八岁初度。亲到拜寿者有周贻春、郑道儒、程觉民、钱春祺、彭湖、茅以升、杨德昌、薛迪锦、徐寿屏、何朝宗等。

中午,赴王文潇家午饭,保俊迪忼俪偕同窦觉苍、王裕凯来。窦、王二人因为发现校中有匿名露布反对收费,特来商量应付方法。先生觉此种举动或有背景,当妥筹方法以对之,一面将理由用书面加以说明。

九月九日　上午十时,主持大夏第四十次校务会议,讨论通过秋季学历安排、本学期秋季集训实施办法、修正通过教职员借书规约等事宜。

中餐宴罢,又接开大夏校务行政会,六时方散。

九月十日　上午,赴大夏办公见缴费注册者颇踊跃,足证前日匿名揭帖反对收费为少数人之举动。与夏元琛联名发两信,一致汪辟疆,一致顾孟馀。

九月上旬　致函聘请谌志远担任特约教授。函曰:"本校教务长一职前经续聘台端担任,承示私冗未了,清躬欠安,诸多困难,固请辞谢。兹敬改聘为本校特约教授,并兼任本校编辑委员会主任委员,每周授课定为六小时,自本年八月份起至三十二年七月底止,月俸薪金国币四百元,相应附上聘书,至希督照惠允为荷,此颂教祺。"

九月十一日 上午,大夏南宁附中主任卢展雄决定明日返南宁,先生为之备介绍信至广西省主席黄旭初及苏姓教育厅长。

下午,徐盛圭来访,言其祖父去世,欲得千元寄往作丧葬之资,拟向校中借用。先生允在校友会代为借给。

九月十二日 上午,欧元怀来言赴渝经过,在渝为大夏沪校向教育部索补助,据云去年部中共助沪校六万元,今年要求加倍。先生告以去年教育部助沪校之款,经常费为二万四千元,临时费为三万六千元,共为六万元,若要求加倍,则应为十二万元,不知部中如何答复。

九月十四日 上午,主持大夏中学纪念周并训话,勉励学生认识时代环境,立定志向,努力上进,以报效国家。本学期教职员选择较为整齐,学生五百余人亦精神弥满,表面看去尚觉可爱,今后当力求内容之充实。

晚,接鲁继曾、吴浩然函,汇报沪校恢复办理情况。信中说:曾等困处一隅,聊维学校现状。本学期恢复校名招考新生,一切照旧进行,其目的无非希望在光荣条件下延续学校生命,并支持教授生活与学生学业耳。本学期文、法、理、教、商各系所开设学程共计一百六十七门,全校教职员约七八十人,注册学生人数约六百人,自九月十一日起开始注册,十四日正式上课,环境尚无变化,一切均与大同、复旦、光华等校采一致行动,请释绮注为荷。兹有恳者,本校所租静安寺路重华新村之校舍,其房租自去岁十二月八日事变补费中断以还,即未能按期付租,积欠已有九个月之久。信中还说,今与房东虞洽卿校董之令郎承恩兄商妥,只要洽老允诺,该项房租即可迳由筑校以沪校应得之补助费拨付洽老收执以后,沪校即可不需在沪付租矣。兹已另函洽老请其通融办理,务祈钧长就近与前途洽商,俾沪校得以减轻负担,并得清偿九个月房租之积欠,则不胜感激之至矣。

九月十五日 下午,同王裕凯来商校务,闻训导处吴兆祥颇勤能,至以为慰。又闻苏希轼吐血病发,殊为可怜,先生嘱其善为调治。

九月十九日 赴贵阳师范学院做《大时代中青年应有之觉悟》演讲,

勉以三项:(一)认清时代与环境;(二)建立革命之人生观;(三)坚持三民主义之信仰。

九月二十一日 上午十时,主持大夏纪念周及开学典礼并训话,附带报告校政校务,直至十二时始散。

九月二十三日 接待岑家梧来访。先生表示恳留,并拟大夏中学聘其夫人任历史教师。

九月二十四日 在家准备为滇南边区总司令部总司令卢汉之母篆寿屏,此为先生生平首次寿屏巨作。因若干字尚不知如何篆法,一一检察之,至夜深始就寝。此次因钱同宣、刘玩泉、何纵炎三人恳商,并以为大夏募基金为条件,故允之。

九月二十五日 上午,听窦觉苍来校长办公室言,黄丕谟愿捐一万元于大夏。接教育部来文,抚恤金将六千元分配清寒教授。窦觉苍丁内艰,请假一月。

下午,接待华问渠来晤,谓需款用至急,可否将大夏之款借二十万,少则十万。先生答以大夏有向人借,无款借与。

九月二十六日 赴大夏办公,令徐绍彝将校中款项清理,分别将借债还清,计还校友会所捐基金六万元,还建筑费九万数千元,还盐训班垫款三万数千元,还教育部垫款十万元,除此而外,校款尚存二十八万元之谱。

九月二十八日 赴大夏主席纪念周,请王正廷主讲《太平洋之历史及将来》。王有讲演口才,听众非常满意

九月二十九日 下午,主持大夏第八十一次校务行政委员会,金企渊、王裕凯、谢嗣升出席。通报教育部加拨五十万元已到校、本学期学什费收入已逾六万等事项。通过审核学生生活费金名单、教育部汇来六千元核发教授、副教授生活补助费等议案,至傍晚方休。

华问渠再来问借校款事,先生允借十万元,月息五分,两月为期,拟明日定约以契纸值二十万元者作抵。

九月三十日 上午,赴大夏办公,签印十万元支票一纸借华问渠,又签盖二万元支票由校友会名义借存环球酒庄,由窦觉苍经手办理。

下午,主持大夏基金保管委员会会议,决定以六万元投资永岸盐业运

销商。

十月一日 在大夏甫签盖九月份薪金支票，而警报频传，收拾出校赴师院找儿辈，发现已离校。在都司路又闻紧急警报，抵家闻儿等已归，为之释然。

十月二日 与夏元瑮、苏希轼、孙孝宽商聘请教授事，与王裕凯商校友会募捐事。

十月三日 为卢汉换篆屏一打，召钱同宣来，全部交之。寿屏色红伤目，绢粗费力伤笔墨，故全篆十三条，破十余日之光阴。先生写完后至疲困不堪，发誓以后决不再承篆也。

下午，召刘玩泉来，将大夏基金保管委员会款六万元、大夏中学两万元、王容公两万元共十万元，交刘加入永岸销商作股款，取回临时收条三张，其中六万元大夏基金收条交王裕凯保管。

十月四日 与王裕凯、俞曙方谈大夏校务。

十月五日 主持大夏纪念周，邀请贵州省党部傅启学讲《思想与党派之问题》演讲。见学生中有在宣读国民公约时发笑者，当令其立在讲台边示惩。

得王裕凯来信，言学生中有主张电威尔斯拥护者。先生以无害，允其用大夏师生名义发电。

十月六日 仍力疾赴校办公，下条令会计处致送学术研究费于夏元瑮、金企渊两院长，每月每人三百元。

十月七日 与王裕凯视察女生宿舍后，又至卢诗鲁所设计之烧碱房一视。见各处污秽破损凌乱，较上学期校容毫无进步，事务员龚某毫无能力，尤其对工友不能控制，令其多加一人已办不到，有缺额处则以其他工人兼任，结果工资兼领，事务并不兼办，而事务员等并不感觉得渐恶。先生除面督而外，再告王裕凯督责之。

十月八日 发函致谢陈立夫支持大夏。函文谓①：

---

① 《关于致谢陈立夫支持大夏并汇报校务的函》汤涛主编：《王伯群与大夏大学》，上海人民出版社，2015年8月，第169页。

立夫吾兄部长勋鉴：

春间备承教益，瞬又经秋，瞻念光尘，我劳曷极！大夏前因经济困难，吁请维持，厚蒙奖助，今年得增补费五十万元，此款业已全数奉到，积债还清，教职员待遇略加改善，阖校员生莫不感戴盛德于无暨也！惟教职员待遇虽略加改善，较之国立院校相差尚远。本学期仍有少数不耐清苦转就国立院校者，现陆续补聘，较上期已稍充实。至新生招纳，则力主严格，各方应考者八百余人，取录约共二百，连同旧生人数，与上期无多出入。开学时限一遵部令，较其他学校稍早。现上课近月，情形安定，所有上半年经费决算及本期收支概况，刻正核实编具报表，另文专呈鉴督。知关廑注，先此肃陈，并申谢悃。顺颂。

　　勋祺　　　　　　　　　　　　　　　　　　　　伯群

十月九日　主持大夏第四十次校务会议。讨论通过本学期新生集训实施办法等事项。先生任谢嗣升代理主席，其他应该办之事均烦注意进行。以大夏建筑户方交通银行"夏承斋"户款六万元支票一张，交王裕凯转交华问渠作六个月定期借款，五分行息。

十月十日　本日国庆，中央令作国防科学宣传，先生请夏元琛讲演。

贵州省政府在南厂扩大庆祝，举行阅兵仪式。大夏见排名附属在贵州师范学院之后，故认为有侮辱之意，大学部决定不参加。先生因病不能参加政治活动和社会活动，殊觉苦闷。

十月十一日　听王裕凯来告昨日南厂国庆大典礼，大夏部虽未参加，中学部却全体出动，设备不如十四中学，精神则过之。先生闻后甚感高兴。

十月十二日　上午，接汪辟疆来电，告"中大未获摆脱"，不能前来任教。

下午，再致函汪辟疆，说明推荐刘正荷来大夏任教具体安置。函曰："先生以中大坚留，暂不获赐移讲席，甚为怅企，良不可任。黔省风气始开，淳朴未漓，所赖扬先贤之芬烈，而润色以当代之文化，以赞继往开来之业者，固非硕学重望如先生莫属，盛心所昭，想终不我遐弃耳！他日有缘，幸枉高拜，共扶声教，又岂独敝校之利哉？承介高足刘君正荷，兹拟视王重生君例暂以专任讲师名义奉聘,修脯月约在六百元以上,筑地物价较平,差夫养赡。如刘君已有教育部核定资格,可再照改。务请转邀,即日命驾,程仪当另酌奉。刘君愿任课程暨启行日期相烦见示。"

十月十三日 上午,作复王沿津、黄家瑞、刘禹佳夫人、周元椿、李容凡、茅以升、刘伯龙等书。

下午,与王裕凯商大夏明年度概算。以为至一百四十八万未免太多,力为核减,拟以一百二十万为度。王裕凯别去,又详核概算,拟明日再与王裕凯、徐绍彝二人酌定。

晚,以一千元送吴照恩作为特别补助,又告以杨远明之幼稚、严文炜之故态复萌,已有人来信攻击,二人均有缺点,须特注意,至夜深方别。

十月十四日 访何纵炎,谈作寿屏之苦楚,希望卢汉为大夏多募基金。

十月十五日 上午,召集大夏全体职员训话,指出要切案合作,负责任,守纪律。

晚,参加大夏导师聚餐会,至分三席。餐毕,先生略致词。谢嗣升以训导长资格,向各导师要求:(一)多予学生训导;(二)对学生思想行动注意;(三)对学生学术研究会指导;(四)对升旗典礼轮流出席精神讲话。至八时散。

十月十六日 上午,主持大夏中学部开会并致词。

下午,出席大夏校友总会茶话会,到会校友百余人。先生即席报告指出,毕业同学在国内各机关服务情况,均能胜任愉快,堪为欣慰。本校上期因经济困难,请改国立,蒙政府增加补助,维持私立,惟仍感收支不敷,乃有募集百万基金运动之举。本校校友不下万人,只要精诚团结,众志可以成城。际此国步维艰,各位替国家做事,应尽忠职守,报效党国。同时,报告募集百万基金运动情况。

校友会百万基金已收到现款二十万元,其中经张廷勋经募,昆明商会会长独捐五万元。先生拟再以六万或八万入永岸盐商股款。

十月二十日 致函鲁继曾、吴浩然,告知大夏沪校联系虞洽卿洽谈房租事。认为,沪校恢复校名,照旧维持,既难西来,亦唯有如此办法以延一脉,但前途进行能否尽如兄等理想,则仍不胜惕夕耳!校舍欠租事,前因闻洽卿在滇,特派人赍函遵照兄等意见与之接洽,终不得要领,嗣又函催亦不获复。最近洽卿行止都不明了,弟不久赴渝,当随时探办,一面拟请愧安兄打听并特别设法,俟得结果再告。

接着说明补助一事:"又沪校本年经费接济,弟前呈部,请照上年补助数额增加一倍,即每月经常费四千元,临时费亦请与各大学一律比上年酌加。而愧安、祉祎两兄向部代请则为一次迳拨六万元汇沪,迄尚未有确实批复。至将来究属如何汇兑,倘兄等另有办法,请示知照办可也。本届黔校情形尚安定,学生数激增至六百余人。"

下午,赴永岸盐运办事处为大夏校友会以现款十万元交孙蕴奇,作为入股之款。以私章一枚,交孙备以董事长资格,签盖股票之用。

十月二十一日　得钱同宣送安恩溥谢篆寿屏函。关于托王吉甫募捐事,钱欲得缘起与捐册,拟明日送给之。

十月二十二日　晚,参加金企渊发起请商学院同人宴。

十月二十三日　上午,赴大夏办公,访夏元瑮,告赴渝离校后请代理一切职务。嘱王裕凯打电话接洽公路局车捐事,又与西南公路运输局接洽赴渝小车事及通行证问题。

十月二十四日　晚,致函何应钦、孔祥熙、孙科校董,转请教育部追加补助。函文照录如下①:

敬之总长、庸公②副院长校董勋鉴,哲公③院长董事长钧鉴:

敬启者,窃本校自今春鼎力仰仗,校名问题解决,复蒙政府拨助巨款得以继续维持。

半载以还,校内情形日臻安定,秋季开学人数激增,师生雍睦,勤教勉学,精神备形振奋。兹年度瞬将结束,用简述校务梗概,编列报

---

①　王伯群:《天游日记》(稿本),1942年10月24日。

②　指孔祥熙,大夏大学校董,时任国民政府行政院副院长。

③　指孙科,大夏大学董事长,时任国民政府立法院院长。

告，检奉一份以备垂览。关于经费，因去年教育部补助有四十一万余元，始克勉渡难关。本年补助总共七十一万余元，而物价高涨几过五倍，虽竭力撙节，尚不敷二十六万余元，已请部方特别设法弥补，尚希我公便加吹嘘。至三十二年度续将届临，如何度支，尤感重要。顷根据本年八月以后开支情形，预算明年岁出共需一百三十七万余元，而盱衡物价上涨趋势，尚未敢预估计入。只教职员薪给，以原较国立大学相差甚远，同人久困艰苦，今黔中国立院校林立，生活所驱，人情难免动摇。为期安定教学，明年拟酌加薪给百分之五十，计需十三万余元，连前总共一百五十万余元。此数经已呈请教育部核转院会。

我公爱护大夏，奖助宏多，值此时艰未艾，校困孔殷，瞻念前途，尤仰扶持。伏恳便中转请立夫部长，特加成全，列入总算，提请通过，岂第阖校之所感祷，抑亦国家教育之利赖也！肃此渎陈，无任主臣。只颂勋祺。

伯群。

十月二十六日　在大夏纪念周上做《生活军事化》报告。指出："大学要走到时代前面，世界潮流既已走上军事化，则过去所倡的自由主义已经没落，我们必须适应时代，为其先驱，勇敢地接受军事生活。"

十月二十七日　主持大夏第八十二次校务行政委员会，报告学校近况，讨论整顿校容，督饬职员等。讨论各职员办事细则、应采用签到簿办法、港沪学生截止注册日期到本月底截止等事宜。

十月三十日　主持大夏第八十三次校务行政委员会，王裕凯、谢嗣升、金企渊、夏元瑮、苏希轼、窦觉苍出席，讨论通过职员办公时间安排等校务。

本日，函请金企渊、王佩芬①分别暂兼会计银行系与中文系主任。

十月三十一日　上午，出发赴渝参加国民党五届十中全会，委托夏元

①　王佩芬(1886—1973)，字梦淹，贵州贵阳人。早年留学日本东京早稻田大学。历任大夏大学中文系教授。

瑔暂代校务。

本日,接教育部长陈立夫关于补荐总务长人选以凭核定的令。

十一月一日 接何应钦函,转知毕业生迳赴荣管总处报到事。

十一月五日 赴范庄往晤孔祥熙。先告大夏近况,托向陈立夫请将三十二年度预算列入总预算内,今年所差二十六万元请以临时救济名义补拨助之;次述贵州政况;再次问中央政局有何变动。孔谈话声浪甚低,先生强半皆未听清,然亦未便追问,只好糊糊涂涂应付而别。

本日,在《大夏周报》第十九卷第二期发表《纪念国庆联想到目前的三大问题》一文。文章指出:"事实摆在眼前,三大问题:即一第二战场问题,二印度问题,三统帅问题。"

十一月六日 访陈立夫,闻因感冒未到教育部。晤及刘季洪秘书,谈到财政,据云只能旧预算增加百分之三十,此为至多者,尚有不及此数者,大夏恐将大感困难云云。又访孙科,先告以大夏近况,次言黔局,再次谈战争,逾一小时方辞归。

十一月七日 晚,赴法比瑞文化协会参加王沿津、杨汝淦、方金镛三人设宴。接王沿津转交孔祥熙捐大夏校友会基金五千元。

十一月十一日 上午,会晤刘燃章、钟伟尊二生,告以大夏近况,嘱其努力募基金。

下午,赴中央银行将王沿津交来捐款五千元存入。如有人兑拨则兑拨,否则带回以省汇水。

十一月十二日 倪文亚来见,当与谈大夏校务,连带述及最感困难者,为老同事倒戈相向。倪转告有以青年团政治部名义派出国之消息。表示大夏毕业能发展,正所望也。

十一月十四日 上午,出席国民党五届十中全会第一次大会。

下午,作致大夏行政会议同人书。

十一月十五日 听倪文亚言教育部有征其任某省教育厅长意,其以为有机会出国,仍愿出国学习。

十一月十七日 邀请蔡廷锴将军参观大夏校园。

十一月二十一日 大夏致函何应钦,告知两毕业生无法前往报到。

函曰:"查本案前奉教育部代电核定本校毕业生吴绍志、欧阳适二名,令知转饬前往上项处所服务,下校遵径转知去后,旋据吴、欧阳二生先后呈复,以毕业后不容久候,即分别在公私机关就有职务,遽难辞卸,恳请特呈鉴督,免予调动。前来查该生等确早离校就业,所称困难亦属实情。"

十一月二十二日　上午九时,读《关于鲁迅》论文数篇。

晚,赴法比瑞文化协会西餐厅出席大夏校友会,坐中有黄思、徐汉豪等七十余人。先生致词希望校友会以严密组织,健全自身发挥团体力量,以七分贡献国家,三份贡献母校,并推出有志之士回校负担校务,至九时半始散。

十一月二十九日　与王沿津、杨汝淦、方金镛三人谈时事,以及校友会募基金事。

十一月三十日　会晤陈宗英、张继校友。张转交基金捐款一万元,此款纯由学生与教职员凑成此数,殊未易也。张谓重庆市社会已令知须遵新章组织校董会,筹备基金七万元云云。先生当告以速将此令转呈大夏部,由大学部对重庆市府说话。

下午,保骏迪来访,告在训练团受训经过,似已一变旧习惯、旧思想。先生嘱返校后努力趋新,以改良旧俗。

十二月一日　上午,申屠宸来访,闻其在重庆地方检察官任职,尚顺适,并愿再为募大夏基金出力。

下午五时,往访陈立夫,先与余井塘一述大夏近况后,为陈详言之关于大夏经费本年度所欠二十余万。陈答不成问题,明年仍须另专案办理,列入总预算似难办到。先生只有好言求之。

十二月二日　大夏向教育部报告自明年起,准予在文学院添设边疆教育系,以促进苗夷文化之发展。报告称:查此次十中全会通过要案内中有主义边疆教育一款,于此可见中央对边疆建设积极提倡,已定为国策。最近两年,本校迭奉钧部训令,饬设置边疆建设科目及讲座,以资倡导;覆查贵州苗夷同胞,在本省疆域内约估百分之六十以上,该族文化之兴替,对抗战建国前途,关系尤切。本校文学院所设之社会研究部,搜集该项资料,颇为丰富。上年钧部派王督学来大夏视察,亦曾以此项设备完善,蒙予嘉奖。就本校原有设备及人才办理是项教育较为方便，拟请自明年起准于本校文学院添设边疆教育系，借以训练干部从事边政，提高苗夷文化而期教育普及，如蒙俞允，即请核发经费拨款补助，俾便遵办，理合备文呈请鉴核示遵。

十二月六日　上午，致王裕凯、窦觉苍信书，嘱向教育部申请教授补助金。

接重庆大夏中学主任张维函，请求立即向重庆市社会局交涉，无须另办立案手续。

十二月八日　应国立重庆商船学校①校长宋建勋约请，前往该校讲演。演讲中，先生首述商船与海军有不可分之关系；次述海军不建立，国防不完整；再述英美中苏同盟之时间性，最后述胜利后，英美必不使日本海军根本破坏留以防苏也。日本武力尚存，为吾国之大患，因之商船学生所负之使命其大无外如何方能完成此种使命乎？最后，先生提出：（一）须建立中心信仰——三民主义；（二）须培养丰富学术；（三）须练成铜筋铁骨；（四）须健全人格，因有忠孝仁爱信义和平等道德。

十二月十日　上午十时，赴南开中学访张伯苓，为大夏教授接洽补助费。十一时，赴航业学会做《航业与国防》演讲。

十二月十一日　得王毓祥信，言孙亢曾已抵梅县，并为函促来黔维持大夏。先生闻后甚慰，当代筹旅费以约之。

十二月十二日　上午，作致王吉甫、李绍阳书，为大夏募基金事。

下午，访许世英，谈到补助大夏中学之款，许允九万六千元一次发给。

十二月十三日　听陆文翰来谈在中央党部秘书处工作情形，先生告以须热心校友会。

十二月十四日　接王裕凯寄来向账委会请款函，先生觉不妥，提笔另办。

十二月十五日　亲执笔拟大夏致赈济委员会长许世英代电稿成。发

---

①　注：吴淞商船专科学校 1939 年西迁重庆复校，择定江北溉澜溪为校址，定名为国立重庆商船专科学校，隶属教育部。除航海、轮机两科外，又添设造船科。

致孙亢曾电,促其为大夏代理教务长,并拟汇款四千元做路费。

十二月二十日 上午,赴两路口社会服务处出席大夏校友会重庆分会,略报告校况,指导会务。

下午,接王仪贞送来大夏基金一万元。

十二月二十一日 下午,出席志诚技工职业训练班开学典礼,居正担任董事长,主席致词后,吴铁城、何应钦、洪兰友先后致词。

晚,致函重庆市社会局,就重庆大夏附中不用另外立案手续作出说明。函曰:"本校附中早在上海市教育局立案,因抗战关系迁至后方,设立重庆分校,并早在教育部暨四川省教育厅备案在案,似勿庸另办立案手续,相应函达,请烦查照,准予备案。"

本日,接重庆大业公司总经理李桐村来函,告公司因业务扩充需招助理,希望选送经济系和商科会计专长之毕业生。来函提出六点条件和要求,即:品学兼优尚未结婚者;服务地点绝对由公司指定,不得自由选择;实习期限定为六个月;实习时期除公司供给膳宿外,并月给津贴国币五百元;实习期满,成绩优良,分别指派职务;凡应选毕业生抵渝后,经公司考核准其实习者,自筑至渝旅费由公司付给。

十二月二十二日 与何应钦谈及大夏三十二度经费,教育部只列入总预算十五万元,何以电话询陈立夫,未接通。

十二月二十三日 访孙科,谈学校经费事,托其在国防最高委员会及法院相机捐援,又略谈时事别归。

十二月二十五日 大夏呈请教育部补报吴浩然为总务长人选。

十二月二十八日 往访教育部,与蒋志澄、吴士选、彭百川谈大夏经费事颇详尽。

十二月三十日 在松鹤楼参加大夏毕业生黄熙庚、吴泽等六人约宴,颇感学生情挚意切,与毕业生谈校况及校友会近情。

十二月三十一日 赴教育部,先访骆美奂寒暄后,与吴俊升谈大夏近况及经费问题,除总预算项下八万加为十五万外,余皆未邀准,当恳吴与陈部长设法,否则大夏将关门矣。出教育部,喧章益,其正守丧中,未与谈公事。

1943年(民国三十二年 癸未) 五十九岁

一月一日 与何应钦谈大夏基金,告昨在白碚拟加盐捐,每担收三元之计划。何以为不宜。令先生昨日之高兴悉成泡影。

一月二日 至永岸办事处与江竹一、邓汉祥、孙蕴奇、吴梦白、宋述樵商讨仁岸盐务事。先生主张黔人争办仁岸之理由,并乘机与邓谈大夏经费问题,托邓向孔祥熙一提,能由孔告缪秋杰代为设法尤妙。

一月三日 上午,赴钱永铭家便饭,将学校经费问题详与谈后,钱同意代财政部各部分办教育,如盐务总局、直接税局等所办训练人才事,均托大夏办理,由财政部拨款若干基金。先生当托钱促成此事。

下午,往访许世英,赠以白木耳一匣、奶粉二磅半,许甚喜。许询及学校经费事,先生将三十二年度请款二十四万之代电当面交许,许亦即批决发。五时,归过化龙桥街访陶桂林家,陶许愿捐款一笔与大夏,之前介绍与陶之毕业生叶鸿涛,已约谈拟录用。

一月四日 上午,电话保志宁,告以陶桂林捐款事,转告姚吟舫接洽收款。十时半,与王晓籁访虞洽卿。虞对大夏表示赞助,言愿捐两万元,扣除三十一年度沪校应付租金外,三十二年度亦可缓缴,待年终再结算。

一月六日 上午,得虞洽卿复信,允捐大夏两万元。三十一年欠其之房租即由捐款内扣至三十二处度。先生当函知王毓祥转告鲁继曾、吴浩然。又迳复虞,谢之。

一月七日　下午,作致王裕凯书,告以筹措大夏经费情况并告以五百万基金计划,希望毕业生方面共担任二百万,校董方面担任三百万。

一月九日　做致蒋微琪书,约来贵阳任银行事并在大夏任教。

一月十一日　接大夏来信,告有沪部政治系主任葛受元已到筑,王裕凯留之在筑校任教,已允诺,请示名义及待遇。先生复信告以教授待遇稍优与主任等可耳。

一月十二日　上午,备大夏三十二年经费预算书面交何应钦,托其本日在行政院据以主张。预算书大意谓:本年度欠四月,需十二万六千七百元,除一万六千七百自筹外,请政府补助十一万元。何应钦在行政院不愿多说话,陈立夫在行政院未根据请求,只口头提议五十万元。先生估算,若如此,则大夏今年政府补助与去年相等,去年已不能维持,今年更难言。叹曰:"以天下不公之事,无过于此者。"

一月十三日　上午,访孔祥熙,谈大夏问题。孔以抗战不久胜利,胜利后则易办也。先生以非求孔特别不可,孔亦表示当然。

晚,发王裕凯信,告以昨日行政院通过大夏五十万经费情形,又致家中一信告近况。

一月十五日　邀请徐悲鸿来大夏做《中外艺术》演讲,讲授中外艺术间的区别。

一月十六日　得王沿津交来捐款八百六十元,内五百为沈成章所捐,余为张志成经手。

一月十九日　访孙科,谈学校经费问题。孙谓稍假时日,当徐徐捐募基金,抗战结束迁回上海,上海财产如比战时增十倍,则可值千万矣,贵阳或留一中学可耳。

一月二十一日　赴盐务总局与缪秋杰、王佩衡处长谈委托大夏代办盐务专修办法:(一)名称定为大夏盐务专修科;(二)自今年春假后先收一班,以后每学期招一班;(三)课程由王佩衡酌定;(四)经常费约定为每月六万至十万元(因尚需训练班五十名);(五)开办费器具十二万至十五万,临时宿舍能容二百名者三十万元,由总局拟具计划函校酌定办理。

一月二十三日　中午,为大夏筹款,在胜利大厦宴吴俊升、彭百川、张廷休和王裕凯等五人,破费七百元。

下午,赴四明银行访虞怡祖,虞告上海大夏房租须以伪币计算,故虞洽卿所捐之二万元结算后尚不敷若干云。先生觉为数太小,不高兴与市侩争,但答以请详开一账寄贵阳再说。

下午,在寓计划代盐务总局办专修科训练班经费问题。入夜电灯不明,一事不能作,休憩至十时就寝。

一月二十四日　赴嘉陵新村五号陈光甫家宴,坐中有何应钦、顾翊群、俞鸿钧等,终席谈金融问题。归后拟撰代盐务总局办理盐务专修科纲要:(一)年限二年课程由盐务总局规定每学期一班,自三十二年三月开始;(二)经费七万二千元,又训练班每学期一班自三十二年九月开始,经费月支二万六千八百元。准备明日交缪秋杰。

一月二十五日　在《大夏周刊》发表《私立大学存在和发展的条件》。文章认为:"私立大学能存在发展之条件有四:一为校董会,一为教授,一为毕业校友,一为肄业学生。""本人维持本校,十九年如一日,为着国家,为着青年,觉有欲罢不能,责无旁贷之势。"

一月二十八日　上午,听王裕凯告,已与张元善接洽,约先拨四万元为大夏教授救助金,共拨十二万。盖以六十人为比例,每人两千元。王裕凯为办理校务,取去二千五百元。

下午,访许世英,请特别相助大夏中学部三十二年度所请每月二万,并催汇三十一年度之七万二千元,许均慨允。旋偕保志宁赴交通银行二楼访杜月笙及其夫人姚玉兰,略谈大夏及注意航业问题。

晚,赴何应钦为于右任之设宴,坐中有张廷休、宋述樵。先生告张道:"大夏困苦万状,花溪校舍恐须出售,请贵大早准备迁让,又有测量仪器出售,询贵大要否。"张无以应。

一月三十日　上午八时,与王裕凯谈校事,谓有大夏毕业生在中等学校教国文将十年,可回任教,先生允之。十时,访钱永铭谈欲购外汇事。钱介绍副理黄光商办法。先生立备一公函,谓大夏师生合筹得国币四万元,须换外汇卢比,托人在加尔各答购医疗室应用药品及化学实验室服务器等语,托黄向外汇管理委员会接洽,同时又以十四万元支票交黄,指明四万换外汇,十万汇筑应用,由交通银行兑,未取汇水。

二月一日　与邓汉祥通电话,托接洽鲁佩璋请财政部速核准盐务总局委托大夏代办专修科案,及探听仿中山文化教育馆例,借款可否。

二月二日　上午六时,偕保志宁等一行回筑。何应钦、保君建及大夏毕业生多人前来送行。

二月四日　上午,与夏元瑮、孙亢曾、葛受元、窦觉苍谈校务。

下午,王克仁、华仲麐、任东伯、周君尚、袁岳龄、欧元怀、叶再鸣先后来寒暄,在宅堂屋中共餐。

二月十一日　在校长室主持大夏第九十五次校务行政委员会,孙亢曾、王裕凯、夏元瑮、金企渊、窦觉苍、谢嗣升出席,讨论通过夏元瑮兼任文学院长、成立购买图书审查委员会、改善教职员待遇、分配美国救济金等议案。

二月十二日　接大夏南宁附中主任卢展雄函,恳请保留大夏附中南宁分校校名。函曰:"南宁分校三十一年度上学期已办理结束,下学期招考新生亦已于八九两日举行入学考试,计投考者高初中共约近千人,预计日内便可放榜。乃昨日忽奉邕宁县府送来代电(原电另纸抄录附上),谓私立学校规程规定,不得设立分校,如在邕宁有成立该校之必要,应组织校董会办理备案立案等手续等词,已于十一日专电奉上,谅已到达,究应如何办理,恳详为指示。忆邕分校于二十六年在邕创办,初定名为大夏附设南宁中学,经欧副座①亲向教育部办理,由教育部直电桂省府,准予设立。至二十七年改为大夏附设中学南宁分校,亦经呈报桂省府备案。二十八年邕宁沦陷,迁返贵阳校本部,直至去年秋间,仍沿分校名称,呈请桂省府核准迁返复课。今忽获此令,未悉究为何故。若再重新组织校董会办理备案立案等手续,则因分校于邕宁沦陷时所有一切校具图书仪器已损失一空,在短期内对于图书仪器乙类安能大量购置?再于过去分校历史亦抹杀,故特恳请钧座鼎力维持过去邕分校光荣历史,专电教育部解释,分电桂省府取消该令,仍维持原来校名,使分校四十余职教员及千余求学青年均能安心于业为盼。"

---

① 指欧元怀副校长。

二月十五日　大夏春季开学,注册学生五百七十九人。

二月十七日　函电聘请陈钟凡①来大夏担任文学院院长。电文云:"久慕高贤,拟请屈就敝校文学院院长,修脯约同国立,另奉旅费两千元,已由浮筠、裕凯函电,先容务恳俯允电复。"

二月二十日　接教育部陈立夫关于核定窦觉苍担任总务长的令。

二月二十一日　函电邀请朱谦之②来大夏讲学。电文云:"久慕高贤,请屈驾敝校讲学,月奉车马费一千元,尊伉俪同来,旅费共送二千元,乞赐允电复。"

二月二十二日　上午,在校长会议室主持大夏第四十二次校务会议。通报告向教育部洽请增加本年度补助费及向各方筹集经费情况,议决自二月份起增加教职员薪金、借读交大土木工程系结业手续由本校办理等事项。

下午,约孙尧年在家办校内文件。

二月二十三日　访邹安众,谈大夏向四行借款问题,邹以为可能。再访赵雨圃,赵告在手续上恐四总行不能通过,非先与四行总行主脑部疏通就绪不可,赵又云如由永年或仁岸出面代大夏借,则不必报总行,即报总行亦易通过。访薛蓉城,谈大夏借款,薛之顾虑与赵相同。综计与四行经理谈话结果,先生觉得除交行而外,均有碍难,势非再与永岸刘熙乙商谈,如能由永岸代借固佳,否则恐难望成功。

晚,致函重庆大业公司李桐村,推荐银行会计系、经济系周宛麟等六名毕业生。

二月二十四日　阅欧元怀出示得两函,均将署名遮去。函中云某公有手谕,令陈立夫将贵大与大夏合并,实行去年行政院议决案,否则或将补助费停发。陈立夫将此手谕交高等教育司签复,未向外发表,盖恐惹起麻烦,而贵大亦不愿再合并大夏云。先生阅罢,问欧意见如何?欧答允其停止补助费而已,或到某时期仍请校董诸公向蒋介石要求。先生再三考

---

①　陈钟凡(1888—1982),字斠元,江苏盐城人,古典文学家。
②　朱谦之(1899—1972),字情牵,福建福州人,历史学家、哲学家。

虑,不知何以,又旧事从提耶? 为五十万之补助所惹起耶? 抑别政治上之背景耶?

欧又告蒋介石也许近日来黔,说校内须准备,勿令有隙可乘。先生闻之,当召窦觉苍等告以整顿校容之必要,嘱趁日兴办。同时,令窦准备明天宴四行经理及盐管局长等同人,欲借此机会谈借款问题也。

闻夏元琜失窃多次,殊属可怜,先生当以棉衣一件,皮鞋一双赠之。夏收鞋而退衣,函谢至挚。

二月二十五日　接朱谦之复电,曰:"鉴承邀讲学,以先应桂省约,拟四月初来筑。"函请谢六逸增加课时,曰:"本校春季学期课程顷经编定,拟请台端于原来规定授课时数(六小时)外加授两小时,自三月份起按月加送薪金一百五十元,连同原额共计国币五百五十元,特函奉达,至请查照惠允为荷,此颂。"

二月二十六日　上午,主持大夏春季开学仪式,六百余师生出席。先生勉励全体学生"奋发有为,自强不息"。他说,自本学期起,教职员的待遇,已增高到与国立大学差不多,教职员的生活安定,课务内容益加充实起来,你们本身也就要较前益加振奋,使外人一踏进本校校门,就感到生气蓬勃的现象。

下午,窦觉苍来谈,已与刘熙乙谈借款事。与孙亢曾、张勉予、程君勇谈大夏代盐务总局办专修科事。张告已接总局信,令与大夏商办。会议讨论结果,由孙亢曾准备课程、招生简章、学生贷金规则等。

二月二十八日　上午,听王裕凯来报校务以各部人员不负责任,敷衍塞责,得过且过。先生闻之,痛愤已极。

下午,见赠余志明集宋词二十八字:"千里故乡,十季华屋,谁识京尘倦客;半江渔火,两岸樵歌,不负旧日初心"。先生以其无甚深意,尚未复示可否,而余亲来,言将以素笺篆送,却之不恭,只合领谢。先生认为,余志明与陈恒安诸人均不免名士气,重口惠而实不归。必有相当时间,一年半载不可知,引颈以待之。

三月一日　上午七时,主持大夏国民月会及纪念周,行礼如仪。先生致词,勉诸生对国家民族速自立自治,作最后努力以达胜利后之建国成功,对本校则发扬光大,对自身是天行健自强不息,又提及清除本校窃贼等。之后,介绍孙亢曾做《余之大学生之回顾与前瞻》演讲。孙寓意于数段故事之中,能使听者无倦容。先生赞孙亢曾可爱,能传吾业者也。

三月二日 在校长室主持大夏第九十六次校务行政委员会,孙亢曾、王裕凯、谢嗣升、金企渊、夏元琛、窦觉苍出席。会议通报财政近况及盐务总局委托代办盐务专修科办法。

三月三日 赴大夏部视察宿舍,发现第十一室凌乱不堪,令将该室室长警告一次。孙亢曾告昨已与盐管局决定专修科一切办法,日内可以登报招生。

三月四日 作致钱永铭信,托疏通中央、中国、交通和农民银行负责人,为大夏借款事。作致彭石年信,为保骏迪谋工作。复张勉予信,函谢为保祥麟位置。

三月五日 孙尧年来欲借款加入卢师鲁所办的烧碱公司,先生告以中学部之款已为大学部挪借五万之多,非大学部不能再投资,因已投者无收回之望。

三月六日 到大夏总务处,只见会计员一人,校长室用人不见踪影。遇陈贤珍往职员宿处,始将郭芝生叫出,而三五人始由该屋鱼贯走出,足见该事务员率领一般用人在彼处围炉。先生已极感腐败,觅窦觉苍不得,令用人电话召之。逾时,窦觉苍至,与谈事务组之不健全,速设法整治,并告各部皆曰总务处事务组不负责,再不大加改良,影响到君矣。

赴大夏中学部,黄熙庚来告,蒋介石日内将来贵阳,嘱各校整饬校容。先生闻之,当令吴照恩陪黄视查各处。再返大学部,步至事务员宿舍前,见有一用人卧床上,呼之出并责之,郭芝生养成此种不负责习惯。路过布告板,见训导处所贴大布告,大意谓校长亲视十一号宿舍,凌乱异常,面谕将该宿舍正副室长记过,姑念该正副室长如何如何,改为口头警告等语。先生以训导处荒谬万分,因平日见好学生以成风气,故有此荒谬擅改以谕举动,将该布告挪下到训导处,自训导长以下皆责斥之,并令王裕凯与其等想补救方法,殊训导处又举出十一寝室两不听指导之学生加以警告。经此一日巡查,先生于大夏管理感觉十分灰心。

三月七日 与王裕凯谈校务，将校中人事不调，致万分灰心之情告之，王裕凯再三劝慰。

三月八日 赴大夏中学先检阅内务，并就各班上课情形一查后，主持纪念周，以战时生活训诸生。赴大学部主持纪念周，听夏元瑮主讲《相对论》，先生觉得殊有趣味。

三月九日 在校长室主持大夏第九十七次校务行政委员会，窦觉苍、孙亢曾、金企渊、王裕凯、谢嗣升参加。会议通报学校盐务专修科开始报到及学校行政近况；决议职员签到办法、教授补助米款等各案，决定第一次之四万决定以一万给沪校教授分配，余数照章分配于黔校教授。

三月十日 赴大夏召集盐训班已毕业诸生三十余人训话，勉以抱定大夏精神服务，则终身受用不尽。

三月十一日 赴中国银行晤赵雨圃，再商大夏向四行借款手续。赵仍以由永岸整数中分二百万为便，否则必须由上而下，盖避教育机关为债务者耳。当托赵赴渝之便，再疏通贝淞荪、霍亚民并与钱永铭一晤。

三月十二日 赴大夏主持总理逝世十八周年纪念后，视察盐务专修科入学考试，六十二人到场，中有女生二人。

三月十五日 据校中得报告，蒋介石将于本日下午二时抵贵阳，寓黔灵山住宅。入夜，听王裕凯来告刘健群①随蒋来筑已晤，刘嘱王裕凯先传话，越日方来晤叙云。

接广西教育厅长苏希洵②函，要求南宁附中更名与立案事。函曰："三月一日大函颂悉。查贵校附中南宁分校须更改校名、组织校董会、重

---

① 刘健群(1902—1972)，原名怀珍，字席儒。原籍江西吉安，生于贵州遵义。早年就读于贵州省立法政专门学校。历任黔军何厚光旅军法处长、北伐军东路军总指挥何应钦的机要秘书、国民党南昌行营办公厅主任、军委会政训处长兼中央军校政治部主任、三青团副书记长、立法院代理院长等职。到台湾后，任"立法院"院长。

② 苏希洵(1890—1970)，字子美，壮族，广西武鸣人。法学家、教育家。1920年获法国巴黎大学法学博士。历任梧州海关监督、外交部两广特派员、司法行政部总务司司长、法官训练所教务主任、广西省教育厅厅长、政府秘书长、代省主席等职。1945年参与创办西江文理学院并代理院长。晚年任台湾"司法院"大法官。

新办理立案手续事宜系遵照教育部命令办理,关于校名可如尊意改为南宁私立大夏中学。至校董会之组织及会校之立案似仍应遵照部令另行办理以便转部备案。兹抄录原咨一件随函送请查照,希即转知该分校照办为荷。尚此布覆,顺颂教祺。附抄送教育部原咨一纸。"

三月十六日　上午九时,往黔灵山蒋介石邸,侍从室请示后言有事,改日约会,先生遂归。十二时,接何辑五来电话,告顷晤蒋介石询及先生住处并未休息,二三日再见访,嘱何转知。

下午,接大夏总务长窦觉苍函报。函曰:"窃查本处事务组主任叶盛华,业经呈准辞职,自应遴员接替,惟事务主任一职人选困难,一时不易物色。兹拟约姜鑫民充任事务员,所有本组一切事务,由职暂时直接指挥处理,以期敏捷而免废弛。是否有当,理合签请核示。奉谕:该员薪俸订为每月四百四十元,津贴五元。又,该员系三月十二日到校。"

三月十七日　上午,在校长室主持大夏第九十八次校务行政委员会,窦觉苍、夏元瑮、金企渊、孙亢曾、王裕凯、谢嗣升参加。会议通报各院系上课情形、教务概况等事宜。会上有报告说陈国钧交代未清即离校,殊属不合,足证该员心虚。窦觉苍察觉最重要的为一架照相机未交出,至于苗民衣物则被窃去甚多,相片亦失去数百张。

吴照恩交来大夏中学六万元支票,拟存赖永初家"鼎兴号"生息。

三月十八日　赴大夏督促各职员努力工作。

三月二十日　致函恳请张元局长代为劝募基金,四月三日收到张函转劝捐款十万元。函谓:

敝校于抗战开始,自沪迁筑,蓝缕启途,重树新基,期间获蒙本省各界人士热心扶导,精神物资裨助均多,良深幸荷。而同人积年矢勤努力,对战时省内人才培成、文化建设亦尚薄有贡献。惟是学校在沪原具基业悉遭兵燹;近年后方物价又复逐日腾涌,影响所及,经济备形艰困,欲期不坠往绩,进图发展,尚有待于社会各方更大之助力。素谂本省各岸监商提倡公益,愿大力宏图。拟借重鼎言,劝赐捐助巨款,共襄义举。吾兄爱护敝校,素具盛心,倘蒙登高振响,群山自应,嘉惠大夏，当非几鲜。敢函奉牍，至祈督洽示复。临款感企，顺颂筹祺。

本日，筹划大夏本年度办学经费：教育部只允五十万元，自收学费等可二十二万元，共为八十万元。如盐局专修科年津贴六十万元，共为一百四十万，恐仍不敷，因加一专修科，亦加每年经费至少三十六至六十万元。若专修科能助七万一月，全年为八十四万，合政府补助年共入一百六十四万元，则不感拮据。

三月二十二日　上午七时，赴大夏部准备参加蒋介石出席的扩大纪念周。八时，召集大学部、中学部全体学生及教员三四十人在操场升旗，略训以严守会场秩序，整饬个人与全体仪容，勿贻大夏羞而成大夏名。八时一刻，全体向南厂进发，半小时即到大操场。九时三刻，总指挥韩文焕报告带队候蒋介石。先生被指立在学界队首，张廷休亦到。先生扣以贵大学生有参加者否？张答无。未几，韩文焕来，告典礼毕后欲呼口号，请先生领导全体，先生漫应之。约十时，女生中已有久立不支而昏倒者，在大众疲惫之间，蒋介石似欲略事检阅，而吴鼎昌则引之登台。

韩文焕报告典礼及人数后，饬传吴鼎昌上台，立在蒋介石之后，纪念周行礼如仪，蒋训示道：此次到黔，与二十四年初次到黔之观感大概，谓昔只见鸦片烟花、鸦片灯枪，今则见遍地黄花、菜花、桃李花，足证禁烟除毒之策已效，异常称快，并嘱以后须积极造林与教育二事。约半小时，在大风暖日中礼成。先生即于此时领导全体呼"总裁万岁"三声，总裁则答以"谢谢各位"一语而散。经四小时之奔驰，先生疲极，然大夏女生有六人昏倒，又不忍立即舍去，直待该生苏醒之后方归，抵家则十二时。

下午四时，赴蒋介石茶会，茶会散出，到园中草地上共摄一影后，蒋专门约先生面谈。蒋询大夏近况如何？先生答：学生大、中两部一千二百人，来自战区者多。近日沪校师生陆续有不惮万里间关而来者，惟需要旅费太大，故来者仍不为多，希望政府能接济旅费，俾能多来为善。蒋问上海大夏何人负责？先生以鲁继曾，并谓傅式说脱离归伪已久。谈到筑校经费困难，先生则谓大夏、贵大合并，如太平洋战争不起，不成问题，因太平洋战争起后，上海为伪力控制，而停在上海之教授学生均宜陆续内迁，如筑无大夏则内迁望失，而大夏毕业生七八千人亦失所依。故去年行政院决议，事实上颇难实行。蒋初虽言合并为佳，闻此缘由后，亦了然大夏之困难。

三月二十三日　上午，宴林蔚文、陈希曾、刘健群等，并约窦觉苍、何梦麟、傅启学、欧元怀、张廷休作陪。

下午，主持大夏导师会议，出席二十四人。会毕，天寒忽变，雷电交作，大风大雹。闻本日之冰雹，小春损失至重，贵阳附近收成必欠佳。

访邹郑叔谈钱永铭对大夏借款事，须再得致贝淞生、霍亚民、顾翊群三人函。

三月二十四日　嘱王裕凯撰大夏节略，拟托人递蒋介石，解释大夏不能与贵大合并之理由。孙亢曾来汇报盐务专科决定四月十日起正式上课。

三月二十五日　听张勉予来谈盐务专修科缓开学事。先生告以改期至四月十日无论如何应无问题。

三月二十六日　上午，听孙蕴奇来言刘熙乙之弟欲入大夏，然无高中文凭，欲大夏通融，先生告以不可能。

下午一时，受蒋介石之约，赴黔灵山蒋之寓所午饭。蒋问先生，除大夏外，尚做何事？先生答以最近感觉中国航业太无基础，而又为胜利后亟待复兴发展之一事业，且与建立海军有密切关系，前次与宋部长晤谈，亦感航业建立之重要，故正搜集材料加以研究，将来制成方案，再请总裁核示。

蒋首肯，旋询大夏近况。先生答学生来自战区者，多能奋发向上，教员亦刻苦奋斗，此可告慰。唯经费之困难，三十一年度亏空二十余万元，本年度生活程度又高，虽百方捐募、办专修科等弥补，恐尚不敷三十万。蒋表示"可用战区学生理由，再向政府呈请可耳。"侍者促用饭，随吃遂谈。席间谈贵州文化，先生以遵义、安顺为甚，因之联想到郑珍、莫芝友，又连想到夏同和、赵以炯。先生更举严修创办的经世学堂，出人才不少，文化之退步，在民国十年以后。表示中国胜利后，沿海人才归还本省，贵州必有人才恐慌之事发生,故努力以造就人才为职志。蒋介石闻后,嘉之。旋又谈到修志、团结异党问题。饭毕,告辞而归。先生综此次见面,印象极佳,对大夏已极明瞭,不复有消灭之念。

三月二十七日　上午,先至益强公司取大夏中学部存款存至于邮政储金局。十二时回家,见市中警军林立,知有要人通行。闻蒋介石下午二时由花溪起行离筑赴遵义,明日或将宿桐梓。

三月二十八日　为郑镛作两介绍信,一致何应钦,一致吴铁城。何应钦函中略及大夏近况,并言与蒋谈话一段。

三月二十九日　上午八时,主持大夏纪念周及七十二烈士殉国纪念典礼。因昨夜迟眠,今晨又急于检阅七十二烈士死难事迹,至未注意秩序单,竟于行礼时忘去纪念周,单作七十二烈士纪念,觉殊为失仪。乃于典礼毕后,向大众声明自裁之意,并说致误之由。

三月三十日　上午,出席大夏盐务专修科新生培训典礼并训话。

中午,与张廷休谈大夏房租估价,计息至少一年二十万元。张有难色,先生以毫不能减答之。

四月一日　上午,有大夏学生仇炳荣、张道因、林金针三人来请见,以病不能见客辞。三人书面报告谓今日下午一时,有本校中文系二年级学生陈友珍,在大十字被数便衣人逮捕,真相不明(陈系最近考取留美空军官生,日内即将赴昆报到受训)请设法营救。先生阅后,电话令训导处探查。

下午,函复南宁附中主任卢展雄,谈南宁附中校名毋须立案。函复曰:"关于邕附中问题,兹已得苏厅长函复,校名准可改为'南宁私立大夏中学',惟校会立案手续仍应照办。兹希足下物色当地有力人士若干,并就邕地本校校友中拟推三五人为校董,开列名单,寄来核定,本校再酌加数人,由邕校呈报,先行完备校董令立案手续。至一应中学立案规章并盼广为参考,借免驳斥,苏函抄寄一阅,此询时祉。"

四月三日　听大夏训导处汇报有某某二生补考时枪替被查出请处分。训导处以无明文规定,行政会议有议决均除名。先生以为该决议案如已公布,则照执行,未公布则减轻一等,予二人各书面警告二次,并公布该议决案以后，则照决议案执行，不再宽容。

下午，接张元局长复函告，劝捐十万元已到账。函曰："前承函嘱向本省各岸监商劝助贵校基金，遵即转劝五销区协力捐助十万元，兹已如数缴到支票五张，计共法币十万元，随函奉上，即祈查收掣据。示复为荷，专肃。只颂勋安。附支票纸计法币十万元。

本日，接贵州高等法院第三分院监察处函，希望就法律科毕业生代为遴选二人以便派充书记官。待遇薪金一月约三百五十元，三十一岁以上者，另发米一市石；三十岁以下者，发米八斗；二十六岁以下者，发米六斗。又无眷属者并可在法院住宿。

四月五日　清明节，大夏放假。先生在家休养，为黄思基篆屏联各一。

四月六日　听窦觉苍汇报赴花溪与张廷休接洽大夏房租情形。

四月八日　上午，接待中国银行贵阳支行襄理王戊辰持赵雨圃函来访。大意谓各行总行已疏通就绪，手续仍由大夏备一公函送贵阳四联分处即可。同时接交通银行经理邹郑叔电话，言奉钱永铭董事长电已疏通就绪，嘱备公函。先生闻之为之狂喜。

下午，接待贵州省高等法院来访，通报大夏打伤之嫌疑盗已伤重身死，刘含章为爱护大夏计，将此事范围极力缩小，将该校警相当处分，若挪到学生身上则范围扩大，殊非所宜。先生表示感谢并力言世道变乱，青年性趋凉薄，教导殊不易，以后当竭力图之，亦所以挽末世导人心也。

接待张勉予率王佩衡、何维凝来访，谈办专修科事甚详。

四月九日　访邹郑叔，谈大夏借款事。

四月十日　上午，与王佩衡、何维凝、张勉予商专修科办法。

下午，访邹郑叔，谈公函向四行借款事。又往中央银行访彭惕安，而彭以为如希望有成，则不宜将中央加入，中央加入恐反不成功，嘱另备三函，分别送中国、交通和农民银行。

四月十二日　主持大夏纪念周及盐务专修科开学典礼。盐务总局代表张元及全体师生出席，王佩衡代表缪秋杰训词，至十一时半方散。

四月十三日　上午，与张勉予谈仁岸盐业问题，告以电孔祥熙、何应钦,促速主张解决等情。张告仁、綦、涪、永四岸共捐款十万作基金已交付大夏,管理费自一月至三月,每月垫拨大夏五万。

下午,接教育部陈立夫拟订社会研究部三十二年度研究计划并编造预算分配表的令。令要求学校三十二年度边疆建设科目及讲座补助费核定为二万元,除上年度具有继续性之讲座及未经完成之工作仍应继续设置与研究外,本年度指定该校以"贵州氏族文物之研究"为中心工作,仰即拟订研究计划并编造预算分配表十份呈部备核为要。

晚,接王文湘电话,今晨行政院会议时,陈立夫告何应钦,蒋介石回渝,又谕陈立夫,大夏须与贵大合并,实行行政院决议。陈如何答蒋,则没有谈,嘱先生有心理准备。

四月十五日 复函致谢张元局长代为大夏劝募基金。函曰:"承代敝校劝募基金,经蒙五岸监商合捐国币十万元,付来支票五纸,业已妥收具荷。盛心协助,嘉惠所被,合校莫不感钦! 兹特掣奉收据一纸,尚烦转送。"

本日,与窦觉苍商讨计划大夏造屋办法。命徐少一结算各账,须将前债清偿,如不敷再借可耳。

四月十六日 得重庆附中主任张维函,谈校董会立案困难。"近以渝中校董会立案事,殊感应付困难,盖上年重庆社会局曾一再限令办理,因事实困难致为迁延,至今年二月社会局教育科改为教育局后,局长雷啸岑,湖南人,曾在军委会任职,闻系武人,到任后即一再宣称以武力贯彻政令","所有未请准立案学校,限十日内到局办理立案手续,否则查封或予解散等词。"张维说令即遵示将校名确定为"重庆大夏中学",并校董名单当就三方面推出:(一)重庆校友分会可推王沿津、杨汝淦、唐云鸿三同学;(二)原与学校有关切关系人士及当地人士之热心赞助学校者,另列原来校董名单祈为核定;(三)恳母校速为推荐,以便趋前交涉。张维还说,校董会之办理手续,首要者即校董会之资金问题也。今资金须备三四十万元且须长期存入国家银行始为有效,请校长推荐有力校董或董事长先垫基金,然后再开校董会,如何由各方筹措偿还,或恳校长速函知贺市长以简便方法,完成立案手续,并请予协助一切,则最善也。校董会之立案手续须于最近（一月内）办好，不然恐麻烦重生矣。

四月十七日　上午七时，见全体学生正在体操，发现缺席者多，质问陈济浩、谢嗣升何故？答曰有练习篮球运动者参加训练，故未有参加。

四月十九日　上午，主持大夏总理纪念周会，听欧元怀作《战后教育计划与实施》的演讲。

晚，接邹郑叔电话，告大夏借款事分处已通过，各分别呈总行。

四月二十日　读《伦理学》《国民道德底线》，又作篆书数幅。

四月二十一日　赴大夏办公，到各教室视察一周后，与孙亢曾、王裕凯、窦觉苍商校事。发现徐绍彝太不忠实，身为主任，推过于人，闻五千元汇沪多付汇水二百元，致学校受损，召来严加斥责。

四月二十二日　在校长室主持大夏第九十九次校务行政委员会，孙亢曾、何维凝、谢嗣升、窦觉苍、王裕凯、金企渊参加。会议讨论设立军事训练总队和边疆建设讲座定期举行等议案。

四月二十四日　上午，李兆龙携俞飞鹏所藏《麓山寺碑》，嘱为题签，又一册页嘱题字。当为书郑珍先生《愁感之二》应之。

下午，赴大夏参加直属党部大会选举执监委员。中央党部党委会特派视察员刘炳黎被邀出席，选举结果为王裕凯、陈济浩、谢嗣升、徐盛奎等五人当选为执委，孙亢曾当选监委。

四月二十六日　上午，主持大夏纪念周，听高承元做《由守法说到养气》讲演。

与吴照恩商中学校务，对教育厅视察本校之结果，先生嘱不必遂条与辩，择其有理者答复可耳。

四月二十七日　接教育部陈立夫无须设置边疆建设问题研究组的令。

四月二十九日　上午，接盐务总局函送盐务专修科概算，又称专科补助费经电饬黔局自一月份起按月暂先垫拨五万元，至盐务讲座补助费一月份如已照支，拟照数扣抵。

下午，与王裕凯商谈校友会基金事，决再以二十万元投资仁岸盐业。百万基金目前只收到四十余万，过半数均未达，叮嘱王裕凯等研究办法以补救之。

四月三十日　就重庆大夏中学校董人选致函张维,嘱其携函面陈重庆市长贺耀祖。函曰:"此次学校立案问题,存亡攸关,尤盼努力图谋,以求早日解决。校董人选,所承书告各位均尚妥善,惟校董会既肩荷学校经济之责,不知其中有能胜此艰巨者否?倘力量犹感单薄,恐需再行增聘一二位堪为校作经济后盾者,以资领导,庶克有济。至本校原拟推选数人参加,遽难得当,重虑两地遥阻,徒领虚名,无裨实益。校董会资金一节,所盼足下于酌定校董人选后,分别或集会洽商筹措。另致贺市长函,望持往商洽。本校附中前在沪市教育局立案,令文现尚存沪校,一时不及调询。惟中学在沪办理多年,立案事实,众所周知,且于民十七年在教育部办理备案手续,有案可稽,不妨恳切说明耳。"

本日,再次致函重庆市长贺耀祖,恳请通融办理重庆大夏中学备案。函谓:

> 敝校前在沪时,曾附设中学一所,于民国十七年间呈准上海市教育局立案,并在教育部备案。抗战军兴,学校西徙,自浔及渝,载迁筑垣。维时渝都新建,四方学子云集敝校。鉴于社会需要,当择定江北悦来场地址,将原昔附中重行恢复,以收容救济战区青年。最近该校承到贵府明令,以私立学校规章,不得设立分校,饬应重办立案手续,窃以该校既早在沪立案,且系大学附中性质,亦未便视为分校。兹规复有年,不知可否仍据前案,免予重办立案手续,借免周折,而安人心。执事奖教兴学,素具热心,谅尤肯俯予体恤,倘因该校迁址,牵动名称必须重行备案,亦祈多赐通融,完成手续,以符功令。

五月一日　上午,就法律系毕业生复函贵州高等法院:"前准贵处四月三日政字第二十八号公函,以需书记官二员,嘱就本校法律系毕业生中代为遴选等由","经代公开征求,惟因本校法律系上届毕业生统已就业,故迄今未能有人应征,当俟本学期结束时,该系学生如有毕业,再行遴选介绍,以副台嘱。"

下午,听王裕凯、窦觉苍报告昨日校内学生二人被捕事。先生在笔记中记述道:

昨日上午,学生见校前大路上有人驮米经过,乃向米商议价,驮至校内,以每石九百元成交(据称初索九百五十元,学生出八百五十元,有人调停为九百元云)学生收料交价款后,出有收据而去。不意下午,米商引侦缉队自校前寻购米之学生不得,擅将非购米之两生捕认抢米。谢嗣升、陈济浩在场,亦不由分晓,因之群愤慨之极,欲整队出校赴捕人机关交涉,(当时陈济浩来电话告余,余以病不能行动,嘱陈谢径往警备司令部交涉,若无效放捕去学生,余再与惠济司令通电话),彼时,王裕凯亦到校,警备司令部亦派有二人来大夏调查,王裕凯与警备司令部姜参谋长熟识,亦由电话商姜主张速释校捕去学生,姜以为然。不久,谢嗣升率被捕之人归,群情始平。今晨尚纷纷开会讨论善后,余当令王裕凯、窦觉苍先访惠司令及姜参谋长,将昨日发生此事真相向之说明,使之了解侦缉队士兵之荒唐,再视其态度而应付之。未几,王裕凯来,电话言已晤惠姜说明真相后,惠姜均认为士兵荒唐,已自行处置。余告王裕凯既然如,校内应严将镇静,勿再有若何过分举措为要。

本日,接王毓祥来函,请先生通融办理田德明毕业证明书事。函曰:"顷接大夏文学院同学田德明君来函,谓渠现任财政部稽核,照渠从政资历可获简任之铨叙,惟因艰于家计,尚缺少数学分未修,致未取得正式毕业文凭,因之地位发生动摇,希望校中通融给予证明,并托弟向钧座为之先容。就大夏惯例而论,此事殆有爱莫能助之势,惟在抗战期内,国内公私各校有此等通融情状者,盖亦不在少数。田君资历颇佳,可否破格成全,均在钧裁酌量之中,不尽一一,即颂钧绥。"五月十三日,先生函复王毓祥,告知无法为田德明出具毕业证明书。函曰:"田生德明需要证件,于情固应通融,惟今教育部对于学生学籍法令昭彰,管制严密,而大夏以处境之艰危,欲与国立院校相竞存,亦不得不整饬纪纲,严格执行,不敢稍逾畦径,自干不合,一生学籍,部中存案,历历可稽,实难苟为出入也。尚请转谕田生，共谅为幸。"

五月二日　晚，往贵阳医学院参加八大学生英语竞赛，评选结果第一名为大夏之吴鸿蝶，该女生原为香港某大学学生，故英语较佳。

五月三日　会见大夏马镇国等新来教授、讲师。

五月四日　下午，在大夏科学馆主持欢迎陶育礼、蒲乐道仪式，并致词。

晚，在家中设宴招待陶、蒲等。陶、蒲索篆书纪念。先生以"自诚明，谓之性；自明诚，谓之教。诚则明，明则诚矣"二十字赠陶；又篆"富贵不能淫，贫贱不能移，威武不能屈，此之谓大丈夫"数语赠蒲，皆甚欢喜。

五月五日　上午七时，绕大夏到图书馆、实验室视察一周。八时，陶、蒲二人由欧元怀陪同前来，为大夏大、中两部学生千人做讲演。陶讲英国大学学生生活，在战时之简朴，有足为吾人借镜者。蒲讲文化之必要与方法，皆极精彩。二人词毕，先生介绍，欧元怀代表全体用英语致谢词。十时，主持大夏国民月会，略讲战事，尚有二三年即可结束，吾人应准备应付。

五月六日　接待中国银行副襄理王戊辰来访。王出示赵雨圃函，说大夏向四行借款事仍须致函四联分处，由分处转呈总处核办。先生答此事系由交通邹郑叔、中央彭惕安建议，弄到分函办法须再与周彭一谈然后再进行，庶免分歧，弄巧反拙也。

五月七日　访交通银行经理邹郑叔，谈大夏借款事。周以为赵雨圃致王戊辰之信或尚未知，第二次与彭惕安之接洽，因彭主张中央不加入，不送四联总处之办法似较妥当，故又函钱永铭说明又视如何。

五月八日　下午，与窦觉苍商大夏编制概算办法，结果每月至少十二万五千元，入不敷出，殊为棘手。

五月九日　读《小山洞》《东坡乐府》。

五月十日　主持大夏纪念周，听孙亢曾报告校务。

本日，以盐务训班余款分给有关教职员，每人照月薪标准给四个，多者达一千七百元，另以两千元给金企渊，一千元给苏希轼。

五月上旬　函送财政部盐务总局《委托大夏代办盐务专修科民国三十二年经费概算书》，提出自三十二年春季起每学期招收新生一班（五十名),两年毕业,经费总共月支七万两千元正。

五月十一日　略察大夏中学上课情形后,赴大学部视夏元瑮疾。

五月十二日　读梁启超《盾鼻集》,赞任公文章,实可永垂不朽。又读晏几道《小山词》,叹虽爱好,然不能学。

五月十三日　以大夏花溪华问渠及公地捐赠凭单交张尧年办文,为华等请奖。告窦觉苍将该证等向官厅领发业证,据有谓张廷休偕任志清同车赴安顺,任系扫墓,张系接收某职业学校并入农工学院,故农工学院有迁安顺之说,果尔,则贵大租大夏校舍已不必,当嘱王裕凯等设法另租。

下午,得王裕凯交来支票二张,共十万元,均为校友会入仁岸股额。

五月十六日　与何辑五商拨地给大夏中学。何以官山坡须造马路一条,分而为二,路下拟作疏散区,路上拟拨给中学。

听取徐盛圭来汇报工作情形,对王裕凯责有烦言。先生对校友会不能收联络团体之效,反致离心离德,殊不可解,虽加以劝勉,仍恐积重难返。

五月十七日　主持大夏纪念周会,介绍英国援军委员会主席何明华博士来大夏做《战时的英国》讲演。听后,颇有开所未闻之事,英国国小易治,人民又奉公守法,虽遇战时,人民之生活并未大涨,物价较平时增加百分之七十而已,限制消费,增加生产,调节供需皆以政府之权力达到目的。先生闻后,倍感兴奋,当略答,由黄奎元翻译。

五月十八日　主持大夏第四十三次校务会议。讨论通过学生公假规则、训导处与军训总队部职权划分办法等事项。散后,宴干部同人及本期新增加之教职员,计三席,尽欢而散。

五月二十日　聘谷黎光为大夏军事主任教官。谷教官商承先生同意,将军事训练与训导分开,成立军训总队部。先生兼总队长,谷教官任副总队长,各中队设中队长。

本日,发函促请张世禄①尽快返校任教。函曰:"此次大驾返校,屈任

---

①　张世禄(1902—1991),字福崇,号锦堂,浙江浦江人。著名语言学家,任大夏大学中文系主任。

中文系主任,具荷光宠,良堪欣幸。惟开讲仅及一周,以宝眷安厝告假五日,又策驾从,顷谂转赴渝都并闻已应中大之邀,不胜骇异,查台端莅任之初,经由校补助旅费并订定聘约,照发修脯,息壤在彼,墨沈未干,台端士林望重,道义风高,当必有以顾全始卒。今假期早满,务恳迅赐返施,以重诸生课业而维信守,借祛群疑,无任祷幸,率此布达,尚乞亮照,顺颂行祺。"

五月二十一日　读梁启超编《王介甫事略》。梁以史太不实,将王政迹颠倒黑白不平而为之翻案。

五月二十二日　与吴照恩谈大夏中学近况。

王裕凯来报已约订中国、交通、农民三家银行明午十二时在贵阳招待所午餐,谈大夏借款事。

五月二十三日　上午,主持大夏纪念周,听总务长窦觉苍做《地方自治下新县治的认识》讲演。

下午,阅王裕凯向银行借款事携函稿,先生嘱与邹安众一谈。

五月二十四日　在大夏纪念周会作校务报告,并请窦觉苍做《新县制的检讨》的报告。报告讲述新县制的产生、组织概要、利弊得失和改进办法,鼓励同学努力培养自治习惯。

五月二十五日　上午,修改大夏校友会章程。

下午,接张元来函,告知大夏盐务专修科新生填志愿书时不得选择服务地点。

五月二十六日　听夏元瑮来告,决定入贵阳医学院休养,先生极赞成之。

五月二十七日　在校长室召开大夏第一百次校务行政委员会,窦觉苍、王裕凯、谢嗣升、何维凝、孙亢曾、金企渊参加。通报教育部核定本校专科以上大学补助费十三万六千二百元。会议讨论通过三十二年度预算、边疆建设讲座补助费二万元预算、严格限制缺席升旗纪念周、国民月会办法等事项。

五月二十八日　邀请张廷休来大夏作《边疆教育问题》报告。

五月二十九日　上午,向陈立夫呈送大夏社会研究部三十二年度研究计划和经费分配表。听屠坤范来言,其一月二日由沪首经浙闽赣粤桂抵黔,将之渝。由沪以敌伪横行,自爱者不能而内向,拟往司法行政部觅工作,又告以大夏沪校近况。

中午,赴贵阳招待所宴大夏校友会理事,顺便开理事会修改章程,决议于六月二十九日开校友会代表大会,改选职员等。

本日,接王文湘来电话,募得校友基金十万元,索捐册及正式收据。

五月三十日 函邀梁园东来大夏任教。函曰"吾兄在校十余年,教泽深宏,虽两岁暌离,而念旧之情弥笃。去秋承允返施主持历史社会系务,令人感佩。现仍虚席以待高贤,暑期在迩,务祈惠然早来,践履前约,以慰众望。校中待遇各项已由裕凯弟函陈,临书主臣,顺颂暑祺。"

五月三十一日 主持大夏十九周年校庆筹备会。主持大夏纪念周并训词。先生责以努力,恢复校风,发扬立校精神,以应抗战胜利后建国之需。

六月一日 上午七时半,主持大夏建校十九周年纪念大会和国民月会并致开会词,宣读校友贺电。在训词中,先生提出三点与诸生勉:第一,转移社会风气;第二,认清政治环境;第三,克服当前困难。最后他认为"私立大学存在和繁荣,不但须政府当局与社会人士之多予维持,不但须教职员之鞠躬尽瘁,而且须以毕业生之爱护母校尊重母校为唯一条件。"来宾颇多,回母校参加庆祝毕业一百七八十人。致词后,请何纵炎代表校董训话,傅启学、张元演说。最后罗良干代表毕业生致词,十时半散会,十一时宴于图书馆,有十八席。

下午,到中学部参观成绩展览。李居恒为徐母叶太夫人索题。

六月五日 在家读《资治通鉴》汉纪高帝、惠帝、吕后三卷。先后与王裕凯、窦觉苍商讨校务,谈颇久别去。

六月六日 作复华问渠函,却为陈正江《党义表解汇编》撰序。

六月七日 函复盐专科新生,填志愿书时不得选择服务地点,自当照办。

六月十四日 上午,主持大夏纪念周,欧元怀报告出席全国教育行政工作检讨会议的经过及感想。接张廷休来信,述贵大经费困难,对大夏记租只能加三万元,与大夏希望相去甚远。晚复信张廷休,告以大夏之困窘,希望收回另觅佃客。

下午,致王文渊一信,令以租谷一百五十石售价寄来济三位侄儿费用。

六月十六日 接陈振鹭①函,请求先生晤见并汇报大夏沪校校事及房产情形诸事。函曰:"自庐山返沪途中,一别忽经六稔,仰慕钧座之忱与时俱积,迩维福躬康健,公私顺遂,为颂为慰。晚自沪到渝途中,托福平安,堪以告慰。在沪时承鲁教务长省三及吴总务长浩然二先生之嘱,到渝时向钧座报告校事及房产情形。本拟即日晋谒,但恐与钧座会客时间相左,且尊址之门牌号数随带不便,自沪另由邮寄来尚未接到,故先奉函钧座,敬祈惠示。"

六月十九日 下午,与窦觉苍、孙亢曾、王裕凯商改善教职员待遇,反复讨论,结果决定每人平均加二百元之谱,如此则每月又须增加经费两万元,每年增加恐在二十四万。

接周尚函,言王克仁种种不当,教育部已令其辞职,决另派人,并嘱先生请何应钦说项,拟却之。

六月二十一日 上午,邀请贵州军管区司令部参谋长朱笃祐来大夏作《敌我军事态势的比较》演讲。

下午,邀请前黄埔军校代理校长、现任国民党立法院军事委员会委员何旭甫来大夏作《当前我国之政略与战略》的演讲。

六月二十二日 上午,接待宪兵第一团长阎俊与其秘书刘公正来访,备道奉宪兵司令贺元之命来,禀告如有事相差遣,当唯命,并称赵守恒夫人家亦当保护云。

晚,接王文湘来信,为大夏募捐有二十万之希望。先生闻知颇欣慰。

六月二十三日 上午八时,勉赴大夏办公,与孙亢曾、王裕凯、窦觉苍

---

① 陈振鹭(1903—?)福建仙游人。法国巴黎大学高等经济学博士。历任上海商学院、上海暨南大学、国立政治大学、福建学院、大夏大学、复旦大学、上海财经学院教授。

商校务。闻知傅杰华不明事理,任图书馆事数年,损失书物颇多,欲一走了事,其欲卸责于孙亢曾。年来,大夏毕业生如陈国钧、傅杰华等,令先生万分惧丧。

下午,读《资治通鉴》汉纪。

六月二十五日　函复二十二日贵州盐务管理局关于盐务专修科准予备案并请编造经费概算的函,告知概算已编造完成,并送盐务总局。

六月二十六日　上午,何绍周赴渝归来,送来王文湘托带的三张支票:(一)中国银行一万五千元,抬头大夏,三十二年六月十一日到期,重庆小梁子中国银行,付款支票号 B396250 号,户号 7047,出票人图章为徐用宾;(二)中央银行业务局两张:一张七千元,支号 BC038621。一张八千元,支号 BC038620,户号 4531 号,抬头人为大夏大学,三十二年六月十二日到期,出票人图章为王子彭。先生听何告不必出收据,渝已出有正式收据。

下午,听王裕凯备述与何纵炎谈话经过,其要点为对学生严格管理,调整训育人员,补充有名教授,养成负责任苦教风气等。先生将王文湘三万元支票嘱王裕凯往取,若有问题或有损失,则拟交蒋微琪带渝拨兑。

六月二十八日　主持大夏纪念周会,请傅启学做《俄联取消第三国际共产党之原因及预料》讲座。讲毕,先生又略训诫学生,责其自治,不可恃人。

六月二十九日　上午,作致王文湘书,寄去大夏捐款收据十张,希望能多募。

下午三时,主持大夏校友会会员大会,欧元怀致词,王裕凯报告会务,孙亢曾、郑道明相继演说。继之讨论提案,通过会章,选举理、监事,至六时半散。校友会选举理事十五人:王伯群、欧元怀、王毓祥、吴浩然、窦觉苍、金企渊、何纵炎、罗良干、孙亢曾、刘健、王裕凯、保志宁、钟焕新、张瑞钰、孙尧年。选举候补理事五人:徐傅季、汪瑞年、陈济浩、吴兆祥、葛爱元。选举监事五人:苏希轼、鲁继曾、陈景祺、蓝春池、郑铺。

六月三十日　复函陈振鹭请来大夏任教,函谓:

前得愧安厅长函知，藉谂大驾西来，亦厝蜀中，并蒙转达省三兄关于沪部校务报告数事，勿任欣慰。沪校自抗战后赁庑设教，在敌伪恶势力侵逼之下仍能不改立场，艰苦维持，台端不弃，复毅然参加，相与扶助，尤用佩荷。年来孤岛沦胥，沪校处境益困幕巢燎台之局，恐不易得一日之安。此间曾迭请省三兄转劝诸同人设法内徙来筑，共奠基于西南。台端既率先入蜀，深盼仍返大夏续任教席，前经驰电奉聘(寄铜梁香雪山馆)，谅已惠詧。顷由何公馆转来手教，情词殷挚，具征关注，则知返之邀请之忱，定荷垂许耳！群暂时不克到渝，学期更始在即，聘书也已备就，风便希先示复，专此。

六月　接教育部专科以上学校呈荐教务长、总务长或教务主任、总务主任办法的训令。(一)大学教务长、总务长及独立学院或专科学校教务主任、总务主任尚未经部核定者应一律由校长(或独立学院院长)各就教授或教员中遴荐两人，呈请本部核定一人聘任之(教务长、总务长资格规定由教授兼任，教务主任、总务主任资格规定由教授或教员兼任)；(二)业经本部核定聘任之教务长、总务长或教务主任、总务主任，如因故辞职或不予续聘时，继任人员仍应依照规定手续遴荐两人报部核定；(三)各院校呈荐教务长、总务长或教务主任、总务主任均应依照附单所列表式，附具各员履历表以凭核定；(四)业经本部核定聘任之教务长、总务长或教务主任、总务主任，如聘约期满，职务未变更，可由校径行续聘，毋庸再请本部核定；(五)未经本部核定之教务长、总务长或教务主任、总务主任，不得继续聘用；(六)如文到一月内仍不遵照办理，当由本部派员担任教务长、总务长或教务主任、总务主任。

七月一日　接待刘健群来访，首告此次被派之原因；次言到滇黔工作要点，仍表示不愿做官，借此而隐，任务达到即将隐休。拟住小宅吉何朝宗家，避暑后方赴渝云。

先生询前次随蒋介石来筑返渝后有何感想？蒋对黔有无批评，滇局近况何如，陈诚与龙云相处如何，川局近日无问题乎？刘答：蒋对黔总觉前次王家烈时代进步，又值天朗气清时节，尤感安慰，毫无匪患即足为黔政之碍的感想;滇对中央一如往昔,陈诚尚处得不差,川局则不悉其详;对经济作战部之不成立表示遗憾,且谓设经济作战部乃解孔祥熙之危,而孔不明,反对至于不能成立,诚中国政治一大幸事,恐不久财政崩溃,孔为千古罪人。先生以为刘的口吻虽爱护孔,实与反对党有同调焉。刘问大夏国立经过,先生当一一告之,谈约三小时之久别去。

七月二日　上午,赴大夏办公,下谕条派孙亢曾、王裕凯、窦觉苍、谢嗣升、苏希轼五人为大夏图书临时整理委员会委员,即日成立进行工作。

下午,到中学部晤吴照恩,告以大学部下学期每人约增加待遇二百元。又拟调戴厚基到大学部校长室任秘书,盼准备替人并征询戴的意见。

晚,宴大夏同人,谈政经研究室办法与民生主义经济学社分社组织办法,至十一时方散。

七月三日　视夏元琛疾,夏病已好,正在组织伙食团事,现只有一席,闻每人月支四百元。

七月六日　出席大夏校友理事会,通过议案多件。听王裕凯来言农民银行允借款四十万元,正式公文未到,乃农行友人私信之言。

七月七日　听王裕凯以生活压迫为理由,拟辞主任秘书职。孙亢曾亦感学教育而只办行政务为无趣,先生以学教育者办大学,乃真用其学,不一定要教育课程方为用其所学以安慰之。

七月八日　上午,访邹安众谈借款事,表示待农民银行复信后如农民只允四十万,希望中国、交通银行各借以八十万,仍二百万之数。

下午二时,赴河滨公园之河滨堂出席大夏本届毕业生联谊会茶会。师生到者百余,情绪至为热烈,直至五时方摄影而散。

晚六时,赴袁干丞奖学金委员会设宴。

七月九日　上午七时,接杨秋帆电话,告已向刘玩泉推荐王裕凯,刘慨允月付二千元,名义随从秘书,先生冀其安心为大夏努力工作。九时,转告王裕凯此消息,并谓校友会六百元津贴暂时给孙亢曾,以后有机会为孙增加收入再取消之;又告以徐盛圭、陈绍箕二人校友会可各津贴一百元。十时,与孙亢曾商图书馆主任人选,决定以宋素华为妥,何宝珍夫妇任馆员;又谓苏希轼下学期决辞注册主任职,拟以后大夏实行教育部制度,教务长之下设主任三人平行,从此改良,不再因人成事。听徐盛圭来告,以训练在校学生及联络毕业生之意义,嘱徐努力为之。十一时,赴中学部,告以前日与赵鸿德接洽情形,嘱准备向何辑五办理交涉。

下午,为第十八届毕业生题同学录。词曰:"中华民国三十二年夏,吾校第十八届毕业生八十四人,有毕业同学录之编印,索题于余,余曰:'诸生在读取数年,余所欲言于诸生者平日已详为诸生言之矣。今唯有一言,即大夏校友会章程第一条所载,团结意志,砥砺学行,力谋大夏之发展,并建设三民主义之新中国云,切盼诸生本牺牲创造、互助合作、刻苦奋斗等立校精神,及自强不息之校训,努力行之'。"

为钟哲明、何宝珍、陈时俊三人题纪念册。旋考查篆文数字,欲为何春荪作诸葛亮列传赞一幅。

七月十日 接教育部陈立夫核示所呈社会研究计划书及分配预算准予备查的令。令曰:"所呈的社会研究部研究计划书及分配预算准予备查,惟预算应提自二月份起分配至十二月底止以符会计年度,兹随令附发本年度该校边疆建设科目及讲座补助费二万元,仰收到后补具一万元、六千元及四千元钤领三纸呈核为要。"

七月十四日 上午八时,赴大夏监考。九时半,在校长室主持大夏第一〇一次校务行政委员会。会议通报在重庆、桂林、曲江及贵阳区统考等事宜;通过补助张伯箴教授治病费一万元、拨给政济研究室本年度四千元事业费等事项;会议提出副教授景振球不守校规,不与教务处合作,有碍行政,先生主张不稍通融,彼即辞职亦所不惜,否则群起效尤。

下午,在家续读《资治通鉴》。

七月十六日 上午八时,赴大夏巡视考场一周。听欧元怀来言升学考试已达一千五百人,以今日已截止矣。以农民银行复信交窦觉苍,嘱其明日中午在贵阳招待所宴中、交、农行三经理,谈大夏借款事。

七月十七日 上午,同孙亢曾商下学期聘教员事。

中午,宴中国银行赵雨甫、交通银行邹安众、农民银行薛蓉城,谈大夏向该三行借款事。交通允八十万,中国允六十万,农行允四十万,共为一百八十万元。先生希望中国再增二十万,凑足二百万元,赵允办。

七月十八日　上午八时,参加大夏本届毕业生茶会,夏元瑮、孙亢曾、王裕凯、窦觉苍等及毕业生八十余人参加,大家情绪热烈,十时方散。

中午,往省教育厅搭欧元怀车赴三桥接陈立夫。比至教厅,而欧已他往,旋得电话,告陈立夫须六时到,拟五时始往。先生以有他约,遂决不去。

七月十九日　上午,赴大夏监考联合招生考试毕,召集文、理两院毕业生谈话。

中午,赴贵阳招待所宴陈立夫与各国立大学、各学院公宴。见陈率李焕之等二人来,体丰而神奕,真所谓福至心灵耶。相晤之下,陈又提及蒋介石手谕,严责何以不实行大夏并入贵大案。先生以此次蒋来筑晤谈,并未道及大夏不应存在,不知何以有此手令。陈谓以后仍须孔祥熙、何应钦二公向蒋说明,又谓希望与贵大合作。先生觉无的放矢,置之不理耳。

七月二十日　上午,召集大夏本届政治、经济两系毕业生谈话。经了解,多数已有职业,只有少数女生尚无落实。

本日,闻陈立夫赴花溪贵州大学视察,顺道赴惠水县,因县长为陈其美之子,陈之堂弟。

七月二十一日　上午,参加大夏会计银行、工商管理两系毕业生谈话会。

中午,与夏元瑮、孙亢曾参加金企渊、陈景祺二人操办的之江大学校长李培恩设宴。李由渝蓉绕道筑桂回闽来大夏参观。

晚,被虞洽卿约往新声观金素琴演《梁红玉》。

七月二十二日　赴大夏办公,闻王裕凯等均参加夏令营。

七月二十三日　接王文湘电话,谓已为大夏存十五万元于聚康银行。先生合交孙蕴奇三万,共十八万矣。

七月二十六日　与王裕凯、孙亢曾谈校务,均感觉困难极多。先生亦灰心,但又不便令二人丧气。

七月二十七日　王文湘交来存聚康银行收据二张,一张十万,系何应钦捐与大夏校友会作基金者;一张五万,系石凤翔捐与大夏作基金者。捐款收据根三张均交出,并言尚有捐册二本,收据若干张,容将来返渝伺机再办。

七月二十八日 先生将王文湘为大夏募捐的十五万元存聚康重庆分行收据交王裕凯;并告刘玩泉,大夏拟入仁岸股三百万元、永岸拟入股一百万元,嘱早为准备。

七月二十九日 上午,赴大夏办公,召孙亢曾、王裕凯、谢嗣升商校务。

下午,与吴照恩商中学部下学期待遇问题。

八月一日 往贺华仲麐家捐资贵州大学,国民政府赐匾额以示表彰。

八月四日 上午,与孙亢曾、王裕凯商下学期教职员等事。召柳仪来,言聘其为讲师兼校长室秘书,柳似同意。

下午,接待熊铭青。熊欲在大夏任事,先生以不得相当,却之。

八月七日 上午,呈请教育部长陈立夫拨发边疆建设讲座补助费。函曰:"兹查下学期瞬即开始,关于校外调查事项亟应趁暑假期内着手办理,需款甚殷,理合电呈,恳祈查案,迅将该项核定经费二万元如数拨发,俾利进行。"

接待教育部训育委员会副主任委员钱云阶,谈训导事宜。

下午,会见之江大学李培恩校长。李欲在贵阳觅地设之江工学院,何辑五已允为之谋地,在南明河南岸华氏纸厂与翠微阁之间,市府中人初率李往看,李至满即照计划,不料李用公函致市府后搁置多日。李急欲返闽,恐事中变,特来托向辑五催促。先生允为之尽力。

八月八日 转知李培恩校长,托向何辑五请地事,已代达并约允。

八月十日 赴大夏办公,清理积案。

八月十二日 接待陆时校友来访。陆详告在三都任教育长情形,又言刘仰方任荔波、榕江两县县长,皆有能名,可为大夏争光。

八月十三日 会见侯赖永,询其近营各业状况及嘱代大夏经营商业。

八月十四日 同孙亢曾、王裕凯谈校务后,拟任训、总处部分职员,却无人在者。先生叹曰:"人力不济,单有物力亦属枉然。"

八月十五日 赴力行中学参加黄宇人主持的青年夏令营出营典礼并

致词。先生以"有恒"二字勉之意,以最短期之成绩,应以最长时间行之方有益,勿作昙花一现。刘健群致词,先生见刘说话很巧妙,叹曰:"此种技术予不擅长,年事已衰,不能再学为恨。"

八月十六日　上午,与孙亢曾、王裕凯筹思良久,不得一合适训导长之人选,为之浩叹。

下午,听王裕凯来告,大夏花溪校舍测量学校已决不租,久空或为住兵所坏,现之江大学欲办工学院而无地,迁校似可租与之,请示办法。先生答以租金数额相当自以租之江为宜,当决两办法:(一)之江交押金六十万元,大夏用之生息作房租;(二)之江每年出租金二十二万元,分两期先付后住。

八月十八日　上午,与之江大学签订租屋合约。

八月二十三日　主持大夏第四十四次校务会议,通报新聘教职员、同人待遇情形,以及花溪校舍改租等事项。

八月二十四日　得刘玩泉出永岸盐业结账,大夏每万元一股,得利九千三百二十元,超过预料。

八月二十五日　召见新来代理盐务专科主任任宗济并表示欢迎,嘱与孙亢曾谈一切办法。

八月二十六日　上午,在大夏校长室主持校务行政委员会,夏元瑮、孙亢曾、金企渊、高承元、王裕凯出席,会议讨论下学期举行的总理纪念周方式、核定本月米代金每斗为四十四元、八月份起各教职员每人食米改为一市石等校务。至十二时,约王体乾、汤毓藩在贵阳招待所谈学校军部军管问题,请王、汤推荐军训教官二人至三人,照旧制办理军训。

八月二十七日　下午,听王裕凯来告,大夏职员三十五人共聚集三千五百元,向燕市酒家定餐。先生觉大夏同人贫苦者多,不便令之破费,拟交涉退还,否则借作自己宴客之用。

八月三十一日　上午,在校长室召开大夏第一〇三次校务行政委员会,夏元瑮、孙亢曾、金企渊、高承元、王裕凯参加,讨论学生贷金等问题。

九月一日　上午,赴大夏召开高级各员会议商校务,与孙亢曾商发各兼任人员聘书。

下午,接王毓祥转鲁继曾函,请求在校董会提议退修恤金。先生细察鲁的情绪,似上海已无办法。

九月二日　召集孙亢曾、夏元瑮、王裕凯、高承元、金企渊等谈校务,并借此时机在贵阳招待所宴请新到的钟泰①院长与任宗济主任。

九月三日　上午,任命钟泰、任宗济分别担任文学院院长和盐务专修科主任。

下午,因公赴渝,决定暂由孙亢曾教务长兼代校长职务。与赵发智谈学校大、中两校近况。

晚,与王裕凯、孙亢曾、高承元商校务。孙允代行校长,而不愿任总务长。

九月十日　大夏开学,注册学生八百二十四人,全校共一百九十六个班,开班课程一百五十三门。

九月十六日　下午,致函孙亢曾谈聘任教授事。函曰:"惠台奉悉,农业经济课程,李主任介绍汪洪德可担任。汪君资历正好,用特约教授名义,自可照办。本校特约教授,原意亦重在名义,而非重在报酬也。即交裕凯备聘书聘之为荷。"

九月十八日　下午,访屈文六,屈次子欲入大夏,嘱作介绍,先生允之。

九月十九日　接待刘建华、周蜀云等来访,先生鼓励大家为大夏募捐基金。校友为之感动,想第二次之百万比第一次较速耶。

九月二十二日　接受李兆龙、徐稀送来俞飞鹏捐大夏基金五万元。

九月二十九日　接王裕凯电话,告贵州大学不让出花溪校舍,且借陈立夫部长不准让为言。先生觉殊属无理,决明日寻张廷休一问究竟再说。

本日,大夏举行第一百〇七次校务行政委员会,讨论贵州大学拒绝接收花溪校舍等议案。决议据理再函该校并派员前往接收外,用电话报告先生,请在渝告知贵大张廷休校长应识大体,免致讼累。

---

①　钟泰(1888—1979),字钟泰,别号待庵,江苏南京人。早年留学日本,任大夏大学文学院院长。

九月三十日 上午,电话询张廷休,问对花溪大夏迁让否?张答以大夏既租与之江大学,当然迁让,惟贵大造房不能如期完工,不得已而稍缓半月一月耳。先生当将此意告王裕凯,又复孙亢曾一信。

十月一日 上午,接待李应武来访。李见赠卢作孚撰《一桩惨淡经营的事业:民生实业公司》。

下午,赴法比瑞文化协会参加大夏校友会宴,到教授五人,毕业生六七十人。先生即席报告校况,指示校友努力方针,至十时方散归。邰爽秋捐一万元作大夏基金。

十月二日 赴盐务总局访缪秋杰不遇。顺便访张绣文会办、王佩衡处长谈大夏代办专修费用问题,经常需要达到七万一月,建筑费希望三十万。王佩衡允查案再告。

十月四日 上午,接受申屠宸送来大夏捐款一万元,合前共二万五千元。捐者名单尚未开,先生嘱其整理清楚一并送来。申欲得行政院事,先生当为之作一椷,介绍与刘恺钟一见。

十月九日 得蒋慰祖来交大夏基金一万零五百三十元。蒋欲调一分院长,俾局面稍大方便为母校基金努力,先生允有机会玉成之。

十月十日 《大夏周报》第二十卷第二期发表先生《三件大事——为纪念三十二年双十节而作》文章。文章指出:"在今天特提出下述三事,企与全党同志全国同胞相策勉,而期于最短期间完成。第一、实现宪政建设;第二、加紧经济工业建设;第三、加紧准备实行反攻。"

十月十二日 先后接待黄允中、刘文楷、赵士伟、朱安民四生来见,渠等均有优先工作来见者,为尊师也。先生与谈校务甚久,并劝勉诸人努力上进,间接维护母校。得唐云鸿交来的为大夏捐款而宴金融界名单。

十月十三日 上午,接邓汉祥寄来一刊物,题由曰《中国需要真正的民主政治》,系四川参政员张澜所著。先生阅之,疑是傅斯年手笔,因主张新颖,而敢言非张所能为也。

下午,赴聚康银行与黎季云接洽大夏入利民股款事。

本日,得陈心恒交来大同银行十万元支票,做捐资大夏基金。

十月十六日 接待李侠公、陈敏章二人来访,谈近况久之。先生再约李赴筑任大夏职，李以在政法部所负责任，一时不能摆脱为辞。

十月十八日　召陈介生、方金镛来商大夏校友会委托渝代收捐款公函如何措辞等。

十月十九日　同庄禹灵谈向中央储蓄会借债事，主张款额加大二三百万，欲为大夏设法补助；又拟贵阳成立民生经济分社，亦非月有收入不可，嘱庄谈判时预为之地方。

十月二十日　接待卢炳卫、冯汉斌二人来访。卢为马宗荣年约办民众教育馆事而来渝，闻马已向教育部辞职中，似颇悔来。冯在社会服务处任课长，告尚安适。

十月二十四日　会见卢炳衡、周崇德二生，言马宗荣已辞中央民教馆职，该二生势难再留，不能不另觅工作。先生答以为之留意。

下午，为何应钦书篆书《正气歌》。

十月二十五日　访萧振瀛，以二十万元存大明公司，其中十万元大夏捐款托其有机会时代为生息。

晚，赴大夏校友会干事诸生宴，坐中有邰爽秋、高方梅等，至九时余方归。

十月二十六日　访邓汉祥，首商通函各银行要人为大夏捐款。邓建议凡重庆大小银行，无论力量如何，均致函一封；又商组织一经济团体，联络西南与东南有力之实业家，由经济力量推动政治。

十月二十八日　作致孙亢曾、王裕凯信，准照贵州粮政局公布之米价发给贷金予大夏同事。召周佐治来，将拟致银行界之函稿交之写发。与陶玄九谈贵州实业问题。

十月三十日　得王裕凯信，言盐务管理局已交到八九十三个月补助费十五万元，本月大夏开支有着落，先生为之一慰。

十一月四日　在正义路七十号主持大夏第四十五次校务会议，通过将校务行政委员会改为校务常务会、成立本校公利互助社、拟于明年"六一"校庆举行书画展览会以资筹募基金等事项。

十一月十五日　出席大夏纪念周，向全体同学通报重要校务并训话。

十一月二十日　致函重庆美丰银行总行康心如会长，望支持募集基金。函曰："敝校募集基金，承允协助，感纫无已！先生领袖金融，负时隽望，千狐集腋，固敝校同人之所深幸也。尤盼于渝市银行公会开会时予以提出，九鼎一言，其效尤宏，则莘莘学子沾恩赐予无涯矣！"

本日，致函重庆赈济委员会委员长许世英，请周济重庆大夏附中。函谓：

> 静人先生前辈勋右：
>
> 　　都门拜别，不胜依依。遥维政躬康胜，仁慈普济为颂无量。敝校附中，战区学生处境窘迫而校中经费维艰，未能一一以济。向蒙贵会赐助，群情感奋，目下物价益觉飞涨，其困苦之状更倍于昔，故特电达贵会，伏乞仁怀广济，甘露宏施，则莘莘学子戴大德于无涯矣。
>
> 伯群。

本日，大夏员生膳食向由员生组织膳委员主办，自购煤米菜蔬，近因物价上涨剧烈，膳食委员特发动男女同学轮流自磨豆腐，自腌咸菜，以维持原伙食标准。

十一月二十二日　致函屈映光，请周济重庆大夏附中。函曰：

> 　　渝都一别，驰系为劳。吾兄间敲页叶，深味佛氏，名言卓论，低徊无已。兹有恳者，敝校附中，战区学生处境殊困，校中限于经费周济维艰，向蒙贵会予以济助，群情振奋，故除沥情代电贵会及静老外，尤希吾兄推广济之仁怀，予以甘露之宏施，则感岂弟一人已耶？

十一月二十三日　在校长室召开大夏第一〇九次校务行政委员会。会议通报注册学生八百二十二人、专兼任教员一百三十三人、住宿学生五百六十四人，讨论通过学生李序中屡犯校规予以除名处分。

十一月二十四日　发函致谢萧振瀛为大夏捐款。函曰：

> 　　承允慨解仁囊，捐助敝校基金万元，备是热心教育，莘莘学子蒙

恩赐于无涯已！捐款请交门人周佐治君收款可也。高谊盛情,敬伸谢谢。

本日,又致函周佐治,请代取萧振瀛捐款。函曰:"手书诵悉。'胞与民物颂①'裱价可于捐款内扣除。仙阁先生捐助本校基金万元,嘱派员领取。望吾弟持群函代为至打铜街 21 号大明实业股份有限公司内向萧先生领取是项捐款。除'民物胞与颂'裱装费外,交聚康汇校可也。"

十一月二十五日 致函行政院秘书长兼国家总动员会议秘书长张厉生②,请予接见申屠宸并介绍工作。函曰:"门人申屠宸,在大夏毕业后,供职法界将及十年,均著成绩,现任地方法院检察官,亦能得长官依重,因钦佩厉生兄之风度,亟思追随,群嘉其志诚挚,故日前曾面恳吾兄为之先容,兹介绍晋谒,如以为可教,求厉生兄诱掖之如何,仍候酌夺临。""惟申生志切追随,闻贵院尚有科长编纂等缺,如蒙量才器使,以成其志,则感等身受矣!"

十一月二十七日 致函校友李兆龙,告知其子李序中屡犯校规的处理办法。函曰:

惟令郎序中屡犯校规,计上学期得警告一次;本学期升旗缺席五次,照章又得警告一次,且当主任教官面撕毁警告书,负辱师长;于月考又复舞弊。其行为如此,不能不照章除名。群平时教导无方,有负所托,殊觉歉疚。现拟特别优容,予以借读或转学证书,俾不致失学。青年经此打击,或因以大成,则不幸中大幸也!

十一月三十日 在自宅举行大夏第四十五次常会校务会议,王裕凯、夏元瑮、窦觉苍、钟泰、葛受元、陈景琪、张祖尧、蔡仲武、孙亢曾、金企渊、任宗济、朱璇、高承元出席。讨论通过校务行政委员会改为校务常务会

---

① 信函内两处不尽相同,应为感谢大明公司捐款而赠送的书法作品。
② 张厉生(1900—1971),河北乐亭人。历任国民党中央执委、内政部长等职。

议,组织本校公利互助社,明年"六一"校庆举行书画展览会以资筹募基金等事项。

十二月五日 特邀英国来华工作的兰福特女士来大夏作《战时英国生活》的演讲,并敦请其来校向外国语文学系学生作专题演讲。

十二月六日 主持大夏纪念周会,邀请盐务专修科主任任宗济作《抗战以来之中国盐政》的报告。任讲述我国海岩岩盐产销、盐场沦陷及当前食盐供求情况。

十二月七日 复函婉拒校友蒋耀祖希望通过何应钦倖进事。函谓:

> 手书获悉,足下锐意求进,立志固属可喜,然叙功擢绩,国家自有铨衡,奚用荐举?足下既受高等教育,且历职各界,当思以学识功勋自致青云,今不自奋而妄希倖进,非有志之士也。敬之部长为国元辅,辛劳于破碎山河下,安有余暇以顾及百里之选?群若循君意而请之,何君固无暇顾及,其秘书参谋等见之,非讥群不识事务矣。

十二月九日 在自宅主持全体导师会议。讨论通过学生操行成绩考查办法、导师训导学生办法和如何加强导师与学生的联系等事项。

十二月十四日 邀请江苏省政府主席韩德勤来大夏做《战时江苏情况》报告。

本日,函请盐务总局呈请财政部转咨教育部准予代办盐务专修科备案。

十二月二十日 发布升旗礼请假及缺席惩戒、整顿宿舍内务及设备等办法。要求"凡住宿生应一律参加升旗礼","凡无故缺席升旗礼十次者取消其住校权利"。

十二月二十五日 指定学生雷启光等二十人负责各院系自治会筹备工作,一俟手续办妥,即可正式成立。次年一月十五日学生自治会正式成立。

十二月二十八日 出席大夏经济学会茶话会,欢送毕业同学。

1944年(民国三十三年　甲申)　六十岁

　　一月一日　上午,主持大夏元旦庆祝大会暨国民月会,勖勉各同学应以新精神、新决心迎接胜利年。

　　一月六日　上午,核阅大夏送来的公文。与彭晓甫谈政治革命道理,沿两小时。见保志宁感冒恶心,请孙孝宽久不至,王聘贤又病不能出诊。孩哺乳不良,号啼之音时达室外。先生自嘲曰:"此人生应有之老境耶,抑余特殊之命运也?"

　　下午,听傅景文来告,其已函花纱布管理委员核准买白宽布五十匹,计每匹三千五百元,共须十七万数千元之巨,拟大学部一月份开支中借用。先生答以容明日筹措再看如何。

　　一月七日　下午,与吴照恩商教员调整事。吴欲借款十五万买白布为中学消费合作社之用。先生当嘱与窦觉苍一晤,能否向盐管局索取余款。

　　晚,审阅高承元来送来的章程稿。

　　一月十日　下午,主持大夏校务常会,讨论下学期增加学费等事宜。

　　本日,在《大夏周报》第二十卷第八期发表《回顾与前瞻——为三十三年元旦纪念而作》文章。文章认为:我们要把今年作为中国外交新纪元,因此要注意下列几个问题:第一、瓦解轴心问题。第二、进攻日本问题。第三,战后和平问题。

　　一月十五日　上午,赴大夏办公,往各试场监考一周,见秩序甚好为慰。访夏元瑮谈近况，夏因不得新书报阅览，感无聊。先生婉言劝之，希望大战胜利后搬回上海，再图补偿。

下午，与王裕凯谈校务，指示校友会进行方针。闻黄瑞卧病失明，苦不可言，决再由校友会借给三千元。

一月十六日　赴贵阳招待所开大夏第十九届毕业生话别会。

一月十七日　赴贵阳师范学院参加该校第五届毕业典礼，并以《教育家之风度》为题做讲演。此次毕业五人原为大夏教育学院第一年级学生。

一月十八日　上午八时，赴大夏召集毕业新生谈话。十一时，与高承元商处分王祺隆等三学生事。十一时半，从赖家取来五万元交窦觉苍备开支薪水。

晚，赴荣春参加大夏师专十人宴。

一月十九日　上午，赴大夏召集毕业生个别谈话。

下午，接彭湖、何辑五来信，表示愿以企业名义捐助大夏二十万元。

一月二十日　闻大夏前总务长及师范专修科主任马宗荣病逝，先生亲往唁吊。

一月二十一日　接待段叔瑜、刘傅侠来访，谈贞静学校事，先生建议办女子职业学校。

一月二十二日　上午，在家为大夏"六一"校庆展览作篆联两幅。

下午，听窦觉苍来报大夏经费月达三十万以上，请求办法。先生答以数目太大，须再考虑。

一月二十三日　斯卓然夫人捐大夏一千元，又赠物数种。

一月二十四日　上午，接待张维翰率女秘书来访，张刻一印相赠，先生却之不可，乃以"学不厌，教不倦，行不惑"三语属刻，逾时方别去。

下午，周寄梅转交何应钦一张九万元捐大夏支票。

一月三十一日　与吴照恩商大夏中学校务。以改善待遇为最棘手，先生允再考虑后答之。

二月一日　上午，作篆数幅，准备大夏"六一"校庆时展览之用。

下午，与孙亢曾、窦觉苍、高承元、王裕凯四人商校务，决定通过改善待遇办法，直至晚餐后始散。

二月二日 会见吴泽霖夫妇率清华大学校长梅贻琦来访。先生详询吴之来意,答为招征翻译而来,且有军委会公函一件,因盟军作战,彼此言语不通,临时训练翻译人员已来不及,故在各大学征调。

二月三日 上午,主持大夏校务常会,通过改善待遇办法。续开贷金委员会会议,至十一时返家。

二月五日 听葛壬发来谈南宁中学事并请写校名。

二月六日 为南宁大夏中学写榜书"私立南宁大夏中学"。八字一尺五寸见方,自览尚不恶俗;又取两幅篆书赠葛壬发。

二月七日 邀请吴泽霖为大夏作《征召译员的意义》的演讲,介绍征召译员用意及办法。

二月八日 上午,吴照恩为刘俊枢辞教务主任请求办法,先生嘱以慰留。卢炳衡由渝归贵阳,来探渝行文书应任否? 先生告以达往就任,良机不可失。

中午,在贵阳招待宴请梅贻琦、吴泽霖两伉俪,并约斯卓然、康时振、周寄梅、欧元怀等二十六人。破费四千一百元,较中菜在家稍节省也。

二月十一日 晚,为大夏校庆征集书画,在贵阳招待所宴徐悲鸿、刘含章、桂百铸、李子光等。

二月十三日 上午,往黔明寺率领大夏全体公祭。

下午,主持大夏第四十六次校务会议,讨论盐务专修科学生五十余人请免受学杂费等,退学学生萧昌桂、李崇基、陈光宗、张世能等请求复学事项。交二千元孙亢曾,允作为本月份特别津贴。

二月十六日 出席大夏中学部开学典礼后,到大学部处理文件。

二月十八日 为大夏展览作篆书两纸,约一百五十字。

二月二十一日 上午,与窦觉苍商:(一)盐务专修科何、任两主任自行购办各物,盐务总局不准另支,约一万数千元要学校为核销。先生答以事过已久,只好允,嘱以后不可再有此种行为;(二)本校应征从军任翻译之学生,每人给旅费四百元,已下条谕;(三)条谕陈景祺等二教授,彻底整理大夏仪器,设法裁员、减薪加薪等。

晚,致鲁继曾等函,详述大夏黔部请求更改国立经过并望沪校同人西来。

二月二十五日　坐骨神经痛未愈,勉强为大夏作展览品,成《正气歌》两幅。

二月二十七日　赴城南新村参加康时振夫妇家宴。听坐中吴元俊告傅式说在杭州遇刺身死。先生闻后曰:"如果属实,亦咎由自取也。为汉奸卖国求荣者又死一个,亦足以寒贼之胆。"

二月二十八日　主持大夏春季开学典礼并报告时事,勉励师生共济时艰,成为有用人才。

二月二十九日　上午,得邓汉祥长途电话,告以赴成都方回,三月三日赴渝,为大夏捐款事容续办。

下午,与王裕凯商明日开学秩序。

三月一日　上午,核阅大夏公文及各方面稿。见王如瑾来询何时赴渝,托为葛梅英找工作,并索篆书纪念。先生当将《正气诗》一册予之,同时将付地税之通知单令其收邮局租金后照付,免生枝节。

三月二日　上午,听徐国屏来谈,其所办教育用品欲增资改组,约相助,先生允之。与吴照恩谈中学事。

下午,朱璇、苏希轼二人代表大夏教授来索米代金,二月份补发三百元,去年十二月份补发二百元。因据粮政局通知,去年十二月份每年石一千二百元,今年二月份每年石一千五百元,故也。四时,主持大夏校友会理事会议,会到者十三四人,决议:(一)修改章程,以合政府功令;(二)募集基金足二百万元;(三)决定校友每人至少二十周年校庆献金百元,多多益善;(四)宣传;(五)明日离校赴渝,派孙亢曾代理校长职。

三月三日　为大夏"六一"校庆书画展览和向教育部接洽本年度补助费等事赴渝。

三月八日　上午,接邓汉祥来信,言约有渝金融界巨子,并商大夏捐款事。十一时半,往所约地址,会场计有杨烁三、黄墨涵、刘航琛、潘昌猷、康心如、吴晋航、卢作孚、胡子昂等十七人。席间,邓汉祥介绍,伍、刘报告黔中经济情形,刘航琛又代表答词。先生乘机略言西南经济与战时关系,并请求支持大夏。

下午,访萧振瀛,先生知为大夏经营商业并未得厚利,稍有失望。

三月九日　因昨夜思虑大夏经费问题致失眠。上午九时,得申屠宸送来六万元捐款,言有五万短期内可收到,并言尚十万可靠,先生拟特别表彰之。

下午,访陈立夫,将大夏近况向之陈述后,请求补助。陈告以今年一切特别开支均已停止。先生以大夏如此艰困,无论如何教育部应设法维持。陈允明后日赴青木关查案,酌予补助,并托先生向何应钦请援赖文生事。

三月十一日　致王毓祥一书,告大夏经费奇困,促来同向各方奔走呼号。

三月十五日　上午八时,周蜀云、徐汉豪取去宣纸大小十二幅,预备请人书画,以备大夏"六一"校庆画展之用。

下午,访许世英并告大夏情形。

三月十六日　上午,先后接待韦以黻、王辅宜、王毓祥来访。

下午,赴大夏干事会,与周佐治、杨汝淦、王沿津等谈大夏捐款事。

三月十八日　作上孔祥熙书,呈请早核准盐务专修科经费并一次发给全年之费,以免下半年不敷而再请追加。

三月二十日　访李青选,托其设法催孔祥熙准专修科补助费,李允为力是视,先生并交一信预呈孔祥熙阅。

本日,以校长名义发布大夏《立校二十周年纪念筹募基金征求名家展览义卖的启事》。照录以下①:

　　窃维广厦千间,事资众擎之举,洪波万顷,端赖群流之趋。本大学自开办以来,垂二十载,始发迹于沪滨,近奠居于筑垣,其间筚路蓝缕,惨淡经营,继长增高,以有今日,要皆赖各方之热心扶助,同人之艰苦撑持,是以日就月新,突飞猛进。负笈来游,类皆四方之英才,其

---

①　《本校立校二十周年纪念筹募基金征求名家展览义卖启》,《大夏周报》,第20卷第14期,1944年4月10日。

毕业以去者,数将盈万,或委身于政治,或奋迹于戎行,或从事于工商,或宣勤于教育,类能敬慎将事,效忠党国,推其致然之由,能不谓群力之助哉。然校务之进行虽利,而经济之压迫实深,不有接济,何以维持?今年六月一日为本校立校二十周年纪念,拟举行书画展览会,征求当代名家作品,以为义卖之资,而增基金之量。

伏维台端誉望隆崇,久蜚声于艺苑,作品优越,早耀彩于神州。尚祈不吝挥毫,襄兹盛举,庶几云烟纸落,并价重于连城,雨露及时,其功等于河海。此次展览名家书画,虽以当代为主,然亦不废前贤,并蓄兼收,相得益美。倘有昔人珍品,夙所收藏,慨然举以捐赠,云天高谊,无任欢迎,其或不忍割爱,亦祈暂借展览,弘扬文化,一俟事毕之时,仍当原璧奉赵。素仰台端奖教兴学,夙具盛心,务祈赐予赞助,嘉惠士林。曷胜感幸,谨启。

三月二十一日　上午,与李藻孙同往中央大学访朱经农教育长,请朱转该校美术系各画家相见,求捐赠画幅给大夏作"六一"校庆展览会售募基金之用。先生当晤黄君璧教授,承允诺,以宣纸十张交之。回化龙山村五号访李印泉教授,见李外出,怏怏而返。

下午,访梁寒操,请征集画幅。梁夫人亦善画,亦求之。

三月二十二日　晚,赴日新餐室参加大夏校友会晚宴。

三月二十八日　晚,赴交通银行经济学社聚餐,听许世英报告赈务近况。先生旋与王正廷、杜月笙谈大夏经费困难,请予相助,至九时半方归。

三月二十九日　上午,访孙科,谈大夏近况与时局,当托孙向陈立夫请增加补助费七十万元。

下午,大夏在沪毕业生曹成骐,持吴浩然之函来见。先生询知上海大夏现况颇多。

三月三十日　上午,赴经济学社请周佐治相助缮清各信件:(一)函陈立夫本年度大夏经费,请除已决定之补助费七十一万元外,再挹注一百万元;(二)函请孙科董事长向陈立夫函说以期达到目的,方能渡过难关;(三)函盐务总局张绣文、王佩衡二人,催速电黔管理局补发去年应补助之尾数,速呈财政部核准今年增加之补助;(四)函钱永铭、杜月笙,请向迁川各公司银行捐募基金。十二时返寓午饭后,甚感疲劳。

三月三十一日 大夏颁布学生操行成绩考查办法。要求"导师对于学生之性行、思想、学业、身体、状况及其他日常生活之指导与考查,应将其要点记入"导师记录表",以备学期终了时,作评定操行成绩之根据。

四月一日 接邓汉祥送来为大夏捐款八张支票共三十二万,其中计四川银行、重庆银行和通惠、和成、美丰银行五家共二十五万,同心银行、丝业公司各二万,民生公司三万。邓代募者尚有川康公司五万、天府公司二万,告明日可收交。四时,刘航琛代募川康、川盐各五万;大夏、永成两银行,华司、水泥、电力三公司各二万共二十万元,也告日内交来。

四月二日 将宣纸一束交周佐治备请人作书画。会见申屠宸、丁傅恩,先生见申欲做行政官之心至切,允协助之。

本日,中国地质学会第二十届年会在贵阳召开,先生被推选为地质学会名誉筹委。

四月三日 得邓汉祥函送为大夏捐款,无大夏图章不能取,命周佐治代刻一枚,破费一百四十五元。往聚康银行,嘱将已收约之三十六万先汇筑。又交款六千八百二十元及凭单,请周代领取阴丹布一匹。

四月四日 上午七时半,与黄剑灵、刘纪文等启程回贵阳。

四月六日 上午,与吴照恩、傅景文、陈康鋬三人谈校务,三人言某处有地可值二十万左右,拟廉价卖与大夏,不愿卖与某公司。先生以为价廉在十万左右,中学自有力可购,唯须妥为调查,勿受骗。

下午,先后与窦觉苍、王裕凯谈校务。

晚,代夫人保志宁致函胡蝶,请其主持大夏立校二十周年纪念筹募基金公演。函谓:

> 久疏音候,时切依驰,顷闻大驾将遇筑赴渝,深为忭慰。届时自应尽东南之美。把注清芬也。本年六月一日,为宁母校大夏立校二十周年纪念。校方定于本日热烈庆祝,筹募基金,除举办名家书画展览义卖外,并举行戏剧公演。拟乘台端过筑赴渝之便,藉重鼎力,主

持大夏立校二十周年纪念筹募基金公演,尚祈□□莅止,襄□□□□,感荷云情,岂仅宁一人已耶!

　　耑函奉恳,伫候明教,临颖主臣,顺颂艺祺。

五保志宁拜启

四月六日

　　四月十日　上午,先生头痛且肠胃不适,左右足皆小痛不已。将三月二十九日蒋介石告全国青年一文,令孙亢曾向全体学生宣读以当训话。

　　四月上旬　接财政部监务总局总办张绣文函,通知已转知教育部且准予设置盐务专修科。

　　四月十一日　赴聚康银行开常务董事会,与伍效高、孙蕴奇谈仁岸大夏存款投资问题。

　　四月十三日　上午,嘱邓介茹、柳仪两人办理各件。与高承元、窦觉苍、孙亢曾谈校务。访夏元瑮,夏丁忧,继母丧,先生唁之。闻陈景祺之母亦于最近去世。

　　下午,嘱金企渊注意校中法、商院事,拟仍两院分立,免照顾不周发生纠纷。金似同意,且保荐谌志远复任院长。

　　四月十四日　上午,接教育部陈立夫关于迅速编具三十二年度研究报告的令。作复赵发钧等信三四件。

　　下午,闻大夏校庆书画展筹备会收到者并不多,且佳作甚少,恐无特优成绩,殊以为念。

　　四月十五日　上午,到大夏办公,清理各款。

　　下午,清理为大夏书画展览所作篆书书目,得三十余件,一一署名盖章。

　　晚,夏元瑮、钟泰、金企渊、高承元、窦觉苍、孙亢曾、王裕凯、宗济七人做主在家中宴先生夫妇。菜颇可口,惜镶牙脱落不能嚼咀饱餐。宴后,谈校务至九时半方休。

　　四月十七日　上午七时,在大学部纪念周会上报告校务,勉励全体同学,努力研讨各种学识,从事专题研究,为学校和社会作出积极贡献。九时半，又至大夏中学部主席纪念周，训诫一小时。

晚，作致鲁继曾、吴浩然书，内容为奖劝鼓励之语。

四月十八日　交窦觉苍五万元，用于大夏急需。

四月二十日　主持大夏第四十七次校务会议，通报向教育部请求增加经费经过，向渝银行界募捐及筹募千万基金等情况。讨论通过毕业论文应严格限期呈缴、复审上届毕业生名单、决定上学期应得德音奖金学生、纪念周及各种集会学生缺席惩戒办法等事项。

四月二十一日　上午，赴大夏办公后，至张舒麟处治牙，支付一千元。

下午，与大夏黔灵学会干事李德芳、张奕修谈贵州历史及民族性，沿两小时。由谌志远得知贵州大学近情，谌欲离贵阳赴渝，别图发展，先生赞成之。

晚，与王裕凯、孙亢曾等谈校友会事，至夜深方散。

四月二十四日　上午七时，主持大夏纪念周会并做训词，勉励全体同学努力研讨各种学识，从事专题研究，为大夏和社会作出积极贡献。

四月二十五日　傍晚，主持大夏校务行政会议。得李绍阳转交陈立言函大夏在滇募款事。

四月二十六日　出席大夏校友总会理、监事联席会议，报告学校经费极端困难，希望全体校友继续募捐，决定发动募集千万基金运动。

四月二十七日　主持大夏校友会会议。

四月三十日　与何纵炎、窦觉苍、孙亢曾、王裕凯诸人商校庆画展事。

五月一日　上午七时，主持大夏纪念月会、纪念周并做训词。告全体学生挽回风气，发扬大夏刻苦奋斗精神，并将学生应担负千万基金之一部，至少一万元引瑜举例反复说明。

下午，以聚康支票五万元交窦觉苍，令以二万元汇给鲁继曾、吴浩然，余存校中。以二千元发孙亢曾，作五月份特津并手谕代理校长职务。

晚，见吴照恩、傅景文二人来，先生命在中学发动募捐千万基金，少必三十万，多至五十万为定额。二人去后收拾行李，至十二时方就卧。

五月二日　上午八时半，出发赴渝出席国民党五届十二中全会。

五月四日　大夏呈送教育部长陈立夫《本校三十二年度办理边疆建

设讲座及研究情况的报告》。

五月九日　上午，作致王裕凯信，告捐款不易。

五月十日　上午，头昏眼花，不安异常。致电保志宁，保转告校款已罄，窦觉苍请拨十万济急，先生当嘱取吴志高处存款十万与之。

五月十一日　上午，致函王裕凯、孙亢曾、窦觉苍等节省开支，为每月三十五万元，否则不能维持。

下午三时，会见徐继庄。与谈航业问题久之至快，秉机谈大夏向邮政储金局借款事，当定九十五万元，徐慨诺别去。先生立即写一函专人送往，大意为大夏受经济压迫，曾向中、交、农银行借款二百万元为生产事业基金，然为教不多，尚感拟向储金局再借九十五万元，如蒙久诺，即请转知贵阳分局何纵炎办理云云。四时，听王健民校友来告，为党部派欲出国办报，要求大夏洽与英文证明书及教授致学校介绍函，先生当嘱至教务处办理为便。

五月十四日　得徐汉豪送画一张，拟迳寄校中。

五月十五日　上午，作致孙亢曾等书，杨秋帆书附寄。

下午，访张绣文、王佩衡，据云大夏盐务专修科补助费公文系二月间送财政部会计处，并非滞于盐务总局。先生嘱王佩衡想有效办法，王引与张绣文谈，结果决定先拨一款，先生索至少八十万元，再三叮嘱日内办妥。

五月十六日　作致窦觉苍信，告与盐务总局接洽情形，并寄致贵阳储汇分局公函一件，令往接洽。

五月十七日　得张绣文函，允先拨八十万零六千元于大夏，包括去年在内，只要一次电拨。与王晓籁谈实业，颇同意发展航业，先生嘱共图之。

五月十八日　上午，作致窦觉苍、孙亢曾、王裕凯信，转示张绣文来函，略言本年度大夏经费计划，严嘱无勿挪用借款之本及基金，并言盐局之款，得此结果之大不易也。

下午，赴交通银行，访杜月笙、钱永铭谈大夏捐款事。

五月十九日　往访许世英，谈及大夏中学补助费。许慨允相援，并谈勉力维护大局等。

五月二十六日　下午，赴交通银行与钱永铭商明日大夏募捐宴客之名单。名单中先生半数为熟识，半数无交情，全凭钱永铭、杜月笙二人之情面而促成。

五月二十七日　上午九时，往谒孔祥熙，遇正设宴各军长。遂往访邓汉祥，告以钱永铭主张分头谒蒋介石、孔祥熙之办法。

中午，为大夏筹款，宴请钱永铭、杜月笙、王正廷等，计两席。钱永铭起呈介绍，先生报告大夏经济拮据，有不能维持之况，来者均表同情，最后捐得百万元。在渝期间，先生总共为大夏募集基金一百一十万元。

五月二十八日　从渝启程返筑。

五月三十日　先后接待欧元怀、傅启学、王裕凯、窦觉苍、孙亢曾、郑道明来访，一一晤语，遂疲困不堪。

五月三十一日　上午，赴大夏办公，访吴志高取款。

六月一日　主持大夏建校二十周年校庆纪念大会，致辞曰："本大学为革命产儿，今天已进入成年人的黄金时代了。此后望我全体师生，更应发挥我们修养有素的立校精神，继续努力，再接再厉，以期在中华民族复兴史上，写下光荣灿烂的一页。"何辑五、钱春祺、王友雷等与会；贵州省周贻春厅长代表吴鼎昌主席训话，欧元怀报告校史，傅启学以党部主任委员资格致词，张彭年演说，最后请何维英以校友会代表资格致词。

下午，往河滨公园参加学生自治会欢送毕业生并致词。陪同邹郑叔、彭石年等观书画展。

六月二日　上午，大夏放假一日，未赴校办公，在家清理积案。

下午，闻中华球队特别留贵阳，在民教馆观为大夏募金举行比赛。

本日，与上海银行贵阳分行签订优待大学教师贷款合约。

六月二日至四日　大夏在贵州艺术馆继续举行书画展览，展出徐悲鸿、任可澄、吕超、桂诗成、梁寒操夫人等名家书画，得义卖金二十余万元。同时，每日下午在贵阳民众教育馆举行篮球比赛，先生与保志宁开球，三天比赛共得门票八万余元。

六月三日　晚，接邓汉祥电话，告刘文辉捐大夏十万款，已交庄禹灵拨兑。

六月四日　上午，听彭惕安、蒋徽琪来谈伪造信函事，决由先生函孔祥熙，声明前信伪造，并保证易彭而别。

下午，被保骏迪约往大夏基金球赛。傍晚，于贵阳招待所宴各球员。

六月五日　主持大夏纪念周会，讲演战事近况及中央各会议情况。

六月七日　下午，召梅德昌来询被殴情形，若确系欧天璧出手，殊属不法，然梅碍于欧元怀情面，不愿追究。先生再召王裕凯来询知情否，并嘱请其与孙亢曾研究如何方才公平。

六月八日　上午，访欧元怀，告以其次子伤梅德昌事。欧建议照章开除，并举以前其在上海开除长子为例。

下午，手谕交王裕凯决将欧天璧除名。高承元欲为欧开脱，强述理由，皆偏重感情，不顾法理且声色俱厉。先生力加驳斥，因是非分明，终至于不欢而散；孙亢曾亦以感情为重劝说。

六月九日　上午，作致欧元怀书，请其复副校长职，因时局严重，校内校外自己一人不能兼顾，欧返校，则自己可专力于校外奔走。先生并致校中高级职员一书，请共用劝欧返校。致高承元一书，表示道歉之意。

晚，主持大夏基金应用委员及书画展览委员会会议，讨论结果基金以经商为妥，推王裕凯、傅汝霖、吴志高三人为常委负责进行，未销完书画缓售出，至九时半散去。

六月十日　先生左坐骨、右全腿均痛，日不能行动，夜不能安眠，闷闷不乐极矣。

六月十一日　浏览书报，先生觉毫无记忆能力，殊觉闷损。

下午，听俞曙方、保骏迪来谈欧天璧事，设法缓布除名，嘱再调查事实，俾得参加大考，免误学年。

六月十三日　读凌惕安所编《郑珍先生年谱》。郑学问在二十岁至三十岁即已大成，然亦由艰困中来。

六月十四日　上午，听欧元怀来言，自己不能返校任职事，但仍会对校贡献意见。

下午，与吴照恩、王裕凯谈校务久之。

六月十八日　读《湘绮楼笺启》以自遣，先生以为湘琦造诣幽深，惜笺注诸经尚未详读，真可惜也。阅罢叹曰："余行年已六十，事冗而病多，遍读中国旧籍之愿,不知何日难偿,如天假我十年,必补此缺恨。"

六月十九日 上午,赴以国币八千元分赠夏元瑮、钟泰二君作端节。以四千元给孙亢曾作六月份特补。听窦觉苍来报教育部特补五十万元已到黔中行,当月和下月份开支当可有着,七月份即使不敷,应为数稍小。

下午,接待财政部樊震初来访,谈话间知渝政局动向,孔祥熙已出国,继任财政部长人未定,暂由次长俞鸿钧代部长。

晚,吴维藩来见,备述其离开教育厅范围之经过。其欲向外发展,然学教育行政者,既不能在教厅范围发展,另图则用非所学,殊不易也。先生嘱渠与孙亢曾一晤谈,如能暂就校内工作则善,并告以今后应当从文化教育经济事业入手,造成一种力量以推动政治,方有出路,否则只有个人之小前途,而无团体之大前途。吴似领悟。

六月二十日 晚,同夏元瑮、钟泰、窦觉苍、王裕凯、金企渊便饭,并谈校务。

六月二十五日 在贵阳招待所出席大夏毕业生话别会,勉励各毕业生离校就业,应时持以报国报校为最高之信念。

本日,发布《大夏立校二十周年纪念书画展览会鸣谢启事》。兹照录以下:

> 本校此次"六一"校庆,举行书画展览并义卖,承海内名家不吝赐墨,美不胜收,计收到徐悲鸿先生画六件,任可澄先生字三件,何遂先生画二件,吕超先生画一件,梁寒操夫人画一件,赵祖望先生字八件,李根源先生字画各四件,桂诗成先生画二件,姚鋆先生字画共十件,刘含章先生画二件,刘巩园先生字二件,方晓时先生字画六件,吕咸先生画二件,高行健先生画一件,黄君璧先生画二件,严仁珊先生捐赠碑字四件、手卷一卷,钱隽逵先生画一件,文宗源先生画二件,陆俨少先生画一件,张云麓先生画三件,孙竹先生画二件,孙慕唐先生画一件,黎雄才先生画四件,陈恒安先生字二件,李紫光先生画六件,周蜀云先生画一件,高蕴华先生古画四件(借予展览,非卖品),及本校校长王伯群先生字三十七件,经装潢就绪,于六月一日在本校教室展

览,二三四日三天在贵州省立艺术馆继续展览,现已圆满闭幕,共义卖得国币二十余万元,悉数拨充学校基金。此次承诸先生爱护本校,襄成盛举,感激之余,除专函伸谢外,特再露布,希诸先生垂詧为幸!

六月二十六日　上午,会见大夏本届毕业生多人来见,并一一题字纪念。作致何应钦函,请备一介绍函致龙云,以便赴昆明托其捐款。又致王文湘函,托领国民政府俸薪。

晚十一时,将就卧,忽警报来。不半时紧急警报至,乃率儿辈入防空室,直至一时半方解除。

六月二十七日　上午,先后接待大夏毕业生数人来见,欲求工作。听谌志远来,谈贵大近状破费多而内容腐败,殊令人失望。又谈贵筑县欲租花溪校舍及接洽经过,闻之江大学欲续办,遂不另租。

下午,告窦觉苍商以校长室与总务处文书组仍宜归并,方能裁员。窦以为然。

六月二十九日　下午,与孙亢曾、王裕凯谈校务。先谈招生问题,修改简章等。孙因教务处发生考卷被窃事,颇有消极意。先生一面开导孙勿灰心,一面计划下学期人事之调整,见其始终不决心,先生直截了当告之,如其不愿干下去,自己亦无再勇往之兴趣,唯有宣告停办,如此如释重担,当自由矣。

六月三十日　据报称,大夏总务长既不常到校,而其下之各主任亦尤而效之,尤以文书主任程毅、会计主任徐绍彝,每次到校皆不见其人影,致一件事搁置许久仍不办,使大夏蒙腐败不堪之讥评。读罢,先生愤恨之极。

下午三时,先生特地前去观究,竟果然总务长、各主任、事务员不过二三人。训导处高承元既不到,各训导员只涂爱民一人,徐协农亦不在校,而其余军事教官、助教皆不在。先生气愤之极,当召窦觉苍责之。召涂爱民来,吩咐整理宿舍办法。召徐协农来,责以不管其他教官,不负责任不守矩律,徐告注意共党分子活动事。召孙亢曾询试卷被窃事,据言已将工友王承举讯,明确系与书记某明比勾结盗卖,当将该工友函送四警局拘留,留待将某书记拘获,再送请法办。又召王裕凯、窦觉苍,商保管图书仪器安全办法,决意修理校中书库而妥存之。召吴照恩来,询中学近况及财政状况,并嘱具收条两张借大学部基金共十万元,分两次取去。

七月一日　上午,作篆准备赴滇为大夏筹基金赠人之用。作篆逾时,头昏眼花,疲困异常。先生励志曰:"衰备渐增,可畏可畏,应力求养身之道,冀稍延年,否则儿辈幼弱无人抚育,劳瘁集于保志宁身,殊可悯也。然则养生之道如何,余以为宜从精神与形质两方注意,精神要活泼,时时有春夏气。凡一切以刺激神经使人不快者,一来则排遣,总不令一日十二时一时六十分有分秒不快意存留,一面以起居有节,饮食有用,以培补之,并常练习八段锦,如能觅得太极拳老师加以研究更妙,'有恒'二字尤为必要。"

下午,听陈国钧来言,表示欲回校工作。先生允协助岑家梧主持社会研究部,且担任社会课程,唯以往有对不住大夏之处,亦必遭人讽之,将功赎罪。

七月二日　主持大夏校务会,通过本届毕业生名单,决定给各院系成绩第一名的学生奖励国币一百元。

七月四日　下午,接待邓永康校友来访。邓毕业后,即致广西银行工作十余年,已为稽检室副主任,此次护送黄金若干来黔出售。先生与谈大夏近况,嘱以努力筹募基金,望尽力以万元为率。

七月五日　下午,得姚吟舫转送来在渝由杜月笙、钱永铭设宴代募大夏基金五万元。

七月十日　上午,与孙亢曾、王裕凯商校务。孙态度仍模糊,似有能纳其意见则留稍,不如意则去,当以人事复杂乃历史使然,委曲求全亦不得已。先生表示,根本解决办法,只有停办。遂出校直赴教育厅访欧元怀,欧因事外出,不晤而归。先生精神至感伤,不思饮食。

下午,见欧元怀来访,当将大夏内部无人,无法前进,仍盼欧回校,否则拟暂时停办,所考停办时发生之恶果如何能免。而欧亦看得甚明,力主继续维持。欧临走时,先生仍希望其考虑大夏前途,勿过于使吾人失望。

七月十一日　作篆书数幅,作《正气歌》全文,准备赴滇赠云南省主席龙云。

七月十三日　下午，邀请金企渊出任商学院院长。函曰："兹定下学期起，决将法、商两院分开办理，所有法学院院长职务拟由群暂行兼任，而商学院院长一席，仍请吾兄担任。"

七月十六日　得孙蕴奇交来大夏借款息金十万元，并代认加入仁岸同人会股款十万元，拟将同人会之账专门交莫生办理。

本日，大夏呈报教育部陈立夫，黔校教务长暂请专任教授孙亢曾总务长代理。

七月十七日　上午八时，作复夏元瑮、窦觉苍各一书。

下午，与王裕凯一谈，知孙亢曾辞意坚决，不予签聘。

七月十八日　晚，以孙亢曾事告王裕凯。但见彼似多饮，遂不欲引之乱言。

七月十九日　下午，召集大夏同人在燕市酒家商谈下期安排，至九时散归。

晚，致函规劝兰州馥记营造厂叶鸿涛校友暂安现状。函曰："惟念足下系专习会计学科，今欲转任地方行政工作未免用违所长，率为介绍人或以为迂阔于事理，转启轻视，似感未便，还希暂安现状，本其所学，徐图展骥，以为何如？"

七月二十五日　主持大夏校务会议，决议全校三院十系秋季共招收新生一百五十名，并酌收转校学生。

七月二十六日　上午，抱病下楼签发大夏聘书，核阅公文多件，觉困倦不堪。

七月二十七日　三堂弟王文彦之子王祖德来拜访，告已十五岁，求准入大夏中学，先生允之。

七月二十八日　与窦觉苍、王裕凯商大夏财政问题。为徐绍彝签支票还交、农两行借款息金。徐告七月份粮政局通告，每市石三千八百元，较上月加每石一千元。先生闻之，不寒而栗。

七月二十九日　上午，勉强核阅大夏公文，又作复友人书数件。

下午，听窦觉苍来报告，今晨与何梦麟接洽大夏员生设春仓粮问题，闻已圆满解决,为之喜慰。见孙亢曾又将聘书退回,见此人固执如此,又至闷也。

七月三十日 上午,收裱装店人送来装运龙云的四幅《正气歌》。

下午,闻何纵炎来告,曾于某日宴大夏同学晤孙亢曾,详谈其不宜辞职事,孙亦举若干理由告之。近见孙辞意坚决,何关心母校,今午又聚集早届毕业数人在其家中婉劝。先生将昨日孙退回之聘书交何带往,冀有圆满结果。

八月二日 下午二时,接待李繁均率领贵州省党部方面大夏毕业生十数人来见。先生畅言战后建议与经济文化教育之关系,及吾人努力作准备之必要。五时,主持大夏第四十八次校务会议,会议通过秋季学期校历等议案。

八月四日 作致钱永铭函,为大夏催收捐款及为保紫宸求工作。

八月六日 上午,得贵阳医学院夏元瑮病危通知。先生一面嘱王裕凯准备救治,一面前往医学院省视。见夏甚清醒,胃内大出血,目前只有常人的五分之一。先生决定输血,除医院外,召集理学院五名学生前往,结果均不合用。

八月七日 上午,电询夏元瑮病,闻病势无变化,心情稍安。

八月八日 召苏希轼、孙亢曾,先生先言孙亢曾不宜坚辞,曰:"为公,则母校艰危之时,责无旁贷;为私,则无对不起孙处,孙何故如此,然必令人怀疑两者均不足取。"苏亦从旁促之,遂先交聘书及教务处关系各件勉孙接受。悬月余之问题,今始于意外告一段落。

八月十日 上午,赴大夏开新生成绩审查会,十二时归家。

下午,与王裕凯商校务,力言节流胜于开源,对工役之裁减尚觉太少。

晚,大夏校友何纵炎、王汝霖、刘健、罗良干、吴志高、钟焕新、王裕凯、陈贤珍、孙尧年、苏希轼、张瑞钰等做主设宴,先生与保志宁、孙亢曾夫妇、程宽正五人与宴。

八月十三日 晚,阅王裕凯持一署名大学教务处全体同仁忠告钟泰院长信。见内容极其下流而可恶劣,骂王裕凯而排斥钟,阅之愤恨千万。先生决明日赴校交孙亢曾与教务职员,令其处之,一面劝慰王裕凯。

八月十四日　上午八时,赴校将王裕凯送来图章一盒交邓介如暂时保存。闻蔡仲武来告,夏元琛病又转剧,流血过多,面色惨白,医生禁止接谈。先生闻悉之下,至感怆然,曰:"夏一善人也,果竟不寿,真天道无亲矣。然科学昌明时代,卫生之道亦可延寿,夏平日好食习惯,竟未能改,亦促寿之因也,吾人宜严戒云。"

函请中国红十字会军政部卫生人员训练所为夏元琛提供血浆。函曰:"第念夏元琛博士,为国内有名的数理学家,于学术界之贡献殊巨,为此函请贵会、所惠分 AB 血浆若干 CC,如蒙应允,毋任感荷!"

八月十五日　闻夏元琛病势日趋严重,向军政部卫生人员训练所请分助血浆事明日仍须去。先生命汽车准备候用。

下午,听吴照恩、石德兴、陆时文汇报中学校务。

八月十六日　安排汽车送王裕凯往图灵关军部卫训所为夏元琛索血浆,结果得一瓶。

八月十七日　上午,闻夏元琛院长之病毫无起色,精神苦闷之极。曰:"夏之学问性情皆不可得,万一不测,不特大夏损失,亦中国之损失。余丧一良友,尤觉可痛。"

八月十八日　上午八时,阅王裕凯持来夏元琛死亡通知书。夏于本日上午一时半病殁于贵阳医学院。阅毕,先生悲痛不已,曰:"呜呼,天道无亲常,与善人如夏君者,直可谓一善人矣。而死至如此之惨,可为之痛哭。"

先生当决意十万元厚予丧葬。未几,接王裕凯电话请示三事:(一)贵阳医学院王季午欲将夏君遗体解剖,以明了其病是在十二指肠还是在胃部?先生表示赞成,不过校同人既开会讨论,主张不解剖者多,亦尊重同人多数意见;(二)初欲停柩阳明祠中,而临参会驻会委员不允,是借用中山公园还是即停大夏礼堂?先生主张停大夏礼堂,以示优崇;(三)定今日下午四时大殓后即移入大夏,届时前往。

发布全校师生参加夏元琛送殓通知:"本校理学院院长夏元琛博士,于国历八月十八日上午一时半在国立贵阳医学院附属医院病逝,定于本日下午四时大殓,仰全体员生赴该院送殓为要。"

　　下午四时半,夏元瑮移抵校中安置后,先生脚痛,勉赴学校召集到场亲友开一治丧会,决定二十三日追悼,二十四日安葬于图云关市府公墓中。又约筑中各大学及文化团体为发起人开追悼会等,至七时散归。

　　八月十九日　上午,赴大夏办公并筹决夏元瑮丧葬事。电请教育部对夏元瑮从优抚恤,电文曰:"本校理学院院长夏元瑮博士于巧日(18日)病逝,身后萧条。夏君总续任教逾三十年,于学术贡献至大。特电请从优抚恤,以示褒扬。"

　　八月二十日　下午,致函夏元瑜,通报其哥哥夏元瑮逝世及丧事办理情况。函谓①:

　　　　令兄浮筠院长,来本校任职后,于兹六载,学问道德,不特为学生所爱戴,抑且为同人所钦仰。时局艰危,倚畀正深,不幸于本年国历八月十八日上午一时半,以胃肠溃血症病逝于国立贵阳医学院附属医院。伏念令兄尽瘁教育垂三十年,于国家社会,贡献至大,不能无所表扬。阁下与令嫂远在沪平,身后事电商亦来不及,只得由本校与此间各界发起组织治丧委员会,定于本年八月二十三日举行盛大追悼会,二十四日安葬于贵阳市公墓,医药丧葬费用,预计在三十万元,除由本校拨助十万外,并发动募捐及呈部请予褒扬,以示哀荣。用特函告,顺颂台安。

　　晚,招待大夏同人及毕业生两席。席间略谈钟泰与王裕凯事。宴罢,又谈夏院长丧葬事,钟、王已打消辞意,合坐皆喜。

　　八月二十二日　上午,主持夏元瑮治丧委员会筹备会,决定明日公祭,后日出聘典礼等,至十二时始散归。

　　下午,闻何梦麟来告,二十四日与杨孝先同车赴渝述职,并详言大夏备价购粮事。已有公函照准,须大夏备款三十三万余缴入贵州银行粮政局某户以内,即籍成功,如省府提出异议时,当以既成事实应付。

　　———————————

　　①　王伯群:《容公简史》(稿本),1944年8月20日。

得姚鋈①代撰挽夏元瑮院长挽联。联语："后素继前功难得中外知名师表长留诸生仰，同舟期共济何意幽明异路儒林叹逝吾道孤"。原为"吾道穷"，先生以"穷"字不吉，改"孤"字。段叔瑜以欧阳修《苏才翁挽诗》中有"零落篇章为世宝，平生风义见交情"二语可用，遂两用之。

八月二十三日　上午七时，赴大夏出席追悼夏元瑮院长之会，来宾数百人，颇极一时之盛。接杨秋帆电话，告请垫五千元购夏院长花圈并托其子杨光华入学事。自追悼会回家后，先生两足均痛不可支，草草中餐后，即上楼就卧。

八月二十四日　因昨日过于疲劳，两足痛楚又加。晨遂不能起矣，终日仰卧。

八月二十五日　接盐务总局函，告知盐务专修科在本年秋季暂停招生。王辅卿来问赴昆明见龙云事，先生答以未定，因久病不愈，无力奔走。

八月二十六日　主持大夏常务会，讨论校务急件颇多。

八月二十九日　见窦觉苍、王裕凯谈校务，均迎至榻前与谈。

八月三十日　侄儿王滇生率王祖德来见，请示入大夏中学事。出成绩单一张示，似不恶。拟查其应试各卷一阅，如尚可，则准入初三上，否则仍在初二下。

近日，贵阳米价暴涨，闻省府粮政局已提高为每市石四千八百元，如此则大夏对教职员仅半代金一项，已达国币三十八万四千元之谱，幸已向粮仓部办通官价购米办法可节省，否则又恐慌万状。

八月三十一日　中午，宴请贵阳市长何辑五、公安局长周哲夫等。先生致词谓，市府成立三周年，大夏大、中两部承赞助颇多，久欲略表谢意而未果，今特约市府各位与大夏负责人一晤，并表感谢云尔。何起未免太隆重，旋又请中学校基问题，结果酌量备价购取。

下午，杨秋帆之子杨光华来见，告已重考，希望大夏能录取。交王裕

---

①　姚鋈（1898—1951），字苍均，号味无味斋主，自署小莲花盦，贵州贵阳人。姚华次子。北京大学毕业后，一生从事教育工作。1925 年参与创办京华美术专科学校。

凯等设法办理。

九月初　先生感冒胃痛，最初不过偶尔疼痛。以后每食后二小时或夜间即感疼痛。先请中医王聘贤医生诊治，似渐好，饮食亦增加。

九月五日　大夏救济品学兼优清寒弟子的贷金名额扩充至一百名，每名学生减收学杂费四千元。

九月中旬　先生胃痛又作，不欲饮食。早餐仍为牛奶一杯，菜汤一碗，肉四片而已，食物与往昔比不过三分之一。

十月十四日　接张伯箴①教授函，汇报副教授韩善甫资格审查事。函曰："查本系副教授韩善甫资格审查一案，业于民国三十二年七月，奉部令改等为讲师，并饬该员得于三十三年八月请为升等审查在案。顷经本系系务会议决议，以讲师韩善甫任教本校历有年所，前后担任之工商组织及管理、铁道会计、销售学、银行会计、经济学、统计学、会计制度、铁道管理、商品学、运输学等课程，教学成绩均甚优良。又该员前著之《路政会计学》共二册，业于三十一年七月呈部审查通过，近著之《实用统计学》上下两编，上编已完成，下编正续编中，是书对经济与商业统计均具独见，内容丰富，材料新颖，甚适合大学三四年级学生教材之用，理合备文，呈请钧座赐准转呈教育部，请为讲师韩善甫作升等审查，不胜感祷！"

十月二十五日　接教育部从优抚恤夏元瑮院长的代电。电文曰："夏院长元瑮病逝，据该校王校长及贵州大学张校长②等先后电请从优抚恤，除已由本部另电致唁并汇赙仪一万元外，关于抚恤一项，应由该校参照学校教职员抚恤条例之规定，酌量给予抚恤金，如该校是项经费有不足时，本部得斟酌情形予以补助，合行电，仰遵照办理为要。"

十月三十一日　接欧元怀函，商请马名海来大夏任教事。函云："兹有马名海君，河北籍，美国前辈留学生，国内有名之物理教学专家，曾任上海大夏、北平师大、北京大学等教授，旋马君武先生主持广西大学，马君即被邀任

---

①　张伯箴（1902—1986），湖北黄梅人。中国公学商科毕业。历任上海商学院、暨南大学、复旦大学等校教授。1941年至1951在大夏大学任教，先后担任工商管理系主任、经济系主任、法学院院长等。

②　指张廷休。

该校理学院院长兼教务长,马校长去世后转任广西气象台台长,现任广西省政府顾问,主持科学教育事宜。近从其友人传来消息,马君已随桂省府疏散至宜山。夏院长浮筠逝世后继任人选多不易物色,似可函征马君意见,其通讯处为宜山广西省政府教育厅转,如何之处,仍乞尊裁,迳洽为幸。"

十一月二日 与欧元怀联名电邀马名海担任理学院院长。

十一月二十三日 上午,致电教育部长朱家骅,请求拨付疏散费。电文曰:

重庆教育部朱部长骝先钧鉴:

贵阳逼近战区,本校拟全部迁往黔北仁怀县,以策安全,恳请拨给疏建费国币九百万元。前于铣①日曾电呈钧部在案,迄今未奉核示。兹以时局日见紧迫,筑市积极疏散,敬祈体恤私立学校经费之艰困,俯准所请,不胜感祷。

伯群。

下午,再致函教育部部长朱家骅,惠准拨付疏建费以便迁校。函谓②:

骝先吾兄部长大鉴:

渝都别后,时切依驰,北望蜀云,更深怅惘。

顷悉吾兄重掌教育,无人欢庆。本校成立迄今,已逾二十载,筚路蓝缕,惨淡经营,纯系为国家培植人才,推进高等教育,教之国立各大学,宗旨相同,而成绩亦不见有何逊色。惟自西迁来黔以后,市面物价飞涨,经费时感拮据,校务之进行虽利,而经济之压迫实深。幸赖全体员生艰苦奋斗,风雨同舟,始有今日。兹以贵阳逼近战区,在筑市附近各大学均有迁移之议。平越交通大学,日来已有一部分员

---

① 1944 年 11 月 16 日。

② 汤涛主编:《王伯群与大夏大学》,上海人民出版社,2015 年 8 月,第 199 页。

生抵筑转渝;贵州大学,师生相率离校者亦多。黔省府亦已迭令筑市居民,积极疏散,而中小学生,因家长迁徙者,立即发给转学证书。本校员生,目前均甚镇静,照常上课,差堪告慰。月之十六日,曾急电前任陈部长,请拨给疏建费九百万元,俾便全部迁往黔北之怀仁县,以策安全,迄今未获示复,企盼殊殷。素仰吾兄曩日主持教育,无问公私,一视同仁,而敝校近年来备遭歧视,艰难万分。丁兹危局,已频竭蹶,务恳特予体恤,惠准所请,则不徒群①如释重负,而千余莘莘学子实感戴靡涯矣! 端肃奉恳,竚候明教,只颂教绥。

王伯群

十一月二十五日　在护国路一三五号主持大夏第四十九次校务会议,通报电邮部求发给疏建费九百万元、迁校地址之选择及应顾及各方情形之经过。议决:组织成立疏散委员会,校长为主任委员,并公推王裕凯、孙亢曾、张祖尧、窦觉苍、李景泌、张瑞钰、苏希轼、顾文藻为委员,疏散地址定黔北赤水县,推举王裕凯亲往赤水交涉。

本日,再次致函教育部长朱家骅,请求从优抚恤夏元瑮教授。函曰:"窃查本校经费,向已支绌,丁兹当地物价暴涨之际,更无法筹款,给予抚恤,理合备文呈请钧部体念夏故院长元瑮博士,生前尽瘁教育事业,为国内著名学者,敬祈俯准从优抚恤,以慰英灵,而励来兹,是所至祷。"次年一月十八日,教育部函复大夏,说已呈行政院请优予抚恤,并转请国民政府明令褒扬。

十一月二十七日　主持大夏疏散委员会第一次委员会议。会议分配具体职务,讨论详细疏散办法。决议:(一)请欧元怀电赤水中学校长借用校舍暂供本校员生居住;(二)请大夏当局制发教职员及眷属身份证;(三)通知全体教职员及学生即日开始登记。

讨论大夏学生疏散办法:(一)本大学学生愿随大夏疏散者须预行登记(表格另附);(二)疏散时男生以步行为原则,女生如有车辆时则搭乘车辆,无车辆时亦步行,如因疾病不能行动时得搭车辆;(三)学生之行李每人以

---

① 　指王伯群。

二十公斤为限度,得交本会运输股代运;(四)凡交运之行李均须结实捆绑及加坚锁以免途中损坏否则拒绝代运,并须预备白布小条以便标明号码;(五)凡交运之行李其所需之运费由本会计股每件预收运费国币四千元待总结算时多退少补;(六)凡随身需用之被毯等件按照本会防护股分队原则,每两队合用板车一辆,由两队队员轮流推挽以便宿营时之需用;(七)沿途伙食由学生组织膳食委员会仍照旧章自理之;(八)本校学生除学生证外,每人预备二寸半身相片一张,得向本会文书股领取护照以资证明身份。

本日,第三次致函教育部部长朱家骅惠予拨给疏建费,并介绍王裕凯前去晋谒。兹照录全函[1]:

骝先吾兄部长大鉴:

月之二十四日,曾敬肃一函,恳请惠予拨给疏建费九百万元,谅邀察及。本校原拟迁往黔北仁怀县,奈该处无适当房屋,遂改定迁移赤水,而教员眷属,图书仪器,均已先行疏散,但校中员生,现时仍照常上课,弦歌不绝。万一时局紧迫,自当全部撤移。伏念本校经费,向已支绌,丁兹危局,更感竭蹶。素仰吾兄爱护本校,扶掖后进,务恳体恤本校经费之艰困,俯准拨给疏建费九百万元,俾二十年之大夏,不致一时中辍,毋任感篆。

兹由本校王裕凯教授前来晋谒崇阶,务请惠予指教,曷深感祷,端此只颂教安。

伯群。

本日,函请赤水县长何干群[2]协助代觅校舍。函曰:"迩以贵阳逼近战区,空袭频仍,本校拟全部迁来贵县,以策安全。月之二十六日,曾急电奉告,请烦代觅校址,计达左右。兹派本校王秘书长裕凯前来接洽,务请惠予协助,俾得一适当房屋,借作校舍之用,则感荷云情,不仅群一人已耶!"

---

① 汤涛主编:《王伯群与大夏大学》,上海人民出版社,2015 年 8 月,第 200 页。
② 何干群(1900—1952),字家兴,贵州兴仁人。时任赤水县长。

十一月二十八日　主持大夏疏散委员会第二次委员会议。讨论通过:(一)由大夏提款五万元,交李景泌先生将待修之汽车赶工修妥;(二)本校教职员需支下月薪金,各教职员有家眷者不得超过五千元,无家眷者不得超过三千元;(三)疏费经费数目不得超过一百万元整;(四)教职员登记自二十九日上午十时起至三十日下午五时止,学生自二十九日上午十时起至下午五时止,逾期决不通融。

讨论通过本会议所拟之简则及办法、交通工具如何接洽案、疏费经费应如何筹措等事项。

十一月二十九日　受先生派遣,王裕凯前往赤水县接洽校址校舍问题。次日,学校图书、仪器及重要文卷开始装箱。欧元怀忆述[1]:

三十三年十一月下旬,敌人窥黔南,贵阳震动,先生先生仍作远大之决定,将大夏三迁于黔川边境之赤水,赤水有水道通重庆,可沿大江东下,三次迁校是兼为复员时之准备的。

十一月三十日　主持大夏疏散委员会第三次委员会议。报告开会意义及所悉战讯概况、今后本会应行办理诸事宜。决议(一)沿途负责招待学生伙食费,每人每日伙食费二百元;(二)鸭溪、茅台两地派职员照料。

十一月底　闻前方消息,独山失守,贵阳奉令疏散,先生略显焦灼。保志宁回忆道[2]:

伯群先生既虑乡邦之沦陷,又恐毕生经营之大夏,付诸劫灰,即准备开始轮散全校教职员与学生,及图书仪器等送往赤水,然后方顾及家内一切。先生先请人送其二妹文潇全家回兴义县,再为吾等及文华先生遗族觅车赴渝。当时先生病,因张孝骞医生尚未得检查结

①　汤涛主编:《欧元怀校长与大夏大学》,上海人民出版社,2017年9月,第172页。
②　汤涛编著:《人生事　总堪伤——海上名媛保志宁回忆录》,上海书店出版社,2018年1月,第147页。

果,遂仍请王聘贤中医诊治。

十二月一日　函请贵州省民政厅派警护卫,确保大夏师生疏散安全。函曰:"本校于本月二日起拟将图书仪器及教职员家属并一部分员生疏散前往赤水,以策安全。惟由筑至赤水,取道息烽、遵义、仁怀等地,沿途治安颇以为虑,务恳贵厅迅赐分别令饬息烽、遵义之鸭溪区、刀把水、枫香坝、怀仁之长岗山、茅台及赤水等县区乡镇,派警护卫,以利遄行,毋任感荷!"

十二月二日　接待来贵阳督战的何应钦,得知抗战前线情状。王裕凯忆述道①:

> 我校董事兼军政部长何应钦上将,忽因到黔,并探访王校长,告以军事吃紧,倘敌人再前进,我方即炸毁川黔交界处之铁索桥,川黔交通,即行中断,当嘱王校长即日赴渝。

十二月四日　主持大夏疏散委员会第五次委员会议,报告开会之意义及今后应行亟办诸事宜,议决:(一)窦觉仓总务长向粮政局交涉车辆、孙亢曾教务长向西南公路局接洽车辆;(二)鸭溪至赤水运经费由筑携带现款二十万元,并在鸭溪、茅台、赤水三处仁岸办事处,各拨十万元整。

本日,第四次致函教育部长朱家骅,惠准拨给疏建费并赐交王裕凯。函谓:

> 顷悉钧座东②日履新,合校欢庆,本校于冬③日被迫驻兵,无法上课。全体员生,现止分途向赤水迁移,前派王裕凯教授晋谒崇阶,恳请惠准拨给疏建费九百万元,赐交王教授,俾便在赤复课,不胜感祷!

---

①　王裕凯:《学府纪闻:抗战中的大夏大学》,陈明章编:《私立大夏大学》,南京出版社,1982年2月,第30页。
②　1944年12月1日。
③　1944年12月2日。

十二月五日 致函湘桂黔边区总司令部,恳请惠赐护照以便疏散车辆通行。

本日,函请国民党中央后勤部长俞飞鹏拨给疏散车辆。函谓①:

> 贵阳逼近战区,空袭频仍,本校拟迁黔北赤水开课,以策安全。惟本校所有之图书仪器,价值甚巨,且多稀世珍品,而教职员及眷属,除一部分已疏散外,现尚有百余人留在校内,务恳吾兄惠予迅饬运输负责人拨给由筑赴渝或赴遵空车五两,以利遄行,则不徒群如释重负,而合校同人,更感戴靡涯也。

十二月六日 致函贵州公路局,请拨给由筑开往鸭溪的粮车一辆,车费自当照奉。

十二月七日 率保志宁偕儿辈,以及王文华遗族等乘车赴渝。保深恐先生长途旅行引发胃痛或将加剧,焦虑之至。但先生一再安慰,说到渝后,其妹文湘必觅名医代为医治,勿担心。

吴照恩在《在伯群校长身边的岁月》忆述②:

> 大夏部决定迁赤水,校长要到重庆为大学搬迁筹款。告诉我:"大学部迁赤水,附中暂留贵阳,你要把附中看护好。"我婉言劝阻王校长说:"我对贵阳周边乡下很熟悉,紧急时可暂避花溪乡下,花溪龙山有我同族人……或者我们同回兴义也可以"。校长未答,似在考虑。但第二天我去看他时,校长突然告诉我,他决定去重庆,学校到赤水后连教师的工资都成问题,"我不去筹怎么行呢?"临走那天早上,我去送行。他正在指挥人搬东西。他没同我多谈。忽然走到衣架边取下一件呢大衣递给我说:"你拿去穿!"我谦让说:"我个子小,

---

① 汤涛、汪洪林主编:《大夏大学与赤水》,上海人民出版社 2018 年 8 月,第 17 页。

② 吴照恩:《在伯群校长身边的岁月》(未刊稿)吴尚志编著:《岁月留痕》,2010 年 9 月。

穿不上您的大衣。"他说："不要多说了，拿去。"我接过大衣，木呆呆地站着，一直看着他上车。那是一部旧车，车子开动了，他回头看了看我，没有说话。我不自觉地伤感流泪，心里说不出的惆怅，好像失落什么东西一样，有一种不好的预感。

十二月八日 先生一行抵渝后，宿何应钦宅。王文湘安排保志宁、岳母、儿辈住山洞老鹰岩军政部招待所。

本日，函请鸭溪、茅台两地仁岸盐业公司经理给予疏散车辆，函谓①：

> 本校奉令迁往赤水开课，以策安全，惟本校图书仪器为数甚伙。取道鸭溪经茅台至赤水，闻沿途运输颇感困难，前由孙副总经理蕴奇函请惠予协助，计达左右。兹派本校教授苏希轼先生护送图书仪器前来，至希鼎力照拂，并予便利，不胜感荷。

十二月九日 函请陆军通信兵学校中将教育长童元亮，训饬官员保护学校公务及注意公共清洁。函谓：

> 倭寇此次进犯黔南，贵校疏散来筑，事前未征求本校当局同意即行驻入，而办公室、教室、宿舍，几全部据用，而少数学员及伕役，擅将课堂桌椅拆毁焚烧，壁板床架，亦有被拆代薪者，尤以厨房厕所，遍地便溺，污秽不堪，现本校尚有大部分员生留居校内，不徒诸多未便，且目击心伤。用此函请贵教育长惠予训饬全体官员，对本校所有公物，妥为保护，并注意公共清洁，以重卫生。

十二月十二日 突然胃肠复发，出血病危。王文湘嘱保志宁赴城照应。

---

① 汤涛、汪洪林主编：《大夏大学与赤水》，上海人民出版社 2018 年 8 月，第 20 页。

十二月十三日　晨，由保志宁护送到陆军医院治疗，先生在病重念念不忘大夏迁移情形和进展。保回忆道①：

> 我陪伴先生，昼夜不敢合目，我们竟没有片刻谈到私事。数日来先生虽在呻吟之中，仍常常询及大夏迁移的情形和孩子的安全。文华先生遗族也在旁，喂烧人参汤给先生吃。人参是补心脏的，她们的好意，我也不便拒绝。先生入院以后输血几次，因为不能给食物，恐流血更多，每天只有给他打葡萄糖针。

本日，闻大夏终接教育部电文，告知"前据电请拨发疏建费已为转呈行政院补助，俟奉核示，再行令知。"②得此回复，病重中的先生露出欣慰的微笑。

十二月十五日，抱病函请社会部部长谷正纲训饬对住校难胞严加管理。函谓：

> 本校前被指定为贵阳市第四难胞招待所，日来住入难胞达数千人，办公室、教室、宿舍几全部借用，而少数难胞，擅将课堂桌椅，拆毁焚烧，壁板床架，亦有被拆代薪者，尤以随地便溺，污秽不堪，曾经迭次函面洽请难胞招待所负责人曾代恩君严加管制，而迄未见改善，尤于入晚后难胞任意拆板生火取暖，易兆焚如，危险堪虞。近以前方捷报频传，时局日趋好转，本校正筹备复课，员生相率回校者，日见增多。相应函请贵部长惠予训饬办理难胞招待所负责人，对本校所住之难胞严加管制，并恳饬早日疏散，或另觅适当房屋居住，以便本校员生回校复课。

①　汤涛编著：《人生事　总堪伤——海上名媛保志宁回忆录》，上海书店出版社，2018年1月，第149页。。

②　《疏散委员会第六次委员会议》，《战时疏散校户，迁移校址，战后复校复课等的会议记录及往来文书》，第22—23页，华东师范大学档案馆藏，档号81—2—13。

十二月十九日 受先生之托，大夏召开疏散委员会第七次委员会议。孙亢曾报告疏散情形、王校长抵渝后因病入医院事宜。会议议决：（一）推请孙亢曾前往重庆探视王校长病况，报告最近疏散情形和请示大夏重要事宜，由校方拨给孙赴渝旅费五万元；（二）为便于在渝向教育部接洽，王伯群校长私章由孙带往重庆。

十二月二十日 上午六时二十分，先生因十二指肠出血过多医治无效，于重庆陆军医院与世长辞，享年六十岁。

本日，先生留有遗嘱，云：

将自置中漕司水田三分变卖，清偿大夏大学办学五十余万债务。

征引文献

1. 馆藏档案文献

中国第二历史档案馆、上海市档案馆、上海图书馆、贵州省档案馆、贵阳市档案馆、黔西南州档案馆、兴义市档案馆、重庆市档案馆、上海交通大学档案馆、西南交通大学档案馆、华东师范大学档案馆等馆藏档案。

2. 相关史志

《贵州省政府公报》,第16、第17、第18期合刊;

《贵州省政府工作报告》,1938年9月;

郭廷以编著:《中华民国史事日志》第1至3册,台湾中央研究院近代史研究所,1979、1984年;

中国第二历史档案馆编:《中华民国史档案资料汇编》第1—2辑,江苏古籍出版社,1991年;

中国第二历史档案馆编:《中华民国史档案资料汇编》第3辑,江苏古籍出版社,1991年;

《交通大学校史》撰写组编:《交通大学校史资料选编第二卷》,西安交通大学出版社,1986年5月;

惠世如主编:《抗战时期内迁西南的高等院校》,贵州民族出版社,1988年;

吴淞商船专科学校同学会编:《吴淞商船专科学校校史》,1996年

7月;

汤涛主编:《王伯群与大夏大学》,上海人民出版社,2015年8月;

汤涛主编:《欧元怀校长与大夏大学》,上海人民出版社,2017年9月。

3. 人物笔记、文集、年谱和传记

Edward D. Wang:Patriots and Warlords:Brothers' Journey Towards Republican China,Qilin Publicshing Evanston,2014年7月;

毛思诚编:《民国十五年以前之蒋介石先生》,南京1937年版;

《蒋介石日记》(手稿本),美国斯坦福大学胡佛研究所档案馆;

周天度著:《蔡元培传》,人民出版社,1984年;

安徽省政协文史资料委员会等编:《许世英》,中国文史出版社,1989年;

沈云龙编著:《黄膺白先生年谱长编》,台湾联经出版事业公司,1976年;

许汉三编:《黄炎培年谱》,文史资料出版社,1985年;

复旦大学等《鲁迅年谱》编写组编:《鲁迅年谱》,安徽人民出版社,1979年;

完颜绍元著:《王正廷传》,河北人民出版社,1999年12月;

鲁迅著:《鲁迅全集》(第16卷),人民文学出版社,2005年第1版,第187页;

彭迪先主编:《刘文辉史话》,四川大学出版社,1990年5月;

周开庆编著:《刘湘先生年谱》,四川文献研究社,1975年;

童世璋著:《忠荩垂型:谷正伦传》,近代中国出版社,1986年4月;

恒社旅台同人编:《近代中国史料丛刊编辑260:杜月笙先生纪念集》,文海出版社,1976年2月;

毛知砺著:《张嘉璈与中国银行的经营与发展》,国史馆,1996年;

赵培中主编:《吴泽霖执教60周年暨90寿辰纪念文集》,湖北科学技术出版社,1988年9月;

陈江、陈达文编著:《谢六逸年谱》,商务印书馆,2009年8月;

陈旭麓著:《陈旭麓文集》第二卷,华东师范大学出版社,1996年12月;

叶方明主编:《周素园文集》,贵州人民出版社,1994年7月;

保志宁述:《王伯群先生荣哀录》,1945年1月;

蒋仲民撰:《杨秋帆》,政协榕江文史资料研究委员会编:《榕江文史资料第4辑人物专辑》,1989年12月;

《走出贵州的港商帅灿章》,陈金萍,王亚平主编,贵阳市政协文史和学习委员会编《贵阳历史人物丛书科技经济卷》,贵州人民出版社,2004年9月;

《钱春祺》,刘国铭主编:《中国国民党百年人物全书下》,团结出版社,2005年12月;

刘达禹撰:《河南省代省主席刘燧昌》,政协黔西南州委员会文史资料委员会编:《贵州省黔西南州文史资料 第14辑 盘江历史风云人物》,2002年1月;

钱定权撰:《张志韩先生生平》,政协贵州省委员会文史资料委员会编:《文史资料存稿选编 第3卷》,贵州人民出版社,2006年3月;

《钱新之》,熊月之主编:《上海名人名事名物大观》,上海人民出版社,2005年1月;

田琳撰:《宋述樵先生传略》,政协贵州省委员会文史资料委员会编:《乡思·友谊·故园情:台港澳及海外文史资料专辑》,贵州人民出版社,1992年11月;

《双清》,林建曾等编著:《贵州著名历史人物传》,贵州人民出版社,2001年10月;

任可知、胡大尧撰:《刘熙乙与贵州经济》,政协贵阳市南明区委员会文史资料委员会编:《〈文史荟萃〉南明文史资料选第20辑》,2002年9月;

《王漱芳》,中国社会科学院台湾研究所编:《中国国民党全书(上)》,陕西人民出版社,2001年4月;

程晓蘋等编：《复旦大夏联合大学西迁史料选》，复旦大学出版社，2008 年；

王志萍撰：《一代富商戴蕴珊》，政协黔东南州委员会编：《黔东南人物（1912—1949）》，云南民族出版社，2011 年 12 月；

朱纪华主编：《上海市档案馆藏中国近现代名人墨迹》，上海书画出版社，2014 年 8 月；

汤涛编：《王伯群文集》，上海书店出版社，2018 年 1 月；

汤涛编著：《人生事　总堪伤——海上名媛保志宁回忆录》，上海书店出版社，2018 年 1 月。

4. 主要报刊

《大夏周刊》，1925—1944 年；

《私立大夏一览》，1931 年；

《申报》，1924—1944 年；

《大夏季刊》第 1 卷；

《生活》周刊，1931 年第 6 卷；

《飞报》，1932 年；

《天南》，1933 年第 2 卷；

《交大学生》，1937 年第 6 第 1 期；

《新大厦》，1938 年；

《东方杂志》，1939 年第 36 卷第 16 期；

《中华教育界》复刊第 1 卷第 12 期；

《教育杂志》第 29 卷第 4 号，1938 年；

《文汇报》，2018 年。

后　记

　　《王伯群教育生涯编年》自收集资料到编撰完稿,数度寒暑,前后已达八载。

　　八年前,笔者在搜集整理王伯群与大夏大学相关档案时,专门撰写一篇五万余字的"王伯群与大夏大学编年纪事"。书稿出版后,感觉意犹未尽,便再萌生编撰一部反映王伯群从事教育经历与活动的年谱之构想。

　　王伯群生于晚清,在其六十年的生涯岁月中,无论是时代还是他个人的经历,都极其跌宕、传奇和斑斓。他从韶华以迄花甲,历经中日甲午战争、戊戌变法、辛亥革命、洪宪帝制、军阀混战、南北和议、五四运动、国共合作、国民革命军北伐、国民政府定都南京、九一八事变、淞沪会战、七七事变、太平洋战争等国内外重大事变。凡此乱世潜流及社会变迁,对于王伯群莫不产生影响。综其一生活动与事功,当以护国、护法,尤其在交通和教育等方面,献替良多,绩效也为最著。

　　为完成这本教育生涯编年,笔者决定从三个方面入手:一是聚焦。集中主攻王伯群在教育领域的活动与业绩,暂时放弃其在革命、政治、交通等方面活动记述;二是奔走。利用寒暑假或会议出差之便,东西南北,广事搜求,查档钩沉;三是研究。用专题研究助推编年创作,先后在《贵州文史丛刊》《中华读书报》《世纪》《文史天地》等发表《被遮蔽的王伯群》《"大夏先生"王伯群》《王伯群与丽娃河畔的教授们》等系列研究论文。

　　本编年的思路与体例是:通过考证、鉴别、钩稽与精选,按照编年的方法,全景式反映爱国教育家王伯群在 1924 年至 1944 年间,投身教育,鞠躬尽瘁的一生。本编年史料,得到第二历史档案馆、上海市档案馆、贵州省档案馆、清华大学档案馆、上海交通大学档案馆、西南交通大学档案馆、贵州师范大学档案馆和华东师范大学档案馆等单位的慷慨襄助,得到卢晓蓉、吴尚志、赵明和等前辈,以及马建钧、金富军、章华明、欧七斤、钱益民、韩戍、杨永琪、魏明扬、吴李国等教授与同仁的帮助,允值佩谢! 本书能够出版,得益于上海三联书店编辑钱震华先生的辛勤付出,在此一并致谢!

本编年在编撰过程中,始终得到王伯群长子王德辅先生的支持,他远从美国为笔者提供其父母王伯群和保志宁的笔记、录音、日记、书信和照片等珍藏资料,以供参用,并于耄耋之年为本书撰序,特此感谢。著名书法家、96 高龄的大夏校友冯济泉先生特为本书题签,谨谢无限谢意!

《王伯群教育生涯编年》是继《王伯群与大夏大学》《王伯群文集》《乱世清流——王伯群与他的时代》《海上名媛保志宁回忆录》之后,我在研究王伯群的又一部作品。这五部著作是我近十年学术研究的重要成果。王伯群作为近代史上的一位独特人物,特别值得研究,在进一步发掘档案史料的基础上,我将继续为读者奉献新的关于王伯群的研究成果。

本编年虽竭尽全力广罗档案文献,但限于种种条件之故,以致阙如,实为憾事。同时加之笔者智识不逮,当有疏漏之处,敬请读者诸君不吝指教!

汤　涛
庚子冬于吴兴路青云书斋

图书在版编目(CIP)数据

王伯群教育生涯编年/汤涛著.
—上海:上海三联书店,2021.4
ISBN 978 - 7 - 5426 - 7391 - 6

Ⅰ.①王… Ⅱ.①汤… Ⅲ.①王伯群—年谱
Ⅳ.①K825.46

中国版本图书馆 CIP 数据核字(2021)第 067191 号

王伯群教育生涯编年

著　　者　汤　涛

责任编辑　钱震华
装帧设计　陈益平

出版发行　上海三联书店

　　　　　(200030)中国上海市漕溪北路 331 号

印　　刷　上海昌鑫龙印务有限公司

版　　次　2021 年 9 月第 1 版
印　　次　2021 年 9 月第 1 次印刷
开　　本　700×1000　1/16
字　　数　360 千字
印　　张　24.5
书　　号　ISBN 978 - 7 - 5426 - 7391 - 6/K・637
定　　价　88.00 元